SOCIETY FOR NEW TESTAMENT STUDIES
MONOGRAPH SERIES

GENERAL EDITOR
MATTHEW BLACK, D.D., F.B.A.

18

ENIGMES DE LA DEUXIEME EPITRE
DE PAUL AUX CORINTHIENS

Au Professeur Etienne Trocmé
en hommage reconnaissant

ENIGMES DE LA DEUXIEME EPITRE DE PAUL AUX CORINTHIENS

ETUDE EXEGETIQUE DE 2 COR. 2:14 – 7:4

PAR

J.-F. COLLANGE

Docteur ès sciences religieuses

CAMBRIDGE

AT THE UNIVERSITY PRESS

1972

Published by the Syndics of the Cambridge University Press
Bentley House, 200 Euston Road, London N.W.1
American Branch: 32 East 57th Street, New York, N.Y.10022

© Cambridge University Press 1972

Library of Congress Catalogue Card Number: 71–154504

ISBN: 0 521 08135 1

Printed in Great Britain
at the University Printing House, Cambridge
(Brooke Crutchley, University Printer)

TABLE DES MATIERES

v

ABREVIATIONS

Lorsque nous ne citons que des noms propres, ceux-ci renvoient aux commentaires dont la liste est donnée au point II de la bibliographie.

AfRW   *Archiv für Religionswissenschaft*

Analecta Biblica 17–18 = *Studiorum Paulinorum Congressus Internationalis Catholicus, 1961, simul secundus Congressus Internationalis Catholicus de re biblica*, Rome, 1963, 2 volumes

AThR   *Anglican Theological Review*, Evanston, Sewanee, 1918ss

Blass–D.   F. Blass, *Grammatik des neutestamentlichen Griechisch bearbeitet von* A. Debrunner, 12. Auflage, Göttingen, 1965

CBQ   *Catholic Biblical Quarterly*, Washington

CNT   *Commentaires du Nouveau Testament*, Neuchâtel–Paris, 1949ss

EThL   *Ephemerides Theologicae Lovanienses*, Louvain, 1923ss

EThR   *Etudes Théologiques et Religieuses*, Montpellier, 1926ss

EvTh   *Evangelische Theologie*, Munich

ExpTim   *Expository Times*, Edimbourg

HThR   *The Harvard Theological Review*, Cambridge, Mass., 1907ss

JBL   *Journal of Biblical Literature*, Philadelphie

NovTest   *Novum Testamentum*, Leyde, 1956ss

NT   Nouveau Testament, New Testament, Neues Testament

NTS   *New Testament Studies*, Londres, New York, Cambridge, 1954ss

RB   *Revue Biblique*, Paris, 1892ss

RGG³   *Die Religion in Geschichte und Gegenwart*, 3e édition, Tubingue, 1957ss

RHPR   *Revue d'Histoire et de Philosophie Religieuses*, Strasbourg, 1921ss

RQ   *Revue de Qumrân*, Paris, 1958ss

RScPhTh   *Revue des Sciences Philosophiques et Théologiques*

RScR   *Revue des Sciences Religieuses*, Strasbourg, 1921ss

RThPh   *Revue de Théologie et de Philosophie*, Lausanne, 1868ss

ScJTh   *Scottish Journal of Theology*, Londres, 1947ss

Strack–B.   H. L. Strack und P. Billerbeck, *Kommentar zum NT aus Talmud und Midrasch*, Munich 1922ss

StTh   *Studia Theologica*, Lund, 1947ss

Studiorum Paulinorum, cf. *Analecta Biblica 17–18*

ThLit   *Theologische Literaturzeitung*, Berlin, 1876ss

ThWNT   *Theologisches Wörterbuch zum NT*, ed. G. Kittel puis G. Friedrich, Stuttgart, 1933ss

ThZ   *Theologische Zeitschrift*, Bâle, 1945ss

vi

ABREVIATIONS

TüThQ   *Tübinger Theologische Quartalschrift*, Tubingue, 1819ss
VC   *Verbum Caro*, Neuchâtel, 1947ss
ZfKTh   *Zeitschrift für katholische Theologie*, Vienne, 1877ss
ZfSTh   *Zeitschrift für systematische Theologie*
ZNW   *Zeitschrift für die nt Wissenschaft*, Berlin, 1900ss

AVANT-PROPOS

Cet ouvrage a été présenté comme thèse de doctorat ès sciences religieuses à la Faculté de Théologie protestante de l'Université de Strasbourg, le 23 juin 1969. Le texte en a été par endroits allégé, surtout dans les notes. Nous regrettons toutefois de n'avoir pu prendre en considération les ouvrages de W. Oostendorp et de M. Rissi sur la deuxième épître aux Corinthiens, ce qui eût certainement enrichi notre propos.

Nous sommes redevables pour ce travail des encouragements, conseils et suggestions de MM. les professeurs M. A. Chevallier et E. Trocmé auxquels nous exprimons notre profonde gratitude. Elle s'adresse aussi tout particulièrement à M. le professeur M. Black qui a bien voulu accepter cet ouvrage dans la collection qu'il dirige.

Nous remercions également Madame A. Juras-L'Huillier et M. A. Collange pour leur collaboration efficace, ainsi que le personnel de la Cambridge University Press qui a su decrypter avec brio un manuscrit pas toujours facile et, de surcroît, étranger. Enfin nos pensées vont spécialement aux compagnons de tous les jours sans l'appui desquels rien n'eût pu être entrepris : ma femme et mon ami le pasteur F. Kapp.

Juillet 1971   J.-F. COLLANGE

INTRODUCTION

La Deuxième aux Corinthiens est célèbre par ses obscurités. A chaque instant le lecteur est arrêté par des allusions, des sous-entendus, qui constituent de véritables énigmes (Osty). Βλέπομεν γὰρ ἄρτι δι᾽ ἐσόπτρου ἐν αἰνίγματι, τότε δὲ πρόσωπον πρὸς πρόσωπον (St Paul).

Le but de ce travail est clair : il s'agit pour nous de déterminer ce que Paul a voulu dire, ce qu'en fait il a dit, en écrivant – ou en dictant – le passage qui nous est présenté par sa deuxième épître canonique aux Corinthiens du verset 14 du chapitre 2 au verset 4 du chapitre 7. En posant ce principe nous avons conscience de la critique qu'on pourra nous faire d'un objectivisme naïf. Toutefois nous voyons mal – ou plutôt nous ne voyons que trop – ce que pourrait être une exégèse qui n'aurait pas cette passion de la vérité et cette soumission au texte. Que ce but puisse être totalement atteint est une autre question ; c'est en tout cas vers ce but-là que nous tendrons ; au lecteur de juger dans quelle mesure nous aurons réussi. Cette recherche ne va pourtant pas sans la mise en œuvre de certains moyens, d'une méthode. Il nous faut donc brièvement en exposer les principes.

A. LA MÉTHODE

Nous faisons nôtre la thèse fondamentale de J. Barr selon qui : 'C'est la phrase – et naturellement aussi le contexte littéraire plus large, tel le discours ou le poème tout entier – qui est, dans l'ordre du langage, porteur de l'affirmation théologique et non pas le mot (l'unité lexicologique) ou l'affinité morphologique et syntaxique.'[1] Nous croyons qu'il faut souligner, notamment dans l'exégèse des épîtres, une certaine homogénéité du texte, une certaine fluidité du discours. Il y a en effet deux dangers qui guettent l'exégète : celui de ne s'attacher qu'à l'étude de certains 'mots-clefs', en les extrayant de leur contexte syntaxique ; celui de s'enliser dans des recherches d'histoire comparée des religions. Nous ne disons pas que ces deux types

---

[1] *The semantics of biblical language* (Oxford, 1961), p. 263.

d'étude sont à rejeter; au contraire leur apport est précieux et nécessaire, mais ils ne constituent qu'un stade du travail de l'exégète qui doit les dépasser, les 'intégrer' dans un champ plus large.

A titre d'exemple, prenons le début du chap. 5 dont la difficulté est bien connue. Au v. 1 il est fait allusion au κατα-λυθῆναι auquel est livré 'notre maison terrestre de la tente'. Or καταλύω appliqué à une construction ne veut dire en grec qu'une chose: détruire. Mais comme de toute évidence le langage de Paul est ici métaphorique, on a essayé d'en savoir plus sur le sens de cette image. C'est alors qu'on découvre dans les textes hermétiques un ἀναλύω (délier, dissoudre) appliqué à la mort (cf. Phil. 1: 23). On en conclut sans plus qu'il est aussi question de mort dans 2 Cor. 5: 1. Ce raisonnement est parfaitement illégitime, et ce, pour au moins deux raisons:

(1) Que dirait-on en français de l'assimilation de verbes comme 'construire' et 'détruire' ou 'lier', 'délier' et 'relier' ou encore 'dissoudre', 'résoudre' et 'absoudre'? Il en va de même en grec.

(2) Le verbe καταλύω a pour sujet ici οἰκία (maison) et ne saurait donc – quels que soient par ailleurs ses différents sens dans l'absolu – signifier que: 'la maison est détruite'. Si on veut interpréter la métaphore, c'est l'ensemble que constituent le verbe et le sujet qu'il faut interpréter et non pas seulement le verbe, comme s'il n'était pas ici déterminé.

On pourrait multiplier les exemples, mais nous aurons l'occasion d'en reparler dans l'exégèse de détail. Qu'on nous permette seulement de citer encore 'l'explication' que le père Dupont donne du verbe ἐκδημῶ (sortir de) au v. 6 du même chapitre 5: 'Nous n'avons pas rencontré l'antithèse ἐνδημεῖν–ἐκδημεῖν:...nous ne connaissons ni dans la Bible grecque, ni dans le judaïsme hellénistique un emploi métaphorique correspondant plus ou moins à celui de Paul.' (La conclusion à tirer d'une telle constatation nous paraît évidente: Paul emploie une métaphore originale pour exprimer, d'une manière qu'il pense plus parlante, une vérité connue de lui et de ses lecteurs...et qu'il s'agit alors de déterminer. Ou bien il faut franchement avouer que l'on n'a pas assez d'éléments pour comprendre Paul ici.) Mais le père Dupont continue:

En revanche les écrits de Platon attestent un thème précis, incontestablement apparenté à celui de Paul, où il est question d'ἀποδημία pour indiquer ce que devient l'âme au moment de la mort... A partir de là, on peut s'expliquer aisément la formation de l'antithèse par St Paul; en train de construire une série d'antithèses, Paul s'empare d'ἀποδημῶ; il lui suffit de remplacer le préfixe ἀπο- par deux préfixes antithétiques pour tenir la formule qu'il cherche.[1]

Singulière description de la lutte de l'apôtre avec le langage!

Cela dit, il nous faudra aussi prendre certaines distances envers la thèse selon laquelle, Paul, qui est avant tout passionné et homme d'action, ne peut être effrayé par le paradoxe, la contradiction ou une expression un peu décousue. On sait que M. Goguel a particulièrement milité en faveur d'une telle compréhension de l'apôtre.[2] Et, loin de nous la tentation de revenir à une sorte de dogmatisme plus ou moins orthodoxe en ce qui concerne la compréhension des épîtres. Nous tenons toutefois à indiquer le danger qu'il y a d'en référer un peu trop vite au caractère contradictoire, soit de l'esprit de l'apôtre, soit de l'esprit de l'époque dans laquelle il baignait. Il nous semble que *par définition* un texte comme le nôtre est homogène dans la mesure où il est l'œuvre d'un seul homme. Cela ne veut certes pas dire qu'il n'y a pas une évolution, voire des contradictions, dans la pensée de cet homme; cela ne veut pas dire non plus que cet homme n'utilise pas un certain donné linguistique et conceptuel qu'il n'a pas créé; mais cela signifie que l'on n'a pas *compris* l'homme et sa pensée lorsqu'on s'est contenté d'en signaler les contradictions et les sources.

Nous voyons pourtant une triple objection que l'on pourrait faire à ce que nous venons d'énoncer:

(a) L'épître n'est pas écrite par Paul lui-même. En effet selon J. A. Eschlimann,[3]

il y a, au temps de Saint Paul, quatre façons d'écrire une lettre: (1) l'écrire de sa main; et le cas était fréquent dans la corres-

---

[1] ΣΥΝ ΧΡΙΣΤΩΙ. *L'union avec le Christ suivant St Paul. Première partie: 'Avec le Christ', dans la vie future* (Bruges, 1952), p. 164.

[2] Cf. notamment, 'Les épîtres pauliniennes d'après M. Loisy', *RHPR* (1936), p. 508–17; et A. Brunot, *Le génie littéraire de St Paul* (Paris, 1955), notamment p. 203ss.

[3] 'La rédaction des épîtres pauliniennes d'après une comparaison avec les lettres profanes de son temps', *RB*, **53** (1946), p. 185–96.

pondance privée et secrète; (2) la dicter mot à mot, ou plutôt, syllabe par syllabe; méthode fastidieuse à laquelle on ne recourait qu'en cas de maladie ou bien pour utiliser quelque moment perdu; (3) indiquer à un secrétaire les nouvelles à communiquer, lui laisser le soin de la rédaction, quitte à la relire avant d'y apposer le salut autographe servant de signature; (4) enfin, s'en remettre entièrement au bon goût d'un ami, dont on ratifie d'avance la rédaction (p. 190).

Nous postulons que c'est la première ou la seconde méthode qui convient à 2 Corinthiens. En effet aucune des épîtres de Paul n'est aussi personnelle que celle-là; dans aucune Paul ne se livre autant, ne laisse autant apparaître le fond de lui-même. L'authenticité de l'épître n'a d'ailleurs jamais été contestée sérieusement et même la critique radicale d'un A. Q. Morton[1] qui recourt à l'ordinateur n'ébranle pas cette conviction. L'argument de l'étendue de l'épître, trop longue pour avoir été écrite ou dictée par Paul intégralement, n'est guère solide car Paul a très bien pu s'interrompre plusieurs fois soit dans l'écriture soit dans la dictée, pour peu d'ailleurs que l'épître canonique ne soit pas une compilation postérieure de lettres bien plus courtes.

(b) Nous touchons ainsi à la seconde objection que l'on peut faire à notre méthode: rien ne dit que les textes étudiés aient formés originellement une unité ou procèdent du même jet de plume. C'est là tout le problème de l'unité de l'épître que nous exposons plus bas.

(c) Paul ne crée pas toujours de toutes pièces les éléments de son discours: il peut emprunter à des traditions préexistantes, voire même à des documents écrits. Certes, mais de tels cas ne peuvent être qu'exceptionnels, ils ne sont pas la règle. Une lettre n'est pas un tissu de citations et même les 'citations' ou les emprunts ne sont justement décelables que dans la mesure où, se laissant 'porter' par le flux du discours, on se heurte tout à coup à un élément irréductible. La solution du problème devra alors être cherchée dans une analyse de type 'formiste'.[2]

---

[1] A. Q. Morton and J. McLeman, *Paul, the man and the myth. A study in the authorship of Greek prose* (Liverpool–Londres, 1966).

[2] Sur la méthode formiste appliquée aux épîtres, cf. B. Rigaux, *Saint Paul et ses lettres* (Paris–Bruges, 1962), p. 163–99.

Mais il est vrai qu'il nous faut aussi corriger ce que la thèse de Barr peut avoir de trop absolu.[1] Ce dernier en effet ne tient sans doute pas assez compte du fait qu'une phrase est dite dans un contexte historique et social donné; qu'elle reflète une pensée, une psychologie, elles-mêmes déterminées. Tel mot peut avoir une épaisseur psychologique ou historique et il ne faut pas céder à la tentation de considérer le langage comme un simple système logique. C'est ainsi que nous n'hésiterons pas, malgré ce que nous venons de dire, à faire un large usage de l'ouvrage qui est la cible de tous les traits de Barr, à savoir le *Theologisches Wörterbuch zum NT* édité par G. Kittel.

Qu'on nous permette alors une métaphore: un texte est comme un morceau musical; chaque note n'a de sens que par rapport à l'ensemble; toutefois il faut la jouer juste car une fausse note gâche l'harmonie du tout; de plus une même note peut avoir différentes octaves, être jouée par différents instruments. La note c'est le mot. Ce dernier 'sonne' d'une certaine manière et c'est le rôle de l'analyse lexicographique de déterminer le son 'juste'. Mais cette analyse dégage aussi plusieurs niveaux de sens dans un même mot: la même note a plusieurs octaves. Le rôle de l'exégète est alors un peu celui d'un chef d'orchestre: c'est à lui de rendre l'ensemble tel que l'a écrit le compositeur; pour ce, il lui faut 'avoir de l'oreille', replacer chaque note, chaque instrument, chaque phrase à sa place, afin qu'apparaisse ainsi l'œuvre totale.

Il est vrai sans doute que l'interprétation de tel 'maître' n'est jamais identique à celle de tel autre; et nous retrouvons ainsi le problème de l'objectivité. Toutefois une 'interprétation' – si différente soit-elle d'une autre interprétation – n'est valable et réellement belle que dans la mesure où l'interprète cherche passionnément à rendre la musique de l'auteur et n'improvise pas des variations sur un thème donné. Il faut qu'il y ait communion entre l'auteur et l'interprète, que la musique de l'un signifie quelque chose pour l'autre (et c'est là qu'intervient très certainement l'élément subjectif), mais cette communion ne se fait pas entre deux parties égales, le disciple n'est pas plus grand que le maître et c'est la 'gloire' du disciple (pour

---

[1] Cf. D. Hill, *Greek words and Hebrew meanings. Studies of soteriological terms* (Cambridge, 1967), p. 1–14.

employer un vocabulaire paulinien) que de se soumettre à la musique ou au texte du maître et de se laisser 'porter' par lui.

Enfin, et la chose a son importance, une belle interprétation ne va pas sans un dur travail, sans une technique sans cesse affinée, sans une recherche toujours renouvelée.[1] Ce sont donc ces principes que nous allons essayer d'appliquer en abordant 2 Cor. 2: 14 à 7: 4. Mais il nous faut encore, avant de le faire, justifier notre choix concernant la partie de l'épître étudiée et faire le point sur la question des adversaires auxquels Paul se heurte.

B. LA QUESTION DE L'UNITÉ DE L'ÉPÎTRE

Disons d'emblée qu'il n'entre pas dans nos intentions de résoudre dès ici le difficile problème qui est celui de l'unité de notre épître. Nous nous contenterons d'en tracer les coordonnées nécessaires à la compréhension de tout travail exégétique sur cette épître, tout en ayant, il est vrai, le secret espoir, sur la base de l'exégèse une fois réalisée, de présenter une ébauche de solution, même si celle-ci n'est que partielle.

D'un point de vue strictement phénoménologique on peut distinguer dans la deuxième aux Corinthiens un certain nombre de parties ou 'blocs' présentant quelque cohérence interne.

(a) 1: 1 à 2: 13. La section est dominée par le thème de la consolation (παράκλησις). Paul vient d'être consolé par Tite qui lui apporte en Macédoine des nouvelles rassurantes sur la situation à Corinthe. Un 'offenseur' notamment (2: 5) a été châtié; Paul s'explique sur ses changements de projets de voyage (1: 15ss) et sur une lettre qu'il a écrite 'parmi bien des larmes' (2: 3ss).

(b) 2: 14 à 6: 13 + 7: 2-4. En 2: 14, le récit concernant l'arrivée de Tite est brusquement interrompu et Paul commence une sorte d'apologie de son ministère apostolique.

[1] Cf. les précieuses remarques de P. Burgelin, 'Exégèse et herméneutique', in *L'Evangile hier et aujourd'hui* (*Mélanges F. J. Leenhardt*) (Genève, 1968), p. 163-7. On se reportera aussi aux stimulantes réflexions de J. Ellul dans le même ouvrage 'Notes innocentes sur la "Question herméneutique"' (p. 181-90).

(c) 6: 14 *à* 7: 1. Tant par la difficulté que l'on a à intégrer cette péricope à son contexte immédiat, que par l'étrangeté des termes et des conceptions qu'elle contient, on est amené à lui faire une place particulière au sein de l'épître.

(d) 7: 5–16. Le récit interrompu en 2: 13 reprend. Le thème est à nouveau celui de la consolation. On reparle de Tite, de la lettre dans les larmes et du repentir des Corinthiens.

(e) 8 + 9. Ces deux chapitres parlent de la collecte organisée par Paul dans les églises de la gentilité en faveur des saints de Jérusalem.

(f) 10–13. Le passage de la fin du chap. 9 au début du chap. 10 est très abrupt. Paul s'en prend violemment à des adversaires qu'il ne nomme pas précisément mais qui semblent contester très fort son apostolat.[1]

C'est sur la base de cette analyse qu'un certain nombre d'hypothèses concernant l'unité ou le caractère rédactionnel de l'épître vont s'édifier. Toutefois, avant d'en livrer la mention succincte, il nous faut encore faire allusion aux événements qui se sont produits, on le considère très généralement, entre la rédaction de 1 Corinthiens et celle de 2 Corinthiens (ou d'une partie de celle-ci). Les quelques faits que nous relaterons ne sont ni incontestables, ni incontestés et nous nous permettons, à leur sujet, de renvoyer aux différentes introductions des commentaires ou aux ouvrages que nous allons encore citer. Nous ne faisons cette relation que dans le but d'éclairer les propos qui vont suivre. On admet donc généralement que des prédicateurs étrangers sont arrivés à Corinthe après la rédaction de la première épître. Ils réussissent à 'monter' l'église contre Paul qui, averti de la chose à Ephèse, se rend précipitamment à Corinthe. Il ne réussit pourtant pas à ramener l'ordre et se trouve même obligé de quitter la ville, vaincu, à la suite d'une offense. C'est alors que, de retour à Ephèse, il envoie 'dans les larmes', une lettre sévère dont Tite est le porteur. Puis, anxieux du résultat, il va au-devant de Tite qu'il rencontre en Macédoine et qui lui apporte des nouvelles apaisantes. A la suite de quoi il écrit notre épître (la seconde canonique), ou un fragment de celle-ci, et il charge Tite en particulier de terminer la

[1] Nous laissons de côté pour l'instant le problème de gloses ou de retouches rédactionnelles éventuelles. On a parlé de 11: 32s; 2: 14; 3: 17 + 18c; 5: 16. Pour ces trois derniers versets nous renvoyons au commentaire.

collecte pour les saints, qu'il ira lui-même recueillir à Corinthe (ce sera donc son troisième séjour dans la ville, cf. 12: 14 et 13: 1) avant de s'embarquer pour Jérusalem.

1. La lettre canonique est-elle l'œuvre d'un rédacteur?

Il faut tout d'abord mentionner l'hypothèse, née à la fin du siècle dernier, selon laquelle les quatre derniers chapitres de 2 Cor. (10–13) seraient un fragment plus ou moins important de la fameuse lettre sévère dont il est question en 2: 3 et en 7: 8. Ces chapitres seraient donc antérieurs aux chapitres 1–9 et ne devraient leur place actuelle qu'à l'ignorance ou à la maladresse d'un rédacteur.[1] Cette hypothèse ingénieuse expliquerait le changement de ton noté entre 9: 15 et 10: 1 et qui peut passer pour une erreur psychologique (après avoir prôné la réconciliation, Paul attaque). Elle explique aussi – selon ses tenants – le manque de transition au même endroit; qu'un certain nombre de passages de 1–9 semblent présupposer des passages de 10–13 (en particulier 1: 23 répondrait à 13: 2 et 2: 3 à 13: 10). On remarque aussi que les termes καυχᾶσθαι, καύχησις ont un sens péjoratif dans 10–13 et positif dans 1–9 et que la mention voilée de Rome et de l'Espagne comme étant 'au delà de' Corinthe (10: 16) présuppose comme lieu d'envoi de ce chapitre non pas la Macédoine (1–9) mais Ephèse (lettre dans les larmes).

Il faut encore ajouter à ces arguments que l'on peut qualifier de traditionnels, ceux présentés par A. Q. Morton.[2] Se fondant sur le fait que le style de tout prosateur grec suit un schéma bien défini et qui lui est propre; que ce schéma consiste, pour ce qui est de Paul, en l'alternance de phrases d'abord longues, puis de plus en plus brèves, Morton analyse la longueur des phrases 10: 1ss. Il en conclut à une rupture incontestable avec le schéma présenté jusqu'à la fin du chap. 9 et au fait que 10: 1ss offre le schéma d'un début de lettre dont il manquerait une douzaine de phrases. Ce schéma se développe ensuite normale-

[1] Cf. les commentaires de Plummer, Filson, Strachan, Osty, Héring; M. Goguel, *Introduction au NT*, IV, 2 (Paris, 1926), p. 38–86; W. Marxsen, *Einleitung in das NT. Eine Einführung in ihre Probleme*[2] (Gütersloh, 1964), p. 73ss.
[2] A. Q. Morton, 'Dislocations in 1 and 2 Corinthians', *ExpTim.* **78** (1966–7), p. 119.

INTRODUCTION

ment jusqu'à la fin du chap. 13. Morton toutefois ne se prononce pas sur l'antériorité ou la postériorité des chap. 10–13 par rapport aux chap. 1–9. Aussi bien, la méthode sur laquelle il s'appuie ne le lui permet pas. Par contre R. Batey,[1] lui, se prononce résolument en faveur de cette dernière hypothèse : 10–13 appartiennent à une lettre différente de 1–9 mais l'ordre chronologique est bien respecté dans la rédaction finale. Batey défend ainsi une position assez semblable à celle de ceux qui, maintenant l'unité de l'épître, considèrent pourtant qu'un certain temps a pu s'écouler entre la rédaction par Paul des premiers chapitres et des derniers (cf. plus bas). Il s'en sépare pourtant réellement en plaçant la visite douloureuse (la seconde) entre 1–9 et 10–13, de sorte que la séquence 'visite – lettre dans les larmes' (identifiée à 10–13) est maintenue. Placer pourtant 1–9 avant cette visite semble une gageure.

L'hypothèse dite 'des quatre chapitres' peut d'ailleurs encore avoir d'autres développements. C'est ainsi que Bultmann propose comme lettre sévère non seulement 10–13 mais encore 2 : 14 – 7 : 4,[2] proposition adoptée par E. Dinkler qui y ajoute pourtant encore le chap. 9.[3] Toutefois cette assimilation est rejetée par G. Bornkamm[4] (suivi par D. Georgi[5]), qui pense que 2 : 14 – 7 : 4 constitue une lettre encore antérieure à 10–13, écrite à un moment où Paul n'avait pas encore eu à affronter pleinement le danger présenté par l'intrusion des faux apôtres à Corinthe.

Mais le travail de dislocation de l'épître ne s'arrête pas là. C'est ainsi qu'on a dissocié le chap. 9 soit des chap. 1–8 conçus comme un tout, soit encore du chap. 8, lui-même détaché des chap. 1–7. En effet en 9 : 1 Paul dit de la collecte : 'il est superflu pour moi de vous en écrire', comme s'il ne venait pas d'en parler pendant tout un chapitre. De plus au chap. 8 il fait

---

[1] 'Paul's interaction with the Corinthians', *JBL* (1965), p. 139–46.
[2] *Exegetische Probleme des 2. Korintherbriefes* (Upsala, 1947), p. 14.
[3] *RGG*[3] IV (1960), col. 17ss.
[4] *Die Vorgeschichte des sogennanten 2. Korintherbriefes* (Heidelberg, 1961), p. 22s. On trouvera un résumé de cet ouvrage in G. Bornkamm, 'The history of the origin of the so-called second letter to the Corinthians', in *The authorship and integrity of the NT*, S.P.C.K. Theological Collections **4** (Londres, 1967), p. 73–81.
[5] *Die Gegner des Paulus im 2. Korintherbrief. Studien zur religiösen Propaganda in der Spätantike* (Neukirchen–Vluyn, 1964), p. 25ss.

l'éloge de la charité des Macédoniens auprès des Corinthiens, alors qu'au chap. 9 il semble vanter aux Macédoniens l'empressement des communautés d'Achaïe. On a pu déduire de là que le chap. 9 était un billet séparé destiné à préparer la collecte dans les communautés d'Achaïe autres que Corinthe.[1] Nous n'avons pas encore parlé du problème posé par le passage 6: 14 – 7: 1. Nous n'en dirons pas grand chose ici, puisque nous aurons l'occasion de l'étudier à fond plus loin. Notons pourtant que bien peu des auteurs que nous avons déjà cités et qui considèrent l'épître comme une œuvre rédactionnelle, admettent que ce passage est à sa place primitive. On parle souvent d'un fragment de la lettre, autrement perdue, à laquelle Paul fait allusion en 1 Cor. 5: 9: 'En vous écrivant dans ma lettre de ne pas avoir de rapports avec les impudiques.'

Nous n'avons jusqu'ici envisagé le problème que dans les limites présentées par l'actuelle deuxième lettre canonique. On peut toutefois encore le compliquer en considérant les deux lettres canoniques comme l'ensemble rédactionnel; chacune contenant des fragments de lettres, coupées arbitrairement par le rédacteur final et associées tout aussi arbitrairement à d'autres fragments. On voit ainsi à quelle 'gymnastique' on peut se livrer. Nous renvoyons pour de plus amples détails aux différentes introductions (notamment à celle de Goguel et celle de Héring), nous contentant d'indiquer la thèse originale de J. Harrison[2] pour qui 1 Cor. 1–4 et 2 Cor. 10–13 font partie de la même lettre et celle de W. Schmithals qui distingue six lettres différentes envoyées par Paul à Corinthe en l'espace d'environ huit mois.[3] Notons encore qu'un tel recoupement avec 1 Cor. n'est possible que dans la mesure où l'on pense que les adversaires visés par Paul dans 1 Cor. et dans 2 Cor. sont les mêmes, ce dont nous aurons encore l'occasion de reparler.

Reste dans ces hypothèses, à expliquer l'origine de la disposition de la seconde épître canonique. Peu d'auteurs se donnent cette peine. L'éventualité du déplacement d'un feuillet est notamment évoquée à propos de 6: 14 – 7: 1. Mais

[1] Ainsi Osty, Héring (pour qui 9 est antérieur à 8), Marxsen, Goguel (*op. cit.*); G. Bornkamm (*op. cit.* p. 31s); D. Georgi (*op. cit.* p. 25ss).
[2] 'Saint Paul's letters to the Corinthians', *ExpTim*, **77**, 1965–6, p. 285s.
[3] *Die Gnosis in Korinth. Eine Untersuchung zu den Korintherbriefen* (Göttingen, 1956), p. 9ss.

pour ce qui est de l'ensemble de l'épître voici ce que propose Goguel:

La juxtaposition de la lettre E [1: 1–6: 13; 7: 2–8: 24] et de la lettre F [9: 1–15] s'explique d'elle-même par l'identité de la question traitée dans les chap. 8 et 9. S'il ne faut pas expliquer simplement par le hasard le fait que la lettre D [10: 1–13: 10], bien qu'antérieure aux lettres E et F, ait été mise à la fin de l'épître, cette disposition résulte peut-être de ce qu'on savait que, peu après sa dernière lettre, Paul était venu à Corinthe et que, dans 12: 14, 20, 21; 13: 1s, 10 il annonçait sa prochaine venue (*op. cit.* p. 85s).

Mais c'est surtout G. Bornkamm (suivi par Marxsen et une nouvelle fois par D. Georgi) qui a fait le plus gros effort dans le sens du problème qui nous préoccupe (*op. cit.* p. 24ss). Il note en effet qu'à l'époque post-apostolique la venue de faux prophètes était une annonce de la fin des temps. En plaçant ainsi la partie polémique à la fin de l'œuvre, le compilateur donne à celle-ci un caractère apocalyptique et testamentaire. La figure de l'apôtre Paul, très contesté à ce moment-là, s'en trouve relevée et Paul apparaît alors aux yeux du lecteur comme le véritable envoyé de Dieu, prédicateur de la fin des temps. L'intention du rédacteur serait donc la même que celle des auteurs des Actes et des pastorales: montrer combien Paul ne pouvait être confondu avec les hérétiques.

Mais, poursuit Bornkamm, l'intervention du rédacteur s'est bornée à cette disposition et il n'a pas autrement touché au texte paulinien lui-même, si ce n'est en 2: 14. En effet, ne sachant trop où placer 2: 14 – 7: 4 (pour Bornkamm il s'agit d'une première réaction de Paul à l'intrusion des faux apôtres), il imagine – à tort – que l'arrivée de Paul en Macédoine (2: 13 et 7: 5) notée dans la lettre de réconciliation (pour Bornkamm la dernière) fut triomphale; c'est donc là qu'il insère l'apologie (2: 14 – 7: 4) en arrangeant un peu la 'suture' (2: 14). Enfin, Bornkamm présente encore une série d'arguments supplémentaires en faveur du caractère rédactionnel de notre épître. En effet Clément de Rome écrivant vers 96 aux Corinthiens ne parle que d'une seule lettre que Paul leur aurait écrite (47: 1s). De plus ni Ignace d'Antioche, ni Polycarpe de Smyrne ne font de citations nettes de 2 Corinthiens, alors qu'ils utilisent fréquemment 1 Corinthiens, et que tant le thème du martyre (2 Cor. 4: 10ss), que celui des faux prophètes auraient dû les intéresser. En fait, conclut Bornkamm, le premier à parler explicitement de 2 Corinthiens est Marcion: il faut donc en déduire que cette épître n'existait pas avant (*op. cit.* p. 33–6).

2. L'épître est-elle une unité?

Si, comme nous venons de le voir, les hypothèses ne manquent pas concernant le caractère rédactionnel de 2 Cor. ceux qui défendent l'intégrité de l'épître n'ont rien à envier à ceux qui la contestent, tant en ce qui concerne le nombre des 'militants', que la qualité de leurs arguments.[1]

Tout d'abord il convient de s'interroger sur la valeur des arguments invoqués en faveur du caractère rédactionnel de l'épître. Les versets que l'on a trouvés dans 1–9 et qui semblent en présupposer d'autres – dans 10–13 – ne sont pas très convaincants. On a de plus souvent soutenu que 10–13 n'avait rien d'une lettre écrite dans beaucoup de larmes[2] et Hughes va jusqu'à reprendre la thèse, courante avant le développement de la critique moderne, qui voit cette lettre dans 1 Corinthiens. Enfin au chap. 9 Paul peut fort bien reprendre ce qu'il a dit au chap. 8 soit pour y insister, soit pour présenter la collecte sous un angle différent et qui complète ce qu'il vient de dire.

Mais il faut surtout noter l'absence totale d'appui de la thèse rédactionnelle dans la tradition manuscrite. Même l'effort fait par Bornkamm pour esquisser une silhouette au rédacteur aboutit à une conclusion très hypothétique.[3] De plus le fait que Clément de Rome ne mentionne qu'une lettre aux Corinthiens, peut très bien se comprendre dans l'hypothèse d'une fusion primitive des deux épîtres canoniques en une seule. En fait il

---

[1] Bachmann, Wendland, Tasker, Prümm (1, 1967, *ad* 10: 1); McNeile, *An introduction to the study of the NT* (toutefois dans la seconde édition revue par C. S. C. Williams – Oxford, 1953 – et que nous avons consultée, Williams se déclare en faveur de 'l'hypothèse des quatre chapitres', p. 138–42); A. G. M. Stephenson, 'A defence of the integrity of 2 Corinthians', in *The authorship and integrity of the NT*, p. 82–97; B. Rigaux, *op. cit.*, p. 156; J. L. Price, *Interpreting the NT* (New-York, 1961), p. 369ss.

[2] Cf. C. H. Buck, 'The collection for the Saints', *HThR* (1950) (pp. 1–29), p. 6ss.

[3] Cf. W. G. Kümmel dans Feine–Behm, *Einleitung in das NT. 12. Auflage von W. G. Kümmel* (Heidelberg, 1963), p. 216.

faut bien reconnaître que nos connaissances sur la formation du corpus paulinien sont très fragmentaires et que bâtir sur ce terrain revient un peu à bâtir sur du sable.[1] Subsiste bien sûr l'argument de l'ordinateur de A. Q. Morton. Cependant on sait combien la solidité de la mise en œuvre de cette méthode a été contestée[2] et dans la note citée qui traite plus particulièrement du problème qui nous préoccupe, Morton ne présente que des conclusions.

En fait l'argument majeur en faveur d'une rupture entre 1–9 et 10–13 d'un côté, entre 8 et 9 de l'autre (etc.) est essentiellement d'ordre psychologique. Comment Paul a-t-il pu changer si brusquement de ton? Comment une lettre de réconciliation peut-elle se muer si soudainement en lettre de remontrances? Or pour répondre à ces questions, déclarent les tenants de l'unité de l'épître, il n'est nul besoin de recourir à l'hypothèse de lettres différentes.

En effet on peut déjà noter que le ton dans 1–9 n'est pas toujours très pacifique et annonce la colère de 10–13.[3] D'autre part une saute d'humeur ne devrait pas surprendre ceux qui connaissent bien le caractère passionné de l'apôtre. Ainsi Schlatter attribue le changement de ton au fait qu'en 1–7 Paul considère ce qui s'est passé et qui n'est pas sans le satisfaire, alors qu'en 10–13 des doutes l'assaillent soudain quant au développement futur de la chose; ainsi de même A. Brunot[4] discerne un schéma psychologique A B A' chez Paul qui se retrouverait tout particulièrement dans notre épître.

Si cette explication ne satisfait pas, on peut encore penser que l'habitude de Paul étant de ne pas écrire lui-même ses lettres, il prend maintenant – en 10: 1 – personnellement la plume.[5] Ou

[1] Cf. encore Feine–Behm[12], p. 352ss; C. L. Mitton, *The formation of the Pauline corpus of letters* (Londres, 1955); W. Schmithals, 'Zur Abfassung und ältester Sammlung der paulinischen Hauptbriefe', *ZNW*, **51** (1960), p. 225–45.

[2] Cf. H. K. McArthur, 'Computer Criticism', *ExpTim*, **76** (1964–5), p. 367–70 et la réponse de Morton, 'Computer Criticism: A reply', *ExpTim*, **77**, 1965–6, p. 116–20; à quoi McArthur répond à son tour dans le même numéro, 'A Further Note on Paul and the Computers', p. 350.

[3] Allo; Stephenson, *art. cit.*, p. 87ss.

[4] *Op. cit.* p. 41–9; cf. encore J. Cambier in *Introduction à la Bible (sous la direction de A. Robert et A. Feuillet)*, ii, *NT* (Tournai, 1959), p. 437ss.

[5] Ainsi Feine–Behm[12], p. 215 et W. H. Bates, 'The integrity of II Corinthians', *NTS*, **12** (1965/6), p. 56–69, qui insiste sur le parallèle offert par Gal. 5: 2.

bien encore ne s'adresse-t-il pas aux mêmes personnes en 1–9 et 10–13, les premiers chapitres visant l'ensemble de la communauté, les derniers tout particulièrement le groupe des intrus?[1] Enfin, et surtout, on avance que Paul n'a pas pu écrire une lettre aussi longue d'un seul jet: il s'est donc plusieurs fois interrompu pendant la rédaction de sa lettre, d'où des passages abrupts, des changements d'humeur,[2] Lietzmann allant même jusqu'à supposer une nuit d'insomnies entre 9: 15 et 10: 1 (*ad* 10: 1). Rien n'empêche dès lors d'envisager – notamment entre 9: 15 et 10: 1 – des intervalles assez longs durant lesquels Paul aurait pu recevoir de mauvaises nouvelles de Corinthe,[3] ou même – selon L. P. Pherigo[4] – la collecte aurait eu lieu.

Que conclure de tout cela? Nous pensons qu'il nous faudra garder à l'esprit toutes les éventualités évoquées lorsque nous aborderons le texte lui-même; ce n'est qu'à la fin de notre travail exégétique que nous verrons si nous aurons recueilli le plus d'arguments pour faire pencher la balance d'un côté plutôt que de l'autre. En effet, après le rapide tour d'horizon que nous venons d'esquisser, aucun argument convaincant n'emporte notre adhésion soit dans un sens, soit dans l'autre. Mais surtout, et cela nous intéresse plus particulièrement, quoi qu'il en soit de l'unité ou de la diversité de l'épître, l'objet de notre étude – soit 2: 14 – 7: 4 – forme incontestablement un tout. En effet, sauf pour ce qui est de 6: 14 – 7: 1 et de quelques détails comme 2: 14; 3: 17; 5: 16 nul ne s'avise, même parmi les critiques les plus impitoyables, de contester l'unité du morceau.[5] Les limites de notre travail ne sont donc pas arbitraires et rien ne s'oppose à ce que nous mettions en œuvre la méthode exposée au début de cette introduction.

[1] Godet; Spicq; A. Wikenhauser, *Einleitung in das NT*[5] (Fribourg–Bâle–Vienne, 1963), p. 283–5.

[2] W. Michaelis, *Einleitung in das NT* (Berne, 1946), p. 178s; D. Guthrie, *NT Introduction. The Pauline epistles* (Londres, 1961), p. 50–63; W. G. Kümmel dans Feine–Behm, *Einleitung*[12], p. 216s.

[3] Windisch; Osty; C. H. Buck, *art. cit.*, p. 6ss; J. Munck, *Paulus und die Heilsgeschichte* (Copenhague, 1954), p. 162–6; R. M. Grant, *A historical introduction to the NT* (Londres, 1963), p. 180s.

[4] 'Paul and the Corinthian Church', *JBL*, **68** (1949), p. 341–50.

[5] Il est vrai que Windisch en particulier note un certain flottement à la fin du chap. 5 et au début du chap. 6. Mais il ne parle jamais que d'inter-version accidentelle de feuillets originairement bien unis.

Enfin, personne ne conteste non plus que, même s'il n'y a pas unité littéraire, il y a unité quant à la situation à laquelle les différentes parties de l'épître font face. D. Georgi en particulier (*op. cit.* pp. 16ss) tout en niant l'unité littéraire a relevé les très nombreux traits communs à 2: 14 – 7: 4 et 10–13. Il sera donc légitime de chercher à éclairer, quand ce sera nécessaire, 2: 14 – 7: 4 par 10–13. Même Schmithals qui mélange les deux lettres canoniques ne parvient qu'à introduire 2 Cor. 6: 14 – 7: 1 dans sa lettre A qui autrement n'est formée que de fragments de 1 Cor. (de même que sa lettre B), les lettres C à F par contre étant exclusivement composées de fragments de 2 Cor. Unité littéraire de l'épître ou non, 2 Cor. 2: 14 – 7: 4 est donc à interpréter dans le contexte plus vaste de cette épître.

C. LE PROBLÈME DE L'IDENTITÉ DES ADVERSAIRES DE PAUL

On sait que toutes les épîtres de Paul sont – dans une mesure variable sans doute – des écrits de circonstance. Paul écrit pour tel motif précis, contre telle évolution fâcheuse des communautés qu'il a fondées. Toutefois ces motifs ou ces dangers – bien connus de Paul et de ses interlocuteurs – ne sont pas toujours clairement exprimés dans les écrits qui nous restent comme seuls vestiges de toute une 'histoire' humaine. On comprend donc la difficulté à les mettre à jour, mais aussi la nécessité qu'il y a à en entreprendre l'essai pour une droite compréhension de ces vestiges.

L'éventail des thèses touchant à l'identification des adversaires auxquels Paul s'en prend dans 2 Corinthiens est presque aussi étendu que l'éventail de celles qui touchent à la composition de cette épître. Or notre propos n'est, pas plus dans ce second cas que dans le premier, d'arriver dès l'abord à des conclusions définitives, mais de donner un bref aperçu de la question, devant permettre l'approche des textes eux-mêmes. Sur quelques points au moins l'unanimité règne entre les spécialistes: l'agitation à Corinthe a été suscitée par l'intrusion dans la communauté de prédicateurs – apôtres itinérants (3: 1), chrétiens (cf. en particulier 11: 4s, 23), d'origine juive (11: 22s). Mais là s'arrête l'accord. Ces judéo-chrétiens sont-ils les mêmes que ceux auxquels Paul s'en prend dans Galates[1] et même dans Philippiens?[2] Que l'origine du conflit soit à chercher du côté de Jérusalem c'est ce qu'affirment E. Käsemann[3] et C. K. Barrett.[4] C'est par contre du côté d'Alexandrie et du judaïsme hellénisé alexandrin que se tournent Plummer et Strachan. Quant à R. Reitzenstein, il se livre à une longue comparaison des thèmes livrés par la seconde aux Corinthiens et des thèmes hermétiques et mystériques pour conclure que les adversaires de Paul étaient de purs pneumatiques.[5] Il va être suivi dans cette voie pas Schlatter qui parle d'un syncrétisme judéo-hellénistique et par une série d'auteurs qui, il faut le noter, considèrent que l'opposition à laquelle Paul fait face dans la seconde épître est de la même nature que celle à laquelle il s'attaque dans la première, soit à une certaine gnose pneumatique.[6] W. Schmithals s'est fait le champion particulièrement brillant de cette thèse. Pour lui le christianisme corinthien serait un christianisme gnostique enté sur la branche juive de la gnose dont l'origine lointaine est à chercher dans le thème oriental très ancien de l'homme primordial.[7] Seulement que savons-nous au juste des origines de la gnose? Schmithals lui-même (pp. 239ss) reconnaît qu'on ne peut parler de gnose que lorsqu'on est en face de ces deux éléments constitutifs: compréhension caractéristique du monde et de soi, exprimée dans une mythologie particulière. Or le simple dualisme cosmique et le mépris radical de ce qui est terrestre que Schmithals décèle chez les Corinthiens peut-il tenir lieu de gnose?

[1] H. J. Schoeps, *Paulus. Die Theologie des Apostels im Lichte der jüdischen Religionsgeschichte* (Tübingen, 1959), p. 69–77. Notons toutefois qu'un certain nombre de thèmes majeurs de Galates tel le rôle de la loi et de la circoncision n'apparaît pas dans 2 Cor.

[2] W. H. Bates, *art. cit.*

[3] 'Die Legitimität des Apostels. Eine Untersuchung zu II Korinther 10–13', *ZNW*, **41** (1942), p. 33–71.

[4] 'Cephas and Corinth', in *Abraham unser Vater. Festschrift O. Michel* (Leiden–Köln, 1963), p. 1–12.

[5] *Die hellenistischen Mysterienreligionen*[3] (Leipzig–Berlin, 1927), p. 361–71.

[6] Bultmann, *op. cit.*, p. 20–30; Dinkler, *art. cit.*, col. 17s; Marxsen, *op. cit.*, p. 77–84 (pour ce dernier il ne s'agit pas de purs gnostiques mais des représentants d'un syncrétisme où sont amalgamés des éléments chrétiens, juifs et gnostiques); W. Bieder, 'Paulus und seine Gegner in Korinth', *ThZ*, **17** (1961), p. 319–33.

[7] *Die Gnosis in Korinth.*

En dépouillant cette thèse de ce qu'elle a de trop tranché, il est d'ailleurs encore possible de découvrir certains éléments à saveur gnostique ou pré-gnostique dans les Corinthiennes, notamment dans la première. Dom J. Dupont en particulier, y étudiant la notion de *gnosis* relève 'une parfaite homogénéité entre la *gnosis* charismatique de la première aux Corinthiens et la *gnosis* dont il est question en 2 Cor. 8: 7 et 11: 6'.[1] Et d'attribuer le relief pris par cette notion à l'influence des intrus, d'origine juive et promoteurs des factions dans la communauté. L. Goppelt, lui aussi, reprend la thèse d'un judéo-christianisme pneumatique et gnostique à Corinthe et s'emploie à montrer comment à travers les écrits johanniques, les Odes de Salomon, la gnose samaritaine de Simon le Mage, la 'patrie' de cette gnose est à déterminer en Palestine.[2] C'est ainsi encore que l'*Introduction* de Feine–Behm–Kümmel parle d'une 'opposition gnostico-palestino-judéo-chrétienne'.[3]

Dans cette optique d'ailleurs rien n'empêche de penser que le foyer même de ce syncrétisme fut Corinthe; syncrétisme étant d'ailleurs un mot un peu fort car il aurait été plus tactique que réél. En effet des prédicateurs itinérants judéo-chrétiens, arrivés à Corinthe, auraient été amenés à faire cause commune avec les 'pneumatiques' de la communauté dans leur lutte contre Paul. Ce dernier aurait donc eu à faire face à un double front: juif d'un côté, pneumatique de l'autre, unis pour la circonstance.[4]

J. Munck présente, quant à lui, une thèse originale.[5] Dans notre épître Paul ne s'en prendrait pas tellement aux apôtres itinérants qu'à la communauté elle-même toute entière. Cette épître ne serait qu'un épisode dans la longue suite d'incompréhensions qui se poursuit entre Paul et les Corinthiens. La première épître canonique n'a pas rétabli la situation, la visite impromptue de Paul fut un échec, et voilà qu'apparaissent des apôtres itinérants assez inoffensifs, mais qui arrivent à un

---

[1] *Gnosis. La connaissance religieuse dans les épîtres de Saint Paul* (Louvain–Paris, 1949).

[2] *Les origines de l'Eglise. Christianisme et judaïsme aux deux premiers siècles* (Paris, 1964), p. 124–33.

[3] P. 211. Cf. encore Prümm 1 (1967), p. 735–58.

[4] C'est la thèse de Windisch, Lietzmann, Hughes, Wikenhauser, *op. cit.*, p. 281–2.

[5] *Op. cit.*, p. 166–89.

mauvais moment. Paul lance alors un ultimatum: ou bien les
Corinthiens reviennent à une meilleure doctrine, ou bien Paul
lui-même (13: 2ss) en tirera les conséquences et les vouera à la
perdition comme son autorité d'apôtre le lui permet.
Munck ne semble guère avoir convaincu, aussi est-ce encore
dans une direction nouvelle que G. Friedrich va pousser ses
recherches.[1] Et c'est aux 'hellénistes' d'Actes 6 que sont alors
rattachés les adversaires de Paul. En effet ceux-ci n'offrent-ils
pas certaines ressemblances avec les 'gens d'Etienne': Juifs
parlant grec, prédicateurs itinérants charismatiques, faiseurs de
miracles, pratiquant l'extase?[2] Et que dire encore de la comparaison du discours d'Etienne (Act. 7: 2ss) et de 2 Cor. 3?
Friedrich note de plus qu'en terrain hellénistique ces prédicateurs du groupe des hellénistes devaient être assimilés aux
prédicateurs cyniques populaires ou encore aux θεῖοι ἄνδρες
qui parcouraient alors tous les pays. C'est ce type – des θεῖοι
ἄνδρες – qui va, enfin, retenir tout particulièrement l'attention
de D. Georgi.[3]
Le caractère récent de l'ouvrage, ses dimensions exception-
nelles pour le sujet (318 pages), son sérieux, la richesse du
matériau qu'il emploie, nous obligent cependant à l'examiner
de manière un peu approfondie. L'auteur montre d'abord que
les adversaires de Paul étaient des missionnaires. Cela ressort en
effet de l'analyse des trois titres διάκονος Χριστοῦ, ἀπόστολος
Χριστοῦ et ἐργάτης (2 Cor. 11: 23 et 11: 13) qui leur sont
appliqués (p. 31–51). Mais les trois autres termes ἑβραῖος,
Ἰσραηλίτης, σπέρμα Ἀβραάμ (11: 22s) indiquent une origine
juive et palestinienne. Toutefois il ne s'agit pas forcément d'un
judaïsme araméisant et fermé sur lui-même, mais bien plutôt
d'un judaïsme fortement hellénisé ouvert sur le monde gréco-
romain (p. 51–82).
Cela n'a d'ailleurs pas de quoi surprendre car *la mission*

[1] 'Die Gegner des Paulus im 2. Korintherbrief', in *Abraham unser Vater*
(*Juden und Christen im Gespräch über die Bibel*). Festschrift für O. Michel zum
60. Geburtstag herausgg. von O. Betz (Leiden–Köln, 1963), p. 181–215.
[2] Cf. encore sur les hellénistes E. Trocmé, *La formation de l'Evangile selon
Marc* (Paris, 1963), p. 198ss.
[3] *Op. cit.* Cf. aussi la recension de S. E. Johnson, 'A new analysis of the
second Corinthians' in *AThR*, **47** (1965), p. 436–45. L'ouvrage – en tant
que thèse non imprimée – date, quant au fond, de 1958, ce qui explique que
Bornkamm (*op. cit.*, p. 16) ait pu se rallier à cette thèse dès 1961.

chrétienne primitive s'est, en partie du moins, formée sur le modèle de la mission juive, fortement organisée à l'époque et foyer du judaïsme hellénistique. Cette dernière en particulier, ne s'est pas développée sans analogie avec la mission des cultes païens dont les deux pôles étaient, d'un côté le missionnaire conçu comme un θεῖος ἀνήρ[1] représentant la divinité (thaumaturge, extatique, etc.) et, de l'autre, la tradition dont il était le porteur (étant entendu que plus cette tradition était ancienne et 'orientale', plus elle était intéressante) – p. 187–205. Or la mission juive en terrain hellénistique reprend ces deux caractéristiques, applique le terme ou la fonction de θεῖος ἀνήρ à certaines grandes figures du passé comme Abraham, David et surtout Moïse et présente comme sa tradition l'Ecriture dont la lecture forme le centre du service synagogal. Georgi nous offre ainsi dans les p. 83–187 une fort belle image de la mission juive à l'époque du NT.

L'auteur montre ensuite que toute une partie de la mission chrétienne primitive s'est coulée dans le schéma préexistant. Le kérygme n'y est pas alors compris comme l'annonce eschatologique du royaume qui vient, mais comme la présentation d'un θεῖος ἀνήρ particulièrement exceptionnel – Jésus: figure du passé, grand thaumaturge et pneumatique – et représenté par des apôtres doués des mêmes pouvoirs. D'où la formation des 'légendes' recueillies dans l'évangile de Marc, particulièrement le récit de la transfiguration présentant justement Jésus comme le θεῖος ἀνήρ par excellence, surclassant même Moïse (p. 205–18). Ainsi donc 'les adversaires de Paul dans 2 Corinthiens ne sont pas des figures isolées, mais les représentants d'un groupe nombreux de missionnaires du christianisme primitif, groupe peut-être même majoritaire' (p. 218).

Dans une seconde partie Georgi s'efforce alors de montrer quelle forme précise l'image de ces missionnaires prend dans notre épître, en la personne des adversaires de Paul. Il note en particulier: (a) tous les points permettant de supposer que ceux-ci se présentaient comme des θεῖοι ἄνδρες (p. 220–34); (b) le fait qu'ils vivaient 'aux crochets' de la communuaté (cf. 11: 7s) et (c) qu'ils se faisaient introduire par des 'lettres célestes' (3: 1) – p. 234ss. Quant à la tradition dont ils se

[1] Cf. L. Bieler, ΘΕΙΟΣ ΑΝΗΡ. *Das Bild des 'Göttlichen Menschen' in Spätantike und Frühchristentum*, I et II (Vienne, 1935s).

recommandaient elle présentait essentiellement Moïse comme un θεῖος ἀνήρ et l'AT comme 'les archives de l'Esprit'. Jésus était aussi considéré comme θεῖος ἀνήρ toujours présent au milieu des siens par la force de son esprit accomplissant parmi eux les mêmes prodiges que ceux qu'il avait accomplis autrefois. Cette christologie se marque ainsi par une absence totale de sens eschatologique (p. 246ss).

Que fait alors Paul face à cette situation? Il va essayer de ramener à lui les gnostiques qui forment la communauté corinthienne – et qu'il faut donc distinguer des missionnaires itinérants judéo-chrétiens hellénistiques – en utilisant un répertoire gnostique. Le sommet de cet effort sera 2 Cor. 5: 1–10. Mais la tentative se solde par un échec. Ce n'est que grâce aux efforts de Tite et au ton de la lettre sévère qu'il réussira à rétablir son autorité sur la communauté (p. 301ss).[1]

Notons tout de suite que, pas plus que pour les autres thèses concernant l'identification des adversaires de Paul, nous ne tenons à prendre position dès ici. La thèse de Georgi présente bien des points discutables, voire faibles. Aussi aurons-nous encore l'occasion, au cours même de notre travail exégétique, de discuter et de critiquer plusieurs de ces points. Il faut toutefois reconnaître à Georgi le mérite de présenter un travail de tout premier ordre, faisant assez forte impression. C'est néanmoins, avec en tête l'ensemble des hypothèses que nous venons d'énoncer tant en ce qui concerne l'unité de l'épître que l'identité des adversaires de Paul, que nous allons aborder maintenant, selon la méthode que nous avons exposée au début de cette introduction, le corps même de notre travail: la lecture – ou l'exégèse – de 2 Corinthiens 2: 14 – 7: 4.

[1] Rappelons que pour Georgi comme pour Bornkamm les événements et les lettres se suivent dans cet ordre: arrivée des intrus; essai de ramener les Corinthiens à l'évangile; 2: 14 – 7: 4; visite-échec de Paul à Corinthe; lettre dans les larmes: avec 10–13; lettre de réconciliation 1: 1 – 2: 13 + 7: 5–16; billets pour la collecte chap. 8 et 9.

UN THEME: L'APOSTOLAT DANS LA FAIBLESSE, 2:14-17

(*14*) Or Dieu soit béni, qui, en Christ, nous traîne toujours dans son triomphe et qui manifeste par nous le parfum de sa connaissance en tout lieu; (15) car nous sommes une odeur de Christ agréable à Dieu, (se répandant) parmi ceux qui sont sur la voie ou du salut ou de la perdition, (16) pour les uns une odeur de mort menant à la mort, pour les autres une odeur de vie menant à la vie. Et à tout cela qui pourrait suffire? (17) En effet, nous ne sommes pas comme la plupart qui trafique la parole de Dieu, mais c'est comme gens sincères, se réclamant de Dieu (mais aussi) responsables devant Dieu, en Christ, que nous parlons.

Compilation ou non, notre épître, en faisant se suivre les deux versets 2: 13 et 2: 14, présente au lecteur un problème malheureux. Celui-ci est en effet immédiatement frappé par la discontinuité qui s'établit – dans le ton, le vocabulaire, les idées – entre ce qu'il vient de lire jusqu'ici et ce qui va suivre. Cela entraîne l'exégète à envisager le *problème de la place de nos v. 14-17 dans l'épître* sous l'angle particulier de cette discontinuité[1] et l'empêche un peu de se rendre compte que ces versets constituent comme un *sommaire* des chapitres qui suivent. On considère généralement 2: 14-17 à la lumière de ce qu'on vient de lire, alors que c'est dans l'éclairage de ce qu'on va lire qu'il faut les comprendre.

---

[1] Cf. la partie B de l'Introduction. Ceux qui maintiennent l'unité de l'épître ont suggéré que l'action de grâces prononcée soudain par Paul est motivée par la réussite de son travail en Macédoine (Allo, Godet, Wendland, Prümm) ou la joie occasionnée par le retour de Tite apportant de bonnes nouvelles de Corinthe (cf. 2: 13 et 7: 5 – Filson, Plummer, Tasker). La difficulté de ces deux possibilités est mise en évidence par Bornkamm (*op. cit.*, p. 21 n. 82) et Windisch. Ce dernier pense quant à lui, à une perturbation du texte original. Héring lui emboîte le pas et propose de lire le v. 14 à la suite du v. 11, les v. 12-13 appartenant primitivement au chap. 7. Quant à Bornkamm il décèle ici la main du rédacteur qui tient à présenter une image laudative de Paul en le comparant à Dionysos triomphant (p. 30).

En effet à la fin du v. 16 et au v. 17 le propos est sans nul doute polémique : il s'agit de la Parole de Dieu, de la manière juste de la prêcher : Paul défend sa conception de l'apostolat contre celle 'de nombreuses gens qui falsifient' l'évangile. Comment établir alors le lien entre les v. 14–16 et cette pointe polémique, sinon en reconnaissant que l'ensemble est polémique ? Ne s'aperçoit-on pas d'ailleurs qu'il est aussi question de 'manifestation' et de 'connaissance' de Dieu (v. 14) ? L'apôtre présente l'apostolat d'une façon bien caractérisée et il ne faut pas douter qu'il le fait *contre* une autre façon de le présenter et qui, peut-être, conduit 'à la mort' (v. 16). Le mot qui revient d'ailleurs le plus souvent dans ces 4 versets est θεός (5 fois), suivi par Χριστός (3 fois). Paul présente son apostolat comme dépendant de Dieu seul (v. 14, 17) ; or nous verrons encore que c'était là un des points chauds de la polémique qui l'opposait à ses adversaires (cf. 3 : 1s ; 5 : 11s). De plus, nous avons déjà eu l'occasion de voir dans l'Introduction (C) que la christologie était aussi en cause (cf. 11 : 4). Il ne nous paraît donc pas faire de doute que les v. 14ss sont comme la quintessence des chapitres suivants ; ou encore, pour prendre une image musicale, le thème qui – sous de multiples formes – va être développé et repris dans la suite. Cela explique d'ailleurs aussi la forme un peu 'liturgique' de ces versets. Quel est ce thème ? C'est ce qu'il nous faut voir maintenant.

A. LE VERSET 14

Τῷ δὲ θεῷ χάρις

Cette construction avec ellipse du verbe est d'un grec classique[1] et se retrouve chez Paul en Rom. 6 : 17 ; 7 : 25 ; 1 Cor. 15 : 57 ; 2 Cor. 8 : 16 ; 9 : 15. Toutefois – sauf pour 1 Cor. 15 – l'ordre y est inverse χάρις τῷ θεῷ, ce qui montre qu'ici c'est θεῷ qui porte l'accent.[2] Or ce détail s'explique bien dans la perspective polémique que nous venons d'esquisser. Par ailleurs 'l'action de grâce' paulinienne – et notamment dans les textes que nous venons de citer – révèle une structure proche de la *berakka* juive.[3]

---

[1] Cf. Blass–D., §128, 6 ; Bauer, col. 1737/5*d*.

[2] Plummer, Hughes, Bachmann.

[3] Cf J. P. Audet, 'Esquisse historique du genre littéraire de la "bénédiction" juive et de l'"eucharistie" chrétienne', *RB*, **65** (1958), p. 371–99.

Il est vrai que, dans une fort belle étude, P. Schubert a montré que les termes de la famille de εὐχαριστέω, employés notamment au début des épîtres de Paul relevaient d'un usage *hellénistique* épistolaire et stylisé courant.[1] Cela n'empêche pas pourtant – et c'est ce que montre l'étude des textes eux-mêmes, comme Schubert le concède aussi (p. 180s) – que Paul ait rempli cette 'forme' de tout le contenu de sa foi chrétienne enracinée dans le judaïsme. Mais ce qui nous semble intéressant ici c'est que, si presque toutes les lettres de Paul commencent par une action de grâces,[2] on peut fort bien imaginer que 2 Cor. 2: 14 est le début d'une lettre primitivement indépendante. Il est vrai que les actions de grâces de débuts d'épîtres ne sont pas exprimées à l'aide du substantif χάρις mais à l'aide du verbe εὐχαριστέω,[3] alors que les exemples avec χάρις que nous avons donnés ci-dessus se trouvent tous intégrés au centre d'un texte. Sur ce point la question reste donc encore ouverte.

τῷ πάντοτε θριαμβεύοντι

Ce qui pourrait renforcer la thèse d'un début d'épître tronqué et replacé ici arbitrairement par un rédacteur, c'est justement la mention du πάντοτε, 'toujours', car cet adverbe se trouve presque constamment dans les actions de grâces de débuts d'épîtres.[4] Toutefois la même intention se retrouve en fin de verset en ἐν παντὶ τόπῳ. La même allusion 'universaliste' apparaît à nouveau en 3: 2; 4: 2, 10 – liée au même thème de la manifestation de l'évangile – de sorte que si ces mentions ne sont pas tout simplement rhétoriques, elles pourraient relever d'une visée polémique: soit que Paul considère que ses adversaires se cantonnent à un champ d'activité restreint, à une révélation partielle, soit qu'au contraire ce sont eux qui l'accusent de cela. Les premiers versets du chap. 4 auxquels nous renvoyons rendent cette intention polémique probable.

Paul bénit Dieu parce qu' 'il nous traîne sans cesse dans son triomphe'. Le verbe θριαμβεύω a été diversement compris.[5]

---

[1] *Form and Functions of the Pauline Thanksgiving* (Berlin, 1939).
[2] Rom. 1: 8; 1 Cor. 1: 4s; Eph. 1: 15s; Col. 1: 3s.
[3] Voir les tableaux établis par Schubert, p. 51 et 54s.
[4] Philem. 4ss; 1 Thess. 1: 2s; Rom. 1: 10; Col. 1: 3s.
[5] Cf. G. Delling, *art.* 'θριαμβεύω', *ThWNT*, III (1938), p. 159–60.

Godet n'hésite pas à lui donner le sens factitif de 'faire triompher'. Malheureusement on ne trouve aucun cas de l'emploi de θριαμβεύω dans ce sens, aussi la majorité des exégètes préfère traduire par 'nous conduit dans son triomphe'. Mais comment l'apôtre apprécie-t-il ce fait? Comme quelque chose de glorieux? ou comme la situation du prisonnier qui est emmené enchaîné par le général vainqueur? Les parallèles profanes et le seul parallèle néo-testamentaire (Col. 2: 15)[1] inclinent vers ce second sens. Pourtant beaucoup hésitent à l'adopter. Ainsi Osty note-t-il: 'Tel un général en chef victorieux qui fait son entrée solennelle à Rome au milieu des acclamations, Dieu parcourt le monde en triomphateur, et les apôtres font partie de ce cortège.' D'autres transigent: Paul est à la fois prisonnier et triomphateur.[2] Mais il nous semble qu'il faut se rallier à la thèse défendue par Delling:[3] Paul ne se considère que comme prisonnier. Ce que, dans ses missions il 'promène' (cf. 4: 10) à travers le monde, c'est la navrante apparence d'un prisonnier, c'est la mort de Jésus (4: 10s), c'est l'apôtre en butte à toutes sortes de tribulations (1: 8s; 4: 8s), en difficulté avec ses propres enfants en Christ. Mais justement c'est cela le triomphe de Dieu. Un seul thème parcourt notre épître: 'Ma grâce te suffit: car la puissance se déploie dans la faiblesse – c'est donc de grand cœur que je me glorifierai surtout de mes faiblesses, pour que repose sur moi la puissance du Christ' (12: 9). Justifions ce choix:

(1) C'est le seul sens du verbe attesté. Si Paul avait voulu 'glorifier' son ministère, aurait-il pris le risque d'employer un mot qui pouvait être compris dans le sens contraire?

(2) L'idée n'est qu'effleurée, peut-être parce que Paul savait que les Corinthiens comprendraient ce langage. En effet le texte de Col. 2: 15 déjà noté est la citation d'un hymne ayant vraisemblablement eu une vie indépendante de celle de l'épître.[4] De plus dans 1 Cor. 4: 9 Paul avait déjà écrit: 'Car

---

[1] '(Le Christ) ayant dépouillé les Principautés et les Autorités, les a publiquement données en spectacle, les ayant emmenées dans son triomphe par elle.'　　　　[2] Allo, Plummer, Strachan.

[3] *Art. cit.*; Bachmann; Hughes; Schlatter; A. M. Denis, 'La fonction apostolique et la liturgie nouvelle en Esprit. Etude thématique des métaphores pauliniennes du culte nouveau', *RScPhTh*, **42** (1958), p. 401–36 et 617–56 (p. 427s).

[4] Cf. Masson, *CNT* (Neuchâtel–Paris, 1950), *ad loc.*

Dieu, ce me semble, nous a, nous les apôtres, exhibés au dernier rang, comme des condamnés à mort; oui, nous avons été livrés en spectacle au monde, aux anges et aux hommes.' (3) Le participe θριαμβεύοντι est coordonné au participe φανεροῦντι. Les deux termes doivent donc appartenir au même 'registre' de significations. Or justement le verbe φανερόω peut être susceptible d'une interprétation glorieuse et triomphaliste. Nous montrerons qu'il n'en est rien dans notre épître – bien au contraire! Rappelons simplement le double usage de ce verbe en 4: 10s. Ainsi le verbe θριαμβεύω apparaît bien comme l'expression du 'thème' que l'apôtre va développer dans les chapitres suivants.

ἡμᾶς[1]

De qui Paul parle-t-il lorsqu'il dit 'nous'? Plusieurs possibilités s'offrent: (1) il s'agit d'un 'nous' épistolaire signifiant simplement 'je'; (2) le 'nous' comprend aussi les collaborateurs de Paul, notamment Timothée dont le nom se trouve dans la suscription de l'épître (1: 1); (3) le 'nous' est la marque de la conscience apostolique de Paul et inclut tous les apôtres; (4) cette inclusion ne se limite pas aux apôtres mais s'étend aussi aux lecteurs.

D'un point de vue statistique tout d'abord on peut noter que notre épître est celle qui comporte le plus de formes en 'nous' avec toutefois un nombre presque équivalent de formes en 'je'.[2] Mais ces formes ne sont pas également réparties à l'intérieur de l'épître: en dehors de notre passage (2: 14 – 7: 4) le 'nous' et le 'je' s'entremêlent mais avec prépondérance du 'je', tandis que tout notre passage est en 'nous' aux seules exceptions près de 5: 11; 6: 13; 7: 3-4. Or ces exceptions nous permettent justement de bien comprendre le problème. Dans tout notre passage c'est Paul – et lui seul – qui parle et c'est sa propre conception et sa propre expérience de l'aspostolat qu'il expose. Mais

[1] Cf. Prümm, II, 1, p. 31-5; J.J. Kijne, 'We, us and our in I and II Corinthians', NovTest, 8 (1966), p. 171-9; E. von Dobschütz, 'Wir und Ich bei Paulus', ZfSTh, 10 (1933), p. 251-77; E. Stauffer, art. 'ἐγώ', ThWNT, II (1935), p. 341-60 (p. 354s).
[2] D'après Dobschütz, 192 formes en 'nous' (101 dans 1 Cor., 141 dans Rom.) contre 176 en 'je' (230 dans 1 Cor., 180 dans Rom.). Dans les lettres très personnelles comme Philémon, Philippiens, 1 Corinthiens règne le 'je' (p. 254ss).

justement parce qu'il s'agit d'une chose aussi sérieuse que l'apostolat il emploie un 'nous' qui donne plus de poids à son propos et qui certainement aussi lui permet de donner l'impression que c'est la nature de tout apostolat qu'il va exposer et non une thèse entre d'autres. Toutefois aux quelques endroits particulièrement chaleureux de la lettre que nous avons notés le 'nous' se découvre en 'je'. Le fait aussi qu'en plusieurs passages (4: 12; 5: 11, 20; 6: 11), Paul distingue nettement entre 'nous' et 'vous' montre que la quatrième possibilité que nous avons invoquée (inclusion des lecteurs) n'est pas acceptable sans autre. Cependant il est certains cas (3: 18; 5: 1 et surtout après 5: 14) où la question mérite d'être reposée.

ἐν τῷ Χριστῷ

On connaît la longue histoire de l'interprétation de la formule ἐν Χριστῷ ('Ιησοῦ) dans l'exégèse paulinienne.[1] En simplifiant les choses on peut distinguer une interprétation juridique et une interprétation mystique. Selon la première, la condition ἐν Χριστῷ est celle de la justification par la foi. La seconde comprend ἐν dans un sens spatial ou local, soit que ἐν Χριστῷ signifie 'dans la sphère mystique du Christ' et s'apparente à ἐν πνεύματι,[2] soit qu'il désigne le corps du Christ, c'est-à-dire l'Eglise,[3] soit encore qu'il faille l'apparenter à l'expression ἐν 'Αδάμ (1 Cor. 15: 22).[4]

Il n'est d'ailleurs pas dit que toutes ces interprétations s'excluent absolument. Les deux études les plus récentes et les plus complètes sur le sujet, quoique menées différemment, permettent quand même d'arriver à un certain nombre de points assurés. Tout d'abord le ἐν n'a pas un sens local mais

---

[1] Cf. F. Neugebauer, *In Christus*. EN ΧΡΙΣΤΩΙ. *Eine Untersuchung zum paulinischen Glaubensverständnis* (Göttingen, 1961), p. 18–33; M. Bouttier, *En Christ. Etude d'exégèse et de théologie pauliniennes* (Paris, 1962), p. 1–22; H. Conzelmann, *Grundriss der Theologie des NT* (1968), p. 232–5.

[2] La thèse – imposée par Deissmann – est largement répandue pendant les premières décennies du siècle (cf. Neugebauer, p. 18s; Bouttier, p. 5ss) et se retrouve aussi – en ce qui concerne 2 Cor. 2: 14 – dans les commentaires de cette époque (Godet, Plummer).

[3] E. Käsemann, *Leib und Leib Christi* (Tubingue, 1933).

[4] Dom F. Gerritzen, 'Le sens et l'origine de l'EN ΧΡΙΣΤΩΙ paulinien', in *Studiorum Paulinorum*, II, p. 323–31.

temporel et historique. La condition ἐν Χριστῷ est liée à Jésus-Christ et à un événement historique: sa mort et sa résurrection. Cet homme et cet événement sont compris – dans le nom de Χριστός – d'un point de vue eschatologique, comme l'irruption de Dieu dans l'histoire des hommes. Dès lors ce qui est ἐν Χριστῷ – la prédication missionnaire et l'Eglise réunie autour du crucifié et du ressuscité par cette prédication – prend la coloration de cet événement ou de cet homme auquel il est lié: il devient à la fois eschatologique et humblement historique. Toutefois la nature de ce lien ne saurait être autre que la foi qui seule peut découvrir le ressuscité derrière le crucifié.[1]

Si l'on veut appliquer cette définition générale au cas particulier qui nous occupe, il faut d'abord remarquer que l'expression ἐν Χριστῷ revient trois versets plus loin – dans une phrase très polémique – pour qualifier la prédication de Paul.[2] En 12: 19b les termes sont presque identiques et le contexte à nouveau polémique, et 13: 4 donne le ton de la manière dont Paul comprend dans ce cadre l'expression: 'Certes, il a été crucifié en raison de sa faiblesse, mais il est vivant par la puissance de Dieu. Et nous aussi nous sommes faibles en lui (ἐν αὐτῷ).' Il est donc clair que dans notre verset, l'apôtre présente, à l'aide d'une formule qui lui est chère, sa 'définition' de l'apostolat et il le fait certainement *contre* une autre définition, sans que nous puissions encore bien discerner les contours de cette définition adverse. Toujours est-il que pour Paul: (1) l'apôtre est lié à un homme: le crucifié par lequel se manifeste la victoire de Dieu. Nous rejoignons ainsi le sens que nous avons donné à θριαμβεύοντι; (2) il en résulte pour la mission de l'apôtre qu'elle doit être conçue comme un acte dernier et eschatologique;[3] (3) cette mission se fait *à l'intérieur* d'un groupe plus large, le corps des apôtres, l'Eglise. Nous retrouvons par là le sens que nous avons décelé dans ἡμᾶς; (4) le fond de tout (lien avec le crucifié, avec l'église, caractère eschatologique de l'événement) n'est décelable que par la foi.[4]

---

[1] Cf. R. Bultmann, *Theologie des NT*[5] (Tübingen, 1965), p. 328–30; H. Conzelmann, *op. et loc. cit.*

[2] Le lien apôtre–ἐν Χριστῷ se trouve encore ailleurs: 1 Cor. 4: 15s; 15: 31; 16: 24; Rom. 9: 1s; 15: 17. Le fait qu'en 2 Cor. 2: 14 il y a en plus l'article τῷ ne modifie en rien le sens de l'expression (Neugebauer, p. 122).

[3] Cf. 5: 17, 19, 21.

[4] Cf. 4: 13; 5: 7.

καὶ φανεροῦντι δι' ἡμῶν ἐν παντὶ τόπῳ

Le fait que Dieu traîne les apôtres dans son triomphe est aussi celui par lequel il se 'manifeste'. Etymologiquement le verbe φανερόω[1] signifie 'faire passer des ténèbres à la lumière' (φῶς), 'mettre au grand jour', sens tout à fait apparent encore dans Mc. 4:22 et Eph. 5:13. Dans tout le NT ce verbe a un caractère nettement eschatologique, qu'il se rapporte soit aux événements derniers à venir,[2] soit à ces événements déjà accomplis en la personne de Jésus.[3]

Ces deux caractéristiques que l'on pourrait grossièrement qualifier de 'future' et de 'passée' se retrouvent chez Paul,[4] mais chez lui la 'manifestation' est surtout le propre de la prédication actuelle de l'évangile.[5] Si l'on se tourne vers 2 Corinthiens, il faut d'abord remarquer qu'on y trouve 9 des 22 emplois pauliniens du verbe, de même qu'un des deux seuls usages du substantif (φανέρωσις) et ce dans le contexte particulièrement polémique du début du chap. 4 (4:2). Aussi pensons-nous que Lührmann a raison de voir dans ce terme un des thèmes de la polémique corinthienne. Paul s'oppose sans doute à des adversaires qui revendiquent pour eux la véritable φανέρωσις, le processus authentique d'un φανεροῦν divin.[6] Lührmann pousse même son analyse plus loin: c'est à une 'manifestation' comprise dans les termes de visions, extases, phénomènes plus ou moins extraordinaires, que Paul oppose sa conception d'une manifestation contingente dans la faiblesse (4:10s). Nous verrons par la suite encore dans quelle mesure cette position se confirmera ou devra être modifiée. Elle correspond en tout cas trop à ce que nous avons déjà perçu du propos paulinien dans la première moitié de notre verset pour

[1] Cf. D. Lührmann, *Das Offenbarungsverständnis bei Paulus und in paulinischen Gemeinden* (Neukirchen, 1965); R. Bertalot, 'Revelation and Manifestation', *ScJTh*, **15** (1962), 44-9; K. Prümm, 'Phänomenologie der Offenbarung laut 2 Kor.', *Biblica*, **43** (1962), p. 396-416.

[2] 1 Jn 2:28; 1 Pi. 5:4; 1 Jn. 3:2; Apoc. 15:4.

[3] Jn. 1:31; 2:11; 3:21; 1 Jn. 3:5, 8; 4:9.

[4] La première: 1 Cor. 3:13; 4:5; 2 Cor. 5:10; la seconde: Rom. 3:21; 1 Tim. 3:16.

[5] 1 Cor. 12:7; Rom. 16:25s; Rom. 1:19; Phil. 1:13; 1 Tim. 4:15; Gal. 5:19; Eph. 5:13.

[6] *Op. cit.*, p. 45-66, 159ss; contre Prümm (*art. cit.*, p. 399).

2: 14

que nous n'y souscrivions pas – au moins dans son intention générale et provisoirement.

Dans cette perspective apparaît d'ailleurs un autre trait intéressant: le sujet de la manifestation est Dieu et l'apôtre n'en est que l'instrument (δι' ἡμῶν). Il suffit de jeter un coup d'œil sur la suite de l'épître pour pressentir combien cette formulation paulinienne devait s'opposer à une position qui faisait de *Dieu* l'instrument de la 'manifestation' des fameux 'super-apôtres' qui sévissaient à Corinthe.[1]

τὴν ὀσμὴν τῆς γνώσεως αὐτοῦ

L'idée d'odeur ou de parfum introduite avec ὀσμή est difficile à préciser. Selon que l'on accentuera tel ou tel trait du contexte où elle apparaît elle prendra une signification différente. Si on insiste en effet sur l'idée de triomphe qui l'a précédée, on peut penser que Paul y fait allusion parce qu'on brûlait de l'encens sur le parcours du cortège.[2] Toutefois les textes que l'on cite à l'appui de cette thèse sont très peu nombreux et elle ne correspond pas vraiment au sens que nous avons reconnu dans θριαμβεύοντι et φανεροῦντι. Si par contre on considère plus particulièrement le génitif qui définit ce parfum (i.e. 'connaissance de Dieu'), on peut s'en tenir au fait que dans toutes sortes de religions le parfum est un des signes de la présence de la divinité.[3] Toutefois Lohmeyer lui-même reconnaît que, s'en tenir à cette constatation pour notre texte, est un peu superficiel. Tout au plus peut-on retenir que dans la littérature sapientiale la sagesse s'exprime par un parfum (Siracide 24: 15; 39: 14; 50: 15), le passage de la sagesse à la gnose ayant facilement pu se produire dans l'esprit de Paul (Prümm).

Mais on peut aussi être plus frappé par la fonction de discrimination parmi les hommes que l'odeur prend au v. 15. Or dans ce cas il faut se tourner vers des parallèles rabbiniques

---

[1] Ἐν παντὶ τόπῳ peut être compris dans un sens rhétorique, biographique ou polémique; cf. ci-dessus à πάντοτε.

[2] Windisch, Plummer, Hughes, Filson, Spicq.

[3] On trouvera tout le matériau souhaitable dans E. Lohmeyer, *Vom göttlichen Wohlgeruch* (Heidelberg, 1919); H. Vorwahl, 'Εὐωδία Χριστοῦ', *AfRW*, **31** (1934), p. 400–1; G. Delling, *art.* 'ὀσμή', *ThWNT*, v (1954), p. 492–5.

29

où la même fonction est assurée par la Thorah.[1] D'autres enfin s'en tiennent au contexte général de nos versets qui est celui de la prédication chrétienne et, avec des nuances diverses, se contentent de dire que Paul emploie ici une métaphore qui caractérise cette prédication comme dynamique et en relation avec Dieu.[2] Il faut en dernier lieu encore noter la possibilité d'un rapport entre l'image qui nous occupe ici et les sacrifices de l'AT.[3] A. M. Denis la présente certainement avec trop de netteté en affirmant que pour Paul l'apostolat a une dimension cultuelle. Mais le lien avec les sacrifices de l'AT ne saurait être rejeté trop facilement. On prend généralement prétexte pour le faire du fait que dans l'AT – notamment dans le Pentateuque – c'est toute l'expression ὀσμὴ εὐωδίας qui sert de très nombreuses fois à qualifier le sacrifice agréable à Dieu et non pas les deux termes séparés que nous avons en 2 Cor. 2: 14s.[4] Or, justement pour un lecteur aussi assidu de la LXX que Paul, la juxtaposition de ces deux termes n'est-elle pas révélatrice? Ce qui nous confirme dans cette hypothèse est le sens que nous avons vu à la première partie du verset: Loué soit Dieu de ce que – à l'image de ce qui s'est passé à la croix (ἐν Χριστῷ) – dans l'action difficile, ingrate, 'faible', de son apôtre, il accepte de révéler sa victoire; de ce qu'il accepte cette action comme un sacrifice qui lui est agréable. Et la fumée – ou le parfum – du sacrifice offert à Dieu se répand en tout lieu, signe de Dieu à qui il est offert, manifestation de sa connaissance. D'ailleurs ce n'est que dans cette perspective 'sacrificielle' qu'il est possible de comprendre correctement l'expression εὐωδία Χριστοῦ qui suit. Enfin il ne faut pas oublier que les deux seuls autres emplois pauliniens des termes ὀσμή et εὐωδία se retrouvent dans

---

[1] Cf. T. W. Manson, '2 Cor. 2: 14–17: Suggestions towards an exegesis', in *Studia Paulina* (*in honorem J. de Zwaan*) (Haarlem, 1953), p. 155–62; Spicq, *Théologie morale du NT* (Paris, 1965), II, p. 728 n. 3; Strack–Billerbeck, III, p. 498s.

[2] Delling, *art. cit.*, p. 495 (Paul pense à la valeur physiologique et pénétrante du parfum); A. Stumpff, *art.* 'εὐωδία', *ThWNT*, II (1935), p. 808–10; E. Cothenet, *art.* 'Parfums', *Dictionnaire de la Bible: Supplément publié sous la direction de L. Pirot*, VI (Paris, 1960), col. 1291–331 (col. 1327ss). Cet article comporte une mine de renseignements précieux.

[3] Strachan; J. Dupont, *Gnosis*, p. 40–2; A. M. Denis, *art. cit.*, 428ss.

[4] Cf. Stumpff, *art. cit.*, p. 808. L'expression est stéréotypée: Gen. 8: 21; Exod. 29: 18, 25, 41; Lév. 1: 9, 13, 17 etc.

l'expression vétérotestamentaire ὀσμὴ εὐωδίας, la première fois pour évoquer le sacrifice du Christ (Eph. 5: 2), la seconde celui de chrétiens: 'j'ai été comblé de biens, en recevant par Epaphrodite, ce qui vient de vous comme un parfum de bonne odeur, un sacrifice que Dieu accepte et qui lui est agréable' (Phil. 4: 18).[1]

Certes le langage de Paul n'est pas ici explicitement sacrificiel et sa perspective est bien loin d'être – comme le voudrait A. M. Denis – cultuelle. Cette perspective est missionnaire et polémique. Mais pour exprimer sa pensée, Paul recourt à une métaphore 'sacrificielle'. A la 'gloire apostolique' de ses adversaires, il ne peut qu'opposer l'ingrate apparence d'un homme faible, en butte à toutes sortes de tracasseries. Mais Dieu accepte cette faiblesse comme quelque chose qui lui est agréable; plus même, il choisit de se révéler à travers elle et dès lors la vie ou la mort des hommes va dépendre de ce fait: accepter ou refuser le message revêtu d'un habit si peu glorieux (v. 15s).

τῆς γνώσεως αὐτοῦ

Abstraction faite de l'image du parfum, dont nous venons de montrer quelle coloration elle donne à la phrase, on pourrait fort bien lire: 'Dieu manifeste par nous sa connaissance'. C'est donc comme un génitif explicatif qu'il faut comprendre τῆς γνώσεως. Mais à quoi se rapporte le pronom αὐτοῦ? A Dieu? ou au Christ?[2] Ceux qui optent pour cette dernière possibilité avancent que Dieu étant le sujet de la phrase, le pronom qui s'y rapporte doit être réfléchi: ἑαυτοῦ. Mais la grammaire de la *koiné* n'était pas très stricte sur ce point.[3] Sans donc aller aussi loin que T. W. Manson – qui voit dans toute l'expression 'parfum de sa connaissance' comme un 'titre' christologique (le Christ, remplaçant la Thorah, est le parfum de la connaissance de Dieu) – nous pencherions plutôt vers un rapport à Dieu, car c'est bien de lui avant tout qu'il s'agit dans nos versets. De plus l'expression γνῶσις θεοῦ est plus fréquente que γνῶσις Χριστοῦ.[4]

---

[1] Cf. encore Rom. 15: 16; Phil. 2: 17.
[2] A Dieu: Prümm; au Christ: Plummer, Hughes, Denis (*art. cit.*).
[3] Cf. Blass–Debrunner, §284ss.
[4] Rom. 11: 33; 2 Cor. 10: 5; 1 Cor. 8. L'expression γνῶσις Χ. Ἰησοῦ ne se rencontre chez Paul qu'en Phil. 3: 8.

Il ne nous appartient pas ici d'entrer dans l'histoire du terme γνῶσις au temps de Paul.[1] On sait toutefois combien Dupont s'est opposé à Bultmann et aux tenants de la thèse de l'origine hellénistique du terme. Pour lui la gnose à laquelle Paul se heurte à Corinthe est typiquement juive, fruit de la réflexion de nomodidascales alexandrins venus à Corinthe. Ce serait eux les super-apôtres de 2 Cor. 11.

Admettons cette hypothèse : notre verset n'en serait que plus polémique, Paul revendiquant pour lui ce que ces adversaires réclament pour eux. Pourtant ni le verbe γιγνώσκω, ni le substantif γνῶσις n'occupe la même importance dans notre épître que dans la première.[2] Aussi serions-nous assez enclins à imaginer que l'usage de γνῶσις en 2 Cor. 2 : 14 est apologétique : Paul connaît bien les Corinthiens ; il sait combien ils tiennent à leur 'connaissance' ; combien de fois aussi lui et eux ont discuté pour définir le contenu de ce concept. N'étaient-ils pas tombés d'accord sur le fait que cette connaissance leur était apportée par l'évangile du crucifié ? C'est toute la première épître qu'il faudrait citer à ce propos. Quoi qu'il en soit c'est bien ainsi du moins que Paul comprend le terme ici : la manifestation de la connaissance de Dieu passe par la prédication d'un apôtre qui ne 'paye pas de mine', parce que Dieu agrée cette prédication comme il a agréé le sacrifice de son Fils sur la croix.

B. LE VERSET 15

ὅτι Χριστοῦ εὐωδία ἐσμὲν τῷ θεῷ

Le lien entre ὀσμή et εὐωδία est bien marqué par la conjonction ὅτι 'parce que'. Paul précise donc l'image effleurée au v. 14 et ce, d'une manière telle, qu'il paraît difficile d'hésiter quant à sa signification. Remarquons tout d'abord le datif τῷ θεῷ un peu surprenant dans une phrase dont la 'pointe' vise les hommes ('ceux qui se perdent et ceux qui se sauvent') et non pas Dieu. Elle ne s'explique guère que par analogie avec la formule vétéro-testamentaire du sacrifice à l'odeur agréable à Yahweh

[1] Cf. R. Bultmann, *art.* 'γινώσκω, γνῶσις', *ThWNT*, I (1933), p. 688–719; Dom J. Dupont, *Gnosis*; Schmithals, *Die Gnosis in Korinth*, p. 58–69.
[2] On ne trouve guère que 4 emplois intéressants du nom dans 2 Corinthiens (2 : 14 ; 4 : 6 ; 10 : 5 ; 11 : 6) contre une quinzaine dans 1 Cor.

(τῷ κυρίῳ).[1] D'ailleurs il est évident qu'aucun problème ne se poserait si on avait Χριστοῦ ὀσμὴ εὐωδίας ἐσμέν, mais cette formulation n'aurait-elle pas été inutilement lourde? Paul fait donc l'économie d'un ὀσμή.

On a pu supposer ainsi que Χριστός gardait ici quelque chose de son sens primitif d'"Oint".[2] Cela nous semble très peu probable. Χριστός désigne essentiellement chez Paul celui qui est mort et ressuscité pour les péchés des hommes.[3] Le terme ici a de plus une position légèrement emphatique, parallèle au τῷ θεῷ qui ouvre le v. 14: le ministère de Paul dépend de Dieu seul dans la mesure où il est à l'image de ce qui s'est passé à la croix. Dès lors on peut parler d'un génitif (Χριστοῦ) qui indique à la fois l'origine, le modèle et l'inclusion: 'notre vie faible – qui a pour origine, pour modèle le sacrifice de Christ et qui s'inscrit en lui – est agréable à Dieu'. Il faut enfin noter une progression dans l'image: au v. 14 c'est la prédication qui est un parfum, au v. 15 c'est l'apôtre lui-même. Nous touchons là à une des caractéristiques de son ministère que Paul développera plus loin (4: 10ss): il n'y a pas de schizophrénie entre sa prédication et sa personne; plus même: sa personne, sa vie mouvementée et misérable, son 'corps' sont en eux-mêmes prédication, révélation de la connaissance de Dieu, du mystère de la croix. Mais, de plus, la mission de Paul a comme deux pôles: Dieu et les hommes. Aussi après avoir brièvement présenté celle-ci dans sa relation avec Dieu, Paul – jouant sur l'image du parfum qui se répand en tous lieux – va la présenter dans sa relation avec les hommes. C'est à cette 'confusion' en une même phrase et une même image de deux faces différentes de son activité qu'il faut sans doute attribuer l'imprécision de cette même image.

ἐν τοῖς σῳζομένοις καὶ ἐν τοῖς ἀπολλυμένοις

On retrouve chez Paul ces deux participes associés dans un contexte très semblable: 'Car la prédication de la croix est une folie pour ceux qui périssent, mais pour nous qui sommes sauvés, elle est puissance de Dieu' (1 Cor. 1: 18). Dans les deux

[1] Exod. 29: 18, 25, 41 etc. Il y a de plus dans ce nouvel appel à 'Dieu' une nuance polémique; cf. ci-dessus 14a.
[2] Ainsi Lohmeyer et Prümm.
[3] Cf. la bibliographie donnée ad 4: 5.

textes c'est la prédication et la prédication de la croix qui est folie pour les uns, salut pour les autres. Le temps de ces participes est présent, ce qui signifie trois choses: (1) il s'agit d'un processus en cours (le salut ou la damnation): il n'y a pas des gens dès maintenant irrémédiablement sauvés ou irrémédiablement perdus; (2) le 'salut' et la 'perte' sont des conditions essentiellement futures;[1] (3) toutefois la prédication mène à ces deux réalités futures; d'où son caractère eschatologique. C'est sur leur acceptation ou leur refus du message de la croix que s'engage le salut ou la perte des hommes.

Cela l'apôtre l'a constaté et le constate encore tout au long de son travail missionnaire: comme un flot se sépare au contact d'un rocher, les hommes viennent se heurter au message de la croix et se retrouvent soit d'un bord soit de l'autre. Le caractère vécu de la vérité que l'apôtre énonce ici est particulièrement bien souligné par Strachan et M. A. Chevallier[2] et nous paraît plus probable que l'explication de T. W. Manson qui en appelle au double effet de la Thorah selon certains textes rabbiniques.[3] Cela est d'ailleurs d'autant plus clair que Paul n'écrit pas ici un traité de dogmatique sur la prédestination, mais qu'il s'adresse à des personnes bien définies et qui justement mettent en cause la valeur de son apostolat, de sa prédication. Ces lecteurs-là ne pouvaient pas ne pas se sentir concernés par une affirmation comme la nôtre. Dans la décision qu'ils vont prendre pour ou contre Paul, pour ou contre l'apostolat de la croix, il y va de leur salut éternel. Aussi pensons-nous que Paul 'vise' surtout ses adversaires en parlant

---

[1] Pour σῴζω cf. W. Foerster – G. Fohrer, *art.* 'σῴζω, σωτηρία', *ThWNT*, VII (1964), p. 966–1004 (notamment p. 992ss). Le participe σῳζόμενοι se trouve encore en Lc. 13: 23; Act. 2: 47. Pour ἀπόλλυμι cf. A. Oepke, *art.* 'ἀπόλλυμι, ἀπώλεια', *ThWNT*, I, p. 393–6; L. Mattern, *Das Verständnis des Gerichtes bei Paulus* (Zürich–Stuttgart, 1966), p. 61–2. Le 'salut' est pour Paul un des buts de la prédication (Rom. 10: 1; 11: 14; 1 Cor. 10: 33; 9: 22; 7: 16; 1 Thess. 2: 16). On trouvera de plus une excellente analyse du couple σῳζόμενοι–ἀπολλύμενοι dans U. Wilckens, *Weisheit und Torheit. Eine exegetisch-religionsgeschichtliche Untersuchung zu 1 Kor. 1 und 2* (Tübingen, 1959), p. 21–3.

[2] *Esprit de Dieu, paroles d'hommes. Le rôle de l'esprit dans les ministères de la parole selon l'apôtre Paul* (Neuchâtel, 1966), p. 104.

[3] Cf. aussi Lietzmann, Windisch, Schlatter. Mais il faut noter que les textes allégués parlent tous de remède (de vie ou de mort) et non pas de parfum (cf. Kümmel).

des ἀπολλύμενοι. A Corinthe, une fois de plus, il constate que la prédication authentique de l'évangile suscite des contradictions, des haines. Mais la fin de tous ces contradicteurs n'est rien d'autre que la perte éternelle. Cette hypothèse va d'ailleurs se trouver assurée dès l'étude du prochain verset. Elle s'appuie de plus sur le fait que la même désignation reparaît dans le contexte très polémique de 4: 3 et que Paul n'hésite pas ailleurs à l'appliquer à des chrétiens (1 Cor. 8: 11; 10: 9–10; 15: 18), particulièrement à des adversaires (Phil. 1: 28; 3: 19). Il faut en tirer au moins une conclusion intéressant la suite de notre travail: pour prendre d'autres formes qu'en 10–13, la polémique n'en est pas moins présente dans la section que nous étudions, d'une manière qui peut être parfois très virulente.

C. LE VERSET 16

οἷς μὲν ὀσμὴ ἐκ θανάτου εἰς θάνατον...εἰς ζωήν

Cette première partie du verset est la simple continuation de l'idée exprimée au verset précédent: la prédication de l'évangile opère un tri parmi les hommes, les uns ayant pour destin la vie éternelle (εἰς ζωήν), les autres la mort éternelle (εἰς θάνατον).[1] Ce qui fait pourtant difficulté, c'est la première partie de l'expression ἐκ θανάτου et ἐκ ζωῆς. Au point même que le texte de la *koiné* et quelques autres manuscrits (D, G) ont supprimé les deux fois la préposition. Mais il s'agit là d'une *lectio facilior* et la leçon avec ἐκ est très bien attestée; aussi est-ce elle que nous retiendrons avec la majorité des commentateurs et contre Godet.

Mais la difficulté d'interprétation demeure. En effet si on considère 'la mort' comme la situation 'naturelle' de l'humanité on peut comprendre que pour une partie de celle-ci la prédication de l'évangile ne change rien, ne fait que l'"enfoncer' dans cette mort. Mais dès lors l'expression ἐκ ζωῆς est incompréhensible car il n'y a pas – dans cette hypothèse – de 'vie' avant ou en dehors de l'évangile. Si on comprend alors ἐκ ζωῆς comme la situation qui jaillit de la prédication de l'évangile, comment

[1] Sur θάνατος, cf. R. Bultmann, art. 'θάνατος κ.τ.λ.', *ThWNT*, II (1935), p. 8–25 et L. Mattern, *op. cit.* p. 59–75 (marquant bien le lien entre ἀπώλεια et θάνατος). Sur ζωή, cf. R. Bultmann, art. 'ζάω', *ThWNT*, II (1935), p. 862–75.

expliquer ἐκ θανάτου? On résoud généralement la difficulté en affirmant qu'on est là devant un sémitisme dont il ne faut pas trop presser la signification. La succession ἐκ–εἰς se retrouve en effet en Rom. 1 : 17; Jer. 9 : 2 et Ps. 83 : 8. Il faut alors lui donner soit le sens d'un superlatif (Hughes), soit celui d'une progression (Plummer, Lietzmann). Ces solutions ne peuvent pas être écartées absolument, mais nous voudrions en proposer une autre qui donne à l'expression plus de vigueur et qui s'inscrit mieux dans la ligne du discours de Paul tel que nous l'avons défini jusqu'ici.

En effet il est possible que la succession ἐν ἀπολλυμένοις – ἐκ θανάτου εἰς θάνατον ne soit pas le simple fait d'un chiasme rhétorique, mais marque une continuité dans la pensée: les adversaires de Paul ne voient dans son apparence que quelque chose de 'mortel', de livré à la mort.

Effectivement, dit alors Paul, pour ceux qui rejettent la prédication et l'apostolat de la croix, pour ceux qui sont sur la voie de la perdition, cette prédication – qui à leurs yeux a une odeur de mort, vient de la mort – mène à la mort. Mais pour ceux qui savent y discerner la vie – celle du Christ, puissance de Dieu – elle mène à la vie éternelle.

Cette exégèse peut paraître un peu 'subtile': elle le paraîtra moins si on se reporte à 4: 10ss où les deux termes θάνατος et ζωή apparaissent à nouveau côte à côte.

καὶ πρὸς ταῦτα τίς ἱκανός

Le pronom ταῦτα se réfère à tout ce que Paul vient d'évoquer, c'est-à-dire essentiellement sa prédication dans sa définition devant Dieu et devant les hommes. La préposition πρός peut être rendue ici par 'pour' (cela) ou 'face' (à cela). Ἱκανός est un terme typiquement hellénistique et se trouve dans le NT surtout chez Luc.[1] Son sens est celui de quelque chose de grand, de suffisant. On a supposé qu'à la question posée ici par Paul il fallait sous-entendre une réponse affirmative. 'Qui est digne d'annoncer l'évangile? Moi, Paul.'[2] Nous ne le pensons pas. En effet comment expliquer le cheminement de la pensée

---

[1] Cf. Rengstorf, *art.* 'ἱκανός κ.τ.λ.', *ThWNT*, III (1938), p. 294–7.
[2] Plummer, Godet, Bachmann, Héring, Lietzmann.

de 16a à 16b puis à 17? La seule réponse satisfaisante à cette question réside dans la supposition – faite par Georgi (op. cit. p. 221) – que Paul reprend ici une des qualités dont se vantaient ses adversaires: 'Nous sommes dignes de l'apostolat, nous nous suffisons à nous-mêmes! Mais qu'en est-il de Paul?' D'où la réplique:

Qui donc peut se dire digne de l'apostolat de la croix, de la mission que je viens d'évoquer? Il se peut qu'on soit 'suffisant' lorsqu'il s'agit de l'apostolat et de la prédication 'frelatés' prônés par mes adversaires – cf. v. 17 – mais que dire lorsqu'il s'agit authentiquement de prêcher Dieu, le scandale de la croix, pour le salut ou la perte des hommes?[1]

D. LE VERSET 17

οὐ γάρ ἐσμεν ὡς οἱ πολλοὶ... τὸν λόγον τοῦ θεοῦ

L'hypothèse que nous venons d'avancer avec Georgi quant à la pointe polémique de la fin du v. 16 est confirmée par la liaison avec le v. 17: γάρ, 'en effet'. Il est vrai que les commentateurs notent généralement en abordant ce v. 17 que nous y trouvons *la première* note polémique de l'épître. Mais cette position n'est pas tenable: quel est le 'discours' qui n'est pas 'en situation'? Qui est-ce qui parle ou écrit sans avoir dans la tête un modèle, une thèse qu'il défend ou qu'il attaque? Comme nous l'avons déjà dit, si le discours de Paul s'affirme tout-à-coup *manifestement* polémique, il ne pouvait que l'être déjà auparavant: certes, d'une manière moins sensible pour nous qui ne sommes plus dans la même situation que l'apôtre – et qui ne savons presque rien sur cette situation – mais qui était claire à ses yeux et à ceux de ses lecteurs. C'est dans cette optique que nous avons essayé d'expliquer les v. 14–16; c'est cette optique qu'il ne faudra pas quitter lorsque nous aborderons la suite du texte.

Devant la tâche apostolique que Dieu lui confie, Paul ne s'estime nullement 'suffisant'. En cela il n'est pas comme la 'plupart' ou comme 'tous les autres'. La leçon οἱ λοιποί est en

---

[1] Cf. encore 3: 6. Les autres emplois néo-testamentaires de ἱκανός ayant une importance théologique expriment tous l'humilité: 'Je ne suis pas digne', Mt. 3: 11; 8: 8; Lc. 7: 6; 1 Cor. 15: 9. Il en est de même de Joël 2, 11 qui place l'homme devant le tribunal divin en des termes très semblables aux nôtres: καὶ τίς ἔσται ἱκανὸς αὐτῇ;

effet attestée outre par la *koiné* – qui dans notre épître commet plusieurs erreurs – par P⁴⁶, D et G, etc. Peut-on considérer cette *lectio* comme *difficilior?* C'est en tout cas pour elle que Godet est un des seuls à opter. Quoi qu'il en soit, il faut remarquer la nuance de dédain avec lequel Paul parle de ses adversaires – nuance reprise en 3: 1 et surtout en 10ss – et le sentiment qu'il avait – quelle que fût sa place exacte au sein de la mission primitive – d'être 'en minorité' (au moins dans l'affaire corinthienne).[1]

Ces adversaires 'falsifient' ou 'frelatent la parole de Dieu'. Paul désigne par ces derniers termes la prédication missionnaire, le kérygme, comme c'est très généralement le cas chez lui. Le verbe καπηλεύω (hapax du NT ne se rencontrant que 2 fois dans la LXX) marque tout d'abord l'action du commerçant ou du cabaretier qui coupe le vin d'eau et par là dénature ou frelate la marchandise.[2] Mais dès Platon, le terme est employé dans la lutte contre les pseudo-sophistes et pseudo-philosophes qui acceptent de l'argent pour livrer leur science ou qui tout simplement en font un vil marchandage en falsifiant la vérité ou en ne la traitant que très superficiellement.[3] H. Windisch pense que Paul utilise ce verbe pour deux raisons: (1) ses adversaires demandent de l'argent aux personnes qu'ils 'évangélisent'; (2) l'évangile qu'ils prêchent n'est pas le véritable. La solidité du premier point a été particulièrement bien mise en évidence par Georgi (*op. cit.*, p. 234ss; cf. 11: 7ss; 12: 13), celle du second est rendue évidente par toute la suite de l'épître (cf. en particulier 4: 2; 11: 3ss).

[1] Cf. Georgi, *op. cit.*, p. 221 n. 1. Osty note: 'On voudrait espérer que c'est une hyperbole oratoire.' Πολλοί se retrouve dans un contexte polémique en 10: 18 (cf. encore Phil. 3: 18). Notons encore la thèse de C. Daniel selon qui les adversaires étant ici des esséniens, Paul reprendrait une qualification courante et traditionnelle correspondant à l'hébreu *ha rabbim* ('Une mention paulinienne des Esséniens de Qumrân', *RQ*, **20** (1966), p. 553–67).

[2] Cf. H. Windisch, *art.* 'καπηλεύω', *ThWNT*, III (1938), p. 606–9; Spicq, *Théologie morale du NT*, p. 280 n. 3; G. J. M. Bartelink, 'θεοκάπηλος et ses synonymes chez Isidore de Péluse', *Vigiliae Christianae*, **12** (1958), p. 227–31.

[3] Chez Isidore de Péluse l'utilisation du terme va du trafic financier des charges ecclésiastiques, au fait que de trop jolies femmes, ayant de trop jolies voix détournent par trop l'attention sur elles lors du chant, dans la célébration du culte; en passant par la falsification de la vraie doctrine.

Toutefois une étude un peu poussée de ces textes montre que les accusations étaient réciproques: les adversaires de Paul l'accusent aussi de présenter un évangile 'falsifié' et de s'enrichir aux dépens des Corinthiens par le moyen détourné de la collecte pour les 'saints' de Jérusalem (12: 16s).[1]

ἀλλ' ὡς ἐξ εἰλικρινείας... ἐν Χριστῷ λαλοῦμεν

Prümm (i, p. 93ss) voit dans cette fin de verset l'annonce du plan de ce qui va suivre: ἐκ θεοῦ serait repris et développé en 3: 1 – 4: 12; κατέναντι θεοῦ en 4: 13 – 5: 10 et ἐν Χριστῷ en 5: 14 – 7: 1. Ce découpage nous paraît étrange, mais nous retenons de l'idée de Prümm que 'quelque chose' dans nos v. 14–17 prépare ou annonce les chapitres suivants. Seulement nous ne voyons pas cette annonce comme celle d'un plan dogmatique très structuré, mais comme la présentation du 'thème' que Paul va reprendre – sous de multiples formes – en le confrontant aux problèmes précis et particuliers qui tiennent à cœur aux Corinthiens et qui concernent l'apostolat. Aussi pensons-nous que le λαλοῦμεν a un sens un peu ambigu: il s'agit à la fois de la prédication missionnaire au sens général et de l'apologie que Paul va maintenant présenter aux Corinthiens (3: 1 – 7: 4).

Dans les deux cas la parole de Paul n'a qu'une seule source: la pureté ou la sincérité[2] et Dieu (ἐκ). La mise sur un même plan de ces deux réalités de nature différente (la pureté et Dieu) nous incline à penser que ce sont les besoins de la polémique qui ont contraint Paul à parler ici d'εἰλικρίνεια – terme d'ailleurs assez rare chez lui. Certes, il s'oppose avec force à l'image qu'il présente de ses adversaires (16a; cf. ἀλλ' repris deux fois), mais peut-être tout autant à l'image que ces mêmes adversaires présentent de lui: 'il n'est pas sincère, disaient-ils, ses intentions ne sont pas pures' (cf. ad 3: 12). La construction avec ὡς est un peu difficile. La particule a d'ailleurs tellement de sens en grec qu'on peut trouver plusieurs constructions possibles. Il faut avouer que ces deux ὡς sont un peu superflus. On les comprend généralement dans le sens de

---

[1] Peu importe dès lors que le participe soit à rattacher à ἐσμεν (Plummer, Lietzmann) ou à οἱ πολλοί (Bachmann, Allo).

[2] Cf. Büchsel, art. 'εἰλικρινής, εἰλικρίνεια', *ThWNT*, ii (1935), p. 396.

'en tant que', 'comme des gens qui'.[1] Nous nous demandons si leur présence ici n'est pas due à l'analogie avec la première partie du verset: 'nous ne sommes pas *comme...mais comme* (ceux qui) parlent avec sincérité, etc.' Quoi qu'il en soit le sens de la phrase ne fait pas de doute.

Dans la 'pointe' finale le mot 'Dieu' revient encore deux fois et une fois l'expression ἐν Χριστῷ. C'est de Dieu seul (ἐκ) que Paul tient sa mission et son évangile, c'est à lui seul qu'il se préoccupe d'être agréable.[2] Cette insistance ne se comprend guère que dans la mesure où ses adversaires cherchaient avant tout à plaire aux hommes, à présenter un évangile débarassé de tout le 'scandale de la croix' (ἐν Χριστῷ)[3] et se prévalaient de l'appui et de recommandations humaines. Or ce que ne laisse que pressentir le 'thème' que nous venons d'étudier, la suite va le confirmer amplement et ce dès le verset suivant où Paul repousse le reproche qu'on lui fait de n'avoir pas de 'lettres de recommandations'.

EN RÉSUMÉ

2: 14–17 présentent le thème des chapitres qui vont suivre. Dès lors, l'action de grâce pourrait fort bien marquer le début d'une lettre primitivement indépendante de l'ensemble de l'épître canonique.

Ce thème porte sur la nature de l'apostolat (τὴν ὀσμὴν τῆς γνώσεως αὐτοῦ φανεροῦντι; λαλοῦμεν) et est présenté de manière très polémique. Paul oppose sa conception de l'apostolat à celle d'adversaires qui trafiquent l'évangile (v. 17), ne conduisent pas au salut mais mènent à la mort, tout en se prétendant 'suffisants' (v. 15*b*–16). On pressent à quels reproches Paul essaye de faire face (et cela se vérifiera dans la suite):

(1) Il ne fait pas partie de 'l'organisation' apostolique – ce mot est, pour l'instant, volontairement vague – dont font partie ses adversaires. Il prétend dépendre directement de Dieu et de lui seul.

---

[1] Cf. Bauer, *Wörterbuch*, art. 'ὡς', III, 1a, col. 1775s.

[2] Certains manuscrits lisent κατενώπιον τοῦ (θεοῦ) au lieu de κατέναντι. Le sens est le même et implique l'idée d'un jugement par Dieu (et par lui seul) de l'apostolat de Paul.

[3] Sur le sens de l'expression, cf. *ad* 2: 14 et plus particulièrement F. Neugebauer, *op. cit.*, p. 119s.

(2) Son attitude n'est pas claire; il est fourbe (cf. 4: 1ss). Paul retourne cette accusation contre ses adversaires (v. 17).

(3) Les apôtres adverses prônent une manifestation (φανέρω-σις) 'glorieuse', humainement tangible de la connaissance de Dieu. Pour Paul cette manifestation est indissolublement liée à la croix; elle ne peut donc se faire que dans la faiblesse de l'apôtre, ἐν Χριστῷ (v. 14 + 17); celui-ci ne pouvant être (a) que le prisonnier qui renvoie à son vainqueur (θριαμβεύω v. 14), (b) que la bonne odeur du sacrifice qui renvoie à la croix du Christ (v. 14b–15a).

CHAPITRE 2

A PROPOS DE LETTRES DE RECOMMANDATION, 3: 1–3

(1) Recommençons-nous à nous recommander nous-mêmes? ou bien avons-nous besoin, comme certains, de lettres de recommandation pour vous ou de vous? (2) Notre lettre, c'est vous qui l'êtes, gravée dans nos cœurs, connue et lue par tout le monde; (3) vous êtes manifestement une lettre de Christ dont nous sommes les porteurs, gravée non avec de l'encre mais avec l'esprit d'un Dieu vivant, non sur des tables de pierre, mais sur des tables, cœurs de chair.

Après avoir défini d'une manière générale l'apostolat tel qu'il le vit – cette définition de l'apostolat s'opposant fortement à celle de ses adversaires – Paul va reprendre maintenant quelques-uns des points particuliers au sujet desquels on lui a cherché querelle. Il va commencer par l'affaire des lettres de recommandation. Plusieurs points nous paraissent devoir être notés dès l'abord quant à la manière dont se poursuit ici le discours paulinien:

(1) Bien loin d'être abandonnée la polémique est reprise et détaillée. Cela les exégètes l'oublieront tous dans l'étude de la suite du chapitre 3. Si des difficultés se présentent dans cette étude c'est que Paul avait sous les yeux une situation bien particulière, lorsqu'il écrivit notre texte. Les solutions aux problèmes qui se poseront à nous devront donc d'abord être recherchées dans un approfondissement de la nature de cette situation.

(2) Ce qui frappe dans les trois premiers versets de ce chapitre c'est l'enchevêtrement – souvent très allusif – de plusieurs motifs qui *nous* – à nous qui ne savons plus exactement ce qui se passait à Corinthe – apparaissent sans lien entre eux: les lettres de recommandations, l'écriture dans les cœurs, par l'Esprit, opposée aux tables de pierre de Moïse. Comment expliquer la 'genèse' d'un tel amalgame et ce, dans un contexte aussi polémique que celui que nous avons reconnu? C'est à cette question – à nos yeux fondamentale – que nous essayerons de répondre, après avoir vu le détail de chacun de ces trois versets.

A. LE VERSET 1[1]

’Αρχόμεθα πάλιν ἑαυτοὺς συνιστάνειν;

Que Paul se défende ici contre une accusation lancée contre lui par ses adversaires, tout le monde le reconnaît. Cela ressort d'une série de constatations portant: (1) sur le fait que Paul se défend contre la même accusation plus loin encore; (2) sur ἀρχόμεθα πάλιν; (3) sur l'emploi du verbe συνιστάνω dans le NT; (4) sur le lien avec la seconde partie du verset.

(1) Paul se défend contre la même accusation plus loin encore (4: 2; 5: 12; cf. 10: 12 et 18). L'argument est convaincant et il n'y a pas grand chose à y redire. Il faut pourtant remarquer que si en 5: 12 comme ici le reproche d'auto-recommandation s'adresse à Paul, en 10: 12–18 ce sont ses adversaires qui sont accusés de 'se recommander eux-mêmes', le cas de 4: 2 étant douteux.

(2) Que ce reproche ait été formulé contre Paul c'est ce que prouve encore le πάλιν: 'Recommençons-nous...' (cf. 5: 12), mais à quelle occasion? On peut penser à des réactions suscitées, par certains passages de 1 Corinthiens (Hughes). Mais Schlatter (voir aussi Walter) pense que c'est dans Gal. 1–2 qu'il faut voir l'origine d'une telle accusation et se demande si les apôtres judaïsants, adversaires de Paul en Galatie ne sont pas arrivés à Corinthe. La majorité des commentateurs cependant, tout en ne rejetant pas les éléments fournis par la première épître, pense qu'il s'agit plutôt de la polémique particulière dont notre épître est l'écho: Paul a eu l'occasion de se recommander lui-même lors de la visite intermédiaire et dans la lettre dans les larmes (que celle-ci soit perdue ou qu'elle soit constituée par les derniers chapitres de notre épître).

(3) συνιστάνω: cette variante de συνίστημι signifie tout d'abord 'placer ensemble, réunir', et 'recommander' (i.e. 'réunir deux personnes') n'en est qu'un des nombreux sens dérivés. Georgi (*op. cit.*, p. 241ss) a relevé que sur les 16 emplois de ce verbe dans le NT 13 se trouvaient chez Paul dont 8 dans 2 Cor. 2: 14 – 7: 4 et 10–13. Or ces 8 emplois signifient tous la même chose et sont les seuls à avoir ce sens chez Paul et dans

---

[1] Il faut adopter et le texte et la ponctuation présentés par Nestle (cf. Bachmann, Windisch, Plummer, Godet).

le NT d'une façon générale (exception faite de Rom. 16: 2).
Le verbe y est très souvent suivi du pronom réfléchi ἑαυτούς
(6 fois). Georgi en conclut que ce terme était un des maître-
mots de la polémique.[1]

(4) Tout cela est confirmé et explicité avec la deuxième partie
du verset.

ἢ μὴ χρήӡομεν... συστατικῶν ἐπιστολῶν

La question en effet par laquelle Paul demande s'il a besoin
(χρήӡω) de lettres de recommandation suppose qu'on lui faisait
aussi le reproche d'en manquer.[2]

Le terme de συστατικὴ ἐπιστολή[3] est un terme technique
désignant le message que l'on donnait à un voyageur pour le
recommander auprès d'une personne amie habitant une autre
ville. La forme en était stéréotypée et Keyes a montré qu'il
existait plusieurs manuels sur la manière de les composer, dont
un modèle a même été retrouvé en Egypte. Il dégage ainsi le
schéma général de ces lettres et nous en donne une quarantaine
d'exemples. En voici un entre autres: 'Stratagos qui est porteur
de cette lettre pour vous, étant une de nos connaissances, m'a
demandé de vous écrire. Il dit qu'il s'est disputé avec quelqu'un
... et qu'il était nécessaire que... aidez-le bien. Car il mérite
de la considération et, de plus, il a rendu un grand service
à Apollonios' (cité p. 34).

On retrouve des traces de l'existence de telles lettres dans le
NT. Ainsi le billet à Philémon qui est une recommandation
pour Onésime; en Rom. 16: 1 Paul recommande Phoebée
(συνίστημι), Tite en 2 Cor. 8: 22 et Timothée en 1 Cor. 16: 10s,
etc. Les adversaires de Paul (ὥς τινες[4]) avaient donc l'habitude
de se faire recommander par la communauté qu'ils quittaient
auprès de la nouvelle communauté qu'ils abordaient. Paul, lui,
ne pratique pas ce genre de recommandation et on le lui
reproche.

---

[1] Sur le sens précis de cette polémique cf. *ad* 4: 1.

[2] Le μή interrogatif suppose une réponse négative: 'nous n'avons pas
besoin'.

[3] Cf. C. W. Keyes, 'The Greek Letter of Introduction', *American Journal
of Philology*, **56** (1935), p. 28–44.

[4] Paul désigne souvent ses adversaires de cette manière: οἱ πολλοί 2: 17;
τινές 3: 1; 10: 2; 1 Cor. 4: 18; 15: 12; Gal. 1: 7; 1 Tim. 1: 3, 19; 4: 1.

πρὸς ὑμᾶς ἢ ἐξ ὑμῶν

Käsemann[1] pense que ces lettres émanent de la communauté
mère de Jérusalem: on reprocherait alors à Paul de n'être pas
un apôtre dûment certifié par la 'hiérarchie'. Mais cette thèse
se heurte au ἐξ ὑμῶν qui clôt notre verset et qui conduit à
l'hypothèse que nous avons énoncée ci-dessus.[2] La thèse de
Käsemann est encore récusée par Georgi pour d'autres raisons
(*op. cit.*, p. 245). Pour lui en effet, 2 Cor. 12: 11ss nous laisse
deviner le contenu de telles lettres de recommandation: il s'agit
de sortes de chroniques des exploits pneumatiques des prédicateurs adverses (p. 244). Cela exclut donc la possibilité d'une
recommandation par la communauté mère de Jérusalem. Les
adversaires de Paul ici ne sont pas les représentants d'une
institution: 'pour eux ce n'est pas le droit qui authentifie
l'Esprit, mais l'Esprit qui authentifie le droit' (p. 245).

Nous reparlerons encore de cette hypothèse concernant le
contenu de ces lettres, mais il nous faut conclure sur ce verset 1
en notant à nouveau qu'il ne s'agit pas d'une supposition vague
de Paul: 'me vanterai-je à nouveau?' Συνιστάνω ne signifie
pas 'vanter' ou 'glorifier' comme beaucoup de commentaires
le laissent supposer. Il s'agit de quelque chose de bien déterminé: les adversaires de Paul ont l'habitude, quand ils quittent
une ville, de demander des lettres de recommandation pour
l'étape suivante; Paul ne le fait pas, 'il se recommande lui-
même' (συνιστάνω en liaison avec συστατικῶν). Mais à ce
point, on pourrait douter de l'importance de l'affaire: mettre
l'autorité de Paul en doute pour une affaire de lettres, dont
nous avons vu plus haut la banalité du contenu?

B. LE VERSET 2

ἡ ἐπιστολὴ ἡμῶν ὑμεῖς ἐστε

Paul n'a pas besoin de lettres pour le recommander, il lui suffit
pour cela de la communauté chrétienne édifiée par lui à
Corinthe. La paraphrase de M. A. Chevallier rend bien le sens

---

[1] 'Die Legitimität', p. 45. La même possibilité est envisagée par Bachmann, Lietzmann et Windisch.
[2] Ainsi Bultmann, *Exegetische Probleme*, p. 22 et d'autres.

du texte: 'la preuve de notre qualification apostolique, c'est vous qui la donnez au for de notre cœur, mais aussi à la face du monde'.[1]

ἐγγεγραμμένη ἐν ταῖς καρδίαις ἡμῶν

Cette première qualification de la lettre ('gravée dans nos cœurs') est un peu surprenante. Ce qu'on attendrait après ce que nous avons vu du v. 1, c'est uniquement la seconde qualification: 'vous êtes notre recommandation, une recommandation dont tout le monde peut prendre connaissance'. Mais que vient faire ici la mention du cœur de l'apôtre? Quelques manuscrits ont essayé de tourner la difficulté en lisant ὑμῶν au lieu de ἡμῶν (א, 33). Mais cette lecture est si mal soutenue et elle arrange si bien les choses qu'on ne peut avec Héring – faisant en cela cavalier seul – la retenir. Paul dit bien des Corinthiens qu'ils sont comme une lettre gravée dans *son* cœur.[2]

W. Baird[3] a toutefois raison de souligner qu'il n'y a pas complète hétérogénéité entre le v. 2b et son contexte immédiat, pour peu qu'on accepte d'y voir Paul se désigner, non pas comme l'écrivain de la lettre – le fondateur de l'église de Corinthe – mais comme son porteur, son messager. De même que ses adversaires abordaient des champs d'activités nouveaux, porteurs de lettres de recommandation, lui, Paul, les aborde avec ce qu'il a réalisé à Corinthe. Et où la porterait-il, sinon dans son cœur? Nous aurons encore l'occasion de montrer au v. 3 notre accord avec cette manière de voir. Mais un fait nous frappe: les deux termes καρδία et ἐγγεγραμμένη se retrouvent au verset suivant en rapport avec le thème de l'ancienne et de la nouvelle alliance. Si l'on note de plus le sens très particulier du mot καρδία dans le passage que nous étudions,[4] on ne peut

[1] *Op. cit.*, p. 70.
[2] Nous n'insistons plus ici sur l'identité des personnes désignées par ἡμῶν; cf. *ad* 2: 14. Il s'agit avant tout de Paul lui-même.
[3] 'Letters of recommendation. A study of 2 Cor. 3: 1–3', *JBL*, **80**, 2 (1961), p. 166–72.
[4] Cf. 3: 15; 5: 12; 6: 11; 7: 3. Comme nous le montrerons encore (cf. surtout *ad* 3: 7) καρδία est ici le lieu privilégié de l'action de l'Esprit – promoteur de l'alliance nouvelle – que Paul oppose au 'visage' – apparence dont se vantent ses adversaires et qui en fait, ne relève que de la 'vieille alliance' (3: 14). On sait que, par ailleurs, le 'cœur' est, dans la terminologie biblique, le centre même de la personnalité humaine, centre affectif

échapper à l'impression qu'il y a là plus que des coïncidences. Certes, détachée de son contexte et selon l'hypothèse de Baird que nous avons adoptée, l'image se suffit à elle-même. Mais replacée au cœur de nos trois versets, elle nous suggère qu'un *lien 'mystérieux'* devait lier dans l'esprit de Paul ces termes en apparence hétérogènes; lettre de recommandation, Loi de Moïse, Loi de l'Esprit, cœur. Peut-on définir avec plus de précision la nature de ce lien? C'est ce que nous allons encore essayer de faire.

γινωσκομένη καὶ ἀναγινωσκομένη

C'est donc *dès* le verset deux que nous trouvons, quant à nous, les deux 'sources' que l'on a l'habitude de discerner au v. 3 : le thème de la nouvelle alliance et l'image de la lettre de recommandation. En effet, en contradiction formelle avec l'image d'une lettre écrite à l'intérieur d'un homme, Paul reprend le droit fil de la comparaison amorcée en 2*a* sur la base du v. 1 : 'vous êtes notre lettre, connue et lue par tout le monde'. On a pu trouver l'ordre dans lequel se suivent les deux participes assez étranges: ne lit-on pas d'abord une lettre avant d'en connaître le contenu? Plummer (suivi par Windisch et Prümm) note qu'on peut reconnaître l'origine d'une enveloppe, l'écriture d'une lettre, avant de la lire. D'autres pensent que Paul cède une fois de plus à son penchant pour les jeux de mots et emploie de façon assez rhétorique le verbe simple avant le composé. Il nous semble toutefois que la raison principale de cet ordre – qui n'exclut pas les autres – réside dans le fait que pour Paul l'*image* de la communauté-lettre reste assez superficielle (il ne la développera pas autrement) et que γινωσκομένη qualifie surtout la lettre comme telle: 'vous êtes une lettre lue, c'est-à-dire qu'on vous connaît; vous êtes connus et lus'. Il se précise donc encore que nous n'avons pas tant affaire en ce début de chapitre 3 à une image – plus ou moins heureuse – par laquelle Paul essaierait d'exprimer la nature

mais surtout intellectuel et source de la volonté. En tant que tel il est le lieu central de l'homme que Dieu atteint pour promouvoir la vie nouvelle, Cf. Behm, *art.* 'καρδία κ.τ.λ.', *ThWNT*, III (1938), p. 609–16; H. Schlier, 'Das Menschenherz nach dem Apostel Paulus', *Lebendiges Zeugnis* (Paderborn, 1965), p. 110–24.

théologique de ses relations avec une communauté fondée par lui, qu'à une série de faits bien réels et déterminés, objets de polémique.

ὑπὸ πάντων ἀνθρώπων

Tout le monde connaît la communauté de Corinthe. S'agit-il là d'une hyperbole (Windisch, Héring)? Ou bien faut-il restreindre avec Schlatter le cercle de ces hommes à la seule Corinthe où les chrétiens étaient bien connus? Mais alors que faire du ἐξ ὑμῶν du v. 1? Quant à nous, nous pencherions assez vers une explication du genre de celles de Bachmann et de Plummer qui voit là 'un nouveau coup, conscient ou non, porté par Paul à ses adversaires, dont les lettres de créance n'étaient pas publiées' (cf. πάντοτε *ad* 2: 14).

C. LE VERSET 3

φανερούμενοι ὅτι

La construction de la phrase se trouve brisée par l'apparition d'un participe passif[1] du verbe φανερόω se rapportant aux Corinthiens. La construction φανεροῦσθαι ὅτι, quoiqu'un peu surprenante, est cependant classique (cf. Blass–D., §397, 4 et 1 Jn. 2: 19). Paul rompt-il ainsi le fil de son propos parce qu'il ne tient pas à développer l'image de la lettre autrement et qu'il a hâte de passer à un autre sujet (la nouvelle alliance)? Faut-il voir dans l'emploi du verbe φανερόω la nuance polémique, qu'avec Lührmann (voir à 2: 14), nous lui avons reconnue ailleurs dans notre épître? Cela s'accorderait assez bien avec notre interprétation du πάντων ἀνθρώπων précédent: 'la lettre que nous avons est connue de tout le monde; il est bien manifeste, évident que...'.

ἐστὲ ἐπιστολὴ Χριστοῦ

Ce qui apparaît ainsi manifestement c'est que les Corinthiens sont une lettre du Christ. Le génitif peut être possessif ('vous êtes une lettre appartenant au Christ i.e. vous êtes chrétiens'),

---

[1] Il pourrait s'agir d'un moyen (Windisch) mais Lührmann (*Die Offenbarungsverständnis*, p. 62 n. 8) note que Paul n'utilise jamais ce verbe au moyen. Le sens ne change d'ailleurs guère.

objectif ('une lettre qui parle du Christ') ou bien subjectif ('une lettre dont l'auteur est le Christ'). Il faut voir ici avec la majorité des commentateurs un génitif subjectif dont la portée serait plus ou moins polémique.[1] Paul, accusé de se recommander lui-même, s'en réfère en dernière analyse au Christ (cf. 2: 14 et 3: 4) et cette référence oppose à l'origine humaine des lettres de ses adversaires l'origine divine de la sienne.

διακονηθεῖσα ὑφ' ἡμῶν

Cette qualification n'est pas facile à comprendre. Deux possibilités s'offrent à nous:

(1) La thèse générale est particulièrement bien définie par M. A. Chevallier (*op. cit.*, p. 103): 'Dans l'œuvre du Christ par l'Esprit pour fonder la communauté de Corinthe, l'apôtre occupe une place de διάκονος.' Paul corrigerait donc ce que pouvait avoir de trop exclusif le 'vous êtes *notre* lettre', en précisant bien qu'il s'agit avant tout d'une lettre de Dieu sur l'œuvre duquel il ne veut en rien empiéter; mais 'il se trouve d'autre part – et c'est une grâce inexplicable (4: 1) – que Dieu a qualifié (ἱκάνωσεν 3: 5s; cf. 2: 16) Paul pour un emploi (διακονία) très particulier de son œuvre' (*ibid.*). Il faut rappeler alors 1 Cor. 3: 5s; 4: 1, 15; 9: 1; 15: 10, etc., et le sens technique de διακονέω et des mots de la même famille dans le NT, quelle que soit par ailleurs la réalité qu'ils recouvrent.[2] C'est ainsi que Prümm voit poindre ici le thème de tout le chapitre: διακονία πνεύματος. Le fait que sur les 51 emplois que Paul fait des mots de la famille de διακονέω, un nombre assez impressionnant (20) se trouve dans notre épître et l'emploi d'un participe aoriste oppposé aux présents ἐστε et φανερούμενοι (Godet) sont en faveur de cette interprétation.

(2) Là contre réagit W. Baird (*art. cit.*, voir aussi Allo). Pour lui, comprendre le texte de cette façon ne rend pas justice au contexte immédiat qui est celui de la lettre de recommandation

[1] Plummer, Allo, Godet, Baird, *art. cit.*
[2] Cf. Beyer, *art.* 'διακονέω κ.τ.λ.', *ThWNT*, ii (1935), p. 81–93. Georgi (*op. cit.*, p. 31–8) présente une thèse selon laquelle le διάκονος du N.T. serait très précisément un prédicateur missionnaire itinérant, titre dont se prévaudraient les adversaires de Paul dans 2 Corinthiens. Paul dirait alors ici: 'vous êtes la lettre que j'ai évangélisée'.

employée par Paul et dont il n'est par conséquent pas l'écrivain, mais le porteur (l'auteur c'est le Christ!). De plus si διακονία signifie bien chez Paul 'ministère apostolique', il n'en est pas toujours de même de διακονέω (ainsi Rom. 15: 25; 2 Cor. 8: 19–20) et Baird allègue même un texte de Josèphe (*Antiquités* 6, 298) où ce verbe a le sens de 'délivrer un message'. Ainsi donc

il semble évident que dans 2 Cor. 3: 1–3a, Paul utilise l'image de la lettre grecque d'introduction avec un haut degré de précision et de consistance... Il possède une lettre dont le contenu est les chrétiens de Corinthe. Cette lettre est écrite par le Christ. Elle recommande son porteur, Paul, à tous les hommes, comme un messager autorisé de l'Evangile de Dieu (*art. cit.*, p. 170).

En fait pour pouvoir trancher entre ces deux thèses, il faudrait que l'on soit à même de déterminer la résonance exacte du verbe διακονέω au passif pour une oreille chrétienne de Corinthe. Plus précisément: existait-il à Corinthe un sens particulièrement précis et exclusif du verbe διακονέω capable de s'imposer quelle que soit sa forme (participe passif) et quel que soit son contexte (image de la lettre) ou bien alors ce verbe était-il suffisamment neutre pour que ce soit le contexte immédiat de la phrase où il est employé qui en modèle le sens? Nous pensons que c'est pour cette dernière hypothèse qu'il faut opter en considération (1) du fait que διακονέω n'a pas toujours le même sens dans notre épître. En effet sur les 20 emplois déjà notés, 6 se trouvent, dans les chapitres 8 et 9, qualifier la collecte. Or c'est justement dans ce contexte que nous trouvons deux participes (présents) passifs qui nous offrent les exemples les plus proches de notre διακονηθεῖσα de tout le NT, du point de vue grammatical: 'cette libéralité dont le service est assuré par nous' ([σὺν] τῇ χάριτι ταύτῃ τῇ διακονουμένῃ ὑφ' ἡμῶν), 2 Cor. 8: 19, *idem* v. 20. La question peut bien entendu se poser de la raison pour laquelle Paul désigne la collecte comme διακονία; (2) de ce que Paul dit dans la deuxième partie de notre verset.

D. LE VERSET 3*b, c*

L'expression de Paul est ici particulièrement étrange. Nous déterminerons tout d'abord les réminiscences bibliques perceptibles dans ces quelques mots, puis le sens de ces mots dans le discours paulinien, enfin nous nous demanderons si tout cela suffit à expliquer la genèse de ce discours.

Les sources

Au plan de l'analyse littéraire nous nous trouvons ici un peu comme au confluent de deux rivières dont les eaux se mélangent : l'image de la lettre et une série de réminiscences ou d'allusions bibliques qui tournent autour du thème de la nouvelle alliance. Nous n'abordons pas ici l'étude de ce thème, que nous réservons au v. 6, et nous nous contentons d'aligner les versets de l'AT dont les expressions affleurent ici. Le terme de πλάξ et plus particulièrement de πλάξ λιθίνη 'table de pierre' est une allusion claire aux deux tables du témoignage données par Dieu à Moïse sur le mont Sinaï (Exod. 31 : 18 : πλάκας λιθίνας γεγραμμένας τῷ δακτύλῳ τοῦ θεοῦ; cf. 32 : 19; Deut. 9 : 17). Ici γεγραμμένας devient ἐγγεγραμμένη et τῷ δακτύλῳ τοῦ θεοῦ, πνεύματι θεοῦ ζῶντος.[1]

Dans Jérémie 31 (38) : 33, seul passage de l'AT faisant mention d'une alliance nouvelle, nous lisons : 'je mettrai mes lois (νόμους μου) dans leur dessein (διάνοιαν) et je les écrirai sur leurs cœurs' (καὶ ἐπὶ καρδίας αὐτῶν γράψω αὐτούς). On retrouve *expressis verbis* l'idée de la loi écrite dans les cœurs. Ce qui manque par contre, c'est la comparaison-opposition avec la Loi de Moïse (πλάξ λιθίνη) et la mention de l'agent du renouveau : l'esprit du Dieu vivant.

C'est ce que nous trouvons alors dans deux textes d'Ezéchiel (11 : 19 et 36 : 26) : 'Je leur donnerai un autre cœur et un esprit nouveau en eux [ou "au milieu d'eux" = ἐν αὐτοῖς] et j'ôterai de leur chair le cœur de pierre (ἐκσπάσω τὴν καρδίαν τὴν λιθίνην ἐκ τῆς σαρκὸς αὐτῶν) et je leur donnerai un cœur de chair (καρδίαν σαρκίνην).' Nous retrouvons (1) les expressions

---

[1] Au chapitre 7 des Proverbes (v. 3) le cœur (καρδία) du sage est comparé à une table (τὸ πλάτος) sur laquelle il faut inscrire les enseignements du maître.

'cœurs de pierre' et 'cœurs de chair'; (2) l'idée d'un esprit 'en nous' et (3) l'association de ce thème à celui du cœur de chair.

Ce qu'il nous faut alors noter dès maintenant c'est que l'originalité théologique de Paul face aux textes que nous venons de présenter ne consiste pas dans l'adjonction de tel qualificatif nouveau au thème de la nouvelle alliance, mais tout simplement dans *la mise en présence de ces textes: le cœur de pierre est assimilé à la table de pierre, c'est-à-dire à la Loi de Moïse, ce que, ni Ezéchiel, ni Jérémie n'ont jamais voulu dire.*

ἐγγεγραμμένη οὐ μέλανι ἀλλὰ πνεύματι θεοῦ ζῶντος

La lettre que sont les Corinthiens n'est pas gravée avec de l'encre[1] mais avec l'esprit du Dieu vivant. Dès ainsi s'amorce un des thèmes de notre passage – et ce, nous venons de le voir, sous l'influence d'Ezéchiel – : la nouvelle alliance est l'œuvre privilégiée de l'Esprit. I. Hermann[2] définit comme suit la notion de *pneuma* dans ce verset: (1) il faut comprendre πνεῦμα dans son opposition à γράμμα; (2) à cette antithèse fondamentale vient s'ajouter celle de πνεῦμα–μέλαν; (3) le *pneuma* se définit alors provisoirement (a) comme concept fonctionnel, désignant le moyen par lequel Christ œuvre dans son Eglise; (b) comme donnée de l'expérience, puissance expérimentée comme caractérisant la nouvelle alliance et comme agissant à l'intérieur de l'homme; (4) Dieu est l'origine et le maître de l'Esprit; (5) le *pneuma* apparaît comme le sujet d'un faire: il fait vivre – ce verbe étant compris sotériologiquement à la façon de Bultmann – ouvrant par là-même au salut divin qui vient.

On ne trouve pas ailleurs dans la Bible l'expression 'esprit du Dieu vivant',[3] mais θεὸς ζῶν est fréquent dans le NT en général (Mt. 16: 16; 22: 32; 26: 63; 1 Pi. 1: 23; Apoc. 1: 18) et chez Paul en particulier. Selon les catégories bibliques l'expression signifie que Dieu agit dans l'histoire des hommes par son Esprit. Ainsi se trouve bien marquée l'opposition à la

---

[1] Sur ἐγγεγραμμένη, cf. ci-dessus v. 2 et Exod. 31: 18. Μέλαν était une encre noire préparée habituellement avec de la suie (Héring).

[2] *Kyrios und Pneuma*, p. 26–31.

[3] On trouve encore l'esprit associé à la vie en Rom. 8: 10; Jn. 6: 63 Ezech. 37: 5; Gen. 6: 17; 7: 15, 22.

lettre qui tue (v. 6). La polémique avec des adversaires et leurs pratiques est d'ailleurs toujours sous-jacente: les références de Paul ont nom Christ (3*a*) et Esprit de Dieu (3*b*).

οὐκ ἐν πλαξὶν λιθίναις κ.τ.λ.

La dernière partie du verset pose tout d'abord un problème d'ordre textuel. L'expression ἐν πλαξὶν καρδίαις σαρκίναις semble un peu surchargée et certains ont proposé de supprimer soit καρδίαις (Bachmann), soit πλαξὶν (proposition jugée 'attractive' par Plummer). Plusieurs manuscrits et anciennes versions lisent d'ailleurs καρδίας au lieu de καρδίαις, mais la lecture n'en devient pas plus aisée. Il faut donc – avec la majorité des critiques – s'en tenir au texte présenté par le plus grand nombre de manuscrits. En effet, les expressions offertes à Paul par Ezéchiel étaient καρδία λιθίνη et καρδία σαρκίνη; il faut donc comprendre que c'est Paul qui, de sa propre autorité, remplace la première fois tout simplement καρδία par πλάξ; il ne peut le faire une seconde fois sous peine d'obscurité absolue, aussi se contente-t-il d'accoler les deux termes l'un à l'autre. C'est justement dans cette malsonnance littéraire que réside l'innovation théologique de Paul, c'est-à-dire dans l'association cœurs de pierres – tables de pierres – Loi de Moïse. Ce n'est pas l'opposition cœur de pierre – cœur de chair qui est propre à Paul mais l'identification de l'un des termes avec l'alliance de Moïse et de l'autre avec celle de l'Esprit. Le texte se lit donc ainsi: 'sur des tables, lesquelles sont des cœurs de chair' (Godet, Schlatter).

Nous avons déjà marqué notre hésitation quant au sens de διακονηθεῖσα ὑφ' ἡμῶν. Conséquent avec lui-même, M. A. Chevallier pense qu'on est passé de '*vous êtes* une lettre' (3*a*) à 'une lettre *écrite dans vos cœurs*' (3*b*) (*op. cit.*, p. 70 n. 3). L'œuvre de l'apôtre, ministre du Christ, est d'aider l'Esprit à graver la Loi nouvelle dans le cœur des Corinthiens. Toutefois nous avouons ne pas très bien voir comment il peut être soudain question du cœur des Corinthiens (cf. v. 2 ἐγγεγραμμένη ἐν ταῖς καρδίαις ἡμῶν), ni quel sens prendrait alors notre verset. Nous pensons plutôt que Paul dit ici des Corinthiens qu'ils sont une lettre du Christ dont il est le porteur; cette lettre n'est pas écrite avec de l'encre mais avec l'Esprit du Dieu vivant; non pas comme l'alliance de Moïse – d'une manière formelle et extérieure – mais dans son cœur – d'une manière intime qui est la manière d'être de ceux qui appartiennent à la nouvelle alliance. C'est donc à la thèse de Baird que nous nous rallions définitivement.

L'apparition du thème de la nouvelle alliance

Reste maintenant ce problème et le lien de ce thème avec les lettres de recommandation. On s'occupe peu de la question dans les commentaires et là où on le fait (Prümm, Baird, *art. cit.*) c'est pour adopter une attitude dont M. A. Chevallier nous offre un bel exemple (*op. cit.*, p. 70) :

Dans un nouvel infléchissement du propos qui relève de l'association d'idées et presque du jeu de mots, Paul, voulant expliciter la *manière* dont la lettre a été écrite, introduit soudain une allusion à la nouvelle alliance 'écrite par l'esprit de Dieu dans les cœurs'. C'est donc tout à fait incidemment que le thème de la nouvelle alliance apparaît sous la plume de l'apôtre. Mais incidemment ne veut pas dire par hasard. En réalité Paul cherchait à exprimer sa pensée profonde sur le sens de son ministère apostolique auprès des Corinthiens et l'image de la lettre de recommandation ne s'y prêtait guère. L'idée d'une œuvre de Dieu écrite dans les cœurs, dérivée de l'image de la 'lettre du Christ' (3*a*), lui suggère, à cause des prophéties, la référence à la nouvelle alliance.[1]

Cette explication est légitime, mais se heurte quand même à plusieurs objections. Tout d'abord, il ne faut pas oublier que la lettre de recommandation n'est pas avant tout une *image*, mais une pratique bien concrète dont Paul se défend. On ne peut donc pas dire qu'il cherche à exprimer le sens de son ministère apostolique par une série d'*images* plus ou moins adéquates. La meilleure preuve en est que, ayant découvert la référence à la nouvelle alliance, il n'éprouve aucunement le besoin de la développer immédiatement; le besoin qu'il éprouve, c'est de reprendre son auto-défense (v. 4s). Cela veut sans doute dire aussi que, pour Paul, il va de soi que la référence qu'il fait est claire aux yeux de ses lecteurs – alors qu'elle nous

---

[1] W. D. Davies a tenté quant à lui d'expliquer la chose en recourant au rabbinisme; cf. *Paul and rabbinic Judaism. Some rabbinic elements in Pauline theology* (Londres, 1948), p. 177–226. La démonstration ne nous a pas convaincu.

semble à nous si évanescente. Si l'on ajoute à cela ce que nous avons dit du ἐγγεγραμμένη ἐν ταῖς καρδίαις ἡμῶν du v. 2 – et qui exclut la thèse de l'association d'idées ou du jeu de mots – le fait qu'en 3c l'innovation théologico-littéraire porte sur πλάξ et sur l'assimilation sous-entendue de la vieille alliance avec celle de Moïse, tout cela ne nous laisse plus guère qu'une seule issue : *La recommandation contenue dans les lettres portées par les adversaires de Paul avait trait à l'attitude extérieure de ceux-ci et cela en référence à Moïse.*[1]

EN RÉSUMÉ

(1) Après avoir exposé le thème de la lettre (2 : 14–17), Paul réfute l'accusation portée contre lui de ne pas faire usage, comme ses adversaires, de lettres de recommandation. Il a déjà indiqué (2 : 14ss) qu'il dépendait de Dieu seul. Il précise maintenant, de façon imagée, que sa seule recommandation est l'œuvre du Christ à Corinthe (entreprise par son intermédiaire) dans l'édification de la communauté chrétienne. L'image est celle de la communauté-lettre dont le Christ est l'auteur et lui, Paul, le messager.

(2) Les caractéristiques de cette œuvre entreprise à Corinthe par le Christ, à travers Paul, sont l'Esprit et la rénovation des cœurs.

(3) Sur le plan 'dogmatique' et 'logique', le discours pourrait en rester là. Mais Paul éprouve le besoin d'opposer son œuvre (portant la marque de l'Esprit et de la rénovation des cœurs) à celle de Moïse. Pourquoi cette opposition à Moïse précisément que rien, 'logiquement', n'appelle? Il faut en chercher la cause dans l'attitude des faux apôtres, adversaires de Paul, se réclamant de Moïse ou de sa Loi, attitude toute de surface, transformant l'apparence, peut-être, mais non pas les cœurs.

---

[1] Une hypothèse du même genre est présentée par D. Georgi, *op. cit.*, p. 246–50. Toutefois notre démarche n'est pas identique à celle de Georgi et nous nous éloignons de ses conclusions sur deux points fondamentaux : (1) Nous ne sommes pas en mesure de suivre Georgi quand il affirme que ces lettres étaient tout simplement le Décalogue conçu comme une 'lettre céleste', lettres en honneur dans les religions à mystère. (2) Nous ne pensons pas non plus que l'association des deux motifs (tables écrites dans l'intérieur de l'homme d'une part, sur la pierre de l'autre) soit caractéristique des adversaires de Paul. Où voit-on ici une association de ce genre? On peut tout au plus supposer une opposition : à la lettre dont se recommandent ses adversaires, Paul oppose l'Esprit.

CHAPITRE 3

APOSTOLAT, ALLIANCE
NOUVELLE ET ESPRIT, 3 : 4–6

(4) Mais cette confiance nous l'avons par le Christ pour Dieu;
(5) nous-mêmes nous ne sommes pas dignes de (nous) compter quoi
que ce soit comme venant de nous-mêmes, mais notre 'dignité'
(vient) de Dieu, (6) lequel nous a vraiment rendu dignes d'être
serviteurs d'une alliance nouvelle, non du texte mais de l'Esprit;
en effet le texte tue mais l'Esprit fait vivre.

Trois points doivent être notés dès l'abord :

(1) La manière dont Paul s'exprime dans les v. 4ss confirme
notre hypothèse sur le contenu des lettres de recommandation:
Paul part à nouveau de considérations apologétiques ('non pas
nous-mêmes, mais Dieu') pour aboutir à l'évocation de la
nouvelle alliance. Cela ne peut pas être fortuit.

En effet ces versets reflètent la même polémique que celle que
nous avons décelée jusqu'ici : θεός revient à nouveau deux fois
et Χριστός une fois : Paul ne dépend que de Dieu et n'a de
compte à rendre qu'à lui dans sa prédication du Christ. De
même le terme d'ἱκανότης réapparaît-il ici (cf. 2 : 16ss). La
construction un peu pléonastique et embarrassée du v. 5 ne se
comprend bien que dans l'hypothèse de l'insistance mise par
Paul à réfuter une accusation portée contre lui ou à démasquer
une attitude fallacieuse de ses adversaires.

(2) Cette construction un peu embarrassée peut encore avoir
une autre cause: Paul veut expliciter l'allusion qu'il vient de
faire à la nouvelle alliance opposée à l'ancienne. En fait la
démarche de Paul est évidente pour qui veut bien l'envisager
sous cet angle: il n'y a pas ici un discours théologique désin-
carné sur l'essence de l'alliance, mais Paul essaie – en grand
théologien qu'il est – de discerner les différences théologiques
fondamentales qui sont à la base de sa querelle avec les
Corinthiens. La querelle se trouve élevée, portée au plan de la
réflexion théologique, mais cette réflexion ne se détache jamais
du cas précis qui l'a suscitée.

(3) Paul mène sa démonstration théologique en recourant à des concepts plus ou moins catéchétiques, bien connus de ses lecteurs. Le sens de sa démonstration est alors un peu le suivant: 'Comment pouvez-vous accepter un apostolat comme on vous le présente? N'avez-vous donc pas appris que nous sommes dans une alliance nouvelle, celle de l'Esprit?'

A. LE VERSET 4

A quoi faut-il exactement rattacher ce verset: aux versets qui précèdent immédiatement (Plummer, Hughes) ou bien – par-dessus ceux-ci considérés comme une parenthèse – à 2: 17 (Strachan, Godet, Windisch)? En fait le problème n'est pas sans importance; il est de plus lié au sens à donner à πεποίθησις.[1] Dans le NT, Paul est seul à utiliser ce terme (6 fois dont 4 fois dans notre épître). Si l'on cherche à en préciser les contours, on s'aperçoit qu'en 1: 15 et 8: 22 la πεποίθησις indique une relation – la confiance – existant entre Paul (ou Tite) et la communauté de Corinthe, correspondant au πεποιθώς de 2: 3 (cf. Gal. 5: 10; Philem. 21; 2 Thess. 3: 4). Compte tenu du fait que c'est de cette relation qu'il vient d'être question dans les v. 2–3 et que le τοιαύτην (talis) y renvoie même expressément, c'est ce même sens qui s'impose ici. L'enchaînement de la pensée est alors parfaitement limpide: 'Ma lettre – dit Paul – c'est vous, écrite dans mon cœur.[2] Mais (δέ adversatif) *cette confiance* que je porte en moi n'est pas suffisance, c'est par Christ, pour Dieu que je l'ai.'

ἔχομεν

Bachmann voit là plus qu'un simple avoir et traduit par 'Innehaben' et Godet précise: 'nous l'avons à bon droit, ce n'est pas une illusion'. Prümm note avec justesse que le thème de ἔχω qui fait la première fois ici son apparition dans le passage concernant l'apostolat (2: 14 – 7: 4) en est une des caractéristiques: l'apôtre est comblé par Dieu[3] (3: 12; 4: 1, 7, 13; 5: 1, 12 (14); 6: 10; 7: 1). Toutefois le sens que nous avons

---

[1] Cf. R. Bultmann, 'πείθω, πεποίθησις κ.τ.λ.', *ThWNT*, VI (1959), p. 1–12.

[2] Cette interprétation confirme *a posteriori* ce que nous disions de 3c.

[3] I, p. III; II, 1 p. 36+39.

donné à πεποίθησις fait que l'accent n'est pas tellement mis sur cet 'avoir' que sur la manière dont Paul l'a: διὰ τοῦ Χριστοῦ πρὸς τὸν θεόν, précisions à caractère polémique (cf. 2: 14ss).

διὰ τοῦ Χριστοῦ

M. Bouttier[1] a bien précisé le sens de cette formule. 'Il semble bien que Paul préfère écrire διὰ Χριστοῦ pour indiquer l'œuvre du médiateur à tel moment décisif' (p. 33). Ce moment concerne soit le ministère terrestre de Jésus,[2] soit le ministère actuel du Seigneur. Tel serait le cas ici, ce que Bouttier commente bien de la sorte: 'Paul n'envisage pas cette assurance d'une manière générale (il dirait alors j'ai l'assurance dans le Seigneur) mais en fonction de ce que le Christ a accompli parmi les Corinthiens à travers son ministère apostolique' (p. 33s).

πρὸς τὸν θεόν

Il n'est pas très facile de préciser le sens de cette formule et l'on peut trouver pour chaque nuance quantité de parallèles probants.[3] Ce qu'il faut discerner, c'est un certain mouvement 'vers' ou 'pour Dieu' – rendu possible par le Christ. Il ne faut en tout cas pas voir ici un complément de πεποίθησις qui est généralement suivi de εἰς ou ἐν mais jamais de πρός:[4] le πρὸς τὸν θεόν est donc comme διὰ τοῦ Χριστοῦ un complément de ἔχομεν chargé de bien marquer l'humilité de Paul d'une part, le prix de sa 'qualification' de l'autre.

B. LE VERSET 5

Ce verset n'apporte rien de très nouveau au propos de Paul. Il y redit de manière un peu confuse qu'il ne doit pas y avoir de méprise quant à l'interprétation de son attitude: non pas lui-même, mais Dieu. Quelle que soit l'interprétation de détail, c'est ce qui ressort du double ἑαυτῶν et du triple ἱκανοί,

---

[1] *En Christ* (Paris, 1962), p. 31–5.
[2] Ainsi Windisch pour notre verset.
[3] Cf. B. Reicke, *art.* 'πρός', *ThWNT*, vi (1959), p. 720–5.
[4] Ce fait, souligné par Bachmann et Bultmann (*art.* 'πείθω', p. 8), confirme ce que nous avons dit de la πεποίθησις: il ne s'agit pas d'une confiance *en Dieu*.

ἱκανότης, ἱκάνωσεν. Peut-être aussi faut-il comprendre que Paul cherche comment aborder plus explicitement qu'au v. 3 le thème de la nouvelle alliance.

οὐχ ὅτι ἀφ᾽ ἑαυτῶν ἱκανοί ἐσμεν

Les redondances, obscurcissant la phrase, ont amené plusieurs manuscrits soit à inverser l'ordre de certains compléments, soit même à en supprimer. La chose n'est toutefois pas signalée par la 24ᵉ édition de Nestle–Aland, mais le texte retenu par elle est bien celui auquel aboutissent aussi Godet et Bachmann qui discutent soigneusement de la question. Nous retrouvons l'adjectif ἱκανός rencontré en 2: 16; ici Paul insiste surtout sur le fait qu'il n'est pas la source de sa propre dignité ou capacité à la différence de ses adversaires (ἀφ᾽ ἑαυτῶν).[1]

λογίσασθαί τι ὡς ἐξ ἑαυτῶν

Bachmann a raison de souligner que la difficulté de notre verset consiste en la détermination du sens de λογίσασθαι (ou λογί-ζεσθαι d'après C, D, G). On y a vu les décisions prises par Paul dans la direction de l'Eglise, la manière d'exposer et d'enchaîner logiquement les différents points de la prédication évangélique ou encore plus généralement toute activité se rapportant à l'exercice du ministère apostolique.[2] Mais nous préférons penser avec Plummer que la proposition a un sens plus restreint ici et – pourquoi pas dès lors? – se réfère à la πεποίθησις dont Paul vient de se prévaloir. En effet nous ne voyons guère que deux sens possibles pour λογίζομαι ici: (1) Par analogie à la con-struction λογίζομαί τινα ὡς (1 Cor. 4: 1; 2 Cor. 10: 2b; Rom. 8: 36), 'considérer quelqu'un comme', on peut com-prendre: 'ce n'est pas que par nous-mêmes nous soyons

[1] Cf. Jn. 5: 19, 30; 7: 18, 28; Lc. 21: 30. Si Joël 2: 11 est sous-jacent à 2 Cor. 2: 16 et qu'il s'agit de la possibilité pour l'homme – l'apôtre – de se tenir devant le jugement de Dieu, il se peut que la pensée en 5a s'enchaîne sur le πρὸς τὸν θεόν qui finit le v. 4.

[2] Bachmann, Heiland, art. 'λογίζομαι, λογισμός', ThWNT, iv (1942), p. 287–95 (p. 291). Georgi pense qu'il s'agit d'un 'Schlagwort der korin-thischen Diskussion' et renvoie à 10: 2, 7, 11; 11: 5; 12: 6; toutefois ces textes ne nous paraissent pas proposer un sens bien défini et particulier de λογίζεσθαι.

propres à considérer quelque chose comme venant de nous-mêmes, mais...'; (2) le verbe λογίζομαι peut signifier aussi 'porter au compte de quelqu'un' d'où: 'nous soyons propres à (nous) compter quelque chose comme venant de nous-mêmes, mais...'.[1] De toute manière il faut noter le caractère un peu lourd de la phrase.

ἀλλ' ἡ ἱκανότης ἡμῶν ἐκ τοῦ θεοῦ

Si Paul se sent justifié à ne pas présenter d'autres lettres de recommandation que son œuvre propre parmi les Corinthiens, ce n'est pas de lui-même qu'il s'arroge une telle dignité (ἱκανότης) qui lui fait négliger l'usage courant en la matière et l'oppose à ses adversaires; c'est Dieu qui lui donne un ministère tel qu'il ne saurait en être autrement.

C. LE VERSET 6

Ce qui suit est une explicitation de ce qui vient d'être dit, comme le marque ὃς καί: 'lui qui, en effet, nous a réellement'. Comme dans tout le passage la polémique est perceptible; toutefois l'originalité de ce verset et des suivants sur le contexte immédiat consiste en ce que Paul y recourt à un vocabulaire, à des concepts traditionnels c'est-à-dire appartenant à une certaine forme de catéchèse.

ἱκάνωσεν ἡμᾶς

Le verbe, usité au passif ('se contenter de'), ne se trouve à l'actif qu'ici et en Col. 1: 12, où il est appliqué à tous les chrétiens. Soulignons ici le caractère polémique du terme (ἱκανός 2: 16; 3: 5; ἱκανότης 3: 5). Mais il faut aussi relever – avec Hughes – l'aoriste: Paul en réfère à un point bien déterminé du passé où Dieu 'l'a qualifié comme serviteur d'une alliance nouvelle'. Vraisemblablement il faut voir là une allusion à sa conversion-vocation.[2]

[1] Allo, Héring; cf. Rom. 4: 3ss, 9ss, 22ss; Gal. 3: 6; Jac. 2: 23; Gen. 15: 6; 2 Cor. 5: 19.
[2] Hughes, Plummer, Windisch; cf. 1 Tim. 1: 12.

διακόνους

Georgi (*op. cit.*, p. 31–8) pense que les adversaires de Paul se désignaient eux-mêmes comme διάκονοι Χριστοῦ (2 Cor. 11: 23 et 11: 15); ce par quoi il faut comprendre non pas un service quelconque, mais la prédication itinérante des représentants d'une divinité. Georgi va jusqu'à dire que c'est ce sens technique qu'il faut donner à la majorité des emplois de διάκονος dans le NT. Cette thèse nous semble forcée: trop de personnes différentes (dont le Christ – Rom. 15: 8; Gal. 2: 17 – et même les magistrats – Rom. 13: 4) sont considérées par Paul comme διάκονοι pour qu'on puisse s'y rallier. Le fait même que l'emploi de διάκονος sans complément est très rare chez Paul (1 Cor. 3: 5; Phil. 1: 1; 1 Tim. 3: 8s) prouve combien ce terme avait besoin d'être déterminé dans chaque cas précis; la règle reste donc 'il y a diversité de ministères' (1 Cor. 12: 5; cf. Eph. 4: 11). Ce qui par contre est certain, c'est la coloration nettement chrétienne du terme, où le maître se considère comme un serviteur. Paul – qui par ailleurs n'emploie guère le terme pour se qualifier lui-même – marque par là son insertion dans un certain contexte et insiste sur l'humilité qu'il retire de sa qualification.

καινῆς διαθήκης

Comme au v. 3, mais de manière explicite cette fois, le thème de la nouvelle alliance apparaît, faisant suite à la justification de la manière qu'a Paul de se recommander. Nous avons déjà dit que nous pensions que cela était dû au fait que, dans leurs lettres, les adversaires devaient se recommander – d'une manière difficile à préciser encore – de l'alliance mosaïque.

Il n'entre pas dans notre propos de faire l'historique de la notion de la nouvelle alliance.[1] Nous nous contenterons – après avoir indiqué brièvement les quelques textes servant de base à toute réflexion à ce sujet – de souligner certains aspects que revêt l'expression plus particulièrement ici. Le seul texte de l'Ancien Testament faisant mention de nouvelle alliance est

---

[1] Nous renvoyons à J. Behm, *art.* 'διαθήκη', *ThWNT*, ΙΙ (1935), p. 127–37; W. C. van Unnik, 'La conception paulinienne de la nouvelle alliance', in *Littérature et théologie pauliniennes* (Bruges, 1960), p. 109–26; A. Jaubert, *La notion d'alliance dans le judaïsme aux abords de l'ère chrétienne* (Paris, 1963); M. A. Chevallier, *op. cit.*, p. 71ss.

Jér. 31: 31–4, mais le thème lui-même se retrouve ailleurs encore chez Jérémie (32: 37–40; 50: 5), chez Ezéchiel (36: 26s) et d'une manière plus générale dans tout le prophétisme.[1] La notion est loin d'être absente dans le judaïsme aux abords de l'ère chrétienne et dans le rabbinisme, mais le terme lui-même ne se retrouve qu'à Qumrân, dans quatre passages de l'*Ecrit de Damas* (6: 19; 8: 21; 19: 34; 20: 12) et conjecturellement dans 1 Qp Hab. 11: 3. Dans le NT l'expression ne se trouve que dans les paroles d'institution de la Cène (Lc. 22: 20; 1 Cor. 11: 25), ici même chez Paul et dans l'épître aux Hébreux.

(1) Quoi qu'il en soit des racines exactes du concept paulinien (Jérémie? Qumrân? Jésus?), il faut donc lui reconnaître une très forte coloration traditionnelle. Comme le notent bien van Unnik (*art. cit.*, p. 111) et Schlatter, si Paul ne prend pas la peine d'expliciter l'expression elle-même – alors qu'elle nous pose à nous tant de problèmes – c'est sans doute que ses lecteurs étaient parfaitement au clair à ce sujet.

(2) Dès lors on pourrait imaginer avec A. Jaubert (*op. cit.*, p. 447) que les adversaires de Paul se targueraient – à l'exemple de Qumrân et de tout le judaïsme d'alors – d'adhérer à la nouvelle alliance (du Christ) tout en demeurant attachés à la loi, à la lettre; d'où la précision de Paul: 'nouvelle alliance, non de la lettre, mais de l'esprit'. Mais c'est trop pousser l'hypothèse et rien n'indique que l'expression καινὴ διαθήκη fût un slogan adverse. Paul utilise simplement là un terme accepté de ses correspondants: 'Vous savez bien que nous appartenons à l'alliance nouvelle...il faut alors en tirer les conséquences.'

(3) Se fondant sur le parallèle offert par le v. 3 et sur le fait que l'expression se retrouve dans l'*Ecrit de Damas*, Windisch conclut que l'alliance nouvelle n'est rien d'autre que la communauté elle-même. Hypothèse séduisante et qui peut en référer à 4: 5 (ἑαυτοὺς δὲ δούλους ὑμῶν διὰ Ἰησοῦν) mais qui ne s'accorde pas avec les v. 7ss. En fait la correspondance avec le v. 3 se situe à un autre niveau: l'image de la communauté-lettre n'est pas approfondie, ce qui prime ce sont les deux caractéristiques de la nouvelle alliance: Esprit et cœur (voir ci-dessous).[2]

---

[1] Voir les textes cités par M. A. Chevallier, *op. cit.*, p. 72.

[2] Cf. A. Jaubert, *op. cit.*, p. 65: 'Mais au-delà des "images" ce qui nous paraît spécifique de la nouvelle alliance et sa caractéristique la plus ferme, c'est la rénovation des cœurs.' Cela au niveau de l'A.T.

(4) La διαθήκη correspond bien ici à la *berith*[1] de l'AT. Il s'agit donc avant tout d'une initiative souveraine de Dieu, mais qui réclame un réponse de la part de l'homme. Le premier trait est manifeste ici ('C'est Dieu qui...') mais le second – quoiqu' implicite – est là aussi: 'puisqu'il en est ainsi, comportons-nous donc en serviteurs de cette alliance nouvelle', sous-entend Paul.

(5) En fait l'accent n'est pas tant sur διαθήκη que sur καινή (Plummer, Godet). On a relevé ici aussi la différence existant entre νέος (conception temporelle de la nouveauté) et καινός (conception qualitative). Mais R. A. Harrisville[2] a montré qu'une telle distinction ne pouvait plus être faite au niveau de *la koiné* et il est clair que, pour Paul au moins, la 'nouveauté' de l'alliance n'est pas seulement dans sa qualité, mais aussi dans la place qu'elle occupe dans l'histoire du salut. Dans tout le NT d'ailleurs, la notion de nouveauté se révèle assez homogène et nettement eschatologique. On peut de plus se demander si le 'lieu' de la tradition, porteur de la καινὴ διαθήκη n'est pas la liturgie (cf. les renouvellements de l'alliance à Qumrân, l'institution de la Cène, les expressions 'd'homme nouveau', 'nouveauté de vie' en relation avec le baptême).[3]

οὐ γράμματος ἀλλὰ πνεύματος

Paul explicite maintenant ce en quoi l'alliance est nouvelle: elle est de l'Esprit et non de la lettre. Là encore cette précision laisse deviner la position des adversaires (eux s'en tiennent à la lettre) et révèle à nouveau le mode d'argumentation de Paul: il rappelle aux Corinthiens leur catéchisme.

L'opposition γράμμα–πνεῦμα ne se trouve en effet que chez Paul et ce à trois reprises: ici, Rom. 2: 29 et 7: 6. Sans entrer dans le détail de ces textes, ni encore aborder le sens même de l'opposition, une certaine parenté de contextes saute aux yeux. Si par ailleurs on accepte l'hypothèse d'E. Trocmé[4] selon laquelle l'épître aux Romains serait en grande partie un reflet

---

[1] Pour cette notion vétéro-testamentaire, cf. E. Jacob, *Théologie de l'AT* (Neuchâtel–Paris, 1968), p. 170–6 et A. Jaubert, *op. cit.*, p. 27–65.

[2] 'The concept of Newness in the NT', *JBL*, LXXIV (1955), p. 69–79.

[3] Il faudra nous souvenir de cette remarque lorsque nous étudierons le v. 18.

[4] E. Trocmé, 'L'épître aux Romains et la méthode missionnaire de l'apôtre Paul', *NTS*, **7** (1960–1), p. 148–53.

de la catéchèse paulinienne, le fait que Paul rappelle ici à ses correspondants la vérité dans laquelle il les a enseignés et en laquelle ils ont cru, ne fait plus guère de doute. On ne peut donc pas non plus séparer ces trois textes quant à la détermination du contenu de l'antithèse.

On sait en effet la fortune de cette dernière tout au long des siècles non seulement dans les cercles théologiques.[1] On y a vu une opposition soit entre la lettre d'un texte et son sens profond, soit entre deux économies: celle de la Loi de Moïse et celle de l'Esprit. En fait dès l'antiquité ce fut la seconde interprétation qui l'emporta chez la majorité des théologiens et pour ce qui est de l'époque contemporaine, très peu d'exégètes soutiennent encore la première.[2] En fait il est clair que seule l'interprétation Loi–Esprit est soutenable et cela non seulement pour les raisons de contextes que nous avons déjà mentionnées mais aussi pour des raisons philologiques: on ne voit pas très bien comment γράμμα pourrait signifier la 'lettre d'un texte' alors que le sens de 'Loi écrite' est plus facile à dégager;[3] ainsi en est-il aussi du sens paulinien de πνεῦμα.

Il ne faut toutefois pas se méprendre sur la valeur d'une problématique (les deux sens de l'antithèse) postérieure au texte lui-même et l'on peut se demander si les tenants du sens 'spiritualiste' n'ont pas quand même vu quelque chose de juste. En effet le γράμμα n'est pas ici simplement la Loi de Moïse, mais une certaine interprétation de celle-ci. 'Γράμμα désigne l'Ecriture prise comme objet religieux, ou si l'on veut, péjorativement, la Thora pétrifiée.'[4] Le γράμμα désigne donc ici très précisément la manière dont les adversaires de Paul usent de l'Ecriture. Quant au πνεῦμα que Paul lui oppose il s'agit du πνεῦμα prophétique, celui de la catéchèse paulinienne, agent d'une alliance nouvelle dans les cœurs (cf. v. 3, 6c, 17).

[1] On trouvera un bon aperçu historique de la question dans E. Ebeling, art. 'Geist u. Buchstabe', RGG³, II, col. 1290–6; B. Schneider, 'The meaning of Saint Paul's antithesis "the letter and the Spirit"', CBQ, **15** (1953), p. 163–207 et E. Kamlah, 'Buchstabe und Geist. Die Bedeutung dieser Antithese für die alttestamentliche Exegese des Apostels Paulus', EvTh, **14** (1954), p. 276–82. [2] Parmi les commentaires, il n'y a guère qu'Allo.
[3] Cf. G. Schrenk, art. 'γράμμα', ThWNT, I (1933), p. 761–9.
[4] M. A. Chevallier, op. cit., p. 89, qui propose aussi de traduire γράμμα par 'texte' pour éviter toute confusion (p. 90). Proposition à laquelle nous nous rallions volontiers. E. Ebeling (art. cit., col. 1292) a bien vu que γράμμα est aussi un concept herméneutique.

τὸ γὰρ γράμμα ἀποκτείνει τὸ δὲ πνεῦμα ζωοποιεῖ

Contrairement à ce que dit Windisch, la pensée – très ramassée ici – nous semble difficilement explicable sans l'arrière-fond de l'épître aux Romains en général et des chapitres 7 et 8 en particulier.[1] La loi tue – selon l'enseignement paulinien – parce qu'elle révèle le péché et qu'elle ne permet pas d'accomplir les exigences divines. L'Esprit fait vivre parce qu'il produit une vie agréée par Dieu (Rom. 8: 2). Cette 'vie' doit donc avant tout être comprise dans un sens sotériologique. L'accent toutefois en cette fin de verset ne porte pas tant sur le rappel de ces vérités aux Corinthiens que sur leur application à la polémique: le chemin que suivent les adversaires de Paul avec le γράμμα mène à la mort, à la mort eschatologique; le chemin de l'Esprit mène à la vie (cf. 2: 16 et 4: 4). On est frappé ainsi par la violence de la polémique et par l'insistance que met Paul à introduire une dimension eschatologique et d'histoire du salut (cf. encore καινὴ διαθήκη) à un débat qui – peut-on le présumer? – ne devait guère en comporter.[2]

EN RÉSUMÉ

En 3: 4–6, la polémique se poursuit. Paul affirme à nouveau ne dépendre que de Dieu seul (cf. 2: 14 – 3: 1). La πεποίθησις dont il fait montre (v. 4) est l'assurance que Dieu a été à l'œuvre dans l'annonce de l'évangile à Corinthe. Contrairement à ce que prétendent ses adveraires, ce recours à Dieu seul n'est pas suffisance de la part de Paul, mais, ce qui doit être véritablement mis en cause, c'est leur manière à eux de fonder l'apostolat. Eux, prennent pour fondement la 'lettre', c'est-à-dire l'ancienne économie, la Loi interprétée de façon 'légaliste'. Or cela a été rendu caduc par la venue de l'Esprit, l'instauration d'une

---

[1] Cf. K. Prümm, 'Röm. 1–11 und 2 Kor. 3', *Biblica*, **31** (1950), p. 164–203 et 'Gal. und 2 Kor. Ein lehrgehaltlicher Vergleich', *ibid.*, p. 27–72. Même optique dans C. Maurer, *Die Gesetzeslehre des Paulus* (Zurich, 1941), p. 34–6.

[2] Des bons manuscrits lisent ἀποκτενεῖ: 'Le texte tuera.' On peut toutefois préférer le présent à cause du parallélisme avec ζωοποιεῖ et de ce que nous savons par ailleurs de l'eschatologie paulinienne. Le futur est pourtant tout à fait acceptable et va dans le même sens que celui que nous venons de déterminer pour le présent, l'accent étant à peine déplacé.

alliance nouvelle et ne peut mener qu'à la mort. Inversement, l'évangile de vie prêché par Paul a pour fondement la croix et pour agent l'Esprit et la rénovation des cœurs, i.e. une rénovation totale et radicale de l'homme.

Pour mener à bien cette démonstration, Paul recourt à des thèmes catéchétiques connus de ses lecteurs et à des formules auxquelles ils doivent – avec l'acceptation de l'évangile – se rappeler avoir adhéré: καινὴ διαθήκη, τὸ γὰρ γράμμα ἀποκτείνει, τὸ δὲ πνεῦμα ζωοποιεῖ.

CHAPITRE 4

CONTRE L'EXTASE, 3 : 7–11

(7) Mais si le service de la mort (figé) dans des lettres, gravé sur des pierres, est venu dans la gloire, de sorte que les enfants d'Israël ne pouvaient fixer leurs regards sur le visage de Moïse à cause de la gloire – périmée – de son visage, (8) comment le service de l'esprit ne sera-t-il pas plus dans la gloire? (9) Si en effet le service de la condamnation (eut) de la gloire, combien plus le service de la justice abonde en gloire. (10) Car même, ce qui a été glorifié à cette occasion, ne l'est plus du tout, au regard d'une gloire surabondante. (11) En effet, si ce qui est périmé passa par la gloire, combien plus ce qui reste (restera-t-il) dans la gloire.

A. LES VERSETS 7 À 11

Un midrasch préexistant?

On est étonné par la tournure que prend le propos à partir du v. 7, si bien que Windisch – dont l'influence sur ce point se fait sentir un peu dans tous les commentaires plus récents – discerne dans les v. 7 à 18 un midrasch chrétien sur Exod. 34 : 29–35, ne faisant pas vraiment corps avec ce qui précède; de sorte qu'il ne faut pas interpréter une partie du chapitre en fonction de l'autre. Ce midrasch se présente – toujours selon Windisch – comme un morceau littéraire autonome sans attaches particulières avec la situation de la lettre si bien que l'on pourrait – en ce qui concerne la polémique – passer directement de 3 : 6 à 4 : 1ss. Mais ce faisant, Windisch (1) n'explique pas ce qui fait vraiment problème, à savoir la raison pour laquelle Paul se met soudain à utiliser ce midrasch chrétien; (2) fait bon marché des antithèses 'ministère de mort – ministère d'esprit', 'ministère de condamnation – ministère de justice' qui ne se comprennent que sur l'arrière-fond de l'épître aux Romains et de Gal. 3¹ et qui font que les v. 7ss sont solidement rattachés au v. 6 et à tout le contexte dont ce dernier est l'aboutissement.

¹ Nous renvoyons aux articles de Prümm cités au v. 6.

S. Schulz[1] qui reprend cette thèse d'un document préexistant essaie de parer à ces objections. Il faut distinguer dans nos versets un midrasch d'origine judéo-chrétienne célébrant la gloire de Moïse, midrasch repris par Paul de façon polémique et l'amenant à dire dans le fond tout juste le contraire de ce qu'il disait initialement. Ainsi la διακονία Μωϋσέως devient διακονία τοῦ θανάτου, καταργουμένη, etc. Georgi se rallie à cette thèse (op. cit., p. 274–82) et va même jusqu'à restituer le mot à mot du document judéo-chrétien en barrant les termes manifestement pauliniens (p. 282). Nous montrerons encore que l'arrière-fond polémique du propos ne nous paraît pas douteux ici encore, mais nous avouons ne pas voir la nécessité de supposer l'existence d'un document préexistant.

(1) L'hypothèse est assez compliquée (il faut envisager plusieurs exemplaires du midrasch dont l'un parvenu jusqu'à Paul); qui dès lors demande à être très soigneusement justifiée; or le principe est un peu simplet qui consiste à faire ce tri: ce terme est très paulinien donc...celui-ci ne l'est pas (λίθος? πρόσωπον? ἀτενίσαι?) donc...

(2) C'est accorder peut-être trop peu de tact à Paul. L'objection vaut ce qu'elle vaut, mais Paul pouvait-il vraiment se faire beaucoup d'illusions sur la portée d'un raisonnement qui consiste tout simplement à reprendre un document tenu en haute estime par ses lecteurs – et non seulement par ses adversaires! – pour le dénigrer: 'votre belle alliance...passagère'. La méthode est un peu cavalière.

(3) C'est surtout enlever à la pensée de Paul tout son dynamisme, sa souplesse et donc manquer le sens du texte.

La pointe de l'argumentation

Il y a en effet deux couches à discerner dans nos versets: (1) le vocabulaire catéchétique et paulinien sur le rapport γράμμα–πνεῦμα; (2) une référence à Moïse et à sa δόξα tels que nous les présente Exod. 34: 29–35. Ce sur quoi il faut s'interroger c'est le sens que peut avoir la confusion à l'intérieur d'une même phrase de ces deux contextes. Or que dégage-t-on du texte dans son contexte d'un point de vue purement phénoménologique? Paul

[1] 'Die Decke des Moses. Untersuchungen zu einer vorpaulinischen Überlieferung in 2 Kor. 3: 17–18', *ZNW* (1958), p. 1–30.

recourt à un raisonnement logique, de type *a minore ad majus*.
Que démontre-t-il?

La gloire du ministère de la nouvelle alliance, de mon ministère, est
une donnée de la foi: son existence et sa nature se déduisent –
logiquement – de ce que nous croyons. L'étalon de cette gloire n'est
pas le visage rayonnant de Moïse descendant du Sinaï: notre gloire
est d'un autre ordre. Mais cet étalon n'est pas non plus notre
propre et prétentieuse mesure: nous ne nous recommandons pas
nous-mêmes! Il a tout simplement plu *à Dieu* de donner à Moïse
telle gloire, à nous autres telle autre, et il est incontestable – c'est là
toute notre foi chrétienne – que cette dernière a plus de valeur que
la première.

Il va sans dire que cette logique de la foi présuppose un arrière-
fond historique et concret.

L'arrière-fond polémique

Il faut bien voir en effet que Paul ne s'en prend ici ni à Moïse
directement – dont il ne conteste ni l'authenticité ni la valeur
de la gloire – ni à la Loi par lui promulguée, mais bien à une
certaine interprétation de Moïse et de la Loi. C'est ce qu'a bien
relevé H. Ulonska[1] et ce que nous avions déjà noté à propos du
γράμμα. C'est donc à ses adversaires que Paul s'en prend une
nouvelle fois ici.[2]

Qu'en conclure sinon que ces adversaires devaient modeler
leur conduite sur celle de Moïse et qu'ils reprochaient à Paul de
ne pas en faire autant? Si de plus on accepte notre hypothèse sur
le contenu des lettres de recommandation, c'est dans ces lettres
qu'on pouvait lire: 'nous vous les recommandons parce que
nous les avons vus faire comme Moïse...'.

Le visage de Moïse

On peut même faire un pas de plus et découvrir pourquoi les
adversaires avaient choisi plus particulièrement, parmi toutes
les attitudes de Moïse, celle qui nous le montre le visage rayon-

[1] 'Die Doxa des Moses. Zum Problem des AT in 2 Kor. 3: 1–16',
EvTh, **26** (1966), p. 378–88.
[2] Cela est encore confirmé par le fait que dans le reste de l'épître on ne
trouve pas la moindre trace de polémique antijudaïsante ou antilégaliste.

nant de la gloire de Dieu. Mais la clef de ce choix ne se trouve pas dans les textes de l'époque qui se rapportent à Moïse. Tant le judaïsme hellénistique que le rabbinisme, s'ils ne passent pas sous silence ce moment de la vie de Moïse, n'y insistent pourtant aucunement.[1] Il faut donc chercher ailleurs – sous réserve de découvertes ultérieures toujours possibles – la source de l'intérêt des adversaires de Paul pour le visage éclairé de Moïse. Que pouvait-on bien comprendre dans cet épisode biblique? Peut-être rien d'autre que ce qu'il signifie en fait. En effet F. Dumermuth[2] a rassemblé un nombre assez impressionant

---

[1] Pour le judaïsme hellénistique cf. Géza Vermès, 'La figure de Moïse au tournant des deux Testaments', *Moïse, l'homme de l'alliance* (Paris, 1955), p. 63–92. Voici ce que nous en dit Philon (*Vita Mosis*, II, 70s), 'et il redescendit ensuite...beaucoup plus beau à regarder qu'au moment de l'ascension, au point de frapper les assistants de stupéfaction et d'effroi, et de les rendre incapables de soutenir plus longtemps du regard les jets d'une lumière aussi intense que celle du soleil qu'il dardait comme des éclairs. Pendant son séjour sur le sommet, il fut initié aux mystères par des instructions sur tout ce qui concernait la prêtrise' (traduction de R. Arnaldez et autres [Paris, 1967]). On notera que: (1) l'incident est tout simplement rapporté là sur la foi du récit biblique et ne prête pas à spéculation; (2) que l'insistance porte sur le caractère extraordinaire de Moïse; (3) que suit immédiatement l'idée d'un mystère auquel Moïse aurait été initié sur le Sinaï.

Pour le judaïsme rabbinique cf. Strack–Billerbeck, III, p. 515ss et R. Bloch, 'Quelques aspects de la figure de Moïse dans la tradition rabbinique', in *Moïse, l'homme de l'alliance*, p. 93–167.

De même W. A. Meeks ne note rien concernant cet épisode de la vie de Moïse dans la longue et minutieuse étude qu'il fait de Moïse à l'époque du NT (*The prophet-king. Moses, traditions and the Johannine christology* [Leiden, 1967], p. 100–285). Remarquons toutefois que: (1) Philon considère Moïse comme un θεῖος ἀνήρ et un mystagogue (sens donné par Philon au titre de prophète) – p. 100ss; (2) Josèphe attribue à Moïse des caractères nettement moins accentués et plus divergents, toutefois pour lui aussi Moïse est un homme divin (p. 138ss); (3) pour la littérature apocryphe et pseudépigraphique, Moïse est celui qui a reçu, lors de son ascension, des révélations secrètes; il est de plus l'homme des 'signes et des miracles' (p. 156ss); (4) de même le rabbinisme le présente aussi dans son ascension au Sinaï comme un prototype mystique (p. 205ss); (5) les mêmes traits se retrouvent dans les sources Samaritaines (p. 241ss). Il faut de plus noter que partout est souligné le caractère eschatologique de l'activité de Moïse et que, dans les textes Samaritains, Moïse est même qualifié de שליח, 'apôtre' (p. 226s), ce qui est un indice – sinon de l'origine des conceptions des adversaires de Paul – du moins en faveur de l'existence de telles conceptions (cf. ci-dessous).

[2] 'Moses strahlendes Gesicht', *ThZ*, **17** (1961), p. 241–8.

d'exemples – historiques et actuels – où la rencontre de la divinité, l'extase, se traduit par un rayonnement physique, une 'transfiguration'[1] du visage de Bouddha, Ramakrishna, Nicolas de Flue, etc. Il en conclut qu'il s'agit d'un phénomène identique que nous rapporte Exod. 34: 29ss à propos de Moïse.

Les adversaires de Paul étaient ainsi des extatiques se vantant de leurs extases...ne faisaient-ils pas ainsi comme Moïse? Pourquoi Paul refusait-il d'appuyer son autorité apostolique sur les mêmes signes? Cette supposition prend encore du poids si l'on se réfère au début du chapitre 12: 'Faut-il se glorifier? Cela n'est pas bon; j'en viendrai pourtant aux visions et aux révélations du Seigneur. Je sais un homme en Christ...'. Paul lui aussi connaît l'extase mais ce n'est pas sur elle qu'il fonde sa prédication. On pourrait, de plus, renvoyer à 5: 12s où l'on a souvent vu un refus de Paul de faire état devant les hommes de ses extases. Or tel ne nous paraît pas être le sens du v. 13. Toutefois le v. 12 marque une orientation polémique non équivoque: '...afin que vous ayez de quoi (répondre) à ceux qui font valoir le visage et non le cœur'.

D. Georgi a montré combien la mission et la propagande des nombreuses religions de l'empire romain étaient foisonnantes au début de notre ère et que ni le judaïsme, ni le christianisme n'avaient fait exception à cet égard, un des principaux 'nerfs de la guerre' étant le ou les prédicateurs itinérants considérés comme θεῖοι ἄνδρες. Il ne nous appartient pas ici de discuter la valeur de chacune des thèses de Georgi[2] et nous ne tenons pas non plus à extrapoler (notre propos est de comprendre le texte); nous remarquons seulement que son ouvrage présente une toile de fond sur laquelle se découpe fort bien ce que nous venons de préciser. Et, avant de passer à l'exégèse de détail, jetons un nouveau coup d'œil sur la *Vita Mosis* de Philon (I, 158): 'Telle une peinture bien faite il (Moïse) se présenta aux regards, lui-même et sa vie, œuvre de toute beauté et de forme divine;

---

[1] 'Les vies des Saints nous apprennent qu'un état élevé d'union de l'âme avec Dieu peut entraîner dans le corps un rayonnement surnaturel. Ce phénomène est un des mieux attestés parmi les phénomènes anormaux qui entourent l'expérience mystique.' A. M. Ramsey, *La gloire de Dieu et la transfiguration du Christ* (traduction française, Paris, 1967), p. 132.

[2] Pour l'exposé de ces thèses nous renvoyons à la fin de notre introduction.

et il se tient comme un modèle pour qui veut l'imiter' (ἔστησε παράδειγμα τοῖς ἐθέλουσι μιμεῖσθαι). Or pour Paul il n'y a qu'un seul modèle à 'imiter': le Christ.

B. LE VERSET 7

εἰ δὲ ἡ διακονία τοῦ θανάτου

Paul tire maintenant les conséquences des vérités de la foi qu'il vient de rappeler, en les appliquant au cas concret de la polémique. 'Son ministère n'est pas authentique – disait-on – parce qu'il n'a pas la même gloire que Moïse.' Le problème ne se pose pas dans ces termes, réplique Paul: 'nous croyons appartenir à une alliance nouvelle, *donc* nous avons une gloire supérieure à celle de Moïse; le γράμμα tue? Mais alors... (δέ adversatif)'.

L'expression διακονία τοῦ θ. est un peu étrange. On pense d'abord à l'ensemble formé par l'alliance mosaïque (ainsi Plummer), mais le terme διακονία (service) n'est-il pas impropre pour le désigner? En fait si Paul emploie ici διακονία c'est qu'il a déjà dans l'esprit l'opposition à son propre 'service', l'apostolat. Διακονία signifie donc ici tout à la fois alliance mosaïque, manière propre à Moïse d'exercer son rôle dans cette alliance et ministère-apostolat des adversaires de Paul qui prennent Moïse comme modèle. La qualification τοῦ θανάτου est à raccrocher au v. 6*b* et à tout l'enseignement paulinien sur la Loi. Il faut ici pourtant encore souligner (voir 2: 16) le caractère spécifiquement paulinien de ce terme (surtout associé à κατάκρισις v. 9): l'Esprit seul peut mener à la vie, tout le reste – la Loi, Moïse, les apôtres adverses – ne mène qu'à la mort définitive, eschatologique, loin de Dieu (Rom. 8: 1). Ce caractère est encore accentué par le fait que Paul ne parle pas simplement – comme l'exigerait un strict parallélisme – de διακονία γράμματος opposée à διακονία πνεύματος (v. 8) mais de

διακονία τοῦ θανάτου ἐν γράμμασιν

La leçon donnée par certains manuscrits (ἐν γράμματι) est sans doute une correction influencée par le γράμμα du verset précédent, quoique la chose soit discutable. La précision – ἐν γράμμασιν – montre une nouvelle fois qu'il n'y a pas de rupture entre le v. 6 et le v. 7; elle prépare de plus la mention de l'épisode où Moïse descend du Sinaï; sa place après θανάτου seulement, fait que l'accent porte avant tout sur ce dernier terme.

ἐντετυπωμένη λίθοις

Il faut en effet comprendre ces deux mots comme un second qualificatif de διακονία: 'service de mort dans des lettres (et) gravé sur des pierres' (Godet, Plummer) et non comme un complément de γράμμασιν: 'lettres gravées dans la pierre' (Bachmann, Windisch). L'expression est ici un peu embarrassée parce que plusieurs idées se bousculent dans l'esprit de Paul. Le 'ministère gravé dans des pierres' est en effet une allusion au don de la Loi au Sinaï. Ce caractère allusif montre d'ailleurs fort bien qu'il n'est nul besoin – pour Paul comme pour ses lecteurs – de préciser ce dont il est et va être question: on savait que l'on reprochait à Paul de ne pas faire comme Moïse. Si, de plus, Paul qualifie ici le ministère de Moïse – et de ses adversaires – comme ἐν λίθοις de préférence à toute autre qualification, c'est sans doute à cause de la prophétie d'Ezéchiel sur la nouvelle alliance: 'j'enlèverai le cœur de pierre qui est en vous, et je vous donnerai un cœur de chair' (Ezéch. 36: 26), cf. v. 3. Ainsi, à la manière d'être purement extérieure de Moïse et de ses disciples – qui ne saurait conduire qu'à la mort – Paul oppose une manière d'être profondément enracinée dans le cœur de l'homme nouveau, par l'Esprit.

ἐγενήθη ἐν δόξῃ

On peut comprendre soit que le service de la mort 'a été inauguré dans la gloire', 'est né dans la gloire' (Plummer, Godet), soit qu'il 'devint gloire', 'qu'il se changea en un éclat lumineux' (Allo, Bachmann). Que l'on choisisse l'un ou l'autre sens ne change rien à l'interprétation que nous avons donnée de l'ensemble du verset.

Le concept de δόξα est un des concepts clef de tout ce passage.[1] M. Carrez a compté (*op. cit.*, p. 30 n. 1) que δόξα se trouve 19 fois dans 2 Cor. 1–8 dont 15 fois dans les chapitres

---

[1] Cf. Carrez, *De la souffrance à la gloire. De la ΔΟΞΑ dans la pensée pauli-nienne* (Neuchâtel, 1964); A. M. Ramsey, *op. cit.*, p. 9–122.

3 et 4. Le terme est par contre absent des chapitres 10–12 où l'on trouve, affecté du même coefficient de densité, καυχάομαι (16 fois). On peut tirer de ce fait une conclusion théologique : 'La gloire révélée par l'homme s'oppose à la gloire révélée par le Seigneur' (Carrez) mais aussi une conclusion 'historique' : lorsque Paul parle de la δόξα dans 2 Cor. 1–8 il parle de la même chose qu'il désignera par καυχάομαι et ses composés dans les derniers chapitres de l'épître.

Si Paul emploie ici ce terme c'est à cause du δεδόξασται d'Exod. 34 : 29 et de l'usage que ses adversaires en faisaient. On peut présumer alors que chez ces derniers la δόξα était une participation à la divinité assurant à certains êtres privilégiés – comme Moïse et eux-mêmes – prestige et autorité. Or pour Paul la confusion entre Dieu et l'homme est impensable, la δόξα reste l'attribut de Dieu seul. Mais surtout le concept épouse chez lui les étapes de l'histoire du salut : il y a une histoire de la δόξα qui est l'histoire des relations de Dieu et de l'homme ; qui commence à la création et à la chute pour se terminer à la Parousie.[1] C'est pourquoi tout en reconnaissant au ministère de Moïse une certaine gloire, Paul ne peut accepter de s'en tenir à ce stade 'passager', lui qui vit dans les temps derniers. Rien qu'avec ce terme de δόξα on saisit tout ce qui sépare Paul de ses adversaires : pour les uns il n'y a qu'une seule alliance, pour l'autre il y a du nouveau qui fait de l'ancien quelque chose de périmé.

ὥστε μὴ δύνασθαι...τὴν καταργουμένην

Nous ne revenons pas sur ce que nous avons dit des raisons pour lesquelles Paul rappelle ici Exod. 34 : 29ss pour caractériser la gloire du ministère de Moïse. Nous voulons juste préciser l'un ou l'autre détail.

Le mot πρόσωπον (visage) revient deux fois ici et ce manifestement parce qu'il se trouve dans Exod. 34 : 29.[2]

[1] Cette caractéristique de la δόξα paulinienne est mise en relief par M. Carrez, dont le plan suit les diverses étapes de l'histoire du salut. Même insistance in H. Schlier, 'Doxa bei Paulus als heilsgeschichtlicher Begriff', *Analecta Biblica 17–18*, I, p. 45–56 ; repris dans *Essais sur le NT* (Paris, 1968), p. 379–91.
[2] Cf. E. Lohse, *art.* 'πρόσωπον', *ThWNT*, VI (1959), p. 67–79.

Toutefois sur les 20 emplois de ce terme dans le corpus paulinien 10 sont concentrés dans notre épître. Les quatre emplois extérieurs à l'apologie du ministère apostolique (1: 11; 2: 10; 8: 24; 11: 20) n'offrent pas d'intérêt particulier. Restent 6 emplois rassemblés entre 3: 7 et 5: 12. A première vue leur intérêt ne semble pas non plus particulier, mais il faut remarquer[1] que dans le même court espace on trouve 5 fois le terme de καρδία (3: 2, 3, 15; 4: 6; 5: 12). Cette conjonction culmine d'ailleurs en 5: 12 où Paul accuse ses adversaires de se 'prévaloir de ce qui est sur le visage et non de ce qui est dans les cœurs' rappelant la parole de Jahweh à Samuel à propos de David: 'Ce qui se voit ne compte pas pour l'Eternel; l'homme ne regarde que l'apparence; mais l'Eternel regarde au cœur – ὅτι οὐχ ὡς ἐμβλέψεται ἄνθρωπος, ὄψεται ὁ θεός, ὅτι ἄνθρωπος ὄψεται εἰς πρόσωπον, ὁ δὲ θεὸς ὄψεται εἰς καρδίαν' (1 Sam. 16: 7; cf. encore 1 Thess. 2: 17). Nous montrerons encore dans chaque cas précis que cette opposition est partout présente dans notre passage: au visage – apparence – parade devant les hommes lié à Moïse et à sa Loi, Paul oppose ce qui se passe en profondeur (devant Dieu et non devant les hommes, rendu possible par l'Esprit), le cœur.[2]

ἀτενίσαι

Le terme ne correspond pas exactement au texte biblique selon lequel 'Aaron et les enfants d'Israël n'osèrent pas s'approcher de lui (Moïse)' – Exod. 34: 30. Toutefois ce trait se retrouve dans le passage de la *Vita Mosis* de Philon que nous avons déjà cité. Il faut en conclure que Paul ne dépend pas ici directement d'Exod. 34: il dépend d'une tradition ou d'une interprétation qui met l'accent sur le fait que le visage de Moïse était 'à regarder', ce qu'il faut traduire ainsi: les adversaires de Paul, en extase comme Moïse, se donnaient en 'spectacle'. Il faut d'ailleurs noter – ce qui importe surtout pour 3: 13 – que ἀτενίζειν ne signifie pas simplement 'regarder' mais 'fixer du regard', 'regarder intensément'. Le terme ne se trouve qu'ici et en 3: 13 chez Paul. Windisch a, de plus, relevé de façon

[1] Cf. Bultmann, *Exegetische Probleme*, p. 14 à propos de 5: 13.

[2] Sur καρδία cf. *ad* 3: 2. Sur ce qu'il faut entendre par 'gloire du visage de Moïse', cf. ci-dessus.

intéressante qu'il était associé à des phénomènes pneumatiques à plus d'un endroit: Act. 1: 10; 6: 15; 10: 4.[1] En conclure qu'il y a là un sens particulier à cause duquel Paul utilise ce terme ici ne semble pas trop osé.

τὴν καταργουμένην

Le verbe καταργέω est, lui, spécifiquement paulinien dans le NT, ce qui pousse Schulz et Georgi à y voir une adjonction paulinienne au midrasch préexistant, destinée à en modifier le sens. Nous avons déjà dit pourquoi – présentée sous cette forme – cette thèse ne nous paraissait pas acceptable. Les commentateurs se partagent entre un sens d'imparfait ou de futur, à donner à ce participe présent. Dans le premier cas on comprend: 'gloire qui s'évanouissait',[2] dans le second: 'destinée à disparaître'.[3] En fait le verbe a chez Paul un sens assez nettement eschatologique et cela selon deux acceptions. Selon la première la croix du Christ a déjà 'anéanti', 'aboli', un certain nombre de réalités hostiles à Dieu et à l'homme (le péché, la Loi; cf. Rom. 6: 6; 7: 2, 6; Eph. 2: 11); selon la seconde d'autres réalités seront 'anéanties' à la fin des temps lors du retour du Christ (cf. 1 Cor. 13: 8, 10; 15: 24, 26; 2 Thess. 2: 8). Il résulte de cet usage paulinien et du contexte de 2 Cor. 3: 7 – avec sa parenté avec Rom. 6–7 – qu'il faut comprendre dans καταργουμένην ici un simple participe présent passif: 'abolie', 'anéantie', 'rendue vaine'. Cette gloire dont fut entouré Moïse fut authentique, mais, depuis l'inauguration par la croix d'une ère, d'une alliance, nouvelles, elle est périmée, abolie.

C. LE VERSET 8

πῶς οὐχὶ μᾶλλον

Paul introduit maintenant avec vigueur la 'majeure' du raisonnement: 'ne croyons-nous pas que nous vivons une alliance nouvelle, qui par sa nouveauté même rend caduque celle qui l'a précédée? Or si cette dernière apparut dans

---

[1] Voir aussi les textes de I Clément cités par Windisch.
[2] Allo, Plummer, Godet.
[3] Héring, Osty.

la gloire, comment la première n'aura-t-elle pas beaucoup plus de gloire encore?'[1]

ἡ διακονία τοῦ πνεύματος

Paul parle ici concrètement de son apostolat qu'il oppose à celui de ses adversaires copiant servilement ('textuellement') l'attitude de Moïse.[2] Ce ministère est τοῦ πνεύματος, en quoi il faut voir un génitif de qualité. Comme le dit fort bien M. A. Chevallier (*op. cit.*, p. 105–6): 'il est clair qu'ici διακονία τοῦ πνεύματος est une expression fabriquée pour la symétrie et que l'esprit y figure par référence au v. 6, comme la caractéristique, si l'on ose ainsi dire, de la nouvelle alliance'. Il faut donc comprendre ministère 'dans l'économie du pneuma' (*ibid.*). Cet esprit est donc bien l'esprit prophétique de l'AT, répandu lors de l'instauration de l'alliance nouvelle où il agit dans le cœur des croyants (cf. v. 3, 6 et 18). Il nous faut pourtant juste poser une question avant de poursuivre: qu'est-ce que cela signifie quant à la détermination des adversaires de Paul, que ce dernier puisse en référer avec tant de sûreté au πνεῦμα en s'opposant à eux? Peut-on encore qualifier alors, avec Georgi, ces adversaires de 'pneumatiques'? D'ailleurs les Corinthiens eux-mêmes n'avaient-ils pas aussi une certaine conception du πνεῦμα comme nous le montre la première épître? Nous ne faisons là que poser une question que nous reprendrons lors de l'étude des v. 17–18.

ἔσται ἐν δόξῃ

Le futur est ici un peu surprenant. La plupart des exégètes y voit soit un futur logique, soit un futur situé par rapport à l'événement du Sinaï. I. Herrmann (*op. cit.*, p. 31–4) lui donne une pleine valeur eschatologique qu'il appuie d'ailleurs sur la même valeur perceptible dans δόξα (voir ci-dessus) et dans πνεῦμα qualifié ici de 'pont reliant le présent au futur'. Nous pencherions, pour notre part, vers une solution intermédiaire

---

[1] Georgi (*op. cit.*, p. 278) trouve la liaison difficile avec le v. 7 appartenant au midrasch préexistant; le v. 8 étant un commentaire de Paul. Pour πῶς οὐχί cf. Rom. 8: 32; le μᾶλλον porte bien sûr sur toute la phrase et non seulement sur ἐν δόξῃ (Godet).

[2] Cf. διακονία τοῦ θανάτου au v. 7.

(cf. Windisch). Dans une bonne analyse M. Bouttier (*En Christ*, p. 45–8) montre que nombreux sont les futurs pauliniens dans lesquels il faut voir un sens à la fois logique *et* eschatologique. L'élément qu'il nous faut alors souligner – face à une exégèse trop unilatérale – c'est l'élément eschatologique. Paul introduit ici manifestement une dimension temporelle dans cette notion de δόξα objet de la querelle: ce n'est pas pour rien qu'il parlera d'ἐλπίς au v. 11. Bien sûr le ministère de Paul est déjà maintenant dans la gloire et dans une gloire supérieure à celle de Moïse. Mais cette supériorité réside justement en ce que cette δόξα est grâce de Dieu, objet de la foi humaine. Elle est, mais elle sera. Elle ne peut être une possession assurée.

D. LE VERSET 9

Nous n'avons pas grand chose à ajouter à ce que nous avons déjà dit pour l'ensemble des v. 7–11, concernant plus particulièrement le v. 9. La pensée de Paul se fait ici plus incisive, même elliptique. La formule devient dès lors frappante et porte, mais elle n'est possible que parce qu'elle utilise les termes d'un contexte parfaitement connu des catéchumènes de Paul. En effet quoi de plus typiquement paulinien que l'antithèse κατάκρισις–δικαιοσύνη (cf. Rom. 5: 16–21)? La comparaison avec les v. 7 et 8 est d'ailleurs instructive: aux versets 7–8 Paul adapte l'antithèse θάνατος–ζωή au contexte et en fait θάνατος–πνεῦμα; au v. 9 il se contente de 'citer'. Il ne faut donc pas trop insister sur le γάρ qui se rapporte plus au v. 6 qu'au v. 8 (ainsi Windisch), ni sur l'application précise et concrète des termes à la polémique.

ἡ διακονία τῆς κατακρίσεως

Comme au v. 7 διακονία désigne à la fois l'action historique de Moïse descendant du Sinaï, l'alliance judaïque et le ministère de ceux qui se réclament de l'un comme de l'autre. Κατάκρισις désigne le jugement, la condamnation dont κατάκριμα est le résultat.[1] Toutefois l'opposition à δικαιοσύνη et le rapprochement avec θάνατος (v. 7) ne laissent aucun doute sur la manière

---

[1] Cf. Büchsel, *art.* 'κατακρίνω κ.τ.λ.', *ThWNT*, III (1938), p. 953s; L. Mattern, *op. cit.*, p. 62–4.

dont il faut comprendre ce terme: le péché a pour conséquence la condamnation et la mort; or la Loi de Moïse ne permet pas d'éviter ce péché, elle ne fait que le mettre en évidence.[1]

πολλῷ μᾶλλον περισσεύει

C'est d'une manière très accentuée que se présente la seconde majeure du raisonnement: πολλῷ + μᾶλλον + περισσεύει. Ce dernier verbe est fréquent chez Paul pour désigner une des caractéristiques de l'éon nouveau comparé à l'ancien. Le fait qu'il est ici au présent n'entraîne pas que c'est ce sens qu'il faut à tout prix donner au ἔσται du v. 8, à propos duquel nous avons déjà montré dans quelle mesure présent et futur s'accordaient. Il est toutefois aussi incontestable que Paul pense avoir dès maintenant plus de gloire que ses adversaires qui se réclament de Moïse. Mais on pressent qu'il n'entend pas par δόξα la même chose qu'eux, comme il aura encore l'occasion de le préciser.

ἡ διακονία τῆς δικαιοσύνης

Nous n'insisterons pas ici sur le sens typiquement biblique et paulinien de ce terme, ni sur la place qu'il tient dans l'épître aux Romains. Les problèmes qu'il pose sont immenses, ainsi que la littérature qui y est consacrée (cf. en particulier *ad* 5:21). Outre donc la saveur très fortement paulinienne, contentons-nous de relever ces mots de F. J. Leenhardt (*Commentaire de l'épître aux Romains* [Paris, 1957], *ad* 1:17):

Dans le cadre de l'alliance, les termes 'justes', 'justice', 'justification' deviennent les maîtres-mots de la vie de la foi; ils désignent celui qui se trouve avec Dieu dans la relation que Dieu a voulue, celui que Dieu agrée et accueille, ou bien l'acte de la souveraineté divine par lequel Dieu rend à un homme une relation un moment suspendue par le péché, l'acte grâce auquel il trouve à nouveau accès auprès de lui.

[1] De bons manuscrits P46, ℵ, A, B ont un datif τῇ διακονίᾳ: 'si le ministère de la condamnation a eu de la gloire...'; le sens reste tout à fait le même.

E. LE VERSET 10

Le sens général de ce verset – dont le détail est plus difficile à interpréter – fait la quasi unanimité des exégètes: maintenant que l'on peut faire la comparaison avec la vraie gloire, celle de la nouvelle alliance – dit Paul – il faut reconnaître que la gloire de Moïse n'est même pas de la gloire – un peu comme la lumière d'une bougie ne peut pas rivaliser avec le soleil, le matin venu. E. Hill, pourtant,[1] propose une solution originale: il ne faut pas voir dans τὸ δεδοξασμένον l'ancienne alliance, mais la nouvelle; la preuve en est que ἐν τούτῳ τῷ μέρει renvoie à la dernière 'part' dont il vient d'être question, c'est-à-dire le ministère de la justice. Paul dirait alors que la gloire de la nouvelle alliance est si grande que ce qui appartient encore à cet éon-ci ne peut pas en être le support. L'intérêt d'une telle exégèse est qu'elle met bien en valeur un aspect de la notion de la gloire paulinienne trop souvent négligé ici (cf. v. 7). Et il est vrai, croyons-nous, que Paul aurait fort bien pu dire ce que comprend Hill. Mais il ne le dit pas et cela principalement parce que δεδόξασται et τὸ δεδοξασμένον se rapportent littéralement à Exod. 34: 29s et que la thèse de Hill l'oblige à donner à καὶ γάρ le sens exceptionnel de 'bien que'.

καὶ γάρ

Le sens courant de cette conjonction voudrait que notre verset fût le fondement sur lequel s'édifie tout le raisonnement précédent.[2] Nous pensons plutôt qu'avec la formule du v. 9 la démonstration en elle-même a atteint son point culminant et que Paul maintenant ne fait que 'fixer solidement le clou': en effet dans les v. 10–11 le vocabulaire catéchétique des v. 6–9 disparaît. Avec Godet nous dirons donc que notre verset explique et justifie le πολλῷ μᾶλλον περισσεύει du v. 9: 'cela est tellement vrai que...', traduisant καὶ γάρ par 'car même'.

---

[1] 'The construction of three passages from St Paul', *CBQ*, **23** (1961), p. 296–301.

[2] Georgi, *op. cit.*, p. 275+278, pense que Paul transforme le texte préexistant suivant: γὰρ δεδόξασται τὸ δεδοξασμένον διὰ τῆς ὑπερβαλλούσης δόξης.

οὐ δεδόξασται τὸ δεδοξασμένον

La référence à Exod. 34: 29–35 est évidente, où deux fois la forme verbale δεδόξασται est liée au visage de Moïse (v. 29 + 35) et une fois le participe δεδοξασμένη (καὶ ἦν δεδοξασμένη ἡ ὄψις τοῦ χρώματος τοῦ προσ. αὐτοῦ, v. 30). L'affrontement des deux formes verbales constitue un véritable paradoxe: 'ce qui a été dans la gloire n'a pas été dans la gloire'. Le parfait indique un fait qui demeure: 'a été et est'. Ainsi le ministre de l'alliance nouvelle ne doit avoir aucun doute sur la conduite à suivre: non seulement la gloire de Moïse est moindre, elle n'est même pas du tout. Pour savoir ce qu'est la gloire et pour l'avoir c'est à quelqu'un d'autre qu'il faut regarder.

ἐν τούτῳ τῷ μέρει

C'est là la difficulté de notre verset. On ne sait d'abord trop s'il faut le rattacher à οὐ δεδόξασται ou à τὸ δεδοξασμένον. Pour la première solution optent Schlatter, Plummer, Windisch, Lietzmann. Le ἐν τ. τ. μέρει annonce alors ce qui suit, énonce la condition nécessaire pour que l'assertion soit valable: 'n'a pas été glorifié sous ce rapport, sous cet aspect...' de la comparaison avec la gloire du ministère de la justice. Mais le ἐν τούτῳ est alors superflu et lourd et la phrase serait tout aussi claire sans.[1]

Mais on peut aussi rapporter ἐν τ. τ. μέρει à τὸ δεδοξασμένον. Bachmann et Héring donnent alors à μέρος le sens qu'il a en 1: 14 et 2: 5 de 'partie d'un tout' marquant une certaine limitation: ce qui a été glorieux en partie seulement, relativement. Allo traduit plus vaguement par: 'dans ce cas', ou 'dans cette matière' ou 'dans ce rôle' (de Moïse). Il faut toutefois bien reconnaître que toutes ces solutions sont possibles et qu'il n'est pas aisé de trancher. Toutefois peut-on indiquer une certaine préférence pour la thèse de Allo qui a le triple avantage de donner au complément le même sens qu'en 8: 3 (seul autre exemple dans le NT), à μέρος un sens parfaitement attesté et de ne pas trop insister sur l'importance de ces mots dans le déroulement du raisonnement.

[1] Pour un sens différent avec la même construction, cf. encore Godet.

εἵνεκεν τῆς ὑπερβαλλούσης δόξης

C'est 'au regard de' (Osty)[1] la surabondance de la gloire de la nouvelle alliance, que l'on peut considérer la gloire de l'ancienne comme nulle. Les termes de ὑπερβάλλω, ὑπερβολή et l'expression καθ' ὑπερβολήν sont spécifiquement pauliniens dans le NT – ce qui infirme la thèse d'un texte préexistant comprenant ces mots. D'une manière générale Paul tend à exprimer par là le caractère inexprimable, dépassant les possibilités et la compréhension humaine de l'acte de Dieu manifesté en Jésus-Christ. Cette marque est dès lors aussi celle de la vie 'en Christ': surabondance des révélations (2 Cor. 12: 7) mais aussi des souffrances (2 Cor. 11: 23), ici de la gloire (cf. 4: 17). Il est à noter encore que le terme apparaît le plus souvent dans notre épître: Paul y affirme l'impossible mainmise de l'homme sur ce qui appartient à Dieu seul (ici la δόξα) et la comparaison irrecevable avec tout ce qui a précédé l'éon nouveau.

F. LE VERSET 11

Cette troisième étape du raisonnement *a minori ad majus* ne marque pas une progression sensible par rapport aux deux autres. Paul insiste tout simplement et veut être bien compris, il reprend donc l'antithèse ancienne alliance – nouvelle alliance sous un nouvel angle. Toutefois cette reprise n'est pas sans intérêt car elle révèle un peu plus ce que nous avons déjà pressenti, à savoir la dimension eschatologique de la gloire de la nouvelle alliance.

τὸ καταργούμενον

Paul reprend donc cette caractéristique de l'ancienne alliance jetée un peu en passant au v. 7 – où elle est appliquée plus spécifiquement à la gloire du visage de Moïse. Ce qui a précédé la croix devient, maintenant qu'il y a la croix, sans valeur, aboli, anéanti.

διὰ δόξης...ἐν δόξῃ

Nous pensons avec la grande majorité des commentateurs – et contre Lietzmann et Windisch – qu'il faut marquer ici la

[1] εἵνεκεν = 'à cause de, *propter*', Blass–D., §216, 1.

différence des prépositions: elles disent qu'un des ministères fut un passage à travers la gloire, alors que l'autre est un état qui dure dans la gloire.

τὸ μένον

Ce terme apparaît en antithèse à καταργούμενον, lui-même issu de la problématique du v. 7. Il ne faut donc pas chercher ailleurs la raison de ce μένον ici. Le verbe μένω et ses composés[1] ne jouent pas un rôle théologique spécifique chez Paul. Il faut y voir – comme dans l'ensemble du NT, excepté les écrits johanniques, et dans la LXX – un sens plutôt dynamique et actif: 'tenir bon', 'durer'. Tὸ μένον est donc ici avant tout ce qui tient bon, ce qui est solide par opposition à ce qui ne vaut rien; il est donc inexact de trop l'interpréter dans les catégories de l'éternité hellénistique (Héring). Mais cela dit, il n'en reste pas moins vrai qu'une nouvelle fois (cf. ἔσται au v. 8), parlant de la gloire, la pensée de l'apôtre se tourne vers l'avenir.

ἐν δόξῃ

Pour les adversaires de Paul la gloire est un reflet humain du divin, dont l'homme peut se vanter et accessible dès maintenant. N'est-ce pas d'ailleurs ce qu'enseigne Moïse? Pour Paul la croix a tout culbuté et ce qui valait un temps, ne vaut plus maintenant. La gloire? certes elle est là et surabondamment puisque c'est Dieu qui agit souverainement et de manière définitive, mais justement c'est à lui seul qu'elle appartient et si ses serviteurs y ont part ce n'est jamais de manière à pouvoir s'en prévaloir; leur participation est l'acte de la foi qui découvre la gloire transcendante de la résurrection derrière la croix, la gloire de croître en Christ à travers les tribulations: 'c'est donc de grand cœur que je me glorifierai surtout de mes faiblesses, pour que repose sur moi la puissance du Christ' (12: 9). La gloire? Certes. Mais non pas la gloire évanescente de Moïse, mais celle qui tient, qui dure, sur laquelle nulle mainmise n'est possible, parce que le Dieu qui nous la donne, ne nous la donne que dans la mesure où ce don est encore futur, promesse; la gloire, objet d'espérance.

[1] Cf. J. Heise, 'Bleiben' – 'Menein' in den johanneischen Schriften (Tübingen, 1967).

EN RÉSUMÉ

Ce qui fait problème, à partir du verset 7, est l'apparition – que rien, semble-t-il, ne laissait prévoir – de la figure de Moïse descendant du Sinaï le visage rayonnant de la gloire divine. Or aucun des textes contemporains de la littérature consacrée à Moïse et parvenue jusqu'à nous ne fait une mention particulière de cet épisode de la vie de Moïse. Par contre, ces textes nous montrent que Moïse était très souvent compris comme le ' type ' du mystagogue, du θεῖος ἀνήρ.

Il nous paraît, dès lors, vraisemblable que Paul continue dans les v. 7ss la polémique commencée dès 2: 14 et précisée en 3: 1ss. C'est parce que ses adversaires se réclamaient de la Loi et d'une attitude apostolique de surface que Paul s'exprime comme il le fait en 3: 1–6. C'est parce que ces mêmes adversaires fondent leur attitude sur l'exemple de Moïse descendu du Sinaï le visage rayonnant de gloire qu'il poursuit de manière si surprenante aux v. 7ss. De nombreux exemples tirés de diverses religions montrent que cette attitude pouvait être comprise comme extatique. Il est, dès lors, facile de conclure que les ' faux apôtres ' se présentaient comme des θεῖοι ἄνδρες rayonnant sur leurs visages, à l'instar de Moïse, leur patron, et à l'occasion d'extases, la gloire divine. Que de tels ' apôtres ' aient pu exister et que ce soit à eux que Paul s'en prend dans notre épître, c'est ce qu'a fort bien montré D. Georgi.

Ces hommes reprochent à Paul de ne pas agir comme eux, d'être faible et sans apparence, de manquer de *gloire* (δόξα est le thème du chapitre) ; ils l'accusent de ne pas faire comme Moïse. D'où la réponse de Paul – qui recourt à des thèmes catéchétiques bien connus de ses lecteurs:

Vous savez bien que l'alliance de Moïse ne mène à rien, sinon à la condamnation; elle est caduque. Ce n'est pas à Moïse qu'il faut se conformer, c'est de l'Esprit qu'il faut vivre. D'autre part, si Dieu a donné quelque gloire à l'alliance mosaïque, il va de soi – et il n'est pour cela besoin d'aucune démonstration extatique frappant les foules – que l'alliance nouvelle a plus de gloire encore. Seulement, il faut s'entendre sur ce qu'est la vraie δόξα: elle est le privilège de Dieu et ne peut en aucun cas être confondue avec le prestige d'un homme (fût-il apôtre et grand mystique); elle dure (l'extase sur les visages passe); elle est un but vers lequel l'homme est appelé à tendre et non un donné dès à présent saisissable (futur du v. 8, v. 11).

CHAPITRE 5

DE L'INTERPRETATION DE L'ECRITURE, 3 : 12–16

(12) Ayant donc une telle espérance, c'est d'une pleine liberté de parole que nous usons, (13) pas comme Moïse, qui se mettait un voile sur le visage pour que les fils d'Israël ne fixassent pas leurs regards sur la fin de ce qui est aboli. (14) Mais leurs réflexions ont été endurcies. En effet, jusqu'à ce jour, le même voile demeure sur la lecture de la vieille alliance, et il ne leur est pas révélé que, en Christ, (tout) cela est aboli. (15) Mais, jusqu'à ce jour, toutes les fois qu'on lit Moïse, un voile est posé sur leur cœur. (16) Or, toutes les fois qu'on se tourne vers le Seigneur, le voile est enlevé.

A. LE VERSET 12

On a l'habitude de faire commencer ici une nouvelle section – sur le voile de Moïse – que l'on dit sans lien, ou presque, avec ce qui précède (3 : 7–11) et ce qui suit (4 : 1ss). En fait, rien n'est moins vrai, du moins en ce qui concerne les v. 12–13. Si le texte s'arrêtait à la fin du v. 13, aucun problème de cet ordre ne se poserait, car ce n'est qu'au v. 14 que la pensée 'dérape' brusquement. Nous essaierons de montrer à ce moment-là que, pas plus qu'ici, il n'y a de 'cassure' à proprement parler. Toujours est-il que nous allons interpréter notre v. 12 comme la poursuite rigoureuse du discours des v. 7–11 et non comme une glose paulinienne d'un document judéo-chrétien préexistant, comme Schulz et Georgi.[1]

ἔχοντες οὖν τοιαύτην ἐλπίδα

Le ministère de la nouvelle alliance possède[2] la gloire de ce qui demeure (τὸ μένον). Cette gloire n'est toutefois pas la gloire procurée par l'extase, humaine et immédiatement monnayable. Elle est d'un autre ordre. On y croit, plus qu'on ne la voit (v. 7ss). Plus qu'une possession, elle est ouverture sur Dieu et

---

[1] *Art. cit.*, p. 7–9; *op. cit.*, p. 275 et 279.
[2] Sur ἔχω dans notre passage cf. v. 4.

sur l'avenir; elle est espérance.[1] Mais aussi quelle espérance (τοιαύτην)! C'est pourquoi, en possession d'une telle espérance, Paul ne peut qu'avoir le comportement qui en découle (οὖν).

πολλῇ παρρησίᾳ χρώμεθα

Ce comportement, c'est l'usage (χρῆσθαι + datif) d'une pleine παρρησία. Mais de quoi s'agit-il au juste?[2] De hardiesse (Godet, Allo)? d'assurance (Héring)? de franchise (Moffat)? de liberté (traduction synodale)? Cette diversité des traductions s'explique par la richesse du concept en grec (richesse encore accrue dans le domaine judéo-hellénistique), et par le manque de précision sur ce point apporté par le contexte. Le droit de tout dire (παρρησία) est tout d'abord un des droits fondamentaux de la démocratie attique. D'où le lien permanent entre ἀλήθεια, ἐλευθερία et παρρησία; d'où aussi le sens d'audace quand il s'agissait de 'tout dire' aux Autorités ou au tyran. Du domaine politique, le terme passe alors dans le domaine privé: la qualité d'un ami, c'est de tout dire, d'être franc. Repris et popularisé par les philosophes populaires de tous genres – en particulier par le cynisme – le concept ne change guère, du moins formellement. La παρρησία devient une vertu que se doit de posséder le Sage, comme la liberté morale. La vie de ce dernier doit alors avoir un caractère public, ne cachant rien – le type même d'un tel philosophe, faisant preuve de παρρησία étant Diogène.

Dans la LXX, le terme apparaît rarement, et tout d'abord dans le sens hellénistico-grec que nous venons de définir (ainsi Lév. 26: 13). Mais il faut surtout noter l'apparition de sens nouveaux, dus à la foi et à l'esprit spécifique de l'AT. La παρρησία devient une qualité de l'homme devant Dieu (Job 27: 9s et 22: 23–7). L'usage du terme fait dans la littérature judéo-hellénistique n'apporte rien de neuf à ce que nous venons de dire.

On retrouve ces différentes nuances dans le NT, mais l'usage

---

[1] Cf. les belles pages de Bultmann in *art.* 'ἐλπίς', *ThWNT*, ΙΙ (1935), p. 515–31, et *Theologie des NT*[5], p. 320s.

[2] Cf. E. Peterson, 'Zur Bedeutungsgeschichte von Παρρησία', in *Reinhold Seeberg Festschrift*, Ι (Leipzig, 1929), p. 283–97; H. Schlier, *art.* 'παρρησία, παρρησιάζομαι', *ThWNT*, V (1954), p. 869–84; M. McNamara, *The NT and the Palestinian Targum to the Pentateuch* (Rome, 1966), p. 175ss.

le plus fréquent est celui qui fait de παρρησία la qualification d'un λέγειν ou d'un διδάσκειν. Ainsi Jésus parla 'ouvertement' (Mc. 8: 32), thème repris tout au long de l'évangile johannique et opposé à ἐν κρυπτῷ, en cachette (Jn. 7: 4). C'est la même attitude dont font preuve les apôtres en général (Act. 2: 29; 4: 13, etc.) et Paul en particulier (1 Thess. 2: 2; Phil. 1: 20; Eph. 6: 19s).

C'est ce sens – primitif et le plus largement répandu – qu'il faut donner à παρρησία ici, et non pas le sens religieux du judaïsme hellénistique, comme Windisch. Dès lors, il ne faut pas attribuer non plus un caractère général à notre proposition: les apôtres parlent franchement (ou hardiment). Paul ne définit pas ici une qualité générale de l'apostolat, du moins en première ligne. Car, alors, pourquoi la franchise et non le courage ou toute autre qualité? La mention de la παρρησία est ici polémique. Et elle peut l'être dans deux sens:

– Les adversaires de Paul n'usent pas, eux, de franc parler (Plummer, Bachmann). Cette interprétation pourrait s'appuyer sur le v. 13 et sur 4: 1–6.

– On a reproché à Paul d'être retors dans ses paroles et dans ses projets, de cacher certaines choses. Qu'une telle accusation ait été lancée contre lui, c'est ce que montre le soin minutieux qu'il met – 1: 12ss – à justifier ses changements d'itinéraire et à proclamer sa sincérité (1: 17). De même, en 6: 11s, il insiste bien sur le fait qu'il vient de livrer entièrement sa pensée. Ne lui a-t-on pas reproché (10: 10) d'être sévère dans ses lettres, mais sans force une fois présent et sa parole sans valeur (accusation reprise en 11: 6s)? C'est compte tenu de ce contexte qu'il faut alors comprendre le seul autre emploi de παρρησία dans notre épître (7: 4). On interprète généralement: 'j'ai une grande confiance en vous' ce πολλή μοι παρρησία πρὸς ὑμᾶς. Mais le sens de cette conclusion de l'apologie apostolique ne serait-il pas plutôt: 'J'ai été d'une grande franchise envers vous'?

Nous avons donc de bonnes présomptions pour penser que Paul se défend ici contre l'accusation de ne pas tout dire. 'Lorsqu'on est le ministre d'une alliance telle que la nouvelle alliance, en possession de l'espérance d'une gloire qui demeure – réplique-t-il – il est absolument impensable qu'on veuille cacher quoi que ce soit et qu'on n'use pas d'une pleine franchise.'

B. LES VERSETS 13 ET 14*a*

Le problème

Avant d'aborder directement le v. 13, il nous faut examiner le passage du v. 13 au v. 14. Au v. 13, Paul développe ce qu'il vient de dire sur sa παρρησία: il ne cache rien et, sur ce point encore, il se distance de Moïse. Jusque là, pas de problème. Ce qui est surprenant à partir du v. 14, c'est que Paul va se lancer – sans raison apparente et, semble-t-il, sur un simple jeu de mots sur le terme de κάλυμμα – dans une digression sur l'endurcissement des Juifs qui ne reconnaissent pas le Christ. Tous les commentateurs ressentent ce malaise, mais n'en situent pas toujours exactement le point d'impact. C'est ainsi que, par exemple, W. C. van Unnik[1] propose comme solution de voir dans παρρησία un équivalent de l'expression sémitique גלה ראש, se couvrir la tête. Bilingue imparfait, parlant grec mais pensant hébreu, Paul serait passé sans autre du terme παρρησία à l'évocation du voile de Moïse. Nous ne voulons pas discuter ici cette thèse en détail[2] (la correspondance παρρησία – גלה ראש, le grec imparfait de Paul), nous soulignerons seulement qu'elle ne résoud presque rien, parce qu'elle s'attaque à un faux problème. Ce n'est pas l'allusion à Moïse et à son voile au v. 13 qui est surprenante – elle coule presque de source – mais c'est l'application de cette affaire à Israël, ce que l'hypothèse de van Unnik ne résoud pas.

Les solutions

Nous distinguons alors, dans la masse des réponses à ce problème, plus ou moins clairement formulées, trois types de solutions:

– on peut d'abord imaginer que Paul dépend ici d'une tradition exégétique;

– on peut ensuite penser que la ligne du raisonnement est donnée par la polémique;

– on peut enfin dire que nous sommes tout simplement en présence d'un des 'éblouissements subits', fréquents dans la pensée paulinienne, surtout lorsqu'il s'agit de l'exégèse d'un texte.

---

[1] 'With unveiled face, an exegesis of 2 Cor. 3: 12–18', *Nov Test*, **6** (1963), p. 153–69.   [2] M. McNamara s'y rallie, *op. cit.*, p. 175ss.

La première piste est décevante. On ne trouve aucune spéculation, ni dans le rabbinisme, ni dans le judaïsme hellénistique – en particulier dans la *Vita Mosis* – sur cet épisode de l'Exode (cf. Strack–Billerbeck, p. 516). R. le Déaut[1] propose pourtant de voir dans le targum l'origine de l'argumentation paulinienne. En effet, en Exod. 33: 8 – texte offrant certaines analogies avec 34: 34 – le targum parle du fait de s'approcher de la Tente d'Assignation, non comme d'un privilège propre à Moïse, mais étendu à tout le peuple, et interprète cette 'approche' comme une 'conversion des cœurs'. Sans trancher ici sur l'influence du targum sur l'exégèse des auteurs du NT, il faut avouer – et le Père le Déaut le reconnaît honnêtement aussi p. 47 – que, en l'espèce, cette explication n'est pas très convaincante.

Schulz (*art. cit.*) et Georgi (*op. cit.*, p. 265–73) attribuent aux adversaires judéo-chrétiens de Paul la création de l'équation 'voile sur le visage de Moïse = voile sur le cœur des Israélites'. L'explication est valable, mais purement hypothétique, et nous avons déjà dit nos raisons de ne pas accepter l'existence sous-jacente d'un document pré-paulinien.

Aussi bien, il semble qu'il faille se ranger à l'avis de la majorité des exégètes, qui voit là un passage 'du coq à l'âne', le terme de κάλυμμα ayant déclenché chez Paul l'idée de l'endurcissement du peuple juif. Mais cette interprétation n'est pas sans inconvénients. Et tout d'abord, quelles que soient les méthodes et les justifications de l'exégèse paulinienne,[2] cette exégèse sert toujours le propos de l'apôtre, elle en est une illustration ou une démonstration. Or que Paul veut-il démontrer ici? On comprend bien que, pour illustrer sa παρρησία,

[1] 'Traditions targumiques dans le corpus paulinien? (Heb. 11: 4 et 12: 24; Gal. 4: 29–30; 2 Cor. 3: 16)', *Biblica*, **42** (1961), p. 28–48. Prümm (I, p. 135) accepte cette thèse. R. le Déaut a exposé ses thèses sur l'intérêt de la tradition rabbinique, et notamment des targums et de la liturgie juive, pour le NT, dans *Liturgie juive et NT* (Rome, 1965), thèses reprises et développées par McNamara, *op. cit.* (notamment celle sur le passage qui nous occupe, p. 179s, mais sans arguments nouveaux).

[2] Sur l'exégèse paulinienne, cf. O. Michel, *Paulus und seine Bibel* (Gütersloh, 1929); J. Bonsirven, *Exégèse rabbinique et exégèse paulinienne* (Paris, 1939); E. E. Ellis, *Paul's use of the Old Testament* (Edimbourg–Londres, 1957); S. Amsler, *L'Ancien Testament dans l'Eglise* (Neuchâtel, 1960), p. 45–62; B. Lindars, *New Testament Apologetic* (Londres, 1961), p. 222–50.

il ait recours à l'antitype du voile de Moïse, mais après? Il ne s'agit pas là d'un procédé exégétique, plus ou moins acceptable, mais tout simplement d'un 'dérapage' de la pensée, absolument imprévu, et sans suite, car, le v. 18 terminé, Paul reprend la polémique. On peut dire sans exagérer que, pour quelqu'un qui vient de se défendre d'être obscur, la cause est plutôt difficile à plaider.

L'évangile voilé

Mais voici: les v. 14–18 ne se présentent pas comme une parenthèse hermétiquement close. Les versets 4 à 6 du chapitre 4 ne se comprennent pas sans l'arrière-fond de 3: 18 et Plummer a bien montré le parallélisme entre 3: 12–18 et 4: 1–6.[1] D'autre part, une série de termes de 3: 7ss se retrouve dans 3: 14ss: διαθήκη, καταργέω, καρδία, πνεῦμα. Un problème herméneutique concernant ces termes, dans ces derniers versets du chapitre 3, se pose d'ailleurs: dans quelle mesure – pour prendre un exemple – peut-on identifier le πνεῦμα des v. 17s au πνεῦμα des v. 3 et 6, si on admet que le contexte est différent? S'il y a décrochage dans l'économie générale de la pensée, ce décrochage ne se répercute-t-il pas aussi sur les concepts particuliers? Qu'en conclure, sinon à une perplexité accrue?

Mais il y a plus: κάλυμμα se retrouve en 4: 3 en κεκαλυμμένον qualifiant l'évangile et νοήματα réapparaît en 4: 4 (ἐπωρώθη – 3: 14 – devenant ἐτύφλωσεν – 4: 4). Or on peut dire – sans anticiper sur le détail de ces versets – que les ἀπολλύμενοι de 4: 3, pour lesquels l'évangile paulinien est voilé, sont les adversaires de Corinthe. C'est ce que montrent en particulier le contexte immédiat et la manière identique dont Paul les a nommés en 2: 16, 'notre évangile' signifiant alors 'notre façon de prêcher l'évangile'. Cet évangile, les adversaires ne le comprennent pas, il leur est voilé (κεκαλυμμένον), leur intelligence (νοήματα) est aveuglée. Or le terme de νόημα ne se rencontre que six fois chez Paul, dont cinq fois dans notre épître, et ce, avec une nuance toujours polémique (2: 11; 3: 14; 4: 4; 10: 5; 11: 3).

Il ressort de tout cela qu'il y a une continuité essentielle entre

---

[1] Dans les deux cas, on discerne l'ordre suivant: supériorité du ministère évangélique, condition de ceux qui sont aveuglés et incapables de voir cette supériorité, source divine de celle-ci.

3: 1–12; 3: 12–18 et 4: 1–6. Or nous avons vu que l'essence de 3: 1–12 et de 4: 1–6 est d'ordre polémique. Mais qu'est-ce que cela signifie avec précision? Revenons au v. 12 et à la παρρησία.

Nous avons vu, à ce propos, que l'accusation selon laquelle Paul présentait l'évangile d'une manière 'obscure' était loin d'être hypothétique. C'est cette même accusation qui resurgit en 4: 3, sous la forme de εἰ δὲ καὶ κεκαλυμμένον τὸ εὐαγγέλιον ἡμῶν. Ce qu'il s'agit de savoir maintenant, c'est si la *formulation* de cette accusation en 4: 3 est une création de Paul ou de ses adversaires. Nous proposons d'opter pour la seconde de ces hypothèses: *ce sont les adversaires de Paul qui l'ont accusé de prêcher un évangile voilé, s'opposant à la clarté de l'évangile qu'ils proclamaient, eux, en se prévalant de leurs extases,...comme Moïse.* Mais, alors, comment expliquer l'usage que Paul fait de κάλυμμα en 3: 13ss? Nous avançons une nouvelle hypothèse – dont le bien fondé sera 'dévoilé' peu à peu dans la suite: l'accusation s'est faite sur le mode ironique, voire sarcastique. Les adversaires ont dû dire de Paul à peu près ceci: '*Pour Paul, l'exemple n'est pas le visage rayonnant de Moïse, mais son visage voilé.*' D'où la véhémence de Paul: 'Je n'ai rigoureusement rien à faire avec Moïse, ni avec sa gloire (v. 7–11), ni avec son voile (v. 13).'

Voilà donc un premier point. Mais ne nous reprochera-t-on pas d'avoir fait beaucoup de bruit pour pas grand chose? N'avons-nous pas renouvelé l'erreur de van Unnik en proposant une solution – nouvelle peut-être, mais hypothétique quand même – à ce que nous appelions le faux problème de la liaison des v. 12 à 13? Nous n'avons pourtant pas oublié que la vraie difficulté se trouve entre les v. 13 et 14*a*. C'est elle que nous examinons maintenant.

ἀλλὰ ἐπωρώθη τὰ νοήματα αὐτῶν

Il semble tout à fait évident que ceux dont les pensées ont été aveuglées sont les fils d'Israël, dont il vient d'être question immédiatement auparavant (13*b*). Cette évidence est encore renforcée par la constatation du fait que les seuls autres emplois de πωρόω et de πώρωσις chez Paul se trouvent en Romains 11 (v. 7 et 25) et concernent l'endurcissement des Juifs qui ne veulent pas reconnaître le Christ.

Nous ne nions pas le bien-fondé d'une telle exégèse et nous

ne pensons pas utile de redire ici les difficultés qu'elle entraîne. Nous ne nions pas non plus que l'évaluation de ces difficultés est un peu affaire personnelle et subjective.[1] Mais nous nous croyons fondé – à la suite de ce que nous avons déjà dit, et sous réserve de ce que nous dirons encore – à voir dans *les* οὗτοι *dont il est ici question les adversaires de Paul.*

'Ils se targuent de faire comme Moïse – dirait Paul – ils m'accusent, quant à moi, de ne suivre Moïse que pour ce qui est de la pratique du voile. En fait, ils ne comprennent rien à l'Ecriture.' Voilà le raisonnement de Paul! Mais l'identification des οὗτοι avec les adversaires de Paul ne va pas sans soulever plusieurs objections:

(1) Οὗτοι n'est pas assez précis pour désigner les adversaires. Mais il ne faut pas oublier que, dans toute l'épître, Paul ne les désigne jamais directement; ils ne sont jamais que les οἱ πολλοί (2: 17) ou les τινές (3: 1).

(2) Le voisinage des υἱοὶ 'Ισραήλ au v. 13 ne permet pas grammaticalement de rapporter αὐτῶν à autre chose. Certes, cela est vrai, mais pour nous, lecteurs du 20e siècle! Imaginons un peu les Corinthiens du 1er siècle, très au courant – et pour cause – des querelles de leur apôtre et de ses adversaires. Il n'était pas nécessaire de leur préciser de quoi Paul parlait lorsqu'il faisait allusion au voile de Moïse.

(3) ἄχρι γὰρ τῆς σήμερον... (14*b*) et ἕως σήμερον... αὐτῶν (v. 15) semblent indiquer une *continuité* entre les fils d'Israël du temps de Moïse et les οὗτοι d'aujourd'hui. Certes, nous ne le nions pas: il y a continuité, mais non pas identité. Cela veut dire que οὗτοι désigne bien les adversaires de Paul – ce qui était évident pour les lecteurs de la lettre – mais aussi que Paul compare plus ou moins l'attitude de ceux-ci à celle des fils d'Israël devant Moïse; il constate que, aujourd'hui comme alors, la même incompréhension de Moïse et des desseins de Dieu est décelable: dans les fils d'Israël autrefois, dans ses adversaires – qui se réclament tant de la vieille alliance – aujourd'hui.

Certes, la pensée de Paul n'est pas ici des plus élaborées – cela est bien différent de Romains 9–11 – mais c'est justement parce

---

[1] Prümm envisage une liaison de ce genre (i, p. 141 n. 1): 'ils ne virent pas la fin de ce qui disparaissait. Bien plus...'; Godet comprend: 'Nous agissons avec une entière franchise..., mais Israël, qui devrait nous écouter, ne nous écoute pas!' (ainsi aussi Plummer).

que, dans le feu de la polémique, un argument nouveau apparaît à Paul: les Corinthiens sauront bien comprendre. Ce qui nous confirme dans notre interprétation, c'est que le thème est tout différent dans les v. 14ss que dans Rom. 9–11. Ici – du moins jusqu'au v. 16, dont nous montrerons qu'il ne s'y agit pas de conversion au Christ – il est uniquement question d'*exégèse d'un texte*. Et c'est bien là le point important: Paul parle herméneutique, non pas par quelque intuition plus ou moins géniale, mais parce que c'est sur ce terrain que la polémique l'a placé, et ce depuis le v. 7.

C'est aussi pourquoi il est ici question de νοήματα. Νόημα désigne le résultat du νοεῖν, l'activité du νοῦς[1] et signifie, par conséquent, 'pensée', 'réflexions'. Ce ne sont donc pas les fils d'Israël – ou les adversaires – qui, d'une manière générale, sont endurcis, mais très précisément leurs réflexions. Or, dans le contexte des v. 13 et 14, de quoi pourrait-il s'agir, sinon de réflexions exégétiques? Il ne faut donc pas se laisser troubler par le fait que πωρόω[2] ne se retrouve chez Paul qu'en Rom. 11: 7 (cf. 11: 25); le même verbe désigne également l'endurcissement des disciples (Mc. 6: 52) ou des païens (Eph. 4: 18). Rien ne nous permet donc de dire que, pour Paul, πωρόω était exclusivement la marque de la situation des Juifs, et il n'hésitera pas, en 4: 4, à le remplacer par τυφλόω. Le terme constant – et donc déterminant – entre 3: 14 et 4: 4 c'est νόημα. Or nous avons déjà dit que ce terme était particulier à notre épître (cinq emplois sur les six emplois pauliniens) et y était le fait de parties adverses: ainsi notamment 11: 3: 'Je crains qu'à l'exemple d'Eve, qui fut séduite par la ruse du serpent (cf. 2: 11 et 4: 4), vous aussi vous ne laissiez vos pensées se corrompre et se détourner de la simplicité et de la pureté qui sont dues au Christ.' Ce dernier passage n'offre-t-il pas, dans une certaine mesure du moins, la ligne de la justification que Paul donne à sa παρρησία en 3: 12ss?

Résumons-nous: les adversaires de Paul l'accusaient de ne pas prêcher l'évangile avec toute la 'gloire' nécessaire. Moïse n'avait-il pas apporté la Loi, le visage rayonnant? C'est pour-

[1] Cf. Behm, *art.* 'νοῦς', *ThWNT*, IV (1942), p. 956ss; P. Bonnard, 'L'intelligence chez Saint Paul', in *L'Evangile hier et aujourd'hui*, p. 13–24.
[2] Πωρόω signifie primitivement: 'rendre calleux, durcir'. Dans le NT, on ne trouve que le sens figuré.

quoi, eux, accompagnaient leur prédication d'expériences extatiques. Sans doute Paul, qui refusait de se servir de ce genre d'expériences et qui leur reprochait de le faire, prenait-il un autre Moïse comme exemple: Moïse se voilant le visage! 'Mais ils ne comprennent rien du tout à l'Ecriture, lance alors Paul, car sinon...'. Mais, avant de poursuivre, il nous faut encore revenir un moment sur le détail du v. 13.

C. LE VERSET 13

καὶ οὐ καθάπερ...ἐπὶ τὸ πρόσωπον αὐτοῦ

La forme de la phrase – il faut sous-entendre un verbe: 'ce n'est pas comme Moïse qui...', ou (plus vraisemblablement): 'nous ne faisons pas comme Moïse qui...' – nous semble aller dans le sens de notre interprétation: Paul ramasse sa pensée parce que tout le monde sait de quoi il s'agit; de même aussi l'imparfait ἐτίθει, qui évoque une répétition de l'acte.[1] Peut-être faut-il voir dans Exod. 34: 33 ce qui a pu faciliter aux adversaires la formulation du reproche fait à Paul: 'Quand il eut fini de parler, Moïse mit un voile sur son visage.' Pour eux, la proclamation du kerygme était suivie d'autre chose!

κάλυμμα

Ce terme provient évidemment d'Exod. 34, mais tout le monde l'interprète ici de manière figurée. Nous avons fait de même, mais nous nous sommes demandé, au cours de nos recherches, s'il ne fallait pas voir ici dans le 'voile' quelque chose de plus concret. En effet, il n'était pas impossible que les adversaires de Paul, tenant en grande estime l'exemple de Moïse descendant du Sinaï, se soient aussi mis – à certains moments déterminés – un voile sur la tête. Mais à quoi rattacher cette pratique? Or on trouve sur l'urne dite de Lovatelli et sur un bas relief du sarcophage dit de Torre Nova[2] deux scènes semblables, où apparaît un

[1] LXX Exod. 34: 33: ἐπέθηκεν – aoriste – ἐπὶ τὸ πρόσωπον αὐτοῦ κάλυμμα; v. 35: περιέθηκεν κ.τ.λ.

[2] On trouvera une photo de ces fragments, in G. E. Mylonas, *Eleusis and the Eleusinian mysteries* (Princeton, 1961), fig. 83 et 84; cf. encore Oepke, *art.* 'κάλυμμα', *ThWNT*, III (1938), p. 560–2; H. Graillot, *art.* 'velamen,

personnage voilé, et que l'on a souvent assimilées à des initia-
tions aux mystères d'Eleusis. Or Eleusis n'est pas très loin de
Corinthe et on aurait pu imaginer, chez les adversaires de Paul,
une doctrine présentant Moïse comme un grand mystagogue,
représentation qui, nous l'avons vu (v. 7) n'est pas un fait rare.
Toutefois, nous avons abandonné cette piste:

– parce que, du point de vue de l'histoire des religions, la
chose semble assez hasardeuse. En fait, on n'est pas sûr que
les deux scènes mentionnées plus haut appartiennent au rite
éleusinien et on n'en connaît de surcroît pas vraiment le
sens.[1]

– L'interprétation que nous avons donnée nous semble
beaucoup mieux convenir au contexte, en particulier à
'l'évangile voilé' de 4: 3.

πρὸς τὸ μὴ ἀτενίσαι...τοῦ καταργουμένου

L'interprétation qui suit la mention du voile de Moïse fait-elle
encore partie de l'argumentation des adversaires, ou bien est-
elle propre à Paul? La première de ces hypothèses[2] servirait
assez bien notre interprétation de l'ensemble du passage, mais
elle se heurte au fait que 13*b* reprend trop bien 7*b* – dans lequel
nous n'avons pas cru devoir déceler autre chose que le discours
paulinien – et justement au τοῦ καταργουμένου qui termine la
phrase et qui est manifestement de la main de Paul. C'est donc
sa propre interprétation de l'épisode du voile que Paul donne
ici, en incise: 'Nous ne faisons pas comme Moïse, qui se couvrait
le visage – ce qui, en fait, signifiait que... – Mais ils ne comprennent rien...'.

τοῦ καταργουμένου

Ce qualificatif renvoie au v. 11 et la pensée s'articule de la
sorte: 'Bénéficiant de la gloire de ce qui demeure, il est exclu
que nous agissions à l'instar de Moïse, dont les préoccupations

velamentum', in *Dictionnaire des Antiquités grecques et romaines* (Daremberg–
Saglio, 1963), tome v: 'ainsi donc, au moment de la purification,
l'obscurité était obtenue à l'aide d'un voile'. Le sens du rite étant vraisemblablement d'isoler le myste du monde extérieur, afin de lui permettre de
se concentrer entièrement sur la purification.
[1] Cf. Mylonas, *op. cit.*, p. 205–7.
[2] Cf. Schulz–Georgi, exception faite de καταργουμένου.

concernaient quelque chose de passager, d'aboli.' Quant au sens précis que Paul donne au voilement de Moïse, il n'est pas facile à déterminer.[1] Tout dépend du sens que l'on donne à:

$$\text{τὸ τέλος}$$

Ce terme peut, en effet, signifier 'le plein épanouissement', 'l'achèvement' mais cet emploi semble absent de la Bible, excepté, peut-être, en Jac. 5: 11.[2] Aussi la majorité des commentateurs donnent-ils ici au terme de 'fin' son sens le plus courant, 'évanouissement'.[3] Moïse aurait donc volontairement caché au peuple que sa gloire était évanescente. Hughes discute longuement sur la signification morale d'une telle attitude et sur le prestige plus ou moins chancelant que Moïse devait avoir auprès de Paul. Prümm pense que l'attitude de Moïse n'a pas été consciente et que Paul ne fait que constater ici un fait d'expérience. Godet suggère, qu'en l'occasion, Moïse n'a été que l'instrument de la volonté divine. Quant à Héring, il propose d'interpréter τὸ τέλος, ici, à la lumière de Rom. 10: 4 où τέλος a le sens de 'but' ou 'signification profonde'. Mais nous avons déjà vu – cf. note précédente – que ce n'était pas là le sens courant du terme chez Paul et, surtout, on ne voit pas très bien comment intégrer cela dans la théologie paulinienne: Moïse – l'AT – ne tendrait pas vers le Christ? Aussi nous acceptons le sens courant de 'fin', *terminus* pour τέλος, mais nous croyons que la clef de l'interprétation ne se trouve pas là, mais dans:

$$\text{ἀτενίσαι}$$

En effet, nous avons déjà souligné au v. 7 que le verbe ἀτενίζω ne signifiait pas tout simplement 'regarder', 'voir', mais très précisément 'fixer du regard', l'accent étant mis sur l'intensité de ce regard. Cela veut dire que Paul, ici, interprète l'attitude de Moïse de la manière suivante: 'Moïse s'est mis un voile sur le visage afin que, justement, l'on ne "s'obnubile" pas, on ne se fixe pas sur l'éclat de son visage et sur la fin de cet éclat en

---

[1] πρὸς τὸ μή + inf. est plutôt final (Plummer, Bachmann, Georgi) que consécutif (Héring). Cf. Blass–D., §402, 5.

[2] Quelques manuscrits, dont l'Alexandrinus, lisent πρόσωπον à la place de τέλος (Vulgate: *in faciem*), mais la leçon est trop mal attestée.

[3] C'est aussi le sens général des 13 emplois pauliniens du terme.

particulier.' Moïse savait bien que cet éclat n'était que pour un
temps, mais, justement, afin que tout cela ne fasse pas l'objet de
curiosités mal placées, Moïse s'est mis un voile sur le visage.
L'attitude de Moïse est donc à l'inverse de ce que veulent lui
faire dire les adversaires de Paul. Ils n'y comprennent rien, car
s'ils comprenaient:
– ils verraient que Moïse lui-même n'a attaché qu'une
importance relative à l'éclat de son visage,
– pour diriger toute attention et toute énergie vers ce qui seul
compte : se tourner vers le Seigneur! Mais là, nous anticipons déjà.

Soulignons juste, pour terminer sur le v. 13, que, loin de
paraître négative à l'égard de Moïse, comme on l'a trop souvent
cru, l'attitude de Paul se révèle, ici comme ailleurs, comme toute
assez positive.[1]

D. LE VERSET 14 $(b+c)$

ἄχρι γὰρ τῆς σήμερον ἡμέρας τὸ αὐτὸ κάλυμμα μένει

Ici apparaît tout le mordant de la verve paulinienne: ils
m'accusent de me mettre un voile sur le visage, comme Moïse;
en fait, ce voile, c'est sur leur intelligence qu'il est, qui comprend justement l'Ecriture de manière légaliste et tâtillonne,
alors qu'il faut en voir la dynamique (cf. v. 16s).

D'ailleurs, cette attitude ne date pas d'hier. Elle se retrouve
tout au long de l'histoire du peuple d'Israël et jusqu'à aujourd'
hui, en la personne de ces adversaires qui se prévalent de leur
origine hébraïque, israélite et abrahamique (11: 22).

ἐπὶ τῇ ἀναγνώσει τῆς παλαιᾶς διαθήκης

C'est *sur* la lecture (sens local – Bachmann) ou *pendant* la lecture
(sens temporel – Plummer) de l'ancienne alliance que le
voile demeure. Cette précision nous semble indiquer clairement
que la polémique est ici d'ordre exégétique. La ἀνάγνωσις peut
être la lecture publique à la synagogue – ou lors d'un culte[2] – du

[1] Cf. P. Déman, 'Moïse et la loi dans la pensée de St Paul', in *Moïse,
l'homme de l'alliance*, p. 189–242.
[2] D. G. Delling, *Worship in the NT* (Londres, 1962), p. 92ss, pense que le
culte chrétien ne comportait pas, à l'origine, de lecture de l'Ecriture. Mais
cf. O. Cullmann, 'Le culte dans l'Eglise primitive', *La foi et le culte de
l'Eglise primitive* (Neuchâtel, 1963), p. 103–29 (p. 110).

texte biblique (Act. 13 : 15) traduisant l'hébreu מִקְרָא,[1] mais peut aussi signifier une lecture plus personnelle. Il n'est pas impossible, dans le premier cas, que les adversaires, étant aussi apôtres, aient fondé leur apologétique – cf. l'action de Paul lui-même dans les synagogues – sur une exégèse du type que Paul dénonce. L'expression παλαιὰ διαθήκη n'apparaît qu'ici dans toute la littérature ancienne, avant de resurgir sous la plume de Méliton de Sardes. Il ne faut donc, sans doute, pas trop presser une formule créée pour la polémique, en opposition à καινὴ διαθήκη (v. 6). L'accent est, par conséquent, surtout sur παλαιός, qui a chez Paul une nuance nettement péjorative. L'expression ἀνάγνωσις τ. παλαιᾶς διαθήκης forme un tout : il y a une vieille manière de comprendre Moïse – ses écrits et l'institution qui en dépend – celle qui ne tient pas compte du Christ, faisant toutes choses nouvelles (5 : 17).

μὴ ἀνακαλυπτόμενον ὅτι ἐν Χριστῷ καταργεῖται

Le sens de cette dernière partie du v. 14 est assez difficile à déterminer. Signalons d'abord, pour mémoire, deux interprétations que l'on trouve, de ci de là dans le passé, mais abandonnées aujourd'hui :

– il n'y a pas de virgule après μένει et on comprend : 'le voile reste non enlevé parce que...'. Mais cette construction paraît laborieuse.

– Il faut lire ὅ τι au lieu de ὅτι : '(le voile) n'est pas enlevé, lequel voile disparaît en Christ'. Mais Bachmann note justement qu'il faudrait plutôt alors ὅστις.

Les exégètes contemporains se partagent donc entre deux interprétations différentes :

(1) μὴ ἀνακαλυπτόμενον qualifie κάλυμμα, qui est alors aussi le sujet de καταργεῖται, ὅτι signifiant 'parce que' : '(le voile) n'est pas enlevé, parce qu'il disparaît en Christ'.[2]

(2) μὴ ἀνακαλυπτόμενον est un accusatif absolu, ὅτι est déclaratif, et le sujet de καταργεῖται est παλαιὰ διαθήκη.[3]

A la première interprétation, Bachmann oppose six objec-

[1] Sur l'importance de la *miquerah* dans le culte synagogal, cf. B. Gerhardsson, *Memory and Manuscript* (Copenhague, 1964), p. 67–70.
[2] Ainsi Windisch, Schlatter, Héring.
[3] Ainsi Allo, Moffatt, Bachmann.

tions, dont nous retenons les principales: (a) La phrase est
lourde; en fait, μένει n'a nul besoin d'être explicité: 'le voile
reste, il n'est pas enlevé parce que...'. Le μὴ ἀνακαλυπτόμενον est manifestement superflu. (b) Καταργεῖται (abolir,
engloutir) est impropre pour déterminer un voile. D'ailleurs,
les autres emplois du même verbe dans le passage (v. 7, 11, 13)
ne s'appliquent pas au voile mais à l'ancienne alliance. (c) Ἀνα-
καλύπτω, hapax (avec 3: 18) du NT doit avoir le même sens
qu'en 3: 18, i.e. 'dévoilé'.

Reste donc la seconde interprétation. Plummer affirme qu'il
n'y a pas d'exemple d'un accusatif absolu de la sorte dans tout
le NT. Toutefois, Allo a bien montré que la construction était
possible, tant dans le grec classique que dans celui de la *koiné*. C'est
donc cette dernière interprétation que nous acceptons, comme
plus élégante et plus conforme au génie paulinien (Godet).

Jouant sur les mots, selon un procédé qui lui est cher, Paul
poursuit: 'un voile est sur leur lecture de Moïse, n'étant pas
dévoilé que...'. Le sujet de καταργεῖται n'est alors pas forcément παλαιὰ διαθήκη; il est tout simplement indéterminé: en
Christ, c'est aboli. Ce 'c'', c'est tout ce dont il a été question
jusqu'ici: le manque de franchise et son éventuelle justification
par le voile de Moïse, ou, d'une manière plus générale, l'interprétation 'littérale' donnée à Moïse et à son alliance, tout cela,
les adversaires ne voient pas que c'est aboli.

ἐν Χριστῷ

Neugebauer (*In Christus*, p. 80–2) classe ce ἐν Χριστῷ comme
appartenant à la catégorie liée aux événements du salut et dont
l'antitype est ἐν νόμῳ. Cela signifie que, là où la mort et la
résurrection du Christ sont annoncées et que là où on vit de
cette mort et de cette résurrection, tout le reste n'a plus de
valeur, ne signifie plus rien (cf. 2: 14 et 17).

E. LE VERSET 15

Le v. 15 reprend et précise ce qui précède, et, en même temps,
assure la transition vers la suite. Ce caractère de 'redite' est
d'ailleurs fort intéressant, car il permet de préciser ce que Paul
a voulu dire exactement, et au v. 14, et au v. 16.

ἀλλ' ἕως σήμερον

Paul reprend ici le ἄχρι γὰρ τῆς σήμερον ἡμέρας de 14*b*. Il y a continuité, non pas entre Moïse au visage glorieux et ses adversaires, ou entre lui, Paul, et Moïse au visage voilé, mais bien entre ces adversaires – qui se disent Ἰσραηλῖται: 11 : 22 – et les fils d'Israël, qui ne voient rien de la vraie gloire de Dieu, celle qui se manifeste dans la faiblesse ἐν Χριστῷ.

ἡνίκα ἄν

Cette conjonction – hapax du NT – provient d'Exod. 34 : 34. Il faut en déduire que Paul a d'ores et déjà en tête la citation qu'il va faire au verset suivant. C'est donc l'introduction de cette citation qu'il prépare.[1]

ἐπὶ τὴν καρδίαν αὐτῶν

C'est dans ces mots que réside l'originalité de notre verset. Conformément à ce que nous avons vu de l'opposition καρδία–πρόσωπον dans notre passage (cf. v. 2 et 3 : 7), Paul réplique à ses adversaires: 'vous ne vous préoccupez que de l'apparence – qu'elle soit lumineuse ou voilée – mais vous ne comprenez pas que, dans l'alliance nouvelle, il s'agit du cœur. Or, si un voile est sur mon visage, le même est certainement sur vos cœurs!' Certes, selon l'anthropologie biblique, le cœur est ici aussi la source de l'intelligence et donc d'une correcte interprétation de la figure de Moïse; cela montre que, pour Paul, la vie nouvelle, fondée non sur l'apparence mais sur une relation intime avec Dieu, s'appuie aussi sur une droite interprétation de la Loi. Or, les adversaires l'interprètent justement mal, qui s'en tiennent à la surface de l'expérience mosaïque – son visage, lumineux ou voilé – et non à son sens profond: se tourner – tourner son cœur – vers le Seigneur. Μωϋσῆς signifie donc peut-être bien la Loi (ou l'AT) dans son ensemble (cf. Act. 15 : 21), mais sans doute, plus précisément encore et tout simplement, le personnage de Moïse. 'Lire Moïse', c'est interpréter sa vie et son œuvre, ce que les adversaires de Paul font, mais font mal.

---

[1] Plusieurs manuscrits n'ont pas le ἄν et font du subjonctif ἀναγινώσκηται un indicatif -κεται; le sens de la conjonction est alors tout simplement *quando*.

F. LE VERSET 16

Le v. 16 est manifestement, sinon une citation, du moins une réminiscence d'Exod. 34: 34, où l'on lit: ἡνίκα δ' ἂν εἰσεπορεύετο Μωϋσῆς ἔναντι κυρίου λαλεῖν αὐτῷ περιῃρεῖτο τὸ κάλυμμα ἕως τοῦ ἐκπορεύεσθαι.[1] On voit qu'il est loin de s'agir d'une citation exacte: (1) λαλεῖν αὐτῷ et ἕως τοῦ ἐκπορεύεσθαι disparaissent; (2) le sujet n'est pas indiqué; (3) l'imparfait des verbes devient présent, (4) εἰσεπορεύετο, ἐπιστρέψῃ et (5) le moyen περιῃρεῖτο, le passif περιαιρεῖται. Toutefois, il nous paraît certain que ce n'est pas par négligence ou par défaut de mémoire que Paul reproduit de la sorte le texte biblique, mais de manière intentionnelle. En effet, tout tourne depuis le v. 7 autour des quelques versets suivant Exod. 34: 29 et l'argumentation même de Paul montre qu'il s'est penché attentivement sur ce passage. Mais, il y a plus précis avec ἡνίκα δ' ἄν, repris au v. 15 (hapax du NT) et le verbe περιαιρέω (hapax chez Paul). Les modifications introduites par Paul au texte de l'Exode doivent donc manifester une intention précise. Mais laquelle?

C'est alors que tous les exégètes affirment que Paul veut faire allusion ici à la conversion des Juifs au Christ, telle qu'il nous la présente encore en Rom. 11: 25–32. La difficulté est que, dans ce dernier texte, cette conversion est annoncée comme nettement future et, qu'ici, les verbes sont au présent (ou à l'aoriste – subjonctif – pour ἐπιστρέψῃ, mais ayant sens de présent). Godet explique que c'est parce qu'il s'agit de l'actualisation d'un acte encore à venir, insistant sur sa soudaineté: dès qu'ils se convertissent, en un clin d'œil, le voile tombe. Hughes pense que ce présent marque la certitude du dévoilement futur total. Quant à Bachmann, il met en avant que ce présent montre, qu'ici, ce n'est pas le moment qui intéresse Paul, mais bien le fait. Sans doute, mais on ne peut manquer d'être surpris: pourquoi Paul, prenant toutes sortes de libertés vis-à-vis d'Exod. 34: 34, transformant même le temps des verbes, ne met-il pas un futur correspondant pleinement à sa pensée?

Le malaise devient plus évident lorsqu'on s'arrête à la conjonction ἡνίκα ἄν, qui est un des rares vestiges intacts du texte vétéro-testamentaire conservé par Paul. Or Rom. 11

---

[1] Cf. I. Hermann, *Kyrios und Pneuma*, p. 38–43, pour un avis différent.

parle d'une conversion globale et future de tout le peuple, et non pas d'une conversion progressive et actuelle: 'chaque fois que…'. Le fait est d'autant plus remarquable que, dans l'Exode, la conjonction est suivie de l'indicatif et signifie tout simplement 'quand'. C'est Paul qui, par deux fois (v. 15), la faisant suivre du subjonctif, lui donne un sens itératif. Héring, qui a bien senti la difficulté, propose qu'il soit question ici, non plus de l'Israël charnel, mais du vrai peuple de Dieu, l'Eglise!

Il faut, de plus, noter qu'on ne trouve dans Rom. 11: 25–32, ni le verbe ἐπιστρέφω, ni le substantif ἐπιστροφή; Paul ne dit que: 'l'endurcissement d'une partie d'Israël durera jusqu'à ce que soit entré l'ensemble des païens. Et ainsi tout Israël sera sauvé (σωθήσεται).' Il faut souligner ici le passif du verbe. En effet, tout le passage repose sur cette certitude que c'est par fidélité à ses promesses, que Dieu sauvera Israël et non pas à cause de l'attitude du peuple. Comprendre donc Rom. 11: 25ss en termes de conversion est un faux sens.

Tout cela prouve qu'on ne peut pas faire coïncider Rom. 11: 25ss et 2 Cor. 3: 16. Paul ne parle manifestement pas de la même chose dans les deux cas.[1] Que faire alors dans le cadre de l'exégèse traditionnelle, qui voit en 3: 14 la mention de l'endurcissement du peuple juif? Nous dirons donc ceci: *l'impossibilité de comprendre 3: 16 à la lumière de l'épître aux Romains est un des meilleurs arguments pour notre interprétation de l'ensemble 3: 13ss.*

ἡνίκα δὲ ἐὰν ἐπιστρέψῃ πρὸς κύριον

La répétition du ἡνίκα ἄν indique le mouvement de la pensée paulinienne: chaque fois que les adversaires ont recours à Moïse, un voile est sur leur cœur (et non sur le visage de Paul), *mais Moïse ne montre-t-il pas lui-même que, chaque fois qu'on se tourne vers le Seigneur, le voile disparaît?* Ce que les adversaires de Paul sont invités à faire, c'est à renoncer à leur propre gloire et à se mettre au clair devant Dieu. Alors, leur cœur étant atteint, ils comprendront correctement l'Ecriture et l'attitude de Moïse et n'attaqueront plus Paul comme ils le font.

[1] McNamara pense que Paul parle, en 2 Cor. 3, de conversions individuelles de Juifs, et non de celle de tout le peuple, comme en Rom. 11 (*op. cit.*, p. 179).

On discute beaucoup sur le sujet du verbe ἐπιστρέψῃ. Il ne peut s'agir uniquement de Moïse,[1] à cause du présent des verbes et des autres modifications du texte de l'Exode. Mais, il ne peut pas s'agir non plus du peuple,[2] parce que celui-ci a toujours été présenté, jusqu'à présent, comme un pluriel (υἱοὶ Ἰσραήλ v. 13, αὐτῶν dans la suite). La solution la plus sage serait alors de voir le sujet dans le καρδία du verset précédent, mais l'accord type (= Moïse) – antitype (= le peuple? son cœur?) devient boiteux. Il faut donc, là encore, se dégager de ce schéma traditionnel et voir tout simplement un sujet inexprimé du genre τις: faisant appel au sens de l'attitude de Moïse, Paul dégage une vérité d'ordre général, applicable à tous: chaque fois qu'on se tourne vers le Seigneur, le voile tombe.

Mais que signifie au juste ἐπιστρέφειν πρὸς κύριον? Faut-il y voir, comme beaucoup, une conversion au Christ? La chose paraît peu probable dès lors que l'on reconnaît que la phrase ne s'adresse pas à des Israélites, mais à des chrétiens. Cela est confirmé par le fait que Paul n'emploie que deux autres fois le verbe ἐπιστρέφω (jamais ἐπιστροφή): en Gal. 4: 9: 'comment donc pouvez-vous retourner (πῶς ἐπιστρέφετε πάλιν) à ces puissances sans consistance et misérables?' et 1 Thess. 1: 9: 'tous racontent... comment vous vous êtes convertis à Dieu (πῶς ἐπεστρέψατε πρὸς τ. θεόν) en abandonnant les idoles pour servir le Dieu vivant et vrai'. Il faut donc voir dans l'emploi – rare – que Paul fait de ce verbe, beaucoup plus le sens général du שׁוּב dc l'AT – se détourner des idoles et se tourner vers Dieu – que le sens particulier 'se convertir au Christ', que l'on trouvera, plus tard, en particulier chez Luc.

C'est ainsi d'ailleurs qu'il faut aussi comprendre le κύριος, non pas comme désignant le Christ, mais tout simplement Dieu. Aux raisons que nous venons d'indiquer pour cela, il faut encore ajouter le résultat d'une recherche de L. Cerfaux sur 'kyrios dans les citations pauliniennes de l'AT'.[3] L'auteur y montre, de manière pertinente, que, dans la quasi totalité des citations explicites de l'AT, Paul conserve à κύριος son sens premier, qui est de désigner Dieu et non pas le Christ. Il est vrai que Cerfaux

---

[1] Ainsi Schulz, *art. cit.*, p. 15–16.

[2] Ainsi Prümm, Wendland, Bachmann, Windisch.

[3] *Recueil L. Cerfaux* (Gembloux, 1954), p. 173–88 = *EThL*, **20** (1943), p. 5–17.

lui-même (p. 183) ne classe pas notre texte dans cette catégorie générale, mais dans celle des exceptions – qui sont d'ailleurs très souvent des réminiscences plus que des citations. Quant à nous, nous avons dit pourquoi nous pensions que 2 Cor. 3: 16 était plus qu'une réminiscence d'Exod. 34: 34. Le κύριος qu'on y trouve est donc bien celui de l'AT, Paul n'ayant ici aucune raison de faire allusion au Christ.

περιαιρεῖται τὸ κάλυμμα

Cette conclusion peut s'entendre de deux manières:

– 'Si, chaque fois que mes adversaires, lorsqu'ils font appel à Moïse, se tournaient vers Dieu au lieu de se tourner vers les hommes, le voile qui les empêche de comprendre ce même Moïse et, par conséquent, de vivre selon son exigence réelle, serait enlevé.'

– 'Si mes adversaires lisaient Moïse comme il faut, ils sauraient que, pour qui se tourne vers le Seigneur – comme Moïse! – il n'y a pas de voile sur le visage. Or, quelle est mon attitude par opposition à la leur, sinon sans cesse me tourner vers Dieu? Leur accusation concernant le voilement de mon visage est donc absolument intenable.'

Ces deux interprétations ne s'excluent pas.

EN RÉSUMÉ

Bien plus que la mention du voile de Moïse après celle de la gloire de son visage, ce qui fait problème dans ces versets vient de ce que Paul – à propos de ce voile – parle tout-à-coup de l'endurcissement d'Israël – c'est, du moins, ce que l'on comprend traditionnellement dans les v. 14ss. Nous pensons qu'un tel 'dérapage' de la pensée est peu vraisemblable, surtout lorsqu'on se rend compte que la soi-disant pensée de Paul sur l'endurcissement d'Israël en 3: 14ss ne correspond pas du tout à ce que Paul en dit explicitement en Rom. 11: 25ss.

En fait, il est bien question d'endurcissement ici, mais non pas de celui des Israélites en général, mais très précisément de ces disciples de Moïse que prétendent être les adversaires de Paul. C'est donc eux que désigne le αὐτῶν de 14a. On est amené à cette conclusion, en plus du fait que l'interprétation traditionnelle mène à une impasse, par la perspective de tout ce que nous avons dégagé concernant l'arrière-fond du discours paulinien jusqu'ici et par les recoupements que l'on peut faire avec d'autres parties de l'épître, notamment 4: 1ss.

Il est probable que les faux apôtres, se gaussant du peu d'éclat de la prédication de Paul (cf. παρρησία v. 13), aient ironisé en disant: 'de Moïse, s'il refuse le visage glorieux, il garde au moins le voile'. D'où la réponse de Paul:

(1) dans l'alliance nouvelle, nous n'avons rien à faire avec Moïse, ni avec son visage glorieux, ni avec son voile (v. 13a);

(2) ce voile, d'ailleurs, montre seulement que Moïse lui-même a tenu à ce qu'on ne s'arrête pas à l'expérience qu'il venait de vivre (v. 13b);

(3) par contre, si voile il y a, c'est sur l'intelligence de mes adversaires, et non sur ma prédication (v. 14a);

(4) en effet, ils n'ont pas compris: (a) qu'avec la venue du Christ une alliance nouvelle et totalement différente de celle de Moïse a été inaugurée (v. 14b); (b) que le sens du texte biblique dont ils font un tel cas n'est pas de prôner l'extase, mais le détournement de soi et de sa gloire propre pour se tourner vers Dieu (v. 15–16).

CHAPITRE 6

LES VRAIS FRUITS DE L'ESPRIT, 3:17–18

(17) Or le Seigneur, c'est l'esprit, et là où est l'esprit du Seigneur, là est la liberté. (18) Or nous tous, le visage dévoilé, contemplant comme dans un miroir la gloire du Seigneur, nous sommes transformés en cette même image, par la gloire vers la gloire, comme par l'esprit du Seigneur.

A. LE VERSET 3: 17a

Avant de passer à l'exégèse proprement dite de ce célèbre verset, nous allons en assurer le texte et rapidement passer en revue les différentes interprétations proposées jusqu'ici.

Le texte

En fait, la première partie du verset est parfaitement attestée par l'unanimité des manuscrits. Ce n'est que dans la seconde partie que l'Angelicus lit π. τὸ ἅγιον au lieu de πνεῦμα Κυρίου, ce qui est manifestement une correction, alors qu'un minuscule (33) omet tout simplement ce dernier génitif.[1] Toutes les autres modifications du texte ne sont donc que de pures conjectures: au lieu de κυρίου en 17b, Hort lit κύριον 'là où l'Esprit est Seigneur' et Dobschütz κύριος (idem). Héring, lui, propose en 17a: οὗ δὲ κύριος au lieu de ὁ δέ afin que le parallélisme avec 17b soit parfait: 'là où est le Seigneur, c'est l'Esprit'. Mais aucune de ces conjectures ne rend le sens du texte plus facile.

W. Schmithals a d'abord interprété notre verset dans un sens purement gnostique: 'le Seigneur Christ et l'étincelle pneumatique qui vit dans chaque gnostique sont une seule et même chose', et ce en référence au mythe du Sauveur-Sauvé (Gnosis, p. 120s et 182). Puis, dans la Evangelische Theologie,[2] il essaie de montrer que nous sommes ici en présence d'une glose du

---

[1] Des manuscrits plus nombreux ajoutent encore ἐκεῖ entre κυρίου et ἐλευθερία, mais cela ne change rien au sens de la phrase.

[2] **18** (1958), 'Zwei gnostische Glossen im 2. Korintherbrief', p. 552–73.

v. 16 due à la main d'un lecteur gnostique de Paul qui aurait précisé dans la marge: le *kyrios* de la citation, c'est l'Esprit. (Il faut d'ailleurs considérer encore comme glose la fin du v. 18: καθάπερ ἀπὸ κυρίου πνεύματος.) Toutefois, les cinq conditions permettant de conclure au caractère de glose d'un texte et énumérées par Schmithals lui-même (p. 552)[1] n'étant pas remplies, nous considérons le texte actuel comme intégralement paulinien.

Les interprétations[2]

Tout le débat porte, en fait, sur πνεῦμα et, selon la conception que l'on se fait de cet esprit – soit d'une manière générale, soit chez Paul en particulier – on interprète notre proposition dans des sens notablement divergents:

1. *La perspective trinitaire*

C'est ainsi que les Pères ont vu ici une affirmation de la divinité du Saint-Esprit. Le sujet serait alors τὸ πνεῦμα et le prédicat κύριος ne désignerait pas le Christ mais le Seigneur (Dieu), dont il vient d'être question dans la citation du verset précédent. La phrase est alors: 'l'Esprit est Dieu'.

Cette identification du κύριος au Dieu de l'AT et cette représentation du πνεῦμα comme troisième personne de la trinité s'est maintenue jusqu'à nos jours, surtout dans l'exégèse catholique. Toutefois on retourne actuellement[3] la proposition:

---

[1] Cf. aussi K. Aland, 'Glosse, Interpolation, Redaktion und Komposition in der Sicht der nt Textkritik. Eine Randbemerkung', in *Apophoreta (Festschrift E. Haenchen)* (Berlin, 1964), p. 7–31.

[2] Sur la bibliographie avant 1909, cf. Bachmann; avant 1936, cf. Allo. Voir aussi K. Prümm, 'Die katholische Auslegung von 2 Kor 3: 17a in den letzten vier Jahrzehnten nach ihren Hauptrichtungen', *Biblica*, **31** (1950), p. 316–45, 458–82 et **32** (1951), p. 1–24.

[3] K. Prümm, 'Israels Kehr zum Geist, 2 Kor. 3: 17a im Verständnis der Erstleser', *ZfkTh*, **72** (1950), p. 385–442; *Commentaire*, p. 154–64; B. Schneider, *Dominus autem Spiritus est (2 Cor. 3: 17a)*. Ο ΔΕ ΚΥΡΙΟΣ ΠΝΕΥΜΑ ΕΣΤΙΝ. *Studium exegeticum* (Rome, 1951). L'ouvrage de ce disciple de Prümm est sans doute le plus fourni actuellement sur la question; nous n'avons pourtant pu en prendre connaissance que par la recension du P. Benoit, *RB* (1952), p. 129–31; J. Schildenberger, '2 Kor. 3: 17a: "Der Herr aber ist der Geist", im Zusammenhang des Textes u. der Theologie des hl. Paulus', *Analecta Biblica 17–18*, 1 (Rome, 1963), p. 451–60; A. Feuillet, *Le Christ, Sagesse de Dieu, d'après les épîtres pauliniennes* (Paris, 1966), p. 115–35.

le sujet est bien ὁ κύριος et il faut interpréter de la sorte: l'Esprit
Saint est déjà agissant dans l'économie ancienne; c'est avec lui
que des privilégiés comme Moïse avaient des relations intimes,
mais, à présent, il agit à plein dans l'économie nouvelle.[1]

Il faut noter aussi que, dans ce type d'interprétation,
généralement, le κύριος de 17*a* se rapporte au Dieu des LXX et
celui de 17*b* au Christ, ce qui n'est pas sans créer une grosse
difficulté. Par ailleurs, il nous semble clair[2] que Paul n'a jamais
posé le problème du πνεῦμα dans une perspective personnaliste
et trinitariste.

2. *La perspective 'substantialiste'*

On sait, d'autre part, la fortune de notre proposition chez des
Deissmann ou des Bousset, qui voient là un des indices de la
thèse selon laquelle Paul n'aurait connu qu'un Christ pneumatique. 'Le Christ est une puissance pneumatique', lirait-on.[3]
Mais, là, Wendland rétorque bien qu'on pourrait retourner la
proposition: Paul ne connaît pas d'autre esprit que celui du
crucifié et du ressuscité. Bien loin de volatiliser l'expérience
historique et christique dans une vague pneumatologie, c'est
cette pneumatologie vague – courante dans le gnosticisme
d'alors – que Paul précise, fixe et modifie totalement en l'atta-
chant à la croix et à la résurrection du *kyrios*.[4] On remarquera
encore, qu'à l'encontre des interprétations signalées ci-dessus,
ὁ κύριος est appliqué d'office au Christ, et cela vaudra aussi pour
toutes les exégèses – donc la majorité – que nous mentionnerons
encore.

Malgré la réserve que nous venons de signaler, c'est au même
type d'interprétation substantialiste qu'il faut rattacher celle de
Schweizer (*art. cit.*, p. 415s), qui classe notre passage parmi ceux
dans lesquels l'influence hellénistique est la plus patente chez
Paul. Le πνεῦμα dont il est ici question est une sorte de sphère
ou de substance céleste, décrivant le mode d'existence du
kyrios: se convertir à lui, c'est pénétrer dans le royaume spirituel
(de même, Bachmann).

[1] Pour une interprétation particulière, mais toujours dans une perspective trinitariste, cf. K. Stadler, *Das Werk des Geistes in der Heiligung bei Paulus*
(Zurich, 1962), p. 50–6.
[2] Cf. E. Schweizer, *art.* 'πνεῦμα', *ThWNT*, VI (1959), p. 431–2.
[3] De même, et avec des nuances, Godet, Strachan, Lietzmann.
[4] Ainsi également Schweizer, *art. cit.*, p. 419.

3. *Pneuma et exégèse*

Allo[1] voit dans πνεῦμα le sens spirituel d'un texte, opposé à la lettre (cf. v. 6). Se convertir au Seigneur, c'est, du coup, comprendre l'Ecriture comme il faut et le sens profond de celle-ci, c'est le Christ. Toutefois, en 17*b*, ce serait bien pleinement du Saint-Esprit qu'il s'agirait. Mais Allo se fonde sur une interprétation erronée de l'antithèse πνεῦμα–γράμμα.

4. *L'identification dynamique*

On a aussi voulu voir ici une identification dynamique de l'Esprit et du Seigneur. Le père de cette exégèse est sans doute Cyrille d'Alexandrie,[2] son défenseur le plus valeureux I. Hermann.[3] Le sens de notre verset serait alors: Christ est rencontré comme l'Esprit. 'Le *Pneuma*, promoteur de vie, et que vous connaissez est, en réalité, le Seigneur. Car c'est lui dont nous faisons l'expérience lorsque nous découvrons en nous "l'esprit à l'œuvre". Notre verset ne serait donc pas une proposition spéculative, mais existentielle' (p. 50). Comme l'avait déjà noté Wendland, il y a donc subordination du *pneuma* au Christ qui, seul, lui donne sa vraie valeur: 'l'expression *Pneuma* n'est pas une grandeur statique, compréhensible en elle-même, mais elle exprime la présence et la réalité dynamiques du Seigneur glorifié au sein de son Eglise' (p. 52).

5. *La perspective de la révélation*

Pour M. A. Chevallier, enfin (*op. cit.*, p. 93ss), notre verset fixe les rôles distincts du *Kyrios* et du *pneuma* dans la connaissance de Dieu. La transition avec les v. 15ss se fait de la manière suivante:

Même quand ils lisent 'Moïse', les Juifs n'ont pas accès à la connaissance de Dieu (v. 15). Mais il est justement écrit dans Moïse (i.e. dans Exod. 34: 34): 'c'est quand on se tourne vers le Kyrios que le voile est ôté' (v. 16). Comment cela se fait-il? Eh bien! avec le Kyrios dont il est question se trouve aussi l'esprit du Kyrios, et l'esprit du Kyrios donne un libre accès à Dieu (v. 17) (p. 97).

---

[1] Et aussi, plus ou moins, Walter et Spicq.
[2] Cf. S. Lyonnet, 'St Cyrille d'Alexandrie et 2 Cor. 3: 17', *Biblica*, **32** (1951), p. 25–31.　　[3] *Kyrios und Pneuma*, p. 17–58.

Ainsi donc 'le Christ-Messie est celui qui, Kyrios lui-même, révèle le Kyrios aux privilégiés des temps messianiques; la possibilité de la "rencontre" avec lui est établie dans le "cœur" de l'homme par la communication de l'esprit du Kyrios' (p. 95); et M. A. Chevallier de noter, qu'à l'instar de K. Barth, on pourrait parler de possibilité objective et de possibilité subjective de la révélation.[1]

La méthode

Toutes les interprétations que nous venons rapidement de présenter appuient leur exégèse particulière de 17a sur une étude préalable du contexte. C'est donc avant tout dans la ligne de ce que nous avons déjà dégagé de ce contexte qu'il nous faut comprendre notre verset. Sur le plan de la méthode, cela implique deux choses:

(1) 17a n'est pas, a priori – et, sans doute, pas du tout – une clef de la théologie paulinienne. Paul se bat pour sauve-garder la foi de la communauté qu'il a fondée et, dans la lutte, jaillit ὁ δὲ κύριος τὸ πνεῦμά ἐστιν. Cela ne veut pas dire que Paul ne savait pas ce qu'il disait, mais on ne peut pas fonder, même une partie du paulinisme là-dessus. Il faut *lire* d'un seul coup tout le chapitre – et la suite – comme Paul a dû le dicter (relative-ment) d'un seul souffle.

(2) Il ne faut pas avoir, en abordant notre verset, une défini-tion trop précise du *pneuma* paulinien. D'abord, parce que cette définition n'existe sans doute pas; ensuite, et surtout, parce qu'il faut se laisser porter par l'argumentation: même si Paul avait une pneumatologie tout différente de la pneumatologie gnostique, rien ne dit, a priori, qu'il n'ait pas employé là un terme gnostique, dans le but de faire comprendre à ses lecteurs telle vérité à déterminer (cf. les explications de Wendland et Stadler).

Cela dit, il apparaît manifeste – nous ne découvrons rien, bien sûr – que notre verset se présente comme une exégèse du verset précédent. Nul doute que nous sommes en présence du

---

[1] Signalons encore l'interprétation de McNamara qui en appelle aux textes du targum où 'l'Esprit' ou 'l'Esprit Saint' est dit reposer sur la tente d'assignation. L'auteur rend assez bien le sens de notre verset – cf. ci-dessous – mais les références au Targum sont loin d'être convaincantes (*op. cit.*, p. 182–8).

même type de raisonnement que lorsque Paul disait, en parlant du rocher suivant les Israélites dans le désert: ἡ πέτρα δὲ ἦν ὁ Χριστός, 'or le rocher était le Christ' (1 Cor. 10: 4); cf. encore 1 Cor. 15: 56. Or, qui a jamais songé à faire de cette proposition un des piliers de la christologie paulinienne?

ὁ δὲ κύριος

S'agit-il du Christ ou du *Kyrios* des LXX? L'hésitation ne peut être longue: le contexte est celui d'une démonstration à partir d'Exod. 34: 34; le δέ est le même que celui que l'on trouve dans l'exégèse de 1 Cor. 10: 4, que nous venons de citer. Il faut donc comprendre: 'Or le Seigneur, dont il vient d'être question (ὁ anaphorique) est...'. Mais nous avons vu que, dans la citation (cf. v. 16 et l'étude de Cerfaux), κύριος désigne simplement Yahweh et non pas le Christ. Il n'y a aucune raison de penser qu'il pourrait en être autrement ici. A cela s'ajoutent trois autres arguments: (1) l'expression πνεῦμα κυρίου qui suit, et qu'il faut sans doute comprendre comme l'équivalent de *ruah Yahweh*; (2) le fait qu'au v. 18, le Christ reflète la δόξα κυρίου; (3) enfin, il ne faut pas oublier que, dans le cadre de notre hypothèse sur les v. 13ss, il ne s'agit pas ici de Juifs qui doivent se convertir au Christ, mais de chrétiens qui doivent regarder à Dieu.

τὸ πνεῦμά ἐστιν

'Ce Seigneur-là – dit Paul – vers lequel, à l'exemple de Moïse, mes adversaires devraient se tourner – en se détournant d'eux-mêmes – c'est l'Esprit.' Qu'est-ce à dire? Là encore, la solution nous paraît claire. Ce mot de πνεῦμα apparaît dans un contexte – dont nous avons vu la profonde homogénéité – où il figure par ailleurs encore cinq fois et, surtout, qu'il domine. C'est aussi à ce contexte que renvoie l'article τό, article d'autre part assez singulier devant un prédicat en grec, et qui empêche de voir ici une simple force pneumatique. L'Esprit, c'est l'inaugurateur et le promoteur de l'alliance et de la diaconie nouvelles, fondées non plus sur un 'texte' extérieur, mais sur l'adhésion et la transformation des cœurs. Plummer dit bien: 'Moïse gouvernait la conduite extérieure; Christ transforme la vie intérieure.' Dire donc que le Seigneur est l'Esprit, c'est ajouter les deux précisions suivantes au fait que Moïse lui-même montre qu'il faut se détourner de sa propre gloire pour se tourner vers Dieu :

– Moïse lui-même montre qu'il faut se tourner, non vers le légalisme, mais vers l'Esprit qui transforme les cœurs. Cela est vrai pour la prédication, qui ne peut s'appuyer sur l'extase ; cela est vrai aussi pour l'interprétation de la Loi, l'Esprit seul permettant de comprendre le vrai sens de celle-ci.

– Moïse lui-même montre que l'ancienne alliance tend vers la nouvelle (cf. v. 3). Moïse se tourne vers l'Esprit promoteur de cette alliance.

Il va dès lors de soi que le *pneuma* dont il est ici question est chargé de toute la substance que comporte le terme chez Paul. Seulement, il n'entre pas dans notre propos de définir davantage cette substance : nous renvoyons pour cela – entre autres – aux études déjà citées de M. A. Chevallier, I. Hermann et E. Schweizer.

Un problème se pose toutefois encore : les adversaires de Paul, dont nous avons vu qu'ils se glorifiaient de leurs extases, ne se réclamaient-ils pas aussi du *pneuma*? Cela est très plausible et les chapitres 12ss de la première aux Corinthiens montrent déjà quel mal Paul avait à imposer sa conception du *pneuma* et à quels malentendus ce terme prêtait. Paul, d'ailleurs, s'en rendra bien compte, qui dira : 'si le premier venu vous prêche un autre Jésus que celui que nous avons prêché, s'il s'agit de recevoir un Esprit différent de celui que vous avez reçu, ou un évangile différent de celui que vous avez embrassé, vous vous y prêtez fort bien' (2 Cor. 11 : 4). Quelle que fût toutefois l'équivoque dont le terme pouvait être chargé, c'est lui que Paul emploie en 2 Cor. 3 : 17*a* et dans un sens qui, à l'analyse, ne peut guère faire de doutes.

B. LE VERSET 17*b*

οὖ δὲ πνεῦμα κυρίου

On a souvent noté que cette expression empêchait une identification pure et simple du κύριος et du πνεῦμα dans la phrase précédente. Ici encore, le κύριος n'est pas le Christ, mais Dieu, et les raisons invoquées par Prümm (et les autres qui ne voient pas dans le κύριος de 17*a* le Christ) pour expliquer pourquoi, en une phrase, le même terme recouvrirait deux réalités

différentes, ne sont pas très convaincantes. En effet, l'association du Christ et de l'Esprit est rare chez Paul et ne se trouve
qu'en Rom. 8: 9; Gal. 4: 6 et Phil. 1: 19. Par contre, l'expression πνεῦμα θεοῦ s'y trouve fréquemment, ainsi que l'idée que
l'Esprit est envoyé par Dieu.[1] Cela se comprend d'autant mieux
que l'expression רוח יהוה rendue par πνεῦμα κυρίου dans la LXX
est fréquente elle aussi dans l'AT.[2]

Compte tenu du contexte exégétique et vétéro-testamentaire
que nous avons dégagé ci-dessus, il nous paraît donc raisonnable de voir là encore Dieu derrière le *kyrios*. Dès lors, le sens
à donner à πνεῦμα dans la première moitié du verset se précise
encore: il s'agit de l'esprit de Dieu dont parle l'AT et dont il
parle pour annoncer (Ezéch. 11: 19; 6: 26; Jér. 31: 33; cf. v. 3:
πνεῦμα θεοῦ ζῶντος) qu'il inaugurera une ère nouvelle, où
Dieu l'enverra dans les cœurs.

ἐλευθερία

Ce qui frappe, c'est que le terme ne se trouve qu'ici dans notre
épître. Toutes les hypothèses sont donc permises en ce qui
concerne la nuance particulière qu'il faut lui donner. Ainsi,
Schmithals (*Die Gnosis*, p. 183–209) a montré l'importance de
cette notion dans la gnose. Mais il n'y a pas que la gnose; il y a
aussi le stoïcisme et l'hermétisme.[3] Et il se pourrait bien que
Paul emploie un terme cher à ses lecteurs pour renforcer son
argumentation. Il y a sans doute de cela, car, aussitôt après,
Paul va être amené à préciser que cette liberté ne va pas sans
une 'transformation' du croyant (v. 18). Il n'empêche que, à
cause de cette précision même, le sens de la 'liberté', ici, est
proprement paulinien.[4]

Paul oppose donc la liberté du croyant (ou de l'apôtre) au
légalisme de ses adversaires et il sait qu'il a d'autant plus de
chances d'être entendu par ses lecteurs que, pour eux (ou, du

[1] Rom. 8: 9, 14; 1 Cor. 2: 10s; 3: 16; 6: 11; 7: 40; 12: 3 etc.
[2] Juges 3: 10; 11: 29; 13: 25; 14: 19; 15: 14.
[3] Cf. H. Schlier, *art.* 'ἐλεύθερος κ.τ.λ.', *ThWNT*, II (1935), p. 484–500,
et Windisch.
[4] Cf. encore J. Cambier, 'La liberté chrétienne selon l'apôtre Paul',
Studia Evangelica, II, éd. F. L. Cross (*Texte und Untersuchungen*, **87** [Berlin,
1964]), p. 315–53; Bultmann, *Theologie*⁵, p. 332–54; Conzelmann, *Grundriss*,
p. 302–10.

moins, certains d'entre eux), le mot d'ἐλευθερία était un peu un mot 'magique'. Voilà pourquoi, sans doute, Paul l'emploie ici à la place de παρρησία (cf. v. 12 – quoique leurs sens soient voisins); voilà pourquoi il lui donne cette place privilégiée. C'est là 'l'argument choc'. Mais cela ne signifie pas qu'il ne faut voir dans le terme qu'une manœuvre; l'Esprit produit réellement la liberté (cf. Rom. 8: 2ss) dans l'exégèse de la Loi (contexte immédiat) comme dans la prédication (v. 12); il libère aussi de l'autopréoccupation et de la glorification propre et permet ainsi de se tourner vers les autres et vers le Christ.

C. LE VERSET 18

Ce verset n'est pas des plus faciles et on a un peu l'impression, à son égard, de sables mouvants. Qu'on en juge: le type auquel Paul renvoie est-il Moïse ou les fils d'Israël? κατοπτρίζομαι signifie-t-il 'contempler' ou 'refléter comme un miroir'? De quel miroir s'agit-il? Quelle nuance exacte retirer de la palette si riche du terme εἰκών? La 'transformation' est-elle un processus mystique? Quel rapport avec la transfiguration du Christ? Est-elle uniquement eschatologique? Dans une large mesure, les termes d'εἰκών, de μορφή et de δόξα se recouvrent, mais, là encore, quelle nuance spécifique donner à chacun? Enfin, que signifie l'appendice καθάπερ ἀπὸ κυρίου πνεύματος?

Aussi, pour voir un peu plus clair dans cet enchevêtrement de questions, il n'est pas inutile de faire le point.

Il faut d'abord se rendre compte du fait que le contexte dans lequel nous ont placés les versets précédents est un contexte cultuel. En effet, il s'y agit bien de la prédication (v. 12) et notamment d'une prédication apologétique fondée sur un texte biblique dont le culte synagogal (et chrétien) était le lieu privilégié. De plus, nous avons vu que l'expression καινὴ διαθήκη n'était pas sans lien avec la liturgie, notamment avec la Cène (v. 6). Enfin, le culte était, dans les communautés pauliniennes, le lieu privilégié des manifestations de l'Esprit. La référence à Moïse se tournant vers le Tabernacle ne peut que renforcer l'allusion. Il n'est donc pas étonnant que Paul recoure maintenant à un vocabulaire cultuel traditionnel, comme nous le montrerons encore. Pour lui, le culte est bien le lieu de l'Esprit, mais les vrais fruits de celui-ci sont une prédication ouverte et libre (v. 12 et 17), une 'conversion' à Dieu (v. 16–17), et non des expériences extatiques offertes à un public. Il le rappelle et le précise en soulignant que l'Esprit et la liberté sont des réalités qui *transforment* tout le comportement humain, détournant de toute gloire propre, pour tourner vers la seule gloire de Dieu. Or cette gloire divine nous apparaît, dans la Cène, sur la face du Christ qui se donne à nous. Ainsi se trouve repris, dans un autre contexte, et avec une accentuation différente, le thème de 1 Cor. 12ss.

ἡμεῖς δὲ πάντες

Le δέ peut être adversatif (liberté, *mais* liberté implique transformation) ou simplement coordinatif (liberté, *et* liberté signifie...). Le sens est presque identique, mais il faut insister sur ce lien avec le verset précédent. Le πάντες[1] rend peu probable – comme presque tout le monde le reconnaît – que Paul veuille parler des seuls apôtres; il ne faut pas en chercher l'origine dans Exod. 34: 32,[2] ni dans une opposition au seul Moïse. Mais cette mention s'oppose avant tout à l'expérience prétendue privilégiée et exclusive des 'pseudo-apôtres'. Dans l'alliance nouvelle, il n'y a pas seulement quelques θεῖοι ἄνδρες qui reflètent la gloire de Dieu sur leurs visages en extase, mais tous les chrétiens, à l'instar du 'vrai' Moïse, ne reflètent pas, mais contemplent cette gloire. De plus, ce πάντες indique que Paul se réfère à une expérience commune à tous les chrétiens.

ἀνακεκαλυμμένῳ προσώπῳ κατοπτριζόμενοι

Un point mérite d'être mis au clair dès l'abord: quel est le type dont les chrétiens sont l'antitype?

(1) S'agit-il de Moïse? Paul dirait alors que tous les chrétiens ont dans la nouvelle alliance le statut que Moïse était seul à posséder dans l'ancienne; de plus, ils ne reflètent plus une gloire passagère, mais permanente et efficace, puisqu'elle transforme. Il faut donc donner à κατοπτρίζομαι le sens de 'refléter', mais est-ce bien le sens de ce verbe?

(2) S'agit-il du peuple? L'Eglise, en opposition à Israël, peut

---

[1] Il manque dans P[46] et dans quelques citations patristiques; de même chez Marcion, qui a d'ailleurs un texte très modifié; cf. Allo.

[2] Πάντες οἱ υἱοὶ Ἰσραήλ; Georgi, p. 277ss.

voir la gloire du Seigneur et est transformée par elle. Le ἡμεῖς s'opposerait ainsi aux fils d'Israël dont – dans l'interprétation traditionnelle – il vient d'être immédiatement question (Moïse n'étant plus réapparu depuis le v. 13). D'ailleurs, κατοπτρίζομαι ne signifie que 'regarder dans un miroir'. Mais alors, pourquoi parler de 'visage découvert' et non pas de 'cœurs découverts'?

En fait, le doute ne semble pas possible : il n'est pas question d'Israël dans tout notre passage (sauf aux v. 7 et 13*b*) et la mention du πρόσωπον indique bien que Paul se réfère à Moïse, mais non pas à un Moïse, dont les chrétiens doivent se différencier, mais à celui qui donne l'exemple :

> on m'accuse de prêcher un évangile voilé, sans franchise – dit Paul – à l'instar de Moïse qui se mettait un voile sur le visage; c'est là une accusation ridicule, car l'exemple que donne Moïse, c'est la présentation devant le Seigneur, c.-à-d. la liberté. C'est donc le visage découvert (complément de manière et non pas datif instrumental), c.-à-d. sans cachotteries ni détours (Bachmann) que, une fois tournés vers le Seigneur, nous sommes tous à l'égard les uns des autres et, en tout premier lieu, à l'égard du Seigneur lui-même.

Ce que Paul va encore dire immédiatement après (4: 1ss) indique clairement que c'est ainsi qu'il faut comprendre.[1]

κατοπτριζόμενοι

Quel sens donner à ce verbe? Quatre possibilités se présentent : (1) 'contempler comme dans un miroir';[2] (2) 'réfléchir comme un miroir';[3] (3) 'contempler', sans idée de miroir;[4] (4) Paul a employé exprès un verbe ambigu ici et il ne faut pas trancher entre 'contempler dans un miroir' et 'réfléchir comme un miroir'.[5]

Pour trancher, nous suivrons, pour l'essentiel, la démonstra-

---

[1] Noter le parfait (tranchant sur les présents qui suivent) : le voile a été une fois enlevé (à la croix? au baptême?) et le reste (Hughes).

[2] Wendland, Godet, Schlatter, Lietzmann, Feuillet, *op. cit.*, p. 137–9, N. Hugedé, *La métaphore du miroir dans les épîtres de Saint Paul aux Corinthiens* (Neuchâtel–Paris, 1957), p. 17–36.

[3] Osty, Héring, Strachan, Allo; Chevallier, *op. cit.*, p. 95s; J. Dupont, 'Le chrétien, miroir de la grâce divine, d'après 2 Cor. 3: 18', *RB*, **56** (1949), p. 392–411. [4] Vulgate: *speculantes*, Hughes.

[5] Prümm, p. 175–9; E. Larsson, *Christus als Vorbild. Eine Untersuchung zu den paulinischen Tauf- und Eikontexten* (Uppsala, 1962), p. 279s; J. Jervell, *Imago Dei. Gen. 1: 26f, im Spätjudentum, in der Gnosis und in den paulinischen Briefen* (Göttingen, 1960), p. 183–9.

tion de Hugedé (*op. cit.*, p. 20-4). On trouve, en effet, quelques rares exemples de κατοπτρίζω à l'actif signifiant 'refléter', 'renvoyer la lumière comme un miroir', et ce sens pourrait, théoriquement, être celui du moyen, du fait que, dans la *koiné*, voie active et voie moyenne sont souvent confondues. Toutefois, la quinzaine d'exemples que l'on peut trouver de κατοπτρί-ζομαι signifie toujours 'contempler dans un miroir', tout d'abord dans le sens de celui qui utilise un miroir pour y contempler sa propre image, mais aussi dans le sens transitif de 'contempler quelque chose dans un miroir'. A cet égard, un passage de Philon est caractéristique et décisif pour établir le sens de 2 Cor. 3: 18: Moïse demande à Dieu de se révéler à lui, non par le ciel ou la terre, l'eau ou l'air, ou par quelque créature, et il lui adresse cette prière: 'Puissè-je ne voir ta forme en aucun autre miroir qu'en toi-même, ô Dieu! μηδὲ κατοπτρισαίμην ἐν ἄλλῳ τινὶ τὴν σὴν ἰδέαν ἢ ἐν σοὶ τῷ θεῷ' (*Leg. All.* III, 101).

Quant à savoir ce qui l'emporte dans le terme de la notion de 'voir' ou de celle de 'miroir', Hugedé note que l'évolution sémantique du verbe n'a pas dû être très forte, vu son faible emploi. D'ailleurs, ce n'est que dans des commentaires tardifs qu'on lui donne le sens affaibli de '*contemplantes*', alors que, dans tous les exemples grecs relevés, il a une très forte valeur imagée et que c'est ainsi que tous les Pères grecs l'ont compris.

Il semble donc qu'il faille s'en tenir au sens constamment attesté du terme 'contempler dans un miroir'. Le contexte y invite absolument d'ailleurs, qui amène Moïse et tous les croyants devant Dieu. Toutefois, se posent encore deux questions concernant la nature du miroir et l'origine ou l'enracinement de la terminologie paulinienne.

Hugedé, refusant de séparer 2 Cor. 3: 18 de 1 Cor. 13: 12 pense que Paul veut tout simplement indiquer le caractère confus de la vision ici-bas. Mais, en fait, à part l'image du miroir, ces deux textes, placés dans des contextes tout différents, n'ont aucun point commun. Or Hugedé lui-même (p. 37ss) insiste sur le fait qu'il faut se défaire du préjugé selon lequel les miroirs antiques donnaient une image imparfaite. Et c'est bien pour cela que, en 1 Cor. 13: 12, Paul est obligé de préciser δι' ἐσόπτρου par ἐν αἰνίγματι. Si donc l'image du miroir se trouve ici sans autre précision, il est à présumer qu'elle indique tout simplement une réflexion normale, donc claire et précise.

Mais alors, quel est ce miroir dans lequel le chrétien voit la gloire du Seigneur? Godet (cf. aussi Jervell, *op. cit.*, p. 187s) pense qu'il s'agit de l'évangile, mais il donne à cette 'vision' la nuance d'imperfection opposée au face à face que nous avons cru devoir rejeter.

Feuillet propose de voir Christ dans ce miroir (cf. Jn. 14: 9).[1] Cela suppose évidemment que δόξα κυρίου signifie, non pas δόξα Χριστοῦ, mais δόξα θεοῦ, sur quoi nous reviendrons. Cette exégèse met, de plus, bien en valeur le complément τὴν αὐτὴν εἰκόνα et s'accorde avec 4: 4–6, qui se termine par ces mots: 'le resplendissement de la connaissance de la gloire de Dieu est sur le visage du Christ'. On peut d'ailleurs encore invoquer en sa faveur le témoignage de Clément de Rome (*Corinthiens* 36: 2).

Cette thèse nous paraît la plus digne d'intérêt, mais avant d'y adhérer pleinement, il nous faut encore poser une question: les lecteurs de Paul étaient-ils susceptibles de comprendre sans autre pareille nuance? Dire, comme Feuillet, que Christ est considéré comme miroir parce que la Sagesse l'a déjà été (Sagesse 7: 25–6) et ce, dans des termes qui ne sont pas sans rappeler ceux de 3: 18 et 4: 4–6, ne nous paraît pas suffisant. Nous ne pensons pas que ce soit directement à la Sagesse que Paul emprunte cette image, mais à une terminologie cultuelle, creuset de toutes sortes de représentations – dont, sans doute, aussi celles de la Sagesse – comme le montrera encore l'étude des termes suivants. Telle nous semble la meilleure manière d'expliquer le caractère si allusif de la métaphore ici.

τὴν δόξαν κυρίου

Dans 2 Cor. 8: 19 et 2 Thess. 2: 14, où il s'agit sûrement de la gloire du Christ, Paul parle de δόξα τοῦ κυρίου avec l'article devant κυρίου. Toutefois, l'expression sans article est fréquente dans la LXX pour désigner la gloire de Yahveh (Exod. 16: 7, 10; 24: 17; 40: 34–5; Lév. 9: 6, 23). Il est donc sage de penser que, comme pour πνεῦμα κυρίου au verset précédent, δόξα κυρίου signifie ici gloire, non du Christ, mais de Dieu (Feuillet, *op. cit.*, p. 136s). Cela se comprend d'autant mieux que, dans tous les textes sus-cités, la δόξα κυρίου se manifeste par la nuée

---

[1] *Op. cit.*, p. 142–4. Même sentiment in B. Rey, *Créés dans le Christ Jésus* (Paris, 1966), p. 194ss.

reposant sur la tente d'Assignation; c'est vers elle que Moïse, abandonnant sa propre gloire, se tournait; c'est elle que, le visage découvert, il contemplait. Ainsi restons-nous dans le contexte du culte. L'accent est sur κύριος: la gloire de Dieu s'oppose à la gloire éphémère des adversaires de Paul. Or cette gloire de Dieu n'est que sur un seul visage, celui du Christ (cf. 4: 6).

μεταμορφούμεθα
Le Sitz im Leben

Avant de dégager le sens précis que Paul donne à ce verbe ici, il faut essayer d'en déterminer l'origine. Μεταμορφόω ne se retrouve chez Paul qu'en Rom. 12: 2 et, dans le reste du NT, dans le récit de la transfiguration (Mt. 17: 2 et Mc. 9: 2). Toutefois, l'usage des mots de la même famille peut être éclairant: μορφή dans l'hymne christologique de Phil. 2 pour désigner la 'forme' du Christ qui, de Dieu, se fait esclave (v. 6 et 7), μορφοῦσθαι (Gal. 4: 19) – 'Christ formé en vous' – et συμμορφίζω ou σύμμορφος rapportés, soit à la parousie (Rom. 8: 29), soit à la vie présente de l'apôtre qui, par ses souffrances, se conforme à la mort du Christ (Phil. 3: 10).

Les termes de μορφή et de μεταμορφόω ont une incontestable résonnance hellénistique, voire mystique et même mystérique.[1] Aussi a-t-on pu supposer que Paul se rapprochait, en 2 Cor. 3: 18, de conceptions de ce genre. Toutefois, il faut alors noter que la conception paulinienne de la transcendance divine et sa perspective eschatologique modifient fondamentalement l'événement immanent et mystique.[2]

Larsson[3] pense que la vraie source de la pensée et du vocabulaire pauliniens est à chercher dans le récit de la transfiguration. Outre le terme même de μεταμορφόω, sont communs aux deux passages le verbe λάμπω (Mt. 17: 2 et 2 Cor. 4: 6) et le visage du Christ rayonnant de gloire. Le verbe 'transformer' devrait donc être compris ici comme l'application aux disciples du Christ de la transfiguration de ce dernier, c'est-à-dire comme

---

[1] Cf. Behm, *art.* 'μορφή κ.τ.λ.', *ThWNT*, IV (1942), p. 750–67; E. Lohmeyer, *Kyrios Jesus. Eine Untersuchung zu Phil. 2: 5–11* (Heidelberg, 1927–8), p. 17s.

[2] Behm, *art. cit.*, p. 765s; Schlatter; Kümmel.

[3] *Op. cit.*, p. 282–93; cf. aussi Plummer, et Feuillet, p. 144s.

une expression de ce qui unit les disciples au Christ et caractérise leur 'Nachfolge' (p. 284). Cette transformation n'a donc pas qu'un aspect intérieur de renouvellement, mais aussi un aspect extérieur de conformation aux souffrances du Christ (cf. 4: 7ss).

Les contacts relevés, tant par les uns avec la mystique hellénistique que par les autres avec le récit synoptique, sont troublants mais laissent quand même subsister une certaine insatisfaction. Cela provient, croyons-nous, de ce qu'il faut imaginer un troisième chaînon à la chaîne: Paul utilise un vocabulaire, non pas avant tout mystique ou 'synoptique', mais cultuel. Et c'est au niveau de ce contexte, considéré comme creuset, qu'il faut voir l'influence des deux directions sus-citées. Ainsi, μορφή se trouve, chez Paul, dans un hymne vraisemblablement eucharistique (Phil. 2: 5ss).[1] De même pourrait-on imaginer comme 'Sitz im Leben' du récit de la transfiguration, le culte. Toutefois, ce caractère traditionnel et cultuel sera encore confirmé par l'étude d'εἰκών et de 4: 4–6.

Le sens

L'arrière-plan de la transformation ainsi dégagé, quelle forme exacte Paul lui donne-t-il? Eh bien, de même qu'en ce qui concerne le culte, Paul reprend un matériau traditionnel très divers et lui imprime son caractère propre, de même en est-il de cette transformation qui n'est ni vraiment mystique, ni uniquement eschatologique et future. Nous la qualifierons d'éthique.[2] Transformation éthique ne veut pas dire transformation superficielle, au contraire! C'est justement cette transformation que Paul oppose à l'altération évanescente du visage et qui n'engage pas les cœurs, c.-à-d. l'homme tout entier, dans son fond même. Mais, dans la mesure où, pour Paul, l'homme est avant tout un pro-jet, une volonté, cette volonté se trouve orientée et tendue

[1] Cf. Lohmeyer (op. cit., p. 65s); Jervell (op. cit., p. 205–8) et Larsson (p. 230ss) pensent, quant à eux, au baptême.

[2] Cf. (à propos du baptême) Conzelmann, Grundriss, p. 296–300: 'Le sacrement instaure le salut, dans la mesure où il rapporte l'événement du salut au baptisé. Mais ce rapport n'est pas une simple transformation mystérique. On peut retomber, chûter; nous ne possédons pas le salut en nous, mais en Christ. Le baptême conduit à une conduite nouvelle dans la communauté. Y a-t-il alors chez Paul une éthicisation de ce qui était cultuel et magique? C'est ce qu'on peut dire, s'il est clair que l'éthique ne forme pas un secteur autonome' (p. 296s).

toute entière, lors du culte, vers un seul but: Christ. C'est dans cette optique, pensons-nous, qu'il faut relire les textes pauliniens déjà cités sur μορφή et ses composés et, en particulier, Rom. 12:2: 'soyez transformés par le renouvellement de votre intelligence, pour discerner la volonté de Dieu'. Mais cette transformation, Paul va encore la préciser par trois caractéristiques: (1) le chrétien est transformé dans l'image du Christ; (2) ἀπὸ δόξης εἰς δόξαν; (3) ἀπὸ κυρίου πνεύματος.

τὴν αὐτὴν εἰκόνα

L. Cerfaux[1] suggère de voir dans ces mots une apposition à τὴν δόξαν: 'nous contemplons la gloire du Seigneur, l'image par excellence'. Mais Hugedé (*op. cit.*, p. 29 n. 5) a noté qu'il faudrait avoir τὴν εἰκόνα αὐτήν, car αὐτός n'a ce sens que lorsqu'il n'est pas enclavé entre l'article et le nom. Il faut donc faire de τὴν αὐτὴν εἰκόνα le complément de μεταμορφούμεθα, quoique ce verbe soit au passif, ce qui n'est pas impossible (cf. Blass–D., § 159, 4). Ce complément indique, soit le mode de la transformation: 'nous sommes transformés selon ou suivant la même image' (Héring, Allo), soit son but: 'nous sommes transformés dans ou en la même image' (Godet, Strachan, Osty). Ainsi, Plummer produit-il plusieurs exemples de μεταβάλλω et μετατίθεμαι suivis aussi d'un simple accusatif.

Mais à quoi renvoie le αὐτήν, la *même* image? Prümm (p. 190–3) comprend: 'la même que celle du Père' et y voit un nouvel indice des relations à l'intérieur de la trinité. Pour la majorité des commentateurs, Paul, qui vient de parler du Christ (δόξα κυρίου), opère une sorte de glissement dû à une autre désignation du Christ, celle d'image de Dieu: 'nous sommes transformés sur le modèle du même Christ, qui est image'. Toutefois, la solution la plus digne d'intérêt nous semble celle de Feuillet:[2] le Christ est le miroir dans lequel le chrétien contemple l'image de Dieu (Gen. 1: 26s), qu'il est appelé à devenir lui-même.

Il n'entre pas ici dans notre intention de faire l'historique de la notion d'*imago dei*, issue de Gen. 1: 26s.[3] Constatons seule-

[1] *Le Christ dans la théologie de St Paul*[2] (Paris, 1954), p. 327 n. 1.
[2] *Op. cit.*, p. 144s. Cf. aussi Plummer et Lietzmann.
[3] Cf. les ouvrages déjà cités de Jervell et de Larsson.

ment que la sorte d'effervescence spéculative produite par elle, soit dans le judaïsme, soit dans le rabbinisme, soit encore dans la gnose ou dans les milieux sapientiaux, s'est trouvée comme 'précipitée' au niveau du NT dans un contexte qui pourrait être celui du culte: Christ est l'Homme par excellence, le Nouvel Adam, l'Image de Dieu (2 Cor. 4: 4; Col. 1: 15; cf. Phil. 2: 6) auquel le chrétien prend part, sur le modèle duquel il se forme pour devenir un homme nouveau (Col. 3: 10; Rom. 8: 29; 1 Cor. 15: 49). Naturellement, se pose le problème du lien précis qu'il faut établir à ce propos entre le Christ et le chrétien. Larsson, pour sa part, le situe dans la 'Nachfolge', Jervell dans la justice forensique conférée par le Christ à l'homme. Tous deux s'opposent ainsi, avec raison, à la transformation 'mystique' dénoncée ici par l'école de l'histoire des religions.

ἀπὸ δόξης εἰς δόξαν

On a compris cette précision de deux manières:

(1) Il s'agit d'un sémitisme – encore qu'on en trouve quelques exemples dans la littérature grecque – marquant le progrès (cf. 2 Cor. 2: 16; Rom. 1: 17; LXX: Ps. 89: 2; 83: 8; Jér. 9: 2). Le chrétien est donc progressivement transformé jusqu'à la gloire finale et on note la différence essentielle ainsi marquée avec le mysticisme.[1]

(2) Sont indiqués ainsi la source et le but de la transformation du croyant: de la gloire du Christ en notre gloire.[2] Carrez (*op. cit.*, p. 85ss) semble accepter ce sens, mais souligne de plus la tension eschatologique de l'expression; il note surtout (p. 112s) la liaison qu'il faut faire avec le culte et la Cène: c'est là que le chrétien est plus particulièrement mis en relation avec la gloire du Christ et en est transformé.

Or, il faut relever deux points:

(1) Jusqu'à présent, dans notre passage, Paul s'est élevé contre l'appropriation, dès à présent, par l'homme de la gloire. Il y a, bien sûr, gloire dans la nouvelle alliance, mais celle-ci est objet de foi (v. 7ss), future (v. 8 ἔσται) et actuellement sur la face du Christ (v. 18). Ce faisant, il a été en plein accord avec ce qu'il a toujours enseigné, car on ne voit jamais chez lui la gloire promise ailleurs qu'à la Parousie. Aussi, si l'on accepte l'hypo-

---

[1] Godet, Allo, Prümm, p. 193ss.   [2] Héring, Schlatter, Wendland.

thèse d'une transformation progressive, faut-il supposer, soit que Paul donne un sens tout particulier au mot δόξα,[1] soit que Paul se soit laissé entraîner par un certain lyrisme, ce qui l'amène à dépasser un peu sa pensée.

(2) Par contre, la 'gloire' trouve tout naturellement sa place dans le contexte cultuel que nous avons décelé. Mais, alors qu'elle se 'réalise' dans l'extase de quelques uns pour les adversaires de Paul, pour ce dernier cette 'réalisation' se fait dans la transformation de tous les 'cœurs' qui la contemplent sur la face du Christ. Les chrétiens sont donc transformés par la gloire (ἀπὸ δόξης); par une gloire qui leur est actuellement encore extérieure mais qui les entraîne vers la gloire finale du Royaume (εἰς δόξαν). Cette exégèse s'appuie de plus sur le fait que, dans les exemples sus-cités d'expressions signifiant une progression, il ne s'agit généralement pas de ἀπό–εἰς mais de ἐκ–εἰς.

On notera, de plus, un parallélisme entre δόξα et πνεῦμα en cette fin de verset. Tous deux sont précédés de ἀπό et ont le même complément (κυρίου). Or tout le chapitre montre que c'est *par l'Esprit* que le cœur des chrétiens est transformé. Amené à préciser – pour des raisons polémiques – le rôle de la gloire, Paul affirme: 'elle ne resplendit pas sur le visage de quelques θεῖοι ἄνδρες, mais, resplendissant sur le seul visage de Christ, elle nous transforme de la même manière que l'Esprit. Nous sommes transformés par la gloire comme par l'Esprit, et le but de cette transformation est une gloire totale, mais encore future.'

καθάπερ ἀπὸ κυρίου πνεύματος

Quatre possibilités, au moins, sont ouvertes pour ce qui est du sens de κυρίου πνεύματος, possibilités pouvant encore se nuancer suivant le sens que l'on donne à *pneuma* (l'Esprit ou esprit, etc.; cf. v. 17a): (1) par le Seigneur de l'Esprit;[2] (2) par l'esprit du Seigneur;[3] (3) par l'esprit, qui est Seigneur (Hort); (4) par le Seigneur, qui est (l')esprit.[4]

---

[1] La δόξα des chrétiens, c'est leurs souffrances (mais un tel usage n'est pas attesté chez Paul); ou alors il faut voir avec U. Wilckens (*op. cit.*, p. 74 et n. 2), comme en 1 Cor. 2: 7ss, une influence nettement gnostique dans la conception paulinienne de la δόξα.

[2] Lietzmann, Windisch, Wendland.

[3] Héring, Chevallier, *op. cit.*, p. 95ss; Prümm, p. 195–202.

[4] Bachmann, Spicq, Plummer, Allo, etc.

Mais beaucoup plus délicat que ce problème nous paraît être celui du καθάπερ et du lien avec l'ensemble de la phrase. On comprend généralement: 'comme il est normal lorsqu'il s'agit de...'. Mais à quelle 'norme' précise Paul ferait-il appel en disant, par exemple: 'nous sommes transformés de gloire en gloire, comme c'est normal *par* l'esprit du seigneur'? D'ailleurs, on sent bien que la phrase n'est pas correcte, pas plus en grec qu'en français.[1] Une seule solution nous paraît défendable: καθάπερ est une conjonction de comparaison et elle établit ici cette comparaison entre deux compléments d'agents précédés de ἀπό: δόξα et κύριος ou πνεῦμα; soit donc: 'nous sommes transformés par la gloire comme par le seigneur...', soit: 'par la gloire comme par l'esprit...'.

Or, nous l'avons déjà dit, l'agent de la transformation 'éthique' c'est l'esprit répandu sur le chrétien. Il n'y a donc aucune transformation subtile de l'expression de 17*b*: τὸ πνεῦμα κυρίου; πνεῦμα est juste mis ici à la fin parce que c'est lui qui porte l'accent. L'esprit du Seigneur, c'est donc l'esprit de Dieu, comme la gloire du Seigneur était la gloire de Dieu.[2]

Ainsi donc, Moïse donne lui-même l'exemple en se tournant vers l'esprit inaugurateur de l'alliance nouvelle, principe de transformation agissant dans les cœurs et promoteur de liberté. N'est-ce pas là, d'ailleurs, l'expérience faite par tous les chrétiens lors du culte, où, contemplant sur la face du Christ la gloire de Dieu, ils sont transformés par cette gloire (vers la gloire), comme par l'esprit de Dieu?

---

[1] Spicq (*Théologie morale du NT*, ii, p. 741ss) a bien vu la difficulté. Il propose, par analogie avec la locution juridique καθάπερ ἐκ δίκης, de traduire: 'selon le patron constitué et exécuté par le Seigneur'. ('C'est un certificat d'origine, donc d'authenticité donné à l'image glorieuse: copie conforme!') Cette solution s'approche beaucoup de la nôtre. Quelques manuscrits, dont B, ont un καθώσπερ de même sens.

[2] La thèse 4 que nous venons de mentionner est, certes, séduisante, qui reprend l'équation de 17*a*: le Seigneur est l'esprit. Elle se heurte quand même au fait qu'en 17*a* il y a un ἐστίν qu'on ne retrouve pas ici; de plus, doit-on égaler δόξα et κύριος – Yahweh plutôt que δόξα et πνεῦμα de la nouvelle alliance? Paul ne veut-il pas dire que ce qui fait sa gloire, bien loin d'être des manifestations 'pneumatiques' superficielles, c'est l'Esprit qui agit en profondeur dans les cœurs et les transforme?

EN RÉSUMÉ

Dans la perspective que nous avons dégagée jusqu'ici, le sens du trop fameux verset 17 paraît clair: Paul poursuit l'exégèse commencée au verset 16. Ce faisant, il renoue avec un des principes fondamentaux de son argumentation au début du chapitre: l'Esprit, inaugurateur d'une alliance nouvelle. Alors que 'l'évangile' prêché par les faux apôtres ne conduit qu'à une nouvelle forme d'aliénation, l'Esprit, lui, libère (ἐλευθερία). Le κύριος de 17a reprend donc simplement celui de Exod. 34: 34 et désigne Dieu et non le Christ. L'enchaînement est alors le suivant: l'intelligence des adversaires est voilée parce qu'ils ne comprennent pas que le seul enseignement d'Exod. 34 est qu'il faut se tourner vers Dieu. Or Dieu c'est aussi l'Esprit qui abolit l'alliance ancienne en faisant vivre une alliance nouvelle dans laquelle seule règne la liberté. Moïse lui-même montre donc que ce n'est pas à lui qu'il faut regarder.

Le verset 18 ne se comprend que dans la mesure où on y reconnaît l'emploi d'un matériau traditionnel préexistant. Ce matériau concerne le culte, comme le montre l'analyse de détail et le contexte. L'Esprit de l'alliance nouvelle, vers lequel Moïse invite à se tourner, est celui du culte chrétien, dont les lecteurs de Paul font sans cesse l'expérience. Mais c'est justement sur ce point que réside la différence entre Paul et ses adversaires. Alors que, pour ces derniers, l'Esprit – lors du culte – n'est répandu que sur quelques θεῖοι ἄνδρες, objets de manifestations extatiques et de l'admiration de l'assemblée, pour Paul:

(1) Tous (πάντες) font la même expérience

(2) qui est de se tourner vers Christ et vers lui seul, car c'est en lui seul que réside la gloire de Dieu (δόξα κυρίου).

(3) Dès lors le rôle de l'Esprit n'est pas l'altération de quelques visages seulement, mais la transformation (éthique, 'en profondeur') de tous les cœurs.

(4) Cette transformation se fait sur le modèle de Christ et non pas de Moïse.

(5) Elle se fait aussi selon un processus temporel, impliquant un progrès (εἰς δόξαν), ce qui est, une fois de plus, à l'opposé de l'expérience extatique, brutale et 'verticale'.

CHAPITRE 7

APOSTOLAT, KERYGME
ET FAIBLESSE, 4:1-6

(1) Voilà pourquoi, en possession de ce service-là, selon la miséricorde dont nous avons été l'objet, nous ne faiblissons pas; (2) mais, ayant rejeté les intrigues qui se trament en cachette, nous ne nous conduisons pas avec ruse, nous ne falsifions pas la parole de Dieu, mais nous nous recommandons nous-même à toute conscience d'homme, devant Dieu, par la manifestation de la vérité. (3) Quant à notre évangile, s'il est voilé, c'est pour ceux qui se perdent qu'il est voilé, (4) pour ceux dont le dieu de ce monde a aveuglé les réflexions d'incroyants, afin qu'ils ne voient pas l'illumination de l'évangile de la gloire du Christ, lequel est image de Dieu. (5) En effet, ce n'est pas nous-mêmes que nous annonçons, mais Christ Jésus, Seigneur; nous, (nous ne nous présentons que comme) vos serviteurs à cause de Jésus. (6) Le Dieu qui a dit: 'des ténèbres brillera la lumière', c'est lui qui a brillé dans nos cœurs pour que brille la connaissance de la gloire de Dieu sur le visage de Christ.

Avant de pousser notre étude plus avant, il peut être utile de faire rapidement 'le point'. Nous avons vu qu'en 2: 14–17, Paul définissait de manière polémique l'essence de son ministère: manifester l'évangile, puissance de Dieu à travers la faiblesse dont le Christ a donné l'exemple. Au chapitre 3, la silhouette des adversaires se précise: ils reprochent à Paul son peu d'apparence parce qu'eux-mêmes accompagnent leur prédication de manifestations extatiques; leur modèle est Moïse descendant le Sinaï, le visage rayonnant de la gloire divine. A cela, Paul réplique que: (1) Moïse appartient à une alliance périmée et les chrétiens, faisant partie de l'alliance nouvelle, ne sauraient le prendre comme modèle; (2) même si on voulait suivre Moïse, il ne faudrait pas faire comme ses adversaires, car Moïse ne montre qu'une chose: la nécessité de se tourner vers Dieu.

La polémique se poursuit maintenant au chapitre 4. Les similitudes et avec 2: 14ss, et avec 3: 1ss sont frappantes. On remarquera en particulier dans les six versets qui viennent l'abondance des expressions et thèmes 'lumineux': à ceux qui

ité reprochent à l'apôtre et à son évangile leur manque d'éclat,
Paul rétorque que la lumière dont il est le porteur n'a pas sa
source en lui, mais dans le Christ. D'autres chefs d'accusation
apparaissent encore, mais qui tous tournent autour du grief
central: 'Il est faible et sans apparence!' Toutefois, Paul quitte
maintenant la figure de Moïse, dont il a dit ce qu'il fallait dire,
pour aborder le problème sous un autre angle: celui de la
puissance de Dieu, du modèle fourni par Jésus et de la foi.
Ayant, pensons-nous, assez longuement fondé notre exégèse,
nous nous permettons d'être, dans l'étude des versets qui
viennent, un peu plus rapide, nous efforçant essentiellement de
montrer combien le chapitre 4 confirme ce que nous avons dit
du chapitre 3 et, réciproquement, combien nos conclusions sur
le chapitre 3 éclairent le propos du chapitre 4.

A. LE VERSET I

Διὰ τοῦτο

Cette locution ne marque pas une articulation avec tel point
précis qui vient d'être évoqué. Toute une partie de l'argumentation est achevée: 'en conséquence de tout cela...' poursuit Paul.

ἔχοντες τὴν διακονίαν ταύτην

Nouvelle allusion à l'ensemble de ce dont il vient d'être
question: Paul a défini son ministère comme celui de l'Esprit
(3: 8; cf. πνεῦμα aux v. 17 et 18), il en tire maintenant quelques
conséquences particulières.

καθὼς ἠλεήθημεν

Cette précision est sans doute à rapporter à ἔχοντες et non à
ἐγκακοῦμεν. Paul met un soin minutieux à préciser, aussi
souvent que possible, que son rejet de toute recommandation
humaine (3: 1ss), de tout recours aux phénomènes extatiques
n'est pas pure présomption de sa part, mais renvoie à Dieu et
à sa grâce. Plusieurs commentateurs voient ici une allusion à la
conversion de Paul (Prümm, Lietzmann, Windisch, Plummer),
ce qui est possible (cf. 1 Cor. 15: 10; 1 Tim. 1: 13–16).

οὐκ ἐγκακοῦμεν

Le texte reçu lit le verbe voisin ἐκκακέω (comme d'ailleurs partout dans le NT pour ἐγκακέω). Dans le NT, ἐγκακέω est toujours précédé de μή ou de οὐκ et semble ainsi indiquer la persévérance. Nous rejoignons ainsi un des thèmes de notre épître: quelles que soient les circonstances, Paul 'tient bon' – à travers luttes et souffrances (1: 8ss; 4: 7ss; 6: 4ss), de même qu'à travers les attaques et les calomnies dont il est la cible (ἐγκακέω 4: 16; θαρρέω 5: 6–8; 7: 16; 10: 1–2; ὑπομονή 1: 6; 6: 4; 12: 12). Toutefois, le verbe signifie aussi 'agir mal', 'être en faute'. Paul affirmerait alors: 'Ma conduite, quoi qu'on en ait dit, est bonne et conforme à mon ministère, en particulier…'

B. LE VERSET 2

Paul se défend-il, dans les versets qui viennent, contre des accusations portées contre lui (Strachan, Schmithals, *Die Gnosis*, p. 150ss), ou bien se targue-t-il de ne pas être comme ses adversaires (Allo, Héring)? Nous pensons plutôt (avec Godet, Plummer, Lietzmann), qu'ici, Paul se défend et attaque à la fois. Qu'on l'ait accusé de n'être pas toujours très clair dans ses paroles et ses agissements, nous l'avons déjà montré à propos de παρρησία en 3: 12. Mais il est plus que vraisemblable que certains griefs devaient être réciproques.

ἀλλὰ ἀπειπάμεθα

La conséquence de la grâce faite à Paul dans le don du ministère de l'Esprit est une renonciation à certaines pratiques. Le verbe a, en effet, un peu le sens d'une *renuntiatio* liturgique; l'aoriste peut faire penser qu'il s'applique à un moment bien déterminé de la vie de Paul, comme sa conversion (Plummer, Hughes).

τὰ κρυπτὰ τῆς αἰσχύνης

Le sens précis de cette expression est assez difficile à déterminer. S'agit-il d'abord d'un génitif objectif (les choses qui appartiennent au domaine de la honte – Héring, Windisch, Prümm) ou d'un génitif 'subjectif' (les choses que l'on fait avec honte –

Allo)? Le sens nettement péjoratif chez Paul, et de τὰ κρυπτά
et de αἰσχύνη (Phil. 3: 19: 'ils mettent leur gloire dans leur
honte'), nous incline à pencher vers une traduction comme celle
de la *Bible du Centenaire*: 'les intrigues qui se trament en cachette'.
Quoi qu'il en soit, l'expression est explicitée par les trois
participiales qui suivent.

μὴ περιπατοῦντες ἐν πανουργίᾳ

Le verbe περιπατέω[1] est cher à Paul, qui l'emploie – dans un
sens vétéro-testamentaire – comme synonyme de 'vivre', 'conduire sa vie', et ce avec une teinte nettement éthique. Ici, Paul
se défend de s'être conduit 'avec ruse'. Un coup d'œil à la
concordance sous πανουργία–πανοῦργος est symptomatique de
la polémique dont il est ici question: sur les six emplois du NT,
trois se trouvent dans notre épître (4: 2; 11: 3; 12: 16). En
11: 3 Paul reproche à ses adversaires de corrompre les pensées
des Corinthiens avec la *ruse* du serpent qui séduisit Eve, et en
12: 16 il fait état d'une accusation lancée contre lui.

μηδὲ δολοῦντες τὸν λόγον τοῦ θεοῦ

Les accusations contre Paul portent donc sur sa conduite
(περιπατοῦντες) et sur sa prédication. En effet, λόγος τοῦ θεοῦ
pourrait désigner l'AT (Rom. 9: 6), de l'interprétation duquel il vient
d'être question (Strachan); mais la mention de l'"évangile' au verset suivant indique qu'il faut donner à l'expression
son sens, quasi général chez Paul, de kérygme (cf. 2: 17). A ce
propos aussi, les reproches étaient réciproques (comparer
2: 17 et 12: 16).

ἀλλὰ τῇ φανερώσει τῆς ἀληθείας συνιστάνοντες[2] ἑαυτούς

On comprend que les adversaires de Paul ont pu l'accuser de
'se recommander' lui-même, et ce malgré ses dénégations
énergiques (3: 1; 5: 12; noter le πάλιν!); car c'est bien comme
une 'autorecommandation' qu'il définit son attitude ici. Cette

[1] Cf. Seesemann, art. 'πατέω, περιπατέω', *ThWNT*, v (1954), p. 940–6.
[2] On trouve dans les manuscrits les trois formes: συνιστάντες (de
συνίστημι, ℵ C D), -στῶντες (de συνιστάω, *koiné*), et -στάνοντες (de συνιστάνω, P⁴⁶ B).

définition permet d'ailleurs de mieux comprendre de quoi il
s'agit dans les τὰ κρυπτὰ τῆς αἰσχύνης à quoi Paul l'oppose:
refusant toutes les tractations entre 'personnalités religieuses',
s'appuyant sur leurs influences respectives, quitte à 'arranger',
dans certains cas, la Parole de Dieu (cf. 3: 1 et les lettres de
recommandation), Paul se présente lui-même tel qu'il est,
dépendant de Dieu seul (ἐνώπιον τοῦ θεοῦ) et annonçant
l'évangile dans sa vérité (τῇ φανερώσει τῆς ἀληθείας). Toutefois,
on ne doit pas lui reprocher l'orgueil d'une telle prétention, qui
n'est qu'une soumission totale et réelle à Dieu (3: 1; 5: 12),
alors que si quelqu'un s'appuie sur des valeurs 'humaines', ce
sont bien ses adversaires, que Paul peut, dès lors, aussi accuser
d'autorecommandation (10: 12, 18); en définitive, d'ailleurs,
ce n'est que l'ingratitude des Corinthiens qui auraient dû, eux,
le recommander, qui le pousse à cette attitude d'orgueil
apparent (12: 11). On saisit ainsi sur le vif, en suivant ce simple
verbe – συνιστάνω – combien virulente et subtile aussi fut la
polémique dont notre épître est l'écho.

Paul revendique ainsi pour lui la 'manifestation de la vérité',
comme devraient le faire aussi ses adversaires...pour eux-
mêmes. En effet, nous avons déjà noté (2: 14) que les dix
emplois de φανερόω–φανέρωσις que comporte 2 Corinthiens
(sur les quatorze emplois pauliniens) faisaient de ce concept un
des enjeux de la polémique.[1] De même ἀλήθεια se retrouve huit
fois (autant que dans l'épître aux Romains) et Paul la revendique
pour lui avec force. Quant au sens de ces deux mots, il faut y
voir (avec Windisch) un peu comme des équivalents de λόγος
τ. θεοῦ et de εὐαγγέλιον (v. 3).

πρὸς πᾶσαν συνείδησιν ἀνθρώπων

C'est à la conscience[2] de chacun que Paul s'en remet. La
συνείδησις – terme d'origine stoïcienne – est d'abord, pour Paul,
l'homme lui-même en tant qu'il a conscience de ce qu'il est et
fait et qu'il peut juger droitement de cet être et de ce faire. Ici,

[1] Schmithals (Die Gnosis, p. 150–8) pense aussi que Paul reprend le terme
à ses adversaires et oppose la φανέρωσις τῆς ἀληθείας à la φανέρωσις τοῦ
πνεύματος (cf. 1 Cor. 12: 7), i.e. aux extases dont ceux-ci se vantent.
[2] J. Stelzenberger, Syneidesis im NT (Paderborn, 1961); Maurer, art.
'σύνοιδα, συνείδησις', ThWNT, VII (1964), p. 897–918; Conzelmann,
Grundriss, p. 204–5.

ce jugement ne s'exerce pas sur celui qui le porte, mais sur un tiers – l'apôtre – suivant une norme qui est la Parole de Dieu, i.e. l'évangile, i.e. la manifestation de la vérité. Il ne faut donc pas tant voir ici un appel à la conscience universelle, mais la simple mention de tous les chrétiens de Corinthe, qui peuvent juger dans leurs consciences de chrétiens si Paul prêche le véritable évangile, avec ou sans lettres de recommandation (ainsi Stelzenberger, *op. cit.*, p. 75ss). Or ce n'est sans doute pas sans raison que Paul fait appel à un tel 'tribunal'; on sait, par ailleurs, quel cas on faisait de la 'conscience' à Corinthe (1 Cor. 8ss).

ἐνώπιον τοῦ θεοῦ

Ainsi se trouvent limités, définis et fondés, et le συνιστάνειν ἑαυτούς et la συνείδησις; la limite et le fondement de tout cela, c'est Dieu. Ainsi, à travers toute l'épître, la pensée de Paul se présente partout, sous de multiples aspects, avec une étonnante cohérence.

C. LE VERSET 3

On peut comprendre ici, soit que Paul écarte une éventuelle objection de ses lecteurs ('toutes les consciences ne reconnaissent pourtant pas cette manifestation de la vérité'),[1] soit qu'il répond à un grief bien réel, formulé contre lui: 'son évangile est incompréhensible'.[2] Naturellement, il n'existe pas d'argument contraignant pour l'une ou l'autre de ces possibilités. Il faut noter, toutefois, avec Plummer et Bachmann, que l'usage de εἰ καί – au lieu de καὶ εἰ (4: 16; 5: 16; 12: 11) – et la position emphatique de ἐστίν font que Paul considérait la chose comme bien réelle et pas seulement éventuelle. De plus, il nous paraît que, dans un contexte aussi polémique que celui-là (après le v. 2!), il est plus probable que Paul continue la lutte contre ses adversaires, plutôt que de se lancer dans une digression générale et un peu théorique sur tous ceux qu'il n'aurait pas encore convertis à son évangile.[3] C'est donc à un grief lancé contre le caractère 'voilé' de son évangile que Paul réplique ici. Quant à la nature de ce 'voilement', tout le contexte

---

[1] Prümm, Schlatter, Bachmann.
[2] Walter, Lietzmann, Schmithals, *Die Gnosis*, p. 150ss.
[3] Cf., de plus, le sens de συνείδησις au v. précédent.

montre qu'il s'agit de la faiblesse et du peu 'd'éclat' dont l'apôtre fait montre. Reste à savoir alors si le terme κεκαλυμμένον lui-même sort de la bouche des adversaires, ou bien s'il est formulation proprement paulinienne d'un grief plus général. Cette dernière hypothèse nous paraît difficile à soutenir, compte tenu de l'emploi que Paul vient de faire de κάλυμμα dans les versets précédents, quelle que soit l'interprétation qu'on donne à ces versets. Par contre, tout s'éclaire si on accepte que ce sont les adversaires qui – ne pouvant définir l'attitude d'un apôtre que par rapport à Moïse – disaient: 'De Moïse, Paul ne garde que le voile!'

τὸ εὐαγγέλιον ἡμῶν

La qualification ἡμῶν (1 Thess. 1: 5; 2 Thess. 2: 14) ou μου (Rom. 2: 16; 16: 25; 2 Tim. 2: 8) ne signifie pas que Paul prêche un autre évangile que celui du collège apostolique (cf. Rom. 1: 1ss; 1 Cor. 15: 1ss), mais que, pour lui, le lien entre prédicateur et prédication est très fort.[1] Ici, 'notre évangile' (cf. συνιστάνοντες ἑαυτούς au verset précédent) s'oppose à 'l'autre évangile' prêché par ses adversaires (11: 4): à la faiblesse de l'apôtre qui renvoie à la puissance de Dieu (4: 7) s'oppose l'autoglorification des θεῖοι ἄνδρες.

ἐν τοῖς ἀπολλυμένοις

On peut comprendre, soit 'dans le cœur de...', 'parmi ceux...' (Godet, Héring, Allo), 'dans le cas de...' (Plummer, Strachan). 'Ceux qui se perdent' peut très bien, chez Paul, désigner des chrétiens (1 Cor. 8: 11; 10: 9–10; 15: 18) et particulièrement des adversaires (Phil. 1: 28; 3: 19). Nous renvoyons, pour l'étude du terme dans notre section, à 2: 15.

D. LE VERSET 4

Un certain nombre de faits ayant trait au vocabulaire et à la construction frappent dès l'abord de ce verset. On y trouve une série de mots rares (ὁ θεὸς τοῦ αἰῶνος τούτου, αὐγάσαι, φωτι-

[1] Friedrich, art. 'εὐαγγελίζομαι, εὐαγγέλιον', *ThWNT*, II (1935), p. 731; F. Mussner, '"Evangelium" und "Mitte des Evangeliums". Ein Beitrag zur Kontroverstheologie', in *Gott in Welt. Festgabe für K. Rahner*, I, p. 492–514.

σμός tous hapax du NT). La construction ἐν οἷς... τῶν ἀπίστων est incorrecte (on devrait avoir αὐτῶν), la suite de génitifs après φωτισμόν est lourde. De plus, que vient faire la mention de l'image de Dieu que rien, semble-t-il, n'a préparée? Enfin, l'expression parallèle du v. 6 donne à penser que Paul utilise ici, une nouvelle fois, un matériau traditionnel.[1] Ce matériau nous ramène par ailleurs au v. 18, donc au culte et à la prédication. Il s'agit donc bien toujours du même problème: Paul continue à répondre à l'accusation lancée contre son évangile, c'est-à-dire contre sa manière de prêcher Christ. 'Mon évangile n'est pas voilé, mais glorieux (malgré les apparences), parce que son centre est Christ et que Christ est l'image de Dieu. Ceux donc qui ne voient pas cette gloire sont tout simplement des incroyants.'[2]

Que c'est bien sur le terrain de la foi, de l'écoute et de la prédication de l'évangile que Paul se place, c'est ce que montrent de plus les termes de νόημα et de ἄπιστος.

ὁ θεὸς τοῦ αἰῶνος τούτου

L'expression – pour unique qu'elle soit – n'a rien de dualiste, comme l'ont cru certains Pères. Paul désigne ainsi celui dont il est convaincu que ses adversaires dépendent, Satan (11: 13–15). 'Cet éon-ci' est fréquent chez Paul et dans la littérature juive pour désigner le monde pécheur, opposé à Dieu et destiné à disparaître (1 Cor. 1: 20; 2: 6–8; 3: 18; Rom. 12: 2). Que ce monde-là soit régi par des 'puissances' hostiles à Dieu était aussi une représentation courante.[3] Toutefois, l'expression la plus proche de la nôtre nous semble être celle de Phil. 3: 19: ὁ θεὸς ἡ κοιλία appliquée aussi à des adversaires et dans un verset qui contient, de plus, les termes de ἀπώλεια et de αἰσχύνη. Les adversaires de Paul font de 'ce siècle' leur dieu, i.e. des avantages sur lesquels on peut tabler ici-bas, et qui procurent une certaine 'gloire' – dieu auquel Paul va opposer (v. 6) celui qui dit: 'des ténèbres brillera la lumière'.[4]

[1] Nous réservons l'étude détaillée de ce problème à l'exégèse du v. 6.
[2] Pas plus qu'en 3: 14, nous n'avons donc à faire à un thème général, celui de l'endurcissement issu directement d'Es. 6: 9s (contre, B. Lindars, *op. cit.*, p. 162s).
[3] Cf. οἱ ἄρχοντες τοῦ κόσμου (αἰῶνος) τούτου 1 Cor. 2: 6–8; Jn. 12: 31; 16: 11; cf. Eph. 2: 2.
[4] Il y aurait donc ici une amorce de démythologisation d'une représentation traditionnelle.

ἐν οἷς ἐτύφλωσεν τὰ νοήματα τῶν ἀπίστων

C'est donc leur attachement aux valeurs de ce monde qui empêche les adversaires de comprendre vraiment l'évangile; c'est pourquoi Paul peut même les qualifier 'd'incroyants', car croire c'est justement renoncer à toute gloire propre et laisser la gloire à Dieu seul. La phrase, en fait, est incorrecte et, à la place de ἀπίστων, on devrait avoir αὐτῶν, à moins que les ἀπολλύμενοι et les ἄπιστοι ne soient pas un seul et même groupe (le cercle des ἀπολλύμενοι étant plus vaste que celui des ἄπιστοι, ou *vice versa*). Mais cette supposition est tout-à-fait improbable et mieux vaut voir ici une faute de style, imputable à l'ardeur polémique: ἄπιστοι est quand même plus méchant que οὗτοι!

Nous avons déjà (3: 14*a*) montré que les νοήματα dont Paul parlait dans notre épître étaient les raisonnements de ses adversaires, qui essayaient de prouver la non-apostolicité de son ministère. Si Paul parle ici 'd'aveuglement' (3: 14: 'endurcissement'), c'est qu'il poursuit la métaphore du voile et a en tête le matériau traditionnel sur le culte.

εἰς τὸ μὴ αὐγάσαι

Le verbe αὐγάζω, hapax du NT et rare dans la LXX, peut avoir trois sens: (1) 'briller' (intransitif); (2) 'éclairer' (transitif); (3) 'voir clairement' (transitif). Pour le premier sens, optent Bachmann, Schlatter et Prümm, qui font de l'accusatif τὸν φωτισμόν le sujet de l'infinitif: 'afin que l'illumination ne brille pas...'. Nous avouons ne pas très bien comprendre ce que signifie, dès lors, la phrase. Le deuxième sens nécessiterait un αὐτοῖς ('afin qu'ils ne soient pas éclairés'), suppléé d'ailleurs par la *koiné* et quelques versions.[1] Reste donc le sens de 'voir clairement', adopté par la majorité des commentateurs, parfaitement attesté et s'intégrant bien au contexte – surtout en regard de ἐτύφλωσεν et de l'exemple de Moïse.

[1] Quelques manuscrits lisent encore καταυγάσαι (C, D, al), διαυγάσαι (A, 33).

4: 4

τὸν φωτισμόν

Ce terme est encore (avec l'emploi du v. 6, auquel nous renvoyons pour une étude approfondie) un hapax du NT, ne se trouvant que six fois dans la LXX. Il peut signifier, soit 'lumière' (sens qu'il a dans la LXX – ainsi Windisch, Bachmann), soit 'illumination' (Allo, Godet, Feuillet, p. 148s; cf. *Test. Levi* 14: 4).

τοῦ εὐαγγελίου τῆς δόξης τοῦ Χριστοῦ

Cette accumulation de génitifs n'est pas due à un glossateur, comme le suggère Héring, mais à l'effort entrepris par Paul pour résumer sa pensée: son évangile n'est pas voilé, mais glorieux, parce qu'il est l'évangile du Christ.

ὅς ἐστιν εἰκὼν τοῦ θεοῦ

En Col. 1: 15, on retrouve ὅς ἐστιν εἰκὼν τοῦ θεοῦ τοῦ ἀοράτου, ce qui permet d'affirmer avec Jervell (*op. cit.*, p. 214) et Spicq,[1] que nous sommes ici en présence d'une formule traditionnelle, connue des lecteurs de Paul. Nous ne tenterons ici de définir ni la richesse christologique d'une telle désignation, ni son origine. Nous renvoyons pour cela aux ouvrages déjà cités en 3: 18. Notons seulement: (1) que cette équation Christ = image de Dieu, quelques versets après le v. 18, confirme notre interprétation de l'image du miroir (Feuillet, *op. cit.*, p. 149); (2) que Paul évoque ici cette confession traditionnelle dans ce sens: 'Mon évangile est glorieux parce qu'il est évangile du Christ et que vous savez bien que Christ est l'image de Dieu (il est celui sur le visage duquel brille la gloire de Dieu; cf. 3: 18 et 4: 6).' Le titre 'image de Dieu' marque donc ici l'extraordinaire dignité du Christ et le caractère unique de sa relation à Dieu. Ainsi se trouvent aussi 'visés' les adversaires se présentant (nommément ou de fait) comme des εἰκόνες τοῦ θεοῦ, alors qu'un seul peut prétendre à ce titre.

[1] *Dieu et l'homme selon le NT* (Paris, 1961), p. 188 n. 3.

E. LE VERSET 5

Ce verset se présente comme le fondement de ce qui vient d'être dit (γάρ), mais dans quel sens? La majorité des commentateurs (Plummer, Strachan, Windisch) pense que Paul récuse l'accusation lancée contre lui de se prêcher lui-même. Et de citer les appels à l'imitation de 1 Cor. 4: 16; 7: 7; 11: 1 etc. Mais nous préférons l'interprétation de Bachmann, selon qui le propos n'est pas ici apologétique, mais polémique: c'est Paul qui suggère que ses adversaires se prêchent eux-mêmes. 'Christ seul est image de Dieu, lui seul procure donc la gloire et c'est lui que nous prêchons.'

κηρύσσομεν Χριστὸν ᾽Ιησοῦν κύριον

La 'proclamation' est un des actes constitutifs de l'ordre nouveau instauré par Dieu en Jésus-Christ.[1] Son contenu – à travers tout le NT – peut se résumer dans ces deux formules: βασιλεία τοῦ θεοῦ et κύριος Χριστός (Act. 8: 5; 9: 20; 1 Cor. 1: 23; 15: 12). Ainsi atteignons-nous le cœur même de la foi de l'Eglise primitive.

Il ne nous appartient pas ici d'entrer dans le débat concernant l'origine et de cette confession et des différents termes qui la composent. Nous renvoyons pour cela aux différents ouvrages que nous allons encore citer. Ce qui nous importe surtout ici, c'est son sens. Or Χριστός (᾽Ιησοῦς) signifie chez Paul, dans un contexte traditionnel, celui qui est mort et ressuscité pour les péchés.[2] Quant au κύριος, c'est celui qui, élevé auprès de Dieu, vit et règne sur l'Eglise et le monde.[3] Le sens de la 'proclamation' de l'Eglise primitive – et, avec elle, de Paul – est, par conséquent, le suivant: 'le Christ Jésus mort et ressuscité pour nous est celui qui, maintenant, vit et règne sur nous'.[4] Telle est

[1] Cf. Friedrich, art. 'κῆρυξ, κηρύσσω', ThWNT, III (1938), p. 682–717.
[2] La chose semble claire, particulièrement après les démonstrations de W. Kramer, Christos, Kyrios, Gottessohn (Zürich–Stuttgart, 1963), p. 15–60. Cf. F. Hahn, Christologische Hoheitstitel, p. 213s. Certains manuscrits (א A C D) intervertissent l'ordre X. ᾽I. et portent ᾽I. X.
[3] Cf. L. Cerfaux, Recueil L. Cerfaux, I, série 1, 'Le titre Kyrios', p. 3–188; Le Christ, p. 345–59; O. Cullmann, Christologie du NT (Paris, 1958), p. 169–205; F. Hahn, op. cit., p. 67–132.
[4] Cf. V. H. Neufeld, The earliest Christian confessions (Leiden, 1963), p. 51–68.

la proclamation qui fait la gloire de l'évangile paulinien, et non la présentation de quelques phénomènes extatiques. Qu'une telle confession ait eu place – entr'autres – dans le culte, semble clair. Ainsi donc le matériau traditionnel auquel Paul se réfère depuis 3: 18 se révèle homogène et correspond fort bien à l'ensemble de la polémique telle que nous l'avons décelée depuis 2: 14.

ἑαυτοὺς δὲ δούλους ὑμῶν

C'est à partir de ce 'foyer' de l'évangile qu'il faut comprendre la situation de l'apôtre et non pas à partir de l'apôtre qu'il faut comprendre le Christ. Ainsi donc, en accord avec la foi de toute l'Eglise et avec l'évangile que lui-même prêche, Paul se présente (le complément dépend toujours de κηρύσσομεν, mais il est bien évident qu'il ne fait pas partie du κήρυγμα au même titre que X. 'I. κύριος, il en est une conséquence) comme 'serviteur' des chrétiens, dont le Christ est le maître. C'est donc, avant tout, par opposition à κύριος que Paul emploie ici le mot de δοῦλος. Toutefois, G. Sass[1] a bien montré que le terme, appliqué à certains chrétiens particuliers (Jac. 1: 1; Col. 4: 12) et notamment à Paul (Rom. 1: 1; Phil. 1: 1; Gal. 1: 10) désignait surtout l'Ebed Yahweh vétérotestamentaire, choisi par Dieu en vue d'accomplir une certaine mission. Comprendre cela est important pour l'interprétation du verset suivant. Mais, dès à présent, la 'vocation' de Paul à l'apostolat se présente ainsi: c'est le Christ-Seigneur qui l'a appelé à servir.

διὰ 'Ιησοῦν

Sans doute faut-il préférer l'accusatif ('à cause de') au génitif ('par') présenté par quelques manuscrits (P[46], ℵ*, C). Schmithals[2] a essayé de montrer que le simple 'Ιησοῦς désignait, chez Paul, le Jésus terrestre qu'il opposerait au Sauveur pneumatique de ses adversaires gnostiques. Cette thèse a été particulièrement récusée par Neugebauer (*In Christus*, p. 48ss) et par W. Kramer (*op. cit.*, p. 199–202) comme ne correspondant pas à l'ensemble des emplois pauliniens de 'Ιησοῦς.

---

[1] 'Zur Bedeutung von δοῦλος bei Paulus', *ZNW* (1941), p. 24–32; cf. aussi Rengstorf, *art.* 'δοῦλος κ.τ.λ.', *ThWNT*, II (1935), p. 264–83, p. 279s.

[2] *Die Gnosis*, p. 51s; thèse reprise par Georgi, *op. cit.*, p. 283ss.

Il n'en reste pas moins qu'on ne peut qu'être frappé par la 'concentration' de ce nom, ici et dans les v. 10s. Les deux thèses sont donc trop tranchées. Disons que: (1) plus qu'aucune autre désignation christologique, celle de 'Ιησοῦς renvoie au Jésus historique;¹ (2) il n'est donc pas indifférent que Paul emploie ici ce nom massivement; (3) toutefois, la distinction moderne 'Jésus historique' – 'Christ de la foi' n'existe pas – du moins dans ces termes – chez lui. 'Ιησοῦς est donc aussi pour lui le crucifié et le ressuscité. C'est parce qu'à Jésus seul est la gloire que Paul refuse de se présenter comme 'Seigneur de la foi' de ses lecteurs (οὐχ... κυριεύομεν ὑμῶν τῆς πίστεως: 1 : 24) et c'est parce que ce même Jésus a montré le chemin de la gloire en s'abaissant lui-même jusqu'à la croix (Phil. 2: 6ss) que Paul se fait serviteur.

F. LE VERSET 6

ὅτι ὁ θεὸς ὁ εἰπών· ἐκ σκότους φῶς λάμψει

La quasi totalité des commentaires déclare qu'il est ici question de la conversion de Paul, fondement de son apostolat, considérée comme nouvelle création.² Même ceux qui ne pensent pas que Paul fait allusion au chemin de Damas (Héring, Schlatter, Windisch) voient quand même dans ce verset la mission apostolique conçue comme une nouvelle création. Or, sur quoi repose une telle affirmation? Sur 'l'intuition' que ἐκ σκότους φῶς λάμψει renvoie à Gen. 1 : 3. Nous pensons que rien n'est moins certain. En effet, quel 'chrétien moyen' ne sait que Dieu a dit: 'Que la lumière soit!' et non pas 'la lumière brillera' (καὶ εἶπεν ὁ θεός· Γενηθήτω φῶς. καὶ ἐγένετο φῶς). Si Paul avait donc voulu faire allusion à ce texte, ce sont ces mots qui lui seraient immédiatement montés aux lèvres. Or la transformation qu'il fait subir au verbe de la Genèse est double: (1) γίνομαι devient λάμπω; (2) l'impératif (γενηθήτω) devient futur (λάμψει).³ Ces transformations, assez remarquables pour

¹ Cf. Foerster, art. ''Ιησοῦς', ThWNT, III (1938), p. 284–94 (p. 289).
² Il faut y ajouter H. Conzelmann, art. 'σκότος κ.τ.λ.', ThWNT, VII (1964), p. 424–46 (p. 442s); H. Schwantes, Schöpfung der Endzeit. Beitrag zum Verständnis der Auferweckung bei Paulus (Stuttgart, 1963), p. 32–42; L. R. Stachowiak, 'Die Antithese Licht–Finsternis – Ein Thema der paulinischen Paränese', TüThQ, 143 (1963), p. 385–421 (p. 390).
³ Plusieurs manuscrits portent l'infinitif λάμψαι et le discours devient alors indirect. Mais nous montrerons bientôt pourquoi le futur est préférable.

un texte aussi célèbre que Gen. 1: 3, n'auraient pu être faites que pour de bonnes raisons; or, nous avouons ne pas voir lesquelles.[1] Il faut donc abandonner la référence à Gen. 1: 3 et cela d'autant plus que l'on lit en Es. 9: 1: 'le peuple qui marchait dans les ténèbres (ἐν σκότει) voit une grande lumière (ἴδετε φῶς μέγα); sur nous, habitants du pays et de l'ombre de la mort, brillera une lumière (φῶς λάμψει ἐφ' ὑμᾶς).'

L'allusion à un texte d'Esaïe est d'autant plus vraisemblable que, comme nous l'avons déjà noté, elle suit la définition que Paul donne de sa mission comme celle d'un 'serviteur'. Or on sait quel rôle joue l'*ebed Yahweh* chez Esaïe, dont la mission est justement d'être 'lumière des nations' (Es. 49: 6; 42: 6+16; 60: 1-2).[2] Que signifie alors, dans cette optique, notre verset 6, qui se présente (ὅτι) comme le fondement du verset précédent?

Nous pouvons d'autant plus être serviteurs, dit Paul, que nous sommes assurés que Dieu a dit: 'Des ténèbres brillera la lumière, i.e. de la faiblesse et de l'humilité de mon serviteur jaillira ma gloire.'

ὃς ἔλαμψεν

La construction est difficile: il faut suppléer un ἐστίν devant ὅς (à moins de supprimer tout simplement ce dernier, *lectio facilior* de quelques manuscrits – D*G): 'Dieu qui a dit...c'est lui qui a brillé.' Peut-être faut-il y voir l'indice de ce que Paul reprend une formule traditionnelle, cette relative étant à mettre comme entre guillemets (cf. ὅς ἐστιν εἰκών, 4c et 1 Tim. 3: 16). Mais la vraie difficulté réside dans l'idée de Dieu devenant 'immanent' à l'homme, au point de briller dans son cœur. Pour y échapper, Bachmann donne au verbe ἔλαμψεν le sens d'un *hiphil* hébreu: 'c'est lui qui a fait briller'. Quoique ce sens ne soit pas inconnu

[1] Il est vrai que l'on peut penser avec Conzelmann et d'autres que Paul se réfère ici à une tradition juive sur Gen. 1: 3. Mais on ne trouve aucun parallèle précis. De plus, la tradition juive d'alors s'intéresse tout autant au thème du 'salut, lumière des peuples', qu'à celui de la lumière originelle; cf. S. Aalen, *Die Begriffe 'Licht' und 'Finsternis' im AT, im Spätjudentum und im Rabbinismus* (Oslo, 1951).

[2] Le lien entre *ebed Yahweh* et Paul, sur ce plan-là, a été fort bien discerné par L. Cerfaux, 'St Paul et le "serviteur de Dieu" d'Isaïe', in *Recueil L. Cerfaux*, ii, p. 439-54; C. M. Martini, 'Alcuni temi letterari di 2 Cor. 4: 6 e i racconti della conversione di san Paolo negli Atti', *Analecta Biblica 17-18*, i, p. 461-74; A. Kerrigan, 'Echoes of themes from the servant songs in Pauline theology', *ibid.*, p. 217-28.

du grec (on en trouve un ou deux exemples), il est quand même tout-à-fait exceptionnel et, surtout, fait défaut un complément: qu'est-ce que Dieu fait briller? Héring propose, lui, de lire ὅ à la place de ὅς, ce relatif neutre se rapportant au φῶς précédent: 'lumière qui a brillé dans nos cœurs'.[1] Nous croyons pourtant que l'on peut garder au texte sa forme actuelle et que le sens qu'on peut en obtenir est même plus satisfaisant que celui proposé par Héring. En effet, ce à quoi renvoie ὅς – et donc le sujet de ἔλαμψεν – n'est pas Dieu dans l'absolu, mais très précisément Dieu prononçant telle parole déterminée, de sorte que l'on peut comprendre: 'Cette parole de Dieu: "des ténèbres brillera la lumière", c'est elle qui a brillé dans nos cœurs.' Si Paul ne dit pas ici ὁ λόγος τοῦ θεοῦ...ὅς, c'est sans doute qu'il veut marquer, de plus, que la 'compréhension' de cette parole n'a pas été son fait propre, mais a été une révélation de Dieu.

Ainsi donc, voilà 'l'expérience' à laquelle Paul se réfère ici – expérience qui ne lui est peut-être pas propre (cf. 'nos cœurs' et non 'notre cœur') et qui ne se rapporte pas forcément au chemin de Damas[2] – Dieu lui a révélé (à la suite de différentes épreuves? à la lecture de Es. 9: 1?) que porter l'évangile (cf. la fin du verset) requérait du porteur une apparence de serviteur, parce que c'est des ténèbres que doit luire la lumière.

ἐν ταῖς καρδίαις ἡμῶν

Dieu a fait 'comprendre' cette parole à Paul (et, peut-être, encore à d'autres) et, dès lors, toute sa vie, toute sa manière d'annoncer l'évangile s'en est trouvée transformée. Plus que jamais, Paul oppose ce qui se passe en profondeur dans l'apôtre-serviteur à l'apparence de gloire reflétée sur le visage des θεῖοι ἄνδρες. La gloire est bien sur un 'visage', mais ce visage est uniquement celui du Christ.

---

[1] Héring suggère une confusion entre, ὁ φώς, l'homme, et τὸ φῶς, la lumière.

[2] Sur ce point, nous nous écartons des thèses soutenues par L. Cerfaux et C. M. Martini dans les articles sus-cités.

πρὸς φωτισμόν...ἐν προσώπῳ Χριστοῦ

Le génitif τοῦ θεοῦ ne doit pas être remplacé par αὐτοῦ (*lectio acilior* présentée par P⁴⁶, D*, C*), mais, peut-être, faut-il lire, avec la majorité des manuscrits (P⁴⁶, ℵ, C, la *koiné*) Ἰησοῦ Χριστοῦ plutôt que le simple Χριστοῦ (B, A, 33, Marcion et Origène). Ce qu'il importe d'abord de noter, c'est que la mention de la gloire de *Dieu* sur le visage du Christ confirme notre interprétation, et de κύριος, et de l'image du miroir de 3:18.

Toutefois, le parallélisme de ces deux versets n'implique-t-il pas aussi que Paul se réfère en 4:6 à un vocabulaire cultuel traditionnel? Cela nous paraît très probable. Ainsi donc le contexte reste homogène et la polémique se poursuit.

Un certain nombre d'indices amènent à cette conclusion:

(1) Le triple parallélisme entre 3:18; 4:4 et 4:6. 3:18 et 4:6 ont en commun la représentation de la gloire de Dieu sur la face du Christ; 3:18 et 4:4 rattachent cette représentation au titre d'εἰκὼν τοῦ θεοῦ; 4:4 et 4:6 ont en commun le mot φωτισμός (hapax du NT), suivi de génitifs se correspondant (τοῦ εὐαγγελίου – τῆς γνώσεως, τῆς δόξης – τῆς δόξης, ὅς ἐστιν εἰκὼν τοῦ θεοῦ – τοῦ θεοῦ ἐν προσώπῳ Χριστοῦ).

(2) Le génitif τοῦ θεοῦ, qui sonne mal après le sujet ὁ θεός. La reprise d'un matériau pré-existant expliquerait peut-être aussi la construction boiteuse de la phrase. Faut-il comprendre dans ce matériau la citation ἐκ σκότους φῶς λάμψει?

(3) Le mot φωτισμός. En effet, on sait que Justin, dans sa première *Apologie* (61:12–13) parle du baptême comme d'une 'illumination', φωτισμός: 'Cette ablution s'appelle φωτισμός, parce que ceux qui reçoivent cette doctrine ont l'esprit "illuminé"...et aussi au nom de J.C. et au nom de l'Esprit Saint est lavé celui qui est "illuminé" (φωτιζόμενος).' Toutefois, comme le note A. Benoit (*Le baptême chrétien au second siècle* [Paris, 1953], p. 165) 'l'usage de ce terme devait être assez répandu et connu, puisque nous voyons Justin employer aussi des expressions telles que: φωτιζόμενος, φωτισθείς, πεφωτισμένος, pour désigner les candidats au baptême et les baptisés'. Le passage de 1 Clément (36:1–2) – auquel nous avons déjà fait allusion en 3:18 – mérite ici d'être cité: 'Par lui [le Christ],

nous tendons nos regards vers les hauteurs des cieux; par lui, nous voyons comme dans un miroir le visage immaculé, plein de noblesse, de Dieu; par lui, notre intelligence incapable et enténébrée s'épanouit dans la lumière; par lui, le maître a voulu nous faire goûter à la science immortelle.' Or il faut voir dans ce passage, avec A. Benoit (*op. cit.*, p. 85), soit un élément de la catéchèse baptismale romaine, soit 'une prière en relation avec la célébration du baptême ou celle de l'eucharistie qui le suivait'.

Toutefois ce qui frappe encore, c'est que, tant chez Clément que chez Justin, la notion de φωτισμός est liée à celle de γνῶσις. Or ici – en 2 Cor. 4: 6 – nous avons ὁ φωτισμὸς τῆς γνώσεως;[1] si bien que l'on peut se demander si l'origine de cette expression n'est pas gnostique (sur ce problème de l'origine, cf. A. Benoit, *op. cit.*, p. 168ss) et si son sens premier n'était pas indépendant du baptême, s'appliquant – au moins encore au stade paulinien – à 'l'illumination' de la prédication vraisemblablement à l'intérieur du culte en liaison avec l'eucharistie.

Quoi qu'il en soit de l'expression qu'il reprend, l'interprétation de Paul semble claire: γνῶσις signifie pour lui εὐαγγέλιον (parallèle avec le v. 4). C'est donc en vue d'une proclamation 'lumineuse' de l'évangile, d'une proclamation qui soit vraiment glorieuse de la gloire de Dieu, que ce même Dieu a révélé à Paul sa mission de serviteur.[2]

EN RÉSUMÉ

Ce passage marque un tournant dans l'argumentation: Paul en termine avec les griefs portés contre lui (4: 1–4) et commence à exposer sa propre conception de l'apostolat (4: 5–6).

---

[1] Le génitif τῆς δόξης (supprimé dans quelques rares manuscrits) portant sur l'objet de la polémique – la gloire! – pourrait être une adjonction paulinienne à la formule: ὁ φωτισμὸς τῆς γνώσεως τοῦ θεοῦ.

[2] Cf. aussi F. W. Eltester, *Eikon im NT*, p. 130ss. La récente étude de G. W. MacRae ('Anti-Dualist Polemic in 2 Cor. 4: 6?', in *Studia Evangelica*, IV, éd. F. L. Cross [Berlin, 1968], p. 420–31) présente nombre de remarques suggestives. Mais l'auteur ne nous convainc pas en ce qui concerne l'usage de Gen. 1: 3 et, surtout, il ne nous paraît pas possible de dire que l'expression de Paul est ici dictée par un souci polémique anti-gnostique et anti-dualiste.

A. 4: 1-4

Si les thèmes du voile et du visage de Moïse sont abandonnés, la polémique n'en continue pas moins. Il faut en conclure que 3: 7-18, bien loin d'être une parenthèse à la théologie nébuleuse, ne faisait que traiter un point précis et particulièrement important de cette polémique. Ayant réglé ce point (à savoir l'interprétation à donner à la figure de Moïse comme modèle apostolique), Paul passe alors à d'autres griefs. Ceux-ci nous sont, d'ailleurs, déjà connus (2: 14 – 3: 1; 3: 12) ou se retrouvent encore dans la fin de l'épître. Il apparaît ainsi que les accusations devaient être réciproques: des deux côtés on s'accusait de ne pas être fidèle à la véritable φανέρωσις, d'être fourbe (4: 1ss). Par contre, le v. 3 fait état d'une accusation précise lancée contre Paul: prêcher l'Evangile dans la faiblesse, c'est prêcher un évangile voilé (cf. 3: 12ss).

B. 4: 5-6

A la conception triomphaliste de l'apostolat, Paul oppose la sienne, qu'il essaye de fonder. La prédication ne peut être que 'Jésus est le Seigneur' – c'est, d'ailleurs, ce qu'enseigne la tradition – ce qui signifie que l'apôtre ne peut se présenter que comme un serviteur, sans apparence et faible (v. 5). N'est-ce pas aussi ce que Dieu lui-même a révélé dans sa Parole lorsqu'il dit que c'est des ténèbres que luira la lumière (Es. 9: 1), i.e. de la faible apparence de ses serviteurs que jaillira la lumière de l'évangile de la gloire du Christ (v. 6 – qu'il ne faut donc pas comprendre comme une allusion à la nouvelle création)?

CHAPITRE 8

APOSTOLAT ET SOUFFRANCE,
4 : 7–12

(7) Mais nous avons ce trésor dans des vases de terre, pour que cet
excès de puissance soit à Dieu et ne vienne pas de nous; (8) en toute
chose pressés, mais non pas écrasés, ne sachant qu'espérer, mais non
désespérés, (9) persécutés mais non abandonnés, jetés à terre mais
non perdus. (10) Nous portons toujours et partout la mort de Jésus
dans (notre) corps, afin que la vie de Jésus soit, elle aussi, manifestée dans notre corps. (11) Toujours, en effet, nous qui vivons, nous
sommes livrés à la mort à cause de Jésus, afin que la vie de Jésus
soit, elle aussi, manifestée dans notre chair mortelle; (12) de sorte
que la mort œuvre en nous, mais la vie en vous.

A. LE VERSET 7

Après le v. 6 du chapitre 4, la pensée de Paul semble amorcer un
tournant: on quitte pour un temps le terrain de la polémique
pure pour donner une justification à l'attitude adoptée dans
cette polémique. Nous affronterons donc maintenant des
problèmes appartenant plus proprement à la 'théologie' de
Paul: ses souffrances (v. 8ss), sa foi (5: 1–10). Toutefois, fidèle à
la règle que nous avons suivie jusqu'ici, nous ne discuterons pas
ces problèmes sur un plan général, mais nous suivrons d'aussi
près que possible le fil du discours paulinien, quitte à voir
ensuite comment cela se compose avec ce qu'il a dit ailleurs.

ἐν ὀστρακίνοις σκεύεσιν

Cette 'écoute' du texte s'applique tout d'abord à l'image du
'vase de terre'. D'aucuns y ont relevé un certain dualisme
anthropologique, encore qu'il faille distinguer entre ceux qui
pensent que Paul emploie un vocabulaire dualiste, mais dans
une perspective qui ne l'est pas, et ceux qui décèlent ce dualisme,
tant au plan du vocabulaire qu'à celui de la pensée. Ainsi
Héring parle ici du 'corps fragile qu'habite l'âme du chrétien'
(cf. aussi Windisch). Et, certes, on trouve de semblables thèmes

dans la diatribe cynico-stoïcienne.[1] Toutefois, Dupont lui-même (*op. cit.*, p. 120–4), qui décèle ici une influence stoïcienne chez Paul, pense que Paul ne donne pas à l'image son sens dualiste grec et, qu'à l'opposition corps–âme, il substitue celle de condition humaine–biens divins. Schmithals (*Die Gnosis*, p. 74s) aboutit aux mêmes conclusions, encore qu'il ne voie pas la source de l'image dans la diatribe, mais dans la gnose : à ses adversaires gnostiques, méprisant 'la matière', Paul réplique en donnant un sens au corps, et, pour ce faire, il reprend leur terminologie. Or, là aussi, on peut constater que le mot θησαυρός servait à désigner, dans la gnose, l'étincelle lumineuse prisonnière de la matière (cf. Hauck, *art.* 'θησαυρός', *ThWNT*, III [1938], p. 138). Enfin, on a aussi relevé la résonnance qumrânienne de l'image : 'Oui, cet homme, ce n'est qu'une frêle image en argile de potier, et vers la poussière il tend.'[2]

Or la diversité des sources proposées n'incite pas à en choisir une arbitrairement, mais permet de discerner dans la métaphore du vase une sorte de bien commun chargé d'exprimer et la fragilité, et le peu de valeur de l'homme.[3] Paul ne recourt donc pas ici à un mode de pensée qui lui serait étranger, mais à une simple métaphore chargée d'illustrer son propos, l'expression ὀστράκινον σκεῦος (ἀγγεῖον) signifiant tout simplement 'vase de terre' (cf. Lév. 6 : 21 ; 11 : 35 ; 14 : 50). Quant à la raison pour laquelle Paul emploie *cette* métaphore – et non pas une autre – on a proposé d'en voir l'origine dans l'évocation de la lumière au verset précédent, cette lumière étant portée par de petites lampes de terre cuite,[4] ou bien dans le fait que, très souvent, des trésors étaient transportés dans des jarres à la suite d'un triomphateur (cf. 2 : 14, Hughes), ou encore dans l'apparence de certains lutteurs qui se couvraient le corps d'huile et de terre (Spicq, *art. cit.*, p. 216).

[1] Cf. en particulier Sénèque, *Cons. ad Marc.* 11, 3 ; d'autres exemples, in J. Dupont, ΣΥΝ ΧΡΙΣΤΩΙ, p. 121 n. 2.

[2] 1 QS II, 22 ; texte manifestement inspiré de Gen. 2 et cité par J. Salguero, 'El dualismo qumránico y san Pablo', *Studiorum Paulinorum*, II, p. 549–62 (p. 559). Cf. aussi 1 QH 3 : 3 ; 4 : 25 ; 5 : 5.

[3] C. Spicq ('L'image sportive de 2 Cor. 4 : 7–9', in *EThL*, **14** [1937], p. 209–29), insiste sur le fait que certains vases grecs étaient très précieux, mais aussi très fragiles et que, par conséquent, seule l'idée de la fragilité doit être retenue ; p. 211s. [4] Cf. T. W. Manson, '2 Cor. 2 : 14–17', p. 156.

Le contexte et l'emploi de σκεῦος dans la Bible nous semblent indiquer encore une autre voie. En effet, ce dernier terme – et on ne l'a pas assez noté – est, pour ainsi dire, absent de la littérature grecque pour qualifier l'homme.[1] Il est, par contre, fréquent dans ce sens dans la LXX où, traduisant l'hébreu כלי, il marque – comme dans le bas-judaïsme – la fragilité et le peu de prix de l'homme (Ps. 30: 13; Jér. 22: 28), mais surtout son caractère d'instrument entre les mains de Dieu (Es. 10: 15; 54: 16s). Ce dernier point nous paraît capital, non seulement parce que c'est le sens qu'exprime la célèbre parabole jérémienne du potier (Jér. 18: 1–11) – et que cette parabole se retrouve ailleurs encore dans l'AT (Es. 29: 16; 45: 9; 64: 7) – mais parce que nous savons que Paul a profondément médité ce thème: σκεῦος apparaît sous sa plume en Rom. 9: 19ss. Il faut alors aussi rappeler la parole divine suivant sa conversion: 'Cet homme est un instrument (un vase) que j'ai choisi (σκεῦος ἐκλογῆς ἐστίν μοι) pour porter mon nom devant les nations, devant les rois et devant les fils d'Israël' (Act. 9: 15). Or, si en Gal. 1: 15s, Paul n'emploie pas les mêmes termes, le sens qu'il donne à sa conversion est bien identique: Dieu l'a choisi pour en faire son instrument. C'est à ce contexte qu'il faut rattacher notre verset: il a plu à Dieu de confier le trésor de son évangile à des instruments choisis par lui, fragiles et sans apparence, et cela afin que... L'analyse des autres termes qui composent notre verset va nous confirmer dans cette interprétation.[2]

ἔχομεν δὲ τὸν θησαυρὸν τοῦτον

Nous avons déjà vu (3: 4, 12; 4: 1) que l'ἔχειν était, dans cette partie de l'épître, une des caractéristiques de l'apostolat; ce qui suit ne concerne donc pas tous les chrétiens en général, mais exclusivement les apôtres. Par conséquent, le 'trésor' ne désigne pas la vie nouvelle du chrétien (Hauck, *art. cit.*, p. 138), ni surtout l'âme humaine, mais bien, comme le reconnaissent la majorité des commentateurs (τοῦτον renvoie aux vss. précé-

[1] Cf. Maurer, *art.* 'σκεῦος', *ThWNT*, VII (1964), p. 359–68.
[2] Il faut encore noter (avec Godet, Bachmann, Windisch) le pluriel σκεύεσιν qui, reprenant le pluriel καρδίαις du v. 6, montre que Paul ne pense pas qu'à lui seul, mais, à travers son expérience propre, aux apôtres d'une manière plus générale.

dents!) 'l'illumination de la connaissance de la gloire de Dieu', c'est-à-dire précisément l'annonce glorieuse de l'évangile, qui est la tâche de l'apôtre.

ἵνα ἡ ὑπερβολὴ...ἐξ ἡμῶν

Le ἵνα, qui apparaît trois fois en quelques versets (4: 7, 10, 11) marque, comme souvent dans le NT, le dessein et l'action de Dieu dans l'histoire des hommes,[1] ici plus précisément dans la conduite de la mission apostolique. Cette mission est marquée d'une ὑπερβολή τῆς δυνάμεως. La δύναμις divine dans la Bible[2] a pour cadre avant tout l'histoire, et non la nature, comme dans d'autres religions. Le fait que les deux termes ὑπερβολή et δύναμις soient précédés de l'article défini et qualifiés par le génitif τοῦ θεοῦ (différent de ἐξ θεοῦ réclamé par le parallélisme avec ἐξ ὑμῶν) donne à penser que δύναμις θεοῦ avait, pour Paul, un sens assez technique, dont on peut présumer qu'il s'agit de la prédication apostolique. C'est ce que confirment des textes aussi importants que Rom. 1: 16; 1 Cor. 1: 18; cf. 2: 4–5. Ainsi donc, à travers la prédication de ceux que Dieu a choisis comme ses instruments, se manifeste sa puissance, et cela d'une manière inexprimable, dépassant les possibilités et la compréhension humaines (ὑπερβολή; cf. 3: 10).

Il faut encore noter, avec Bachmann, que le verbe employé ici n'est pas φανερωθῇ, mais ᾖ. Pour que la prédication de l'évangile *soit* puissance de Dieu, il faut des instruments fragiles et 'qui ne payent pas de mine'. Cela n'est pas une question annexe, mais il y va du fait même que l'évangile est ou n'est pas l'évangile de Dieu.

Ainsi donc, non seulement le propos de Paul apparaît cohérent dans chacune de ses expressions au niveau de notre verset, mais encore au niveau de l'ensemble dans lequel s'intègre ce verset: on reproche à Paul de ne pas 'payer de mine' dans sa prédication, de ne pas être comme ces autres apôtres qui se présentent comme des θεῖοι ἄνδρες. De plus, une cohérence analogue se manifeste au plan de la théologie et de l'anthropologie de l'apôtre, telles que nous les laissent percevoir ses

[1] Stauffer, *art.* 'ἵνα', *ThWNT*, III (1938), p. 324–34.
[2] Grundmann, *art.* 'δύναμαι...δύναμις', *ThWNT*, II (1935), p. 286–318; C. H. Powell, *The biblical concept of power* (Londres, 1963).

autres écrits. Pour l'intelligence des versets suivants, il nous faut donc retenir que: (1) il n'y a aucune trace, dans notre verset, d'une anthropologie dualiste; (2) la perspective de Paul est celle de la prédication apostolique; (3) cette prédication est l'œuvre de Dieu, qui, pour qu'elle soit bien sienne, choisit des instruments fragiles et sans éclat.

B. LES VERSETS 8 ET 9

Dans l'interprétation de ces versets, on insiste, soit sur le sens de l'image, soit sur la forme du propos. Certains voient dans les quatre antithèses qui se suivent la description d'actes guerriers ou sportifs (Héring: la course; Spicq, *art. cit.*: la lutte) ou encore d'une chasse à l'homme (Allo, Windisch, Prümm). Ceux qui insistent sur la forme, rapprochent nos versets des catalogues de περιστάσεις de la diatribe:[1] 'Montrez-moi un homme malade et heureux, en danger et heureux, mourant et heureux, exilé et heureux, discrédité et heureux. Montrez-le moi! J'ai le désir, par les dieux, de contempler un stoïcien' (Epictète, II, 19, 24). Ainsi Dupont (*op. cit.*, p. 117ss) trouve là un des thèmes hellénistiques dont la pensée de Paul se nourrirait dans tout notre passage; ainsi Georgi (*op. cit.*, p. 244 et 194s) pense que Paul oppose ses 'actions' (περιστάσεις) à celles présentées par ses adversaires (dans des lettres de recommandation) comme étant celles de l'apostolat.

Tout cela nous semble trop unilatéral. Nul ne peut nier la forme rhétorique du discours, mais cette rhétorique n'a que peu affaire, et par le vocabulaire qu'elle emploie et par le sens qu'elle dégage, avec celle de la Stoa.[2] De même, il ne nous semble pas possible de dire que Paul suit ici une 'image' bien déterminée. En particulier, la thèse de Spicq n'est guère convaincante: (1) s'il montre que tous les termes employés *peuvent* être interprétés comme la marque de différentes phases de la lutte, il reconnaît qu'ils ne sont jamais, pour autant, les termes techniques *ad hoc* (sauf, peut-être, καταβάλλω); (2) parce que la pensée de Paul n'est nullement de se présenter comme un

---

[1] Sur ces catalogues, cf. Dupont, ΣΥΝ ΧΡΙΣΤΩΙ, p. 117ss; Prümm, p. 232s; Georgi, *op. cit.*, p. 194s.

[2] C'est ce que souligne bien J. N. Sevenster, *Paul and Seneca* (Leiden, 1961), p. 159s; ce qu'exalte le stoïcien, c'est l'ἀνδρεία, ce que présente Paul, c'est l'ἀσθένεια.

lutteur, malgré tout victorieux de son adversaire, mais comme l'instrument déficient de Dieu, toujours sauvé par lui. Nous ferons donc les remarques suivantes:

(1) Ces antithèses sont certainement l'écho de ce que Paul a effectivement vécu (Prümm, Wendland, Strachan). La rhétorique et le lyrisme dont elles sont empreintes sont donc, surtout, le bien propre de Paul.

(2) Cette expérience et ce lyrisme s'enracinent dans un contexte spécifiquement biblique. Ce contexte est celui des 'tribulations' dont est marqué, soit le peuple des temps eschatologiques, soit le juste (le psalmiste) qui se tient devant Dieu.[1] Ainsi, le lien θλῖψις–στενοχωρία (1e antithèse) est-il stéréotypé (Job 15: 24; Soph. 1: 15; Es. 8: 22; Rom. 2: 9; 8: 35; 2 Cor. 6: 4), de même que celui de θλῖψις et de διωγμός (3e antithèse, cf. Mc. 4: 17; 2 Thess. 1: 4; Rom. 8: 35); ainsi encore, aux 'adversaires' du psalmiste (οἱ θλίβοντες: Ps. LXX 3: 2; 12: 5; 22: 5) s'offrent ici les 'persécutés' (θλιβόμενοι).

(3) Tant ce contexte large que nous venons d'évoquer que le contexte étroit formé par notre épître, tout montre que celui qui a l'initiative des tribulations, et aussi (et surtout!) des 'saluts' par lesquels passe l'apôtre, est Dieu. C'est pourquoi les huit participes qui se suivent sont passifs.

ἐν παντί

L'absence de transition avec le verset précédent montre qu'il s'agit d'une explicitation de celui-ci. Ἐν παντί s'applique aux huit participes qui suivent et est à comprendre: 'partout, de toutes manières et toujours'. Plummer note justement qu'il est une des marques de notre épître. Ici, il a à la fois une résonnance lyrique et existentielle, et sans doute aussi polémique (cf. ad 2: 14).

θλιβόμενοι ἀλλ' οὐ στενοχωρούμενοι

Nous avons déjà esquissé la toile de fond sur laquelle se détache le terme biblique de θλίβω–θλῖψις. Mais, ici, il ne s'agit pas que d'un thème littéraire: près du tiers des emplois pauliniens du terme se trouve dans notre épître, dont le début (1: 3–11) dépeint la grande tribulation par laquelle Paul vient de passer

---

[1] Cf. Schlier, *art.* 'θλίβω, θλῖψις', *ThWNT*, III (1938), p. 139–48.

(l'atteignant tant objectivement que subjectivement, cf. 7: 5).
La pensée est la même qu'ici: (1) c'est pour les Corinthiens que
Paul a dû passer par là (1: 4s; cf. 2: 4+4: 12); (2) cette
tribulation est liée aux souffrances du Christ (1: 5+4: 10s);
(3) Paul en a été sauvé – consolé – par Dieu (1: 3+4: 7ss);
(4) 'afin d'apprendre à ne pas mettre notre confiance en
nous-même, mais en Dieu, qui ressuscite les morts' (1: 9+4:
7).

Στενοχωρέω (au passif) ne se trouve que dans notre épître,
dans le NT (4: 8; 6: 12),[1] où, par ailleurs, il n'est question de
στενοχωρία que chez Paul. 'L'angoisse' y est associée – selon
la tradition biblique – à la tribulation (Rom. 2: 9; 8: 35), ou
encore à la persécution (διωγμός: 2 Cor. 12: 10, offrant une
pensée analogue à celle qui est exprimée ici). On peut donc
rendre cette première antithèse, avec Osty, par: 'pressés, mais
non pas écrasés'.

ἀπορούμενοι ἀλλ' οὐκ ἐξαπορούμενοι

L'expression, heurtant deux consonnances semblables, est
typiquement paulinienne. Ce qui doit retenir l'attention n'est
pas tant le premier verbe – signifiant, chez Paul comme dans le
reste du NT, 'être embarrassé', 'ne pas savoir quel parti
prendre' – au sens relativement faible, que le second. Ce verbe
est d'un grec recherché et ne se retrouve, dans le NT, qu'en
1: 8, associé à la θλῖψις survenue en Asie. Là encore, les deux
fois, Paul parle de la même chose et la comprend identique-
ment. Osty rend à nouveau bien le texte: 'ne sachant qu'
espérer, mais non désespérés'.

διωκόμενοι ἀλλ' οὐκ ἐγκαταλειπόμενοι

Les deux termes n'apparaissent qu'ici dans 2 Corinthiens, mais
διωγμός se trouve en 12: 10. De plus, nous savons que Paul
subit maintes persécutions (cf., par exemple, 1 Cor. 4: 12;
Act. 13: 50) et que le thème de la persécution était lié à celui
de la tribulation.

'Εγκαταλείπω signifie l'abandon, soit par d'autres (2 Tim.

[1] Pour la négation par οὐ devant un participe, au lieu du μή habituel
dans la koiné, cf. Blass–D., §430.

4: 10 + 16), soit par Dieu (Héb. 13: 5). C'est ce dernier sens qu'il faut donner au verbe ici; il est fréquent dans la LXX (Gen. 28: 15; Jos. 1: 5), en particulier dans le psautier (Ps. 22: 2). Enfin, on ne peut manquer de faire le lien – alors que Paul va évoquer la νέκρωσις τοῦ Ἰησοῦ – avec le cri du Christ sur la croix (Mc. 15: 34) – la résurrection prouvant, selon Actes 2: 27ss, que Dieu ne l'a pas abandonné. Cette troisième antithèse peut donc être rendue par: 'persécutés, mais non abandonnés'.

καταβαλλόμενοι ἀλλ᾽ οὐκ ἀπολλύμενοι

Le verbe καταβάλλω ne se trouve qu'ici dans le NT. Paul l'emploie, non pour désigner tel événement précis de sa vie, mais parce que 'le ton monte': jeter à terre! Quant à ἀπολλύμενοι, il faut tenir compte du fait que, chez Paul, le verbe ἀπόλλυμι a toujours le sens très fort de 'perte', 'damnation'. Dans notre épître, il n'apparaît (outre ici) qu'en 2: 15 et 4: 3 pour qualifier les adversaires de Paul. Faut-il alors comprendre que, même à terre et les autres debout, Paul n'en sait pas moins où est le vrai salut: en Dieu, livrant son Fils à la mort (v. 10s)?

C. LE VERSET 10

L'évocation des souffrances et tribulations de l'apôtre débouche maintenant sur leur 'assimilation' à la mort de Jésus. Mais le problème qui se pose alors tient à une définition plus précise de la nature de cette assimilation. Nous allons rapidement présenter différentes solutions proposées à cette question. Certes, nous ne prétendons pas faire justice à toutes les nuances des thèses particulières. D'ailleurs, le matériau est toujours un peu le même; mais l'accent principal et l'ordonnance de ce matériau diffèrent, et c'est ce dont nous voulons, à grands traits, rendre compte, esquissant ainsi la toile de fond sur laquelle se détache la problématique de notre passage.

Nous avons déjà eu l'occasion de signaler l'ouvrage de E. Larsson,[1] qui souligne le thème de la 'Nachfolge' dans le paulinisme. C'est donc à ce thème aussi qu'il faudrait rattacher les souffrances de l'apôtre (p. 287ss). Toutefois, il faut remarquer,

---

[1] *Christus als Vorbild.*

avec H. D. Betz,[1] que le verbe ἀκολουθέω étant totalement absent des écrits pauliniens, il est plus que vraisemblable que le thème de la 'Nachfolge' ne jouait que peu de rôle pour Paul. Ce sur quoi Betz insiste alors, c'est la μίμησις ou *imitatio*. Les souffrances de l'apôtre relèveraient, dès lors, aussi de ce thème (p. 173ss). Cette position se heurte à une triple objection: (1) l'*imitatio* paulinienne a un sens plus étroit et plus spécifiquement éthique que celui que lui confère Betz;[2] (2) le terme de μίμησις–μιμητής est, lui aussi, absent de notre passage, et même de toute l'épître; (3) comprendre les souffrances de l'apôtre, tant à la lumière de la *Nachfolge* qu'à celle de la *Nachahmung* (*imitatio*), c'est leur donner un caractère volontariste: l'apôtre recherche la souffrance pour 'suivre' ou 'imiter' son maître. Or, comme l'a très bien montré Th. Preiss,[3] l'analyse de Phil. 1, en particulier, et la comparaison avec l'attitude d'Ignace d'Antioche face au martyre amènent à des conclusions tout opposées.

Nachfolge et *imitatio* sont deux tentatives récentes essayant de réinterpréter les souffrances de l'apôtre dans d'autres catégories que celle de la mystique. On sait la vogue de l'interprétation mystique, née des travaux de l'école de l'histoire des religions, jusqu'à nos jours. Nous ne mentionnerons ici que deux ouvrages représentatifs de cette tendance: celui de J. Schneider[4] et celui de A. Schweitzer.[5] Mais, alors que Schneider accentue le caractère vécu, existentiel dirions-nous, des souffrances de celui qu'il considère comme un homme, et un homme du Christ, plutôt que comme un théologien spéculatif, Schweitzer insiste sur leur aspect eschatologique, aux dimensions d'un drame cosmique. Ces deux points paraissent effectivement essentiels pour une droite compréhension des souffrances de

[1] *Nachfolge und Nachahmung Jesu Christi im Neuen Testament* (Tübingen, 1967).

[2] A. Schulz, *Nachfolgen und Nachahmen. Studien über das Verhältnis der neutestamentlichen Jüngerschaft zu urchristlichen Vorbildethik* (Munich, 1962). L'auteur se rapprochera d'ailleurs de notre interprétation des souffrances apostoliques in 'Leidenstheologie und Vorbildethik in den paulinischen Hauptbriefen' in *Neutestamentliche Aufsätze* (*Festschrift J. Schmid*) (Regensburg, 1963), p. 265–9.

[3] *La vie en Christ* (Neuchâtel, 1951), p. 1–45.

[4] *Die Passionsmystik des Paulus. Ihr Wesen, ihr Hintergrund und ihre Nachwirkungen* (Leipzig, 1929).

[5] *Die Mystik des Apostels Paulus* (Tübingen, 1930).

l'apôtre, mais ne rendent pas pleinement justice à notre passage. D'autre part, le terme de mystique est porteur de malentendus et de confusion et nous semble, pour cela, devoir être évité; d'ailleurs, ni Schweitzer ni Schneider n'entendent la même chose par 'mystique', et ce dernier met même tellement de soin à différencier la mystique paulinienne de la mystique hellénistique que l'on peut s'en demander si les mots ont encore un sens.

A ces deux thèmes majeurs sont associés, dans l'un et l'autre ouvrage, deux thèmes mineurs: celui de la mort avec Christ (Schweitzer, p. 102ss et 141ss; Schneider, p. 32ss) et celui de l'Eglise, corps du Christ (Schweitzer, p. 116ss; Schneider, p. 21ss). Les souffrances de l'apôtre sont à nouveau comprises dans la perspective du 'vivre et mourir avec Christ' dans un récent ouvrage de R. Tannehill.[1] Toutefois, nous pensons que c'est là trop insister sur la valeur présente d'une expression essentiellement liée, chez Paul, au passé et au futur. Quant au thème de l'Eglise, corps du Christ, il se retrouve à la base de l'interprétation de C. M. Proudfoot.[2] Cette dernière thèse offre ceci d'intéressant qu'elle prend au sérieux le problème posé par le v. 12. Toutefois, ce problème peut et doit être résolu différemment; d'autre part, il nous paraît que le 'corps du Christ' a joué, dans la théologie paulinienne, un rôle beaucoup moins important et, surtout, beaucoup moins 'substantialiste' et 'réaliste' et beaucoup plus 'métaphorique' et 'éthique' (au moins dans les homologoumena)[3] que celui qu'on lui attribue souvent aujourd'hui.

Enfin, il semble que nous approchions de vues plus conformes à ce que nous présente notre texte avec les thèses de E. Kamlah[4]

[1] *Dying and rising with Christ. A study in Pauline theology* (Berlin, 1967), particulièrement p. 84–90.

[2] 'Imitation or realistic participation? A study of Paul's concept of "suffering with Christ"', *Interpretation*, **17** (1963), p. 140–60; Proudfoot s'appuie, bien sûr, sur les ouvrages de E. Käsemann, *Leib und Leib Christi*, et J. A. T. Robinson, *The Body. A study in Pauline theology* (Londres, 1952).

[3] Cf. P. Bonnard, 'L'Eglise, corps du Christ, dans le paulinisme', *EThPh* (1958), p. 268–82; E. Schweizer, 'Die Kirche als Leib Christi in den paulinischen Homologoumena', *Neotestamentica* (Zürich, 1963), p. 272–92; et, surtout, J. J. Meuzelaar, *Der Leib des Messias. Eine exegetische Studie über den Gedanken vom Leib Christi in den Paulusbriefen* (Assen, 1961).

[4] 'Wie beurteilt Paulus sein Leiden? Ein Beitrag zur Untersuchung seiner Denkstruktur', *ZNW* (1963), p. 217–32.

et E. Güttgemanns.[1] Pour ce dernier en particulier, les souffrances de Paul sont spécifiquement apostoliques et ne relèvent pas de la vie chrétienne générale. Elles ont, dès lors, une fonction évangélisatrice, dans la mesure où c'est à travers le corps, dans le corps souffrant de l'apôtre, que le monde peut *voir* que le Christ mort sur la croix est le Seigneur, maintenant élevé à la droite de Dieu, de même que c'est par sa prédication qu'il peut l'entendre. Or toutes les remarques que nous avons faites jusqu'ici nous placent bien sur ce terrain de la prédication apostolique. C'est donc dans cette perspective que nous entreprenons maintenant d'examiner de plus près le passage en question.[2]

πάντοτε περιφέροντες

Ce qui frappe, en effet, devant la problématique que nous venons d'esquisser, ce n'est plus tant l'assimilation des souffrances de l'apôtre à la mort du Christ que la présence et le sens de deux verbes (περιφέροντες et φανερωθῇ) évoquant la prédication apostolique (cf. aussi le πάντοτε de 2: 14).

τὴν νέκρωσιν τοῦ Ἰησοῦ

C'est donc la mort de Jésus que l'apôtre porte partout dans son corps. On peut voir dans la 'nécrose', soit un processus, soit un état. Pour la première possibilité optent la majorité des commentateurs (Windisch, Strachan, Plummer) et Bultmann,[3] mais la seconde – défendue par Tannehill (*op. cit.*, p. 85ss) et Güttgemanns (*op. cit.*, p. 114–17) – nous semble plus conforme à l'usage grec profane et au seul parallèle offert par le NT: Rom. 4: 19. De plus, dans les versets suivants, Paul n'hésitera pas à employer par deux fois θάνατος; νέκρωσις est donc à comprendre comme un équivalent de θάνατος. Enfin, comme le souligne bien Güttgemanns, Paul ne dit pas qu'il subit la même

---

[1] *Der leidende Apostel und sein Herr. Studien zur paulinischen Christologie* (Göttingen, 1966). Cf. encore M. Bouttier, *La condition chrétienne selon Saint Paul* (Genève, 1964), p. 56ss et le commentaire de Bachmann.

[2] Nous examinerons la position de Bultmann (*ThNT*⁵, p. 346–53) à propos du v. 13. Notons, enfin, la thèse de Schmithals (*Das kirchliche Apostelamt*, p. 38ss) pour qui les souffrances seraient caractéristiques de l'apostolat d'origine gnostique.

[3] *Art.* 'νεκρός κ.τ.λ.', *ThWNT*, IV (1942), p. 896–9 (p. 899).

mise à mort, ou les mêmes 'souffrances de mort' (Osty) que
Jésus, mais que ce qu'il porte en son corps – comme en dépôt –
c'est la mort de Jésus, c.-à-d. un événement objectif, essentiellement distinct de lui-même et objet de la prédication. Mais de
quoi s'agit-il exactement lorsque Paul dit ici 'Jésus'?

Nous avons déjà évoqué ce problème à propos du v. 5. Nous
en avons conclu que Paul pense sans doute ici plus particulièrement à la destinée du Jésus historique, quoique la distinction
entre un Jésus de l'histoire et un Christ de la foi relève de
catégories non pauliniennes. Dans ce sens, on peut parler d'une
certaine *Nachfolge*, voire *imitatio*. Pourtant, et c'est là le point
important, cette *Nachfolge* ou cette *imitatio* n'a pas de finalité
propre: elle ne vaut que dans la mesure où elle est – au même
titre que la parole – prédication existentielle du crucifié et du
ressuscité. Par son corps tout entier, *livré* comme celui du
Christ aux outrages, l'apôtre annonce la bonne nouvelle de la
croix.

ἐν τῷ σώματι

La démonstration n'est plus à faire sur la signification 'non
dualiste' du corps dans la Bible;[1] suivant la formule de Robinson
(p. 28), 'l'homme n'a pas un *sôma*, il est un *sôma*'. Relevons juste
les traits suivants, éclairants pour la compréhension de notre
verset:

(1) Le corps est le caractère objectif de l'être et, par là
même, l'instrument d'une relation et d'une action. Robinson et
Schweizer (*art. cit.*, p. 1046 et 1063) le définissent comme l'objet
ou l'instrument des relations que 'j''ai avec Dieu et avec mes
semblables. Ainsi s'éclaire bien le fait que Paul puisse penser à
une prédication '*par*' son corps.[2]

(2) Caractère objectif de l'être, le corps traduit aussi la
'puissance' qui domine cet être.[3] C'est pourquoi Paul peut
parler de σῶμα τῆς ἁμαρτίας (Rom. 6: 6) ou de σῶμα τοῦ
θανάτου (Rom. 7: 24). S'il ne parle pas de σῶμα τῆς δικαιοσύνης ou de σῶμα τῆς ζωῆς (cf. pourtant le σῶμα πνευματικόν

---

[1] E. Käsemann, *op. cit.*; J. A. T. Robinson, *op. cit.*; E. Schweizer, *art.*
'σῶμα', *ThWNT*, vii (1964), p. 1024–90; Conzelmann, *Grundriss*, p. 198–200.

[2] Bachmann insiste beaucoup – peut-être trop exclusivement – sur le
sens instrumental de la préposition ici.

[3] Cf. E. Käsemann, *op. cit.*, p. 120ss.

de 1 Cor. 15: 44) c'est que, pour lui, le corps actuel est trop compromis dans son commerce avec le péché (si on nous permet l'expression) et doit être détruit, puis recréé. Il n'empêche que, dès à présent, l'homme *nouveau* relevant, non plus de la puissance du péché mais de celle du Christ, celui-ci peut se servir du corps de ses fidèles pour y manifester son règne (cf., par exemple, Rom. 12: 1; 1 Cor. 6: 19s). C'est sur ce lien entre le Christ souverain et le corps de l'apôtre et sur la manifestation de cette souveraineté à travers ce corps qu'insiste longuement Güttgemanns (*op. cit.*, p. 199–281).

(3) E. Schweizer (*art. cit.*, p. 1061) a noté que Paul utilise cinquante-six fois le mot σῶμα dans les deux épîtres aux Corinthiens, contre dix-huit fois seulement dans le reste des grandes épîtres pauliniennes. Il en conclut à un thème polémique: Paul oppose à des gnostiques méprisant le corps la valeur de celui-ci. En fait, cette conclusion n'est que valable pour la première épître, qui compte quarante-six des cinquante-six emplois notés. Ici, au contraire, Paul ne craint pas d'égaler σῶμα et θνητὴ σάρξ (v. 11): le corps est encore l'index de la vie loin du Seigneur (5: 6ss; cf. 12: 2–4). Toutefois, il a plu au Seigneur de se servir des choses faibles pour transmettre sa force, sa vie. Vivre cela, c'est la foi (5: 7; cf. 4: 13).

ἵνα καὶ ἡ ζωὴ τοῦ Ἰησοῦ

Georgi (p. 287s) pense que ζωὴ τ. Ἰησοῦ – qui ne se trouve qu'ici dans les épîtres pauliniennes – était un 'Schlagwort' des adversaires, signifiant la vie pneumatique dispensée par le Sauveur. Ainsi s'expliquerait le καί: Paul *aussi* dispense la vie. Mais l'hypothèse n'est pas autrement étayée et nous préférons donner au καί une valeur antithétique: la mort...et quand même la vie. La vie de Jésus n'est pas avant tout celle de la résurrection future (Lietzmann, Wendland), mais celle du Christ vivant, qu'il communique au croyant par le truchement de la prédication en acte qu'est le corps de l'apôtre, mort...et pourtant miraculeusement vivant.

ἐν τῷ σώματι ἡμῶν φανερωθῇ

C'est le verbe φανερωθῇ qui porte l'accent du verset. Car nous savons que c'était là un objet de la querelle corinthienne: où est la véritable φανέρωσις? A la 'manifestation' éblouissante et pneumatique de ses adversaires, Paul oppose la 'manifestation' qui, pour être celle de Dieu, doit passer par la faiblesse, la corporéité et l'historicité menacées de l'apôtre, comme elle a passé par la croix.

D. LE VERSET 11

Ce verset se présente comme une explication (γάρ) du verset précédent (Godet), reprenant la même idée en des termes voisins, sinon identiques.

ἀεὶ γὰρ ἡμεῖς οἱ ζῶντες

L'expression peut signifier tout simplement 'pendant toute notre vie'. Prümm, se référant à 1 Thess. 4: 15, se demande s'il ne s'agit pas d'une expression technique connue des lecteurs pour désigner ceux qui vivent encore, par opposition à ceux qui sont déjà morts (cf. encore 2 Cor. 5: 15). Faudrait-il, alors, comprendre ici 'nous les apôtres qui sommes encore en vie'? Quoi qu'il en soit, l'accent porte sur le contraste entre la vie et la mort, contraste dans lequel se manifeste la puissance de Dieu.[1]

εἰς θάνατον παραδιδόμεθα

Sur le thème de la παράδοσις, nous renvoyons au livre de W. Popkes.[2] Nous pouvons faire à ce propos les remarques suivantes: (1) 'Etre livré' est le sort, soit du psalmiste (Ps. 44: 12s), soit du serviteur de l'Eternel (Es. 53: 12), contexte dans lequel nous avons reconnu que s'inscrit la pensée de l'apôtre depuis le v. 6. (2) Cette 'livraison' ne peut pas ne pas évoquer celle du Christ (cf. chez Paul, Rom. 4: 25; 8: 32; 1 Cor. 11: 23; Gal. 2: 20), qu'on fasse remonter cette évocation à un récit de la passion connu de Paul (Plummer) ou à la confession de

---

[1] Quelques manuscrits, dont P⁴⁶ G, ont εἰ = si, ce qui fait du v. 11 l'énoncé d'une condition pour la 'manifestation de la vie'.

[2] *Christus Traditus. Eine Untersuchung zum Begriff der Dahingabe im NT* (Zurich, 1967).

Rom. 4: 25 (Popkes, p. 150s). (3) Le sujet de cette 'livraison' est, en dernière analyse, Dieu lui-même.

Dieu livre donc l'apôtre à θάνατος, à cet anti-Dieu, néant aboutissement du péché. La chose doit être comprise très concrètement (cf. 1: 9s): dans son activité missionnaire, l'apôtre est sans cesse passible de mort. Mais tel est l'évangile manifesté sur la croix: Dieu livre son Fils à la mort pour sauver de la mort.

διὰ Ἰησοῦν

Paul emploie la même expression qu'au v. 5 et dans un contexte semblable. Elle n'indique pas une vague mystique aux contours mal définis, mais soit: (1) à cause du nouvel 'éon', du nouvel ordre de choses instauré par la crucifixion et la résurrection (pour le sens de Ἰησοῦς voir au verset précédent); (2) du fait des persécutions et des difficultés rencontrées par la prédication de Jésus, mort et ressuscité. Ces deux interprétations ne s'excluent pas, mais la seconde est préférable.

ἵνα καὶ... ἐν τῇ θνητῇ σαρκὶ ἡμῶν

La proposition reprend textuellement 10*b*, si ce n'est ἐν τῷ σώματι qui devient ἐν τῇ θνητῇ σαρκί. Cette répétition indique soit une formule plus ou moins toute faite, objet de la polémique (Georgi, cf. v. 10), soit l'insistance de l'apôtre.

La σάρξ désigne aussi tout l'homme, ici tout simplement sous son aspect extérieur, en tant que créature engagée dans une histoire, sans vrai jugement de valeur.[1] Toutefois, l'histoire des relations du créateur et de la créature étant définitivement compromise par la faute de celle-ci, la 'chair' ne peut plus être que 'mortelle'. Ainsi le terme de θνητός particulier à Paul dans le NT, marque-t-il le 'chemin' par lequel le péché et la mort ont accès à l'homme et qui doit être détruit lors de la Parousie (1 Cor. 15: 53–4; Rom. 6: 12; 2 Cor. 5: 4). Par contre, et c'est là le miracle de l'évangile, ce qui était irrémédiablement perdu loin de Dieu, Dieu l'accepte, l'utilise et le sauve.

---

[1] Cf. E. Schweizer, art. 'σάρξ κ.τ.λ.', *ThWNT*, VII (1964), p. 98–151 (p. 125) et A. Sand, *Der Begriff 'Fleisch' in den paulinischen Hauptbriefen* (Regensburg, 1967), p. 145s.

F. LE VERSET 12

Ce verset est surprenant parce que rien, semble-t-il, ne l'a préparé. Aussi a-t-on cherché plusieurs explications à sa présence. Windisch y voit l'expression parfaite du caractère substitutif des souffrances, caractère plus ou moins latent dans les versets précédents. Mais nous n'avons pas reconnu ce caractère latent, ce qui fait que nous ne pouvons pas non plus interpréter notre verset dans ce sens. Calvin et Godet y voient un simple trait ironique; Plummer une preuve de tact: Paul ne veut pas terminer sans un compliment pour les Corinthiens. Güttgemanns (*op. cit.*, p. 99) ne veut voir ici qu'une simple juxtaposition paradoxale: les adversaires de Paul se vantent de leur 'vie pneumatique', à laquelle Paul oppose tout simplement la croix se manifestant à travers le corps souffrant de l'apôtre. La difficulté de cette interprétation, c'est que ὑμῖν ne désigne pas les adversaires de Paul, mais *ses* enfants dans le Christ, ce qui est tout différent. Reste enfin l'interprétation de Proudfoot (*art. cit.*, cf. aussi Wendland) qui se fonde sur la 'mystique' du corps du Christ. Paul vient de dire que ce corps est caractérisé par le paradoxe mort–vie et il vient aussi d'insister sur sa participation à ce corps; de sorte que l'on peut concevoir qu'à l'intérieur de ce corps, à la fois mort et vivant, le 'côté-mort' soit assumé par l'apôtre et le 'côté-vivant' par les Corinthiens.

En fait, une seule solution nous paraît vraiment envisageable: celle de Bachmann (cf. aussi Lietzmann). Les mots θάνατος et ϛωή qui apparaissent ici doivent avoir le même sens qu'au verset précédent. Ainsi la mort fait son œuvre dans l'apôtre dans la mesure où il s'épuise à sa tâche d'évangélisation, consistant à apporter la vie – la vie ἐν Χριστῷ et la vie σὺν Χριστῷ après la mort – à ceux qu'il atteint.

C'est donc bien par une évocation de la tâche missionnaire de l'apôtre que se termine cette section; c'est donc de cette tâche qu'il s'agissait avant tout lorsque Paul parlait de ses souffrances.

REMARQUES SUR LES SOUFFRANCES DE L'APÔTRE

L'apôtre ne recherche pas la souffrance. Pour lui, une seule chose importe: Jésus-Christ, qu'il faut annoncer. Mais, dans cette annonce, il se heurte à des échecs, il rencontre des souffrances et voit même la mort de près. Alors, au lieu de se décourager ou de changer de méthode, il surmonte ces revers par la foi, une foi qui s'appuie, bien sûr, sur ce que la Bible dit de la souffrance du juste – particulièrement dans les temps derniers – et sur ce qui s'est passé à Golgotha. Il continuera donc quand même (c'est ce que dit le v. 13). Bien plus, sa faiblesse est nécessaire pour que s'accomplisse la force de Dieu. Ainsi son corps même devient aussi une prédication[1] vivante: en lui se révèle que le crucifié est le glorifié, que c'est 'des ténèbres que brillera la lumière'.

EN RÉSUMÉ

4: 7 poursuit le thème amorcé en 4: 5s. Il n'y est pas du tout question d'un dualisme anthropologique (âme–corps), mais de la prédication (θησαυρός) qui, pour être vraiment l'évangile de la croix, doit se faire par l'intermédiaire d'instruments fragiles et de peu d'éclat (ἐν ὀστρακίνοις σκεύεσιν). Ce thème est alors illustré par une série d'antithèses (v. 8–9) dont la terminologie révèle un triple enracinement: (1) la vie de Paul lui-même; (2) l'expérience du juste souffrant des Psaumes et de la tradition juive; (3) la vie de Jésus livré à la mort sur la croix. C'est ce dernier point que développent les v. 10–11: la prédication de la croix apporte la vie dans la mesure où elle passe par la mort de Jésus, par l'apparence faible de l'apôtre. Ainsi, l'être tout entier de ce dernier est une prédication vivante du miracle de la croix: *il fallait* que le Fils de l'Homme soit abaissé pour que toute gloire revienne à Dieu et à Dieu seul. Par conséquent, pour que la vie octroyée par Dieu à l'humanité en général, aux Corinthiens en particulier, dans l'événement de la croix et de la résurrection soit efficace (ἐνεργεῖται), *il faut* aussi que les apôtres soient faibles et livrés à la mort (v. 12). C'est donc dans la perspective de la prédication de l'évangile qu'il faut comprendre ce que Paul entend par les souffrances de l'apôtre.

[1] Güttgemanns parle de 'somatisch-existentielle Verkündigung Jesu als des Herrn', p. 124.

CHAPITRE 9

APOSTOLAT ET FOI, 4: 13-15

(13) Mais ayant l'esprit de foi, dont parle l'Ecriture: 'j'ai cru et c'est pourquoi j'ai parlé', nous aussi nous croyons et c'est pourquoi nous parlons; (14) sachant que celui qui a ressuscité (le Seigneur) Jésus, nous ressuscitera aussi avec Jésus et nous fera paraître (devant lui) avec vous. (15) En effet, tout cela arrive à cause de vous pour que la grâce ayant été multipliée, fasse, par un nombre multiplié, abonder l'action de grâce pour la gloire de Dieu.

A. LE VERSET 13

Après l'évocation du résultat des tribulations de Paul 'dans' les Corinthiens, la pensée semble faire un nouvel écart: pourquoi Paul parle-t-il maintenant de la foi? Plummer propose: 'le fait que la mort travaille en nous et la vie en vous n'est pas une raison suffisante pour nous faire taire', ce qui est une liaison un peu faible. Strachan pense, qu'après avoir exposé ce qui le sépare de ses lecteurs, Paul parle maintenant de ce qui les unit (cf. τὸ αὐτό). En fait, la majorité des auteurs se contente de constater, qu'après avoir parlé de la mort, Paul porte maintenant ses regards vers la résurrection.

Mais c'est là faire fi du fait que les deux termes importants sont πίστις–πιστεύω (3 fois) et λαλέω (2 fois). Aussi ne nous semble-t-il y avoir qu'une seule solution (cf. Bachmann et Prümm): Paul pare l'objection – effectivement formulée par ses adversaires ou ses lecteurs – selon laquelle il lui serait impossible de prêcher la gloire de Dieu, vu l'aspect misérable qu'il présente. Bien plus, avant de venir à l'esprit des autres, cette objection s'est présentée à Paul lui-même: c'est par la foi qu'il y a répondu; il faut tout simplement *croire* que la force de Dieu s'accomplit dans la faiblesse de ses serviteurs; aucune autre 'preuve' n'en sera donnée, sinon le fait de la croix et de la résurrection (v. 14). Cette constatation entraîne deux remarques: (1) Bultmann se trouve donc en grande partie justifié d'avoir lié le problème des souffrances de l'apôtre à celui de la vie dans la foi (*ThNT*[5], p. 346–53). (2) Nous touchons, avec le mot πίστις, la clef de notre passage (2: 14 – 7: 4). En effet, tout en affirmant au chapitre 3 la suréminence de la gloire de la nouvelle alliance, Paul ne l'a jamais 'démontrée' au sens où l'attendaient ses correspondants. Il pose cette suréminence comme un fait auquel on ne peut que croire. Certes, il élucide ce 'croire' théologiquement et existentiellement, en le rapportant à ce que dit la Parole de Dieu (l'exemple de Moïse, Es. 9: 1, ici le Ps. 116: 10), au culte vécu par ses correspondants, au Christ enfin et à sa croix, car la foi est toujours foi *en* quelque chose ou quelqu'un. Mais ces rappels sont d'un tout autre ordre que les extases et les miracles tangibles mis en avant par ses adversaires.

ἔχοντες δὲ τὸ αὐτὸ πνεῦμα τῆς πίστεως

Le δέ adversatif marque bien le mouvement du sursaut de la foi dont nous venons de parler : 'malgré la mort, nous croyons' ; ἔχω marque, une fois de plus, un bien de l'apostolat. Τὸ αὐτό ne signifie pas : 'le même que les Corinthiens' (Strachan, Schlatter) car il n'a pas été question jusqu'ici de leur foi, mais bien : 'le même que le psalmiste' (ainsi, la majorité des commentateurs).

L'expression πνεῦμα τῆς πίστεως peut s'entendre dans un sens entièrement anthropologique : l'esprit dont l'objet est la foi, l'esprit croyant (Hughes). Mais mieux vaut voir dans l'esprit, l'esprit divin dont il vient d'être question au chapitre précédent et qui produit la foi. On retrouve d'ailleurs le même mode d'expression en Rom. 8: 15 (esprit d'adoption), Eph. 1: 17 (de sagesse), Héb. 10: 29 (de grâce) etc. La foi apparaît chez Paul comme une œuvre de l'Esprit en 1 Cor. 12: 9 (cf. Gal. 3: 14; 2 Cor. 5: 5 et 7). Enfin, on peut présumer avec M. A. Chevallier (*op. cit.*, p. 100s) que, si Paul parle ici d'esprit, c'est surtout en vertu de la théorie de l'inspiration : l'esprit qui a inspiré le psalmiste nous anime aussi (τὸ αὐτό) et il se trouve que, chez le psalmiste et en nous, cet esprit produit la foi. L'accent n'est, dès lors, plus tellement sur πνεῦμα que sur πίστις (contre Prümm).

Cette foi[1] prend ici les caractères suivants :

---

[1] Sur la πίστις paulinienne, cf. Bultmann, *ThNT*[5], p. 315-31; *art.* 'πιστεύω, πίστις κ.τ.λ.', *ThWNT*, VI (1959), p. 193-229; P. Vallotton, *Le Christ et la foi* (Genève, 1960).

(1) Elle est l'œuvre de l'Esprit en l'homme; (2) elle est identique à ce que l'AT présente sous le même terme; (3) c'est par elle que l'apôtre surmonte, 'sublime', faiblesse et souffrances, voire la mort; (4) c'est elle qui lui donne la force de prêcher; (5) elle est foi *en* quelque chose; ce contenu est celui de la prédication (évangile): Dieu a ressuscité Jésus et nous ressuscitera avec lui (v. 14).

κατὰ τὸ γεγραμμένον· ἐπίστευσα, διὸ ἐλάλησα

Paul cite ici très exactement la LXX[1] (Ps. 115: 1 = Ps. 116: 10), traduction assez libre de l'hébreu, qui signifie soit: 'j'ai cru car j'ai dit', soit: 'je croyais, même quand je disais'. Ce verset ne se trouve pas exploité dans la littérature rabbinique (Strack–B., III, p. 517), de sorte que l'on peut penser que, comme pour Es. 9: 1 (cf. v. 6), nous sommes en présence d'une parole biblique profondément méditée par l'apôtre et appliquée à sa situation personnelle. Cette parole se trouve d'autant mieux à sa place ici que nous avons vu combien l'apôtre considérait sa situation présente dans l'optique du juste souffrant des psaumes, optique qui est particulièrement celle du Ps. 115.

καὶ ἡμεῖς πιστεύομεν, διὸ καὶ λαλοῦμεν

Il suffit juste de noter encore que le λαλεῖν, dicté à Paul par le texte cité, a le même sens que celui de 2: 17 et signifie 'prêcher l'évangile'.

B. LE VERSET 14

La foi n'est pas une simple force subjective: elle a un contenu; contenu objectif s'accomplissant dans l'histoire et que livre le kérygme. Paul ne transcende pas ses souffrances par le courage par exemple, mais parce qu'il sait (εἰδότες) où Dieu le mène à travers ces souffrances. Il faut encore noter qu'εἰδότες introduit ici une formule traditionnelle, kérygmatique et confessionnelle; nous devrons nous en souvenir lorsque nous aborderons 5: 1, qui commence par le même verbe.

---

[1] Certains manuscrits (ℵ, G) lisent καί après διό, vraisemblablement à cause de la symétrie avec la fin du verset. Toutefois, ce καί pourrait être original.

ὁ ἐγείρας τὸν κύριον Ἰησοῦν

Kümmel et Kramer (*op. cit.*, p. 21) proposent de ne pas lire τὸν κύριον avec P⁴⁶, B, 33, ce qui ne change rien au sens du texte. Que nous soyons ici en présence d'une formule traditionnelle, c'est ce que prouve la comparaison avec les termes des discours kérygmatiques des Actes (3: 15; 4: 10; 5: 30) et de textes pauliniens comme Rom. 4: 24s; 8: 11; 10: 9; 1 Cor. 6: 14; Gal. 1: 1. De plus, la forme définie ὁ ἐγείρας et sans autre précision sous-entend que les lecteurs savent bien de qui il s'agit. Cette même forme se retrouve en Rom. 4: 24s et 8: 11. Selon Kramer (p. 15–60), l'objet de la résurrection dans ces formules de foi pré-pauliniennes, est soit Ἰησοῦς, Χριστός ou Ἰησοῦς Χριστός, c'est-à-dire le crucifié; le titre de κύριος n'apparaîtrait pas dans ce contexte.

καὶ ἡμᾶς σὺν Ἰησοῦ ἐγερεῖ

Il est moins certain que ce second membre de la phrase fasse au même point partie de la confession traditionnelle. La liaison résurrection du Christ – notre résurrection semble plus particulièrement l'œuvre de Paul (1 Cor. 6: 14; 1 Cor. 15; cf. Col. 2: 12). Cela nous amène à voir d'un peu plus près l'expression σὺν Ἰησοῦ – σὺν Χριστῷ.[1]

La préposition σύν marque la communauté avec quelqu'un; chez Paul, elle exprime la communauté avec Christ, soit dans le futur (à la Parousie: 1 Thess. 4–5; Phil. 1: 23), soit dans le passé (au baptême, par exemple). Comme le dit fort bien M. Bouttier (*op. cit.*, p. 53) σὺν Χριστῷ forme, en quelque sorte, les piliers de l'arche que représente la vie actuelle du croyant ἐν Χριστῷ. Notre verset appartient évidemment à la première des catégories sus-citées. Il est probable que l'origine de l'idée est à chercher dans la Bible et dans l'apocalyptique juive présentant Dieu arrivant au dernier jour entouré des saints et des anges (cf. Deut. 33: 2s et Zach. 14: 5), mais la forme en σύν

---

[1] Cf. M. Bouttier, *En Christ*, p. 38–53; E. Schweizer, 'Die "Mystik" des Sterbens und Auferstehens', *EvTh*, **26** (1966); P. Bonnard, 'Mourir et vivre avec J.C. selon St Paul', *RHPR* (1956); Dupont, ΣΥΝ ΧΡΙΣΤΩΙ; Schnackenburg, *Baptism in the thought of St Paul*, p. 139ss; Grundmann, *art.* 'σύν, μετά mit Genitiv', *ThWNT*, VII (1964), p. 766–98.

semble bien être d'origine hellénistique: on y trouve, en effet, l'expression σὺν θεῷ, θεοῖς, mais qualifiant la communauté avec la divinité ici-bas.

Quelles que soient les racines exactes de la formule, on peut considérer qu'elle appartient à une *tradition* paulinienne ou pré-paulinienne. Notre texte en effet le suppose car l'affirmation qu'il pose ne peut pas être entièrement juste. En effet, nous ne pouvons pas ressusciter avec Jésus puisque Jésus est déjà ressuscité. C'est d'ailleurs pour parer à cette difficulté qu'un certain nombre de manuscrits (en particulier le Texte Reçu) porte διά à la place de σύν. Schweizer explique avec justesse cette anomalie (*art. cit.*, p. 240) en disant que l'expression était à ce point stéréotypée pour désigner la communion eschato-logique avec le Christ que Paul l'emploie ici machinalement, quoiqu'un peu imparfaitement.

Notons encore que nous n'avons pas la formule σὺν Χριστῷ traditionnelle, mais σὺν Ἰησοῦ (évoqué dans les versets précé-dents) et que ce σύν correspond à celui de la fin de la phrase: σὺν ὑμῖν. Paul exprime donc simplement ici, à l'aide du matériau préexistant que nous venons d'évoquer, sa certitude que la communauté instaurée ici-bas dans la souffrance et dans la foi trouvera un jour, de par la puissance de Dieu manifestée dans la résurrection du Christ, son accomplissement.[1]

καὶ παραστήσει σὺν ὑμῖν

La proposition est un peu elliptique et il manque un ἑαυτῷ ou un complément de ce genre. Cela peut indiquer, tout d'abord, un certain sens technique au verbe παριστάνω.[2] En effet, dans l'AT, ce verbe sert à rendre la situation de l'homme qui 'se présente' ou 'se tient' devant Dieu, notamment le prêtre, cet usage du terme étant lié à l'étiquette des cours orientales où 'se

---

[1] Prümm tire partie du fait que σὺν ὑμῖν ne se rapporte pas à ἐγερεῖ pour y voir l'indice que Paul ne pense pas réssusciter en même temps que ses correspondants; cf. 5: 1–10 et, pour une pensée analogue, Schlatter. L'argument est faible. Nous ne sommes qu'en partie d'accord avec Lietz-mann et Bachmann qui, tout en mettant l'accent sur la communauté avec Jésus, prétendent que celle-ci efface les distinctions temporelles. La com-munauté que Paul évoque ici est bien celle de la Parousie (cf. Kümmel).

[2] Cf. Reicke–Bertram, *art.* 'παρίστημι, παριστάνω', *ThWNT*, v (1954), p. 835–40 et le commentaire de Bachmann.

tenir devant le roi' était un honneur. Dans le NT, l'usage de ce terme est lié à la Parousie en Rom. 14: 10; 1 Cor. 8: 8 et, surtout, Eph. 5: 27 et Col. 1: 22, 28. On peut donc comprendre ici, soit: Dieu nous fera paraître devant lui pour le jugement (cf. Rom. 14: 10; 1 Cor. 8: 8) ou comme sa cour glorieuse,[1] soit: Dieu nous fera paraître à sa suite devant les autres hommes ou 'les puissances' (1 Thess. 4: 17ss).

Mais le fait que Paul ne précise pas, montre surtout que l'accent est sur σὺν ὑμῖν. Paul prêche (λαλοῦμεν) et à cette tâche missionnaire il use ses forces; mais il continue malgré tout, car il sait que le résultat final de cette tâche sera une communion parfaite avec 'ses enfants en Christ'. Même si, maintenant, sa faiblesse ne produit entre lui et eux que conflits et malentendus, ce n'est pas contre eux, mais pour eux qu'il œuvre. Son but n'est pas la discorde, mais une union véritable et, pour y parvenir, il n'y a pas d'autre chemin que celui qui passe par la croix à la résurrection.

C. LE VERSET 15

De ce verset, obscur en sa seconde partie, il faut retenir que le but de l'apostolat 'dans la faiblesse' institué par Dieu et vécu par Paul est (1) le 'salut' des Corinthiens, (2) la gloire de Dieu.

τὰ γὰρ πάντα δι' ὑμᾶς

Le style de tout le verset est un peu emphatique et lyrique; aussi ne faut-il pas chercher de nuances trop précises sous les mots. Τὰ πάντα est vague et désigne à la fois les souffrances et tribulations de l'apôtre, la prédication apostolique et la confession de foi qui vient d'être évoquée (Güttgemans, p. 98s), donc aussi les événements salutaires de la croix et de la résurrection et, en définitive, toute la 'politique' de Dieu qui, dès l'AT, et particulièrement dans le Christ et ses apôtres, se révèle passer par la faiblesse pour aboutir au salut des uns (ὑμᾶς) et à la gloire de Dieu (Bachmann, Héring). Cette proposition est une explicitation (γάρ) du σὺν ὑμῖν précédent: Paul n'a pas en vue sa gloire propre – comme d'autres – mais uniquement le bien des Corinthiens.

---

[1] Apoc. 7: 9, 15 – ainsi, la majorité des commentaires et Reicke, *art. cit.*, p. 839.

ἵνα ἡ χάρις πλεονάσασα…εἰς τὴν δόξαν τοῦ θεοῦ

Cette proposition est un vrai casse-tête, non pas parce qu'il serait impossible de lui trouver un sens, mais parce qu'on peut lui en trouver trop. Les quatre possibilités envisageables dépendent du fait que l'on considère que διά est suivi du génitif ou de l'accusatif et que le complément ainsi déterminé dépend de πλεονάσασα ou de περισσεύσῃ. On obtient ainsi – si διά est suivi du génitif:

(1) afin que la grâce, ayant été multipliée par (ou parmi) un plus grand nombre, fasse abonder l'action de grâce;[1]

(2) afin que la grâce, ayant été multipliée, fasse par (ou parmi) un nombre multiplié, abonder l'action de grâce.[2] Si διά est suivi de l'accusatif:

(3) afin que la grâce ayant été multipliée à cause de (ou par) l'action de grâce d'un plus grand nombre, abonde;

(4) afin que la grâce ayant été multipliée, abonde à cause de (ou par) l'action de grâce d'un plus grand nombre.

Il faut encore remarquer que, dans les deux derniers cas, περισσεύσῃ est intransitif. Or, ce verbe est généralement intransitif. Malheureusement – et contrairement à ce qu'essaie de démontrer B. Noack[3] – il est aussi parfois transitif (cf. Bauer, *Wörterbuch*, col. 1291, 2; 2 Cor. 9: 8; Eph. 1: 8 – où le relatif ἧς est un ἥν modifié par attraction – 1 Thess. 3: 12), ce qui ne permet pas d'éliminer les deux premières possibilités. Nous ferons donc les remarques suivantes:

(1) La phrase est pleine de redondances et de 'clichés'; il faut donc la mettre au compte du 'lyrisme' paulinien. Il faut, en effet, d'abord marquer les allitérations: πλεονάσασα–πλειόνων, χάρις–εὐχαριστίαν, περισσεύσῃ–εὐχαριστίαν. Ce dernier couple se retrouve d'ailleurs en 9: 12 et Col. 2: 7. De même, χάρις est le sujet de περισσεύω en Rom. 5: 15; 5: 20 (ὑπερπερισσεύω);

---

[1] Plummer, Windisch, Bachmann, Hughes.

[2] Lietzmann, Allo, Godet, Prümm; P. Joüon, 'Reconnaissance et action de grâce dans le NT', *RScR*, **29** (1939), p. 112–14. Ce dernier conteste la traduction de εὐχαριστία par 'action de grâce' et propose 'reconnaissance'. Le premier sens ne serait que dérivé et c'est le second qu'il faudrait accorder à nombre d'emplois néo-testamentaires.

[3] 'A note on 2 Cor. 4: 15', *StTh*, **17** (1963), p. 129–32. L'auteur ne pense pas que Paul a pu prononcer la phrase que nous avons sous les yeux, qui est une erreur du scribe (Paul dictant).

2 Cor. 8: 7; 9: 8; Eph. 1: 8. Le même χάρις est aussi sujet de πλεονάζω en Rom. 6: 1. Ce verbe se trouve aussi en Rom. 5: 20 déjà évoqué, d'où il apparaît que περισσεύω et πλεονάζω ont à peu près le même sens chez Paul.

(2) Il est peu probable, selon la théologie paulinienne, que la grâce puisse avoir une autre cause que l'amour désintéressé de Dieu.[1] C'est pourquoi il n'est pas vraisemblable que διά régisse εὐχαριστίαν (solutions d'ailleurs peu suivies par les exégètes). Restent donc la première et la seconde solutions. La première offre un sens satisfaisant (et une construction bien rythmée), à condition de ne pas rendre διά par 'par', mais par 'parmi', car on ne voit pas bien par quels 'plus nombreux' doit se répandre la grâce.

(3) Mais la seconde solution nous paraît aussi digne d'intérêt, parce qu'elle permet d'expliquer pourquoi Paul emploie ici le comparatif οἱ πλείονες.[2] Comme l'explique bien Godet, il s'agit de ceux (cf. l'article défini) qui ont été rendus plus nombreux par le πλεονάζειν de la grâce. Le but de Paul, et de toutes choses, est donc de transmettre toujours mieux l'abondance de la grâce,[3] afin que le nombre multiplié de ceux qui auront été touchés par elle rende grâce pour la plus grande gloire de Dieu.[4]

EN RÉSUMÉ

La clef de la construction qui précède – la 'théorie' de l'apostolat dans la faiblesse – est la foi. C'est par elle, insufflée par l'Esprit (v. 13, cf. 3: 6ss) que l'apôtre peut prêcher (λαλοῦμεν) malgré et à travers toutes les difficultés qui l'accablent. Toutefois, cette foi n'est pas vide, elle a un contenu (v. 14). Ce contenu est donné par la tradition – le v. 14 est pour

[1] Cf. W. Grundmann, 'Die Übermacht der Gnade. Eine Studie zur Theologie des Paulus', *NovTest* II (1958), p. 51–72.

[2] Cf. Blass–D. §244, 3.

[3] La χάρις paulinienne est le mouvement gratuit de Dieu vers l'homme, tel qu'il se manifeste dans l'histoire, particulièrement dans la croix; Conzelmann, *Grundriss*, p. 236s.

[4] Sur l'action de grâce – s'il ne faut pas traduire ici par 'reconnaissance' – cf. J. P. Audet, 'Esquisse littéraire', *RB*, **65** (1958), p. 371–99. Noter aussi la résonance polémique des derniers mots: δόξα τοῦ θεοῦ. La gloire n'appartient – du moins dans cet éon-ci – qu'à Dieu; à l'homme de rendre grâce, et non pas de 'rayonner de la gloire'.

l'essentiel une formule traditionnelle – et assure que la vie commencée ici-bas σὺν ʼΙησοῦ dans la faiblesse trouvera son accomplissement, toujours σὺν ʼΙησοῦ, mais cette fois-ci dans la gloire. Le but de la prédication apostolique dans la faiblesse est donc double: (1) assurer le 'salut' des Corinthiens et d'un nombre d'hommes sans cesse accru, (2) ce 'salut' consistant essentiellement à rendre gloire à Dieu et à Lui seul (v. 15).

CHAPITRE 10

CHRIST, LIEN ENTRE LA MISERE PRESENTE ET LA GLOIRE FUTURE, 4: 16–5: 1

(16) C'est pourquoi nous ne faiblissons pas; au contraire, si notre homme extérieur se délabre, notre (homme) intérieur se renouvelle de jour en jour. (17) En effet, la légère tribulation actuelle produit pour nous, à l'excès, un poids éternel de gloire, (18) à nous qui ne visons pas les choses visibles, mais les invisibles; en effet, les visibles sont pour un temps, les invisibles sont éternelles. (5: 1) Car nous savons que, si notre temple terrestre, qui est le corps, est détruit, nous avons de Dieu un édifice, un temple non fait de main d'homme, éternel, dans les cieux.

A. LE FIL DU DISCOURS

On sait les graves problèmes que pose l'interprétation de 5: 1–10. Si nous tenons au 'découpage' 4: 16 – 5: 1, c'est que nous voulons montrer que l'on ne peut véritablement comprendre 5: 1–10 – et en particulier 5: 1 – qu'en les considérant comme le prolongement 'naturel', sinon logique, de ce qui précède, notamment de 4: 16ss. Pour plus de précision sur cette question, nous renvoyons au point A de notre Introduction. Nous voulons par là combattre la tendance quasi unanime qui considère 5: 1–10 comme un morceau un peu étrange, apparaissant de façon mystérieuse et dans la lettre et dans la pensée paulinienne. Or, dans quelle perspective nous place le contexte? Paul est accusé de prêcher 'dans la faiblesse':

cette faiblesse, rétorque-t-il, qui se manifeste jusqu'au plus profond de moi-même, est nécessaire s'il s'agit vraiment de manifester la puissance *de Dieu* et de prêcher Jésus crucifié (4: 7–12). Toutefois, cette vie et cette prédication dans la faiblesse ne sont pas sans espérance, bien au contraire! Mais la vie, la gloire etc. – à l'encontre de ce que prêchent mes adversaires – sont en Dieu, dans le Christ et dans l'avenir.

L'apôtre est ainsi amené à évoquer: (1) le Christ et Dieu dans la gloire (v. 14–15); (2) la gloire des temps derniers (v. 17–18);

(3) s'opposant au 'délabrement' de 'l'homme extérieur' (v. 16); (4) ce qui permet de surmonter cette tension entre aujourd'hui et demain étant la foi dans le Christ vivant (v. 13+14+16). Etant donné, d'autre part, que 5: 1 est introduit par un γάρ qui le lie à ce qui précède et qu'on y retrouve l'adjectif αἰώνιος, qui apparaît deux fois en 4: 17s, il est vraisemblable que ces quatre points-là réapparaîtront d'une manière ou d'une autre dans 5: 1–10. Mais voyons d'abord dans quelle problématique on a l'habitude de comprendre notre passage.

B. LA PROBLÉMATIQUE TRADITIONNELLE DE (4: 16) 5: 1–10

Nul passage des Epîtres de Paul, croyons-nous, n'a été aussi mal compris que ce morceau (2 Cor. 5: 1–10)...Il est vrai que plusieurs versets y sont en eux-mêmes obscurs; mais les critiques, par leurs interprétations divergentes, en ont épaissi l'obscurité à l'envi. Comme c'est dans l'eau troublée qu'on pêche le mieux, chaque théoricien a bien prétendu en extraire une confirmation de son système général sur le caractère du paulinisme, et spécialement de l'eschatologie.

C'est ainsi qu'en 1937, Allo pensait pouvoir résumer l'état de la question (p. 134). Trente-cinq ans plus tard, malgré plusieurs études nouvelles, la situation ne semble guère avoir évolué.

S'il fallait d'un mot caractériser le débat, ou les débats instaurés à propos de ces versets, il nous faudrait le faire par ce slogan: cohérence ou incohérence? homogénéité ou hétérogénéité?

Le postulat que tout le monde admet,[1] c'est qu'il s'agit dans notre texte d'eschatologie, des 'fins dernières'. Seulement, comparant ce discours sur l'eschatologie avec les textes classiques de 1 Thess. 4 et 1 Cor. 15, faut-il voir en 2 Cor. 5: (a) une identité fondamentale entre ces textes, les divergences n'étant que de points de vue?[2] (b) ou, au contraire, une opposition fondamentale entre ces textes?

[1] Si ce n'est, peut-être (mais plutôt maladroitement) G. Wagner, 'Le tabernacle et la vie "en Christ". Exégèse de 2 Cor. 5: 1–10', *RHPR* (1961), p. 379–93.

[2] Ainsi, par exemple, Mundle, 'Das Problem des Zwischenzustandes in dem Abschnitt 2 Kor. 5: 1–10', in *Festgabe für A. Jülicher* (1927), p. 93–109; Masson, 'Immortalité de l'âme ou résurrection des morts', *RThPh* (1958), p. 250–67; Hoffmann, *Die Toten in Christus* (Munster, 1966), p. 253–85.

Alors que, dans 1 Thess. 4 et 1 Cor. 15, Paul ne considérait – ces deux épîtres étant antérieures à 2 Corinthiens – que la Parousie, en 2 Cor. 5, il a en vue le sort de ceux qui meurent avant la Parousie : leur état 'intermédiare' entre la mort et la résurrection est caractérisé par la 'proximité' du Seigneur (v. 8). A ce groupe de thèses, souvent très nuancées, vient s'adjoindre parfois l'hypothèse selon laquelle Paul se serait attaqué à ce problème de l'état intermédiare à la suite des événements d'Asie (2 Cor. 1 : 8) : jusque là, il espérait bien être de ceux que la Parousie surprendrait vivants ; à partir de là, il n'en est plus si sûr, d'où son intérêt pour ce qui se passera entre la mort et la résurrection.[1]

A ce stade du débat, on ne peut d'ailleurs pas encore parler d'incohérence ou d'hétérogénéité, tout au plus d'une évolution bien compréhensible. Mais la question se complique lorsqu'on essaie de caractériser l'expression du nouveau point de vue paulinien : Paul ne trouvant pas de réponse au problème qui le hante maintenant, dans le judaïsme, ou même dans le christianisme, se tourne vers 'l'eschatologie' hellénistique – platonicienne ou gnostique – décrivant l'âme qui quitte le corps dès la mort de l'homme.[2] Il est, par là-même, amené à accepter plus ou moins clairement l'anthropologie hellénistique et sa séparation à l'intérieur de l'homme entre corps et âme.

Pourtant, toutes les données du texte de 2 Cor. 5 : 1–10 ne se prêtent pas aussi facilement à cette flexion ; aussi a-t-on imaginé que, tout en 'flirtant' avec l'hellénisme, Paul ne pouvait renier sa nature profondément juive et chrétienne. C'est ainsi que Schmithals[3] admet que Paul a si maladroitement utilisé le vocabulaire gnostique qu'il n'a guère pu trouver d'audience.

[1] C'est cette thèse qui, de loin, a la plus large audience et que l'on retrouve dans maints articles ou textes sur l'eschatologie néo-testamentaire. Citons, parmi ceux qui n'ont pas consacré d'étude particulière à notre texte : Cullmann, *Christ et le Temps*[2] (Paris, 1957), p. 172ss ; Cerfaux, *Le chrétien dans la théologie paulinienne* (Paris, 1962), p. 184s ; Prümm, I, p. 167–74 ; II, p. 659–82 ; Carrez, *op. cit.*, p. 145–64. Une des plus fortes objections, ne reposant pas sur 2 Cor. 5 même, que l'on a faite à cette thèse est que la perspective de la Parousie est loin d'être absente dans les lettres suivantes, notamment dans l'épître aux Romains.

[2] Ce point de vue est, naturellement, rejeté par ceux qui refusent de voir une modification nette dans l'eschatologie paulinienne : Paul emprunte en 2 Cor. 5 son langage au judaïsme. Ainsi, Davies, *Paul and rabbinic Judaism* (Londres, 1948), p. 284–320.   [3] *Die Gnosis*, p. 223ss.

La thèse 'classique' dans l'exégèse moderne est représentée en particulier par Héring.[1] On peut, sans trop la caricaturer, la présenter ainsi: dans 2 Cor. 5: 1–10, l'hellénisation de la pensée est suivie d'une judaïsation de cette hellénisation, elle-même suivie d'une christianisation. En effet, si Paul accepte l'idée d'une séparation de l'âme du corps à la mort, cette perspective, loin de le réjouir, comme c'est le cas pour un Grec, l'effraie (v. 3); cela provient de son 'fond' juif. Puis il surmonte cette crainte en faisant appel au christianisme: l'âme attendant la résurrection se trouvera auprès du Seigneur. Il faut donc, en fin de compte, se réjouir quand même de la mort (v. 8).

C'est à ce niveau surtout que l'on peut parler d'incohérence ou d'hétérogénéité. Cette thèse a été particulièrement bien servie par Windisch. Après avoir produit bon nombre de 'parallèles' de l'histoire des religions, il en arrive à conclure: 'L'eschatologie de Paul n'a pas d'unité; elle est, au contraire, un amas de conceptions hétérogènes, d'une part, de fragments qui se complètent, d'autre part.' Paul est alors compris comme une sorte de jardinier qui composerait un bouquet personnel, en piquant, de-ci de-là, une fleur dans les bouquets des autres, ce qui a souvent pour effet des assemblages assez malheureux, i.e. des contradictions à l'intérieur de sa pensée; fait bien compréhensible d'ailleurs, Paul 'n'étant pas un dogmaticien, mais un homme des traditions, de l'intuition et de l'impulsion'.

C'est dans la même catégorie de travaux qu'il faut ranger – tant par la méthode que par les conclusions – la minutieuse étude du Père Dupont.[2] 'Au point de vue des idées, ce contexte littéraire a trait au problème du sort de l'âme lorsqu'elle se sépare du corps...Il semble ainsi que c'est l'hellénisme qui a fait, pour un instant, que Paul a considéré le problème de la mort et de notre sort après la mort en-dehors de la perspective de la Parousie' (p. 164–5). Toutefois,

la conception que révèle 2 Cor. 5: 6–9 n'est pas en contradiction avec certaines vues du judaïsme contemporain et s'harmonise parfaitement avec une manière de voir qui était assez courante dans le christianisme primitif. Mais cet accord foncier ne suffit pas à prouver une dépendance immédiate (p. 169).

[1] Cf. aussi 'Entre la mort et la résurrection', *RHPR* (1960), p. 338–48. C'est aussi la thèse que l'on trouve, entr'autres, chez Cullmann.
[2] ΣΥΝ ΧΡΙΣΤΩΙ, p. 135–70.

L'épreuve récente a sensibilisé Paul à la manière dont l'hellénisme envisage le problème de la mort et à la réponse que l'en lui ont donnée les penseurs grecs... Ces événements lui font envisager le problème sous un angle nouveau, et c'est à l'hellénisme qu'il a emprunté la réponse adéquate (p. 170).

Ce qui mène Dupont à conclure: 'La théologie a retenu cet aspect individuel de la doctrine de St Paul sur les fins dernières' (p. 191).

Les problèmes étant ainsi cernés, il nous faut maintenant passer au texte lui-même.

C. LE VERSET 16

Διὸ οὐκ ἐγκακοῦμεν

De même qu'en 4: 1 après 3: 18, l'évocation du but vers lequel tend l'action de l'apôtre – la gloire – le fait écarter toute tentation de découragement; malgré les doutes que peut susciter en lui-même (il souffre!) et autour de lui (les reproches des Corinthiens) sa manière d'évangéliser, celle-ci est la bonne et c'est pourquoi il tient bon.

εἰ καὶ ὁ ἔξω ἡμῶν ἄνθρωπος διαφθείρεται

L'origine de l'expression ὁ ἔξω ἄνθρωπος et son opposition à ἔσω ἄνθρωπος ne fait aucun doute: il s'agit d'expressions de provenance hellénistique, courantes dans le langage philo-sophique et religieux des contemporains de Paul. On les trouve déjà chez Platon (*Rep.* IX, 589a), puis chez Philon, dans le stoïcisme, dans la gnose etc.[1] L'opposition même entre intérieur et extérieur de l'homme est présente aussi, sous une forme différente, dans le judaïsme (Strack–B., III, p. 517; cf. Mc. 7: 21; Luc 11: 39).

Paul reprend donc cette manière courante de s'exprimer, et ce n'est pas la seule fois. En effet, si ὁ ἔξω ἄνθρωπος n'apparaît qu'ici chez lui, on retrouve ὁ ἔσω ἄνθρωπος en Rom. 7: 22 (cf. Eph. 3: 16 et 1 Pi. 3: 4). Paul donne-t-il à l'expression le même sens les deux fois? Quel sens lui attribue-t-il ici? En effet,

---

[1] On trouvera tous les textes intéressants chez Windisch et Bachmann et in J. Jeremias, *art.* 'ἄνθρωπος', *ThWNT*, I (1933), p. 366; Behm, *art.* 'ἔσω', *ThWNT*, II (1935), p. 696.

si tout le monde est d'accord pour voir en Rom. 7: 22 l'homme en tant que sujet, que νοῦς, désirant le bien, certains voient en 2 Cor. 4: 16 non pas un concept anthropologique neutre, mais l'homme nouveau, régénéré par le baptême, le Christ qui croît dans le chrétien.[1]

Or, comme l'a fort bien montré B. Rey,[2] les concepts d'homme nouveau et d'homme intérieur sont deux choses essentiellement différentes. 'L'homme intérieur désigne l'homme comme être conscient, en ses aspirations profondes. De soi, c'est une réalité neutre, n'impliquant pas tendance au péché, mais n'étant pas non plus un principe de vie bonne' (p. 155). Toutefois, Paul envisageant l'homme dans sa relation avec Dieu, il distingue deux étapes dans cette relation: avant et après Christ, d'où les désignations de vieil homme et d'homme nouveau. Ainsi,

l'homme ancien et l'homme nouveau sont deux états de l'homme intérieur: la catégorie grecque est repensée selon la dimension temporelle – eschatologique – du message biblique. Mais l'antithèse homme ancien – homme nouveau recouvre plus que la notion d'homme intérieur; elle englobe l'homme extérieur, d'abord condamné à mort, ensuite associé à la résurrection glorieuse. Un Grec dirait que l'homme extérieur doit disparaître. Pour Paul, il doit se renouveler lui aussi, tout comme l'homme intérieur, à la résurrection (p. 156).

Dès lors, ὁ ἔσω ἄνθρωπος n'est qu'une autre désignation de ce que Paul a appelé jusqu'ici καρδία, lieu de l'œuvre de l'Esprit et de la conformation au Christ. Cette équation n'est pas seulement recommandée par le contexte de notre épître, mais encore par l'examen d'Eph. 3: 16s et par l'expression de 1 Pi. 3: 4: ὁ κρυπτὸς τῆς καρδίας ἄνρθωπος (cf. Rom. 2: 29).

Ainsi, Paul oppose à nouveau son attitude à celle de ses adversaires, qui se préoccupent par trop du ἔσω ἄνθρωπος (cf. Güttgemanns, op. cit., p. 115). Il n'est même pas impossible – vu le sens péjoratif donné dans l'hellénisme à cette 'partie' de l'homme – que Paul emploie cette expression à dessein: ces

---

[1] Gal. 2: 20 – Larsson, op. cit., p. 199s; Conzelmann, Grundriss, p. 202; Héring, Lietzmann, Wendland.

[2] Op. cit., p. 147–56. Même sentiment chez Allo, Hughes, Plummer, Godet, Bachmann.

adversaires ont beau dire, ils ont beau faire peu de cas de la
'matière', ils n'en ont que pour elle.[1]

ἀλλ' ὁ ἔσω ἡμῶν ἀνακαινοῦται ἡμέρᾳ καὶ ἡμέρᾳ

Le verbe ἀνακαινόω et le nom ἀνακαίνωσις apparaissent pour
la première fois dans toute la littérature grecque chez Paul.
Ici, opposé à διαφθείρω et qualifié par ἡμέρᾳ καὶ ἡμέρᾳ,[2] ἀνακαινόω n'indique pas un processus linéaire, mais le fait que, jour
après jour, l'apôtre reçoit de la grâce de Dieu les forces nécessaires pour mener à bien sa tâche, quelles que soient les
circonstances où il se trouve.

D. LE VERSET 17

τὸ γὰρ παραυτίκα ἐλαφρὸν τῆς θλίψεως (ἡμῶν)

L'adverbe παραυτίκα (hapax du NT), signifiant 'aussitôt', 'sur
le champ', peut se trouver placé entre l'article et le nom qu'il
qualifie alors comme 'présent', 'actuel'. Il ne s'agit donc pas
tant d'une tribulation 'momentanée' ou 'de peu de durée'[3] que
de la tribulation subie par l'apôtre présentement.[4] Paul insiste
donc surtout sur la légèreté (τὸ ἐλαφρόν) de cette tribulation.
L'adjectif, employé nominalement au neutre, est d'un bon grec,
mais cette constatation n'est pas suffisante pour déceler ici une
influence de la pensée hellénistique sur Paul (Dupont, p. 130s),
surtout que cette 'pureté exceptionnelle de la langue' est vite
ternie par la lourdeur de καθ' ὑπερβολὴν εἰς ὑπερβολήν. Au
contraire, c'est dans un domaine biblique et juif que nous place
le terme de θλῖψις évoquant les tribulations du juste souffrant et

---

[1] Contrairement donc à ce qu'on affirme souvent (cf. Dupont, op. cit.,
p. 127ss), Paul ne reprend pas ici l'antithèse de 4: 7ss.
[2] L'expression est un hébraïsme, traduisant יוֹם וָיוֹם: Est. 3: 4; Ps. 68: 20.
Cf. Blass-D. §200, 1; Bauer, Wörterbuch, col. 686.
[3] Dupont, op. cit., p. 130s; Godet; cf. Strachan, Héring.
[4] Cf. Bachmann, qui donne de nombreux exemples où παραυτίκα est
opposé à τὸ ἔπειτα ou τὸ μέλλον. Quelques manuscrits (D*, G, 104)
ajoutent πρόσκαιρον καί après παραυτίκα, ce qui montre bien que la notion
de 'courte durée' attachée à l'adjectif πρόσκαιρος (cf. v. 18) ne l'est pas à
παραυτίκα d'où la glose de ces manuscrits. (On ne peut donc pas dire qu'ici
Paul pense à sa mort ou à la Parousie, comme Godet.) Par contre, le ἡμῶν
suivant θλίψεως est attesté par la majorité des manuscrits et pourrait bien
être original.

du peuple de la fin des temps. Le fruit de la foi (cf. v. 13s) est que ces épreuves, qui conduisent à la mort, sont assumées comme légères (cf. Mt. 11: 30, seul autre exemple de ἐλαφρός dans le NT). Cette métaphore de la légèreté a été suggérée à l'apôtre par la signification hébraïque, contenant une notion de poids, du mot δόξα (כבוד) qu'il va évoquer. La pensée est donc: 'nos tribulations ne sont rien face à la gloire qui nous attend (cf. Rom. 8: 18!)'. Mais *kabod* évoquant la lourdeur, le poids, par antithèse, la souffrance présente est qualifiée de légère.

καθ' ὑπερβολὴν εἰς ὑπερβολὴν κατεργάζεται ἡμῖν

Paul emploie relativement fréquemment le verbe κατεργάζομαι (sur 22 usages dans le NT, 20 sont dus à sa plume), surtout dans notre épître et l'épître aux Romains (cf. Rom. 7: 14ss). Il donne presque toujours à ce verbe un sens éthico-religieux, que l'on fasse le bien (Rom. 7: 13; 5: 3) ou le mal (Rom. 1: 27; 2: 9; 1 Cor. 5: 3). Ici, c'est l'épreuve qui 'fait', qui prépare à l'apôtre de la gloire. Il serait toutefois faux de comprendre par là une sorte de 'doctrine des mérites', la souffrance entraînant automatiquement une récompense céleste. Cette idée est d'abord exclue par tout le contexte et aussi par le complément καθ' ὑπερβολὴν εἰς ὑπερβολήν. En effet, s'il est certain que le sens de cette expression est un peu problématique et indique l'excès incommensurable de la gloire à venir, les prépositions ne sont quand même pas là par hasard: selon l'excès et vers l'excès. Ὑπερβολή est une des caractéristiques de l'action transcendante de Dieu (4: 7; 3: 10), particulièrement dans la manière où – dans l'alliance nouvelle – il fait éclater à travers la faiblesse de ses serviteurs sa puissance et sa gloire; καθ' ὑπερβολήν signifie donc 'selon une mesure qui n'est pas la nôtre, dépassant nos possibilités' et εἰς ὑπερβολήν indique le but vers lequel tend l'histoire de l'apôtre (et des chrétiens; cf. 2: 16 et 3: 18), donnant ainsi une dimension historique et eschatologique à la pensée. Il n'y a donc aucun automatisme dans la 'production' de la gloire par la souffrance; il se trouve seulement que, mystérieusement, incompréhensiblement, la fin de la faiblesse est la puissance, de la tribulation l'excès de gloire.[1]

[1] On pourrait aussi lier καθ' ὑπ. à ce qui précède: 'tribulations excessives' et εἰς ὑπ. à ce qui suit, mais c'est peu probant.

αἰώνιον βάρος δόξης

Le mot important de l'expression est δόξα, ce qui montre bien que Paul ne perd pas de vue le motif de la polémique : comme au chapitre trois, la δόξα n'est pas pour lui un bien immédiatement 'tangible' et monnayable dont les apôtres pourraient se prévaloir, elle est le bien de Dieu, mystérieusement présente dans l'action de l'Esprit et pour la foi, mais ne devenant 'possession' de l'homme qu'à la fin des temps. C'est ce dernier trait que marque l'adjectif αἰώνιος (appartenant à un éon autre que celui-ci, à venir), par opposition à παραυτίκα. Quant à βάρος – poids – s'opposant à ἐλαφρός – légèreté – nous avons déjà dit, à propos de ce dernier terme, qu'il était dû au lien particulier de la *kabod* hébraïque avec la notion de poids.

A. LE VERSET 18

μὴ σκοπούντων ἡμῶν

Ce génitif absolu, se rapportant au datif ἡμῖν, est un peu insolite (Blass–D., §423, 5). D'après Plummer, de telles constructions sont fréquentes dans les papyrus. La liaison avec le verset précédent n'est pas tant conditionnelle, causale ou consécutive, mais explicative : 'à nous qui ne visons pas...' (Godet, Tasker, Bachmann).

Le verbe σκοπέω ne se trouve – à l'exception de Luc 11 : 35 – que chez Paul dans le NT.[1] En contraste avec βλέπω, il ne signifie pas simplement voir ou regarder, mais porte encore une notion de jugement, d'acuité, et de but. Il faut donc comprendre ici que le regard de l'apôtre est tendu, soit pour un jugement (discerner entre les choses valables et celles qui ne le sont pas), soit vers un but (la Parousie).

τὰ βλεπόμενα ἀλλὰ τὰ μὴ βλεπόμενα

Deux interprétations sont ici possibles : Paul oppose soit les biens eschatologiques à venir à ce que nous voyons dans cet éon-ci, soit, dès maintenant, les réalités sensibles et 'matérielles' à ce qui se passe à l'intérieur de l'homme, ou dans les mondes

[1] Fuchs, *art.* 'σκοπός, σκοπέω κ.τ.λ.', *ThWNT*, vii (1964), p. 415–19.

angéliques invisibles. A la première interprétation s'attache la majorité des commentateurs (cf. surtout Kümmel) – il faut alors donner à σκοπέω le sens de 'tendre son regard vers un but'; à la seconde, Michaelis[1] et Fuchs[2] – σκοπέω signifie alors 'discerner', 'juger'. Cette dernière possibilité s'appuie, bien sûr, sur l'antithèse du v. 16 ('homme intérieur – homme extérieur') et elle aurait l'intérêt de correspondre à la polémique cœur – apparence, si importante pour notre épître. Aussi, ne faut-il pas l'écarter absolument. Mais il ne nous semble pas concevable que Paul ait pu dire de l'homme intérieur – différent de l'homme nouveau – qu'il soit éternel (αἰώνια). De plus, entre le v. 16 et notre verset, se trouve le v. 17, qui a manifestement orienté la pensée vers le futur (cf. aussi v. 14). Cela est d'autant plus certain, d'ailleurs, que le même verbe βλέπω se trouve attaché au monde futur en Rom. 8: 24s (cf. 1 Cor. 13: 12 et 2 Cor. 5: 7). C'est donc parce que l'apôtre – et aussi l'ensemble des chrétiens, dans le cas précis – ont une espérance, un but vers lequel porter leurs regards (la communauté glorieuse avec le Seigneur), que la tribulation présente est assumée comme légère.

τὰ γὰρ βλεπόμενα πρόσκαιρα, τὰ δὲ
μὴ βλεπόμενα αἰώνια

L'adjectif πρόσκαιρος n'indique pas tellement un caractère de moindre valeur des choses ici-bas, mais le fait que leur durée est limitée et qu'elles sont destinées à disparaître pour céder la place à un monde nouveau, où sera pleinement réalisée la communion avec Dieu, le Christ et les uns avec les autres, monde appelé, lui, à demeurer éternellement (αἰώνια, cf. *ad* 5: 1).

F. LE VERSET I DU CHAPITRE 5
Les thèses en présence

On a fait recouvrir aux termes de ce verset des réalités bien différentes.

Ainsi, si tout le monde s'accorde à voir dans la 'maison de la tente' une réalité passagère, appelée à disparaître à un moment

[1] *Art.* 'ὁράω, εἶδον, βλέπω κ.τ.λ.', *ThWNT*, v (1954), p. 349s.
[2] Fuchs, *art. cit.*, p. 416s.

ou à un autre, les avis divergent dès qu'il s'agit de préciser un peu la nature de cette réalité. S'agit-il du corps que Paul, influencé par l'hellénisme ou par la gnose, opposerait à l'âme? C'est là la thèse la plus généralement admise aujourd'hui.

Pour ceux qui – comme Davies (*op. cit.*) – ne reconnaissent pas ici une hellénisation de la pensée paulinienne, il faut voir dans cette expression, la personne individuelle (corps et âme), mais telle qu'elle est appelée à disparaître avec cet éon-ci.

Mais on s'est même aventuré plus loin. Ainsi, Ellis,[1] prenant les thèses de Robinson sur le *sôma*, prétend que: 'la maison de la tente ne désigne pas d'abord le moi individuel (quoique ce sens-là soit inclus), mais toute l'humanité *en Adam*, dont la corporéité est placée sous le signe de la mort' (p. 218). Enfin, G. Wagner,[2] rejetant les interprétations par trop 'substantialistes', a essayé de montrer que ἐν τῷ σκήνει était équivalent à ἐν Χριστῷ: la οἰκία τοῦ σκήνους ne désignerait donc pas une chose (le corps), mais une manière d'être, à savoir le pélerinage du chrétien ici-bas.

Le second terme de l'image – la demeure céleste – a, moins encore que le premier, provoqué l'accord des exégètes.[3] Les uns, assez rares aujourd'hui, pensent qu'il s'agit de la béatitude céleste dans laquelle le croyant entre après la mort.[4] D'autres, comme Reitzenstein (*op. cit.*, p. 355s), y voient un corps spirituel intermédiaire.[5] Se fondant sur le *Poimandrès*, ce dernier distingue trois corps: le corps terrestre, que l'on quitte au moment du trépas; une sorte de vêtement spirituel, correspondant à l'homme intérieur de 4: 16, reçu au baptême, porté sous notre vêtement périssable, et que nous gardons par-delà la tombe; enfin, un corps pneumatique définitif, revêtu lors de la résur-

---

[1] '2 Corinthians 5: 1–10 in Pauline eschatology', *NTS*, **6** (1959–60), p. 211–24.

[2] 'Le tabernacle et la vie "en Christ".'

[3] Sur les différentes interprétations de la demeure céleste, cf. Feuillet: 'La demeure céleste et la destinée des chrétiens. Exégèse de 2 Cor. 5: 1–10 et contribution à l'étude des fondements de l'eschatologie paulinienne', *RScR* (1956), p. 161–92 et 360–402.

[4] Ainsi, actuellement encore, Bonsirven, *L'Evangile de Paul* (Paris, 1948), p. 313–15.

[5] Pour Schlatter, l'assurance de la résurrection apportée en 1 Cor. 15 aurait provoqué la question suivante: 'Mais, si on meurt avant la Parousie?' Ce à quoi Paul répond ici: 'On a quand même une demeure céleste, un état intermédiaire.'

rection finale. Davies (*op. cit.*, p. 318) adopte une position assez semblable puisque, selon lui, pour Paul, le *olam-ha-ba*, le siècle à venir, ayant déjà commencé, il ne peut plus être question d'un nouvel état intermédiaire (entre la mort et la résurrection) où le chrétien serait 'disembodied', privé de corps.

Toutefois, la grande majorité des exégètes voient dans la οἰκοδομή ἐκ θεοῦ le corps glorieux de résurrection dont il est parlé dans 1 Cor. 15, encore que l'accord ne soit pas fait en ce qui concerne le moment de sa réception : immédiatement après la mort (Windisch, Wendland, Bonsirven), ou lors de la Parousie.

Une nouvelle thèse a été avancée par J. A. T. Robinson[1] dans l'étude déjà citée : le corps céleste qui nous attend est celui du Christ, i.e. 'non pas un moi individuel, mais un corps marqué par la solidarité de l'univers recréé en Christ' (p. 78). Cette thèse a été reprise avec d'importantes modifications par Feuillet (*art. cit.*) en 1956 et en 1960 par Ellis (*idem*), qui accepte, en gros, les conclusions de Robinson à ce sujet. Elle n'a pourtant – jusqu'ici et à notre connaissance – guère convaincu, puisqu'aussi bien Wagner et Prümm l'ignorent. Berry,[2] lui, ne connaît que trop les positions de Robinson, mais c'est pour s'y opposer fortement.

Afin de pouvoir nous-même trancher, il nous faut aborder de plus près le texte lui-même.

γάρ

Cette conjonction est importante, car elle marque bien qu'on ne peut dissocier 5 : 1 de ce qui précède : il y a relation de cause à effet entre ces deux ensembles.

οἴδαμεν

Nous savons. Il est bien évident que le contenu de ce savoir étant donné dans la suite du verset, il est *a priori* un peu vain de disserter sur les différentes possibilités de sens qu'offre le verbe οἶδα.[3] Mais (nous l'avons vu), la détermination de ce

---

[1] Il n'est pas impossible que ce soit Riesenfeld qui, le premier, ait entrevu cette interprétation. 'La descente dans la mort', in *Mélanges Goguel* (Paris, 1950), p. 207ss.

[2] 'Death and Life in Christ. The meaning of 2 Cor. 5 : 1–10', *ScJTh* (1961), p. 60–76 (p. 62).

[3] Cf. Seesemann, *art.* 'οἶδα', *ThWNT*, v (1954), p. 120–2.

contenu étant des plus délicates, il peut ne pas être inutile de nous arrêter un peu sur ce mot.

Et, tout d'abord, de qui s'agit-il lorsque Paul dit 'nous'? Sommes-nous en présence d'un nous exclusif (Paul parle de lui-même) ou d'un nous inclusif (il s'agirait autant de tous les chrétiens que de lui-même; Allo, Hoffmann, *op. cit.*, p. 268)? Le problème n'est pas sans importance car, selon la solution qu'on y apporte, la suite du verset est à comprendre comme une sorte de révélation nouvelle et particulière, 'une sorte de savoir intuitif ou divin', transcendant l'expérience et que Paul révèlerait, à la manière d'un prophète,[1] ou comme l'accrochage que Paul amorce, soit avec des opposants helléniques ou gnostiques (Bultmann, Schmithals[2]), soit avec de simples judéo-chrétiens férus d'apocalyptique juive (Héring).

Nous avons déjà traité de ce problème en 2: 14, où nous avons conclu que le 'nous', dans notre section, était essentiellement apostolique. Toutefois, en 3: 18, nous avons décelé un 'nous' inclusif, se rapportant à tous les chrétiens. Il en est de même en 4: 14, où le même verbe οἶδα introduit une formule traditionnelle. Nous dirons donc ceci: (1) Paul s'attache essentiellement à décrire sa situation propre dans notre verset et dans ceux qui suivent, comme c'est le cas dans tout notre passage; (2) mais, il n'est pas exclu que, pour ce faire, il recoure à une formule traditionnelle ou à un fait bien connu de ses lecteurs. 'Nous savons' aurait donc un double sens: 'je sais, moi, en ce qui me concerne..., mais vous le savez aussi, puisque...'.

Prümm (*op. cit.*, I, p. 40 et 174) a relevé, de plus, un certain nombre de 'Wissensformeln' dans les sept premiers chapitres de notre épître: 1: 7; 4: 14; 5: 1; 5: 6, 11, (16). Paul se servirait, en quelque sorte, de ces 'formules' pour authentifier son apostolat: la foi s'appuie sur une tradition objective et lui, Paul, n'invente rien; les arguments qu'il invoque en faveur de son apostolat sont bien connus de ses lecteurs. Cette interprétation

[1] Cf. Plummer et Windisch (p. 174–5) qui rallient les positions de Menzies et Bousset. Il s'agirait là d'une révélation particulière, dont Paul ferait part; bouleversé par les événements d'Asie, il aurait, dans ses nombreuses prières d'alors, questionné le Seigneur sur son sort. Ce dernier lui aurait alors révélé ce dont notre passage serait l'écho, cette révélation, selon Windisch, se faisant à travers un thème courant du christianisme primitif.

[2] Bultmann, *Exegetische*, p. 2–12; Schmithals, *Die Gnosis*, p. 223–36.

n'a d'ailleurs rien d'original et est adoptée par un grand nombre d'auteurs.[1]

Il nous faut donc maintenant – si notre hypothèse est la bonne – essayer de déterminer à quel contexte traditionnel Paul se réfère ici. Un fait frappe alors à première vue; la concordance de notre verset, en trois de ses termes, avec Mc. 14: 58. Marc nous y rapporte l'accusation que de faux témoins portent contre Jésus: 'Nous lui avons entendu dire, affirment-ils: "Je détruirai (καταλύσω) ce temple (τὸν ναὸν τοῦτον) fait de main d'homme (χειροποίητον) et, en trois jours, j'en bâtirai (οἰκοδομήσω) un autre, non fait de main d'homme (ἀχειροποίητον)".' Les trois termes καταλύω, οἰκοδομέω–οἰκοδομή, χειροποίητος–ἀχειροποίητος se retrouvent textuellement dans notre texte.[2]

Un rapide examen de ces trois termes nous permettra de préciser la dépendance éventuelle de 2 Cor. 5: 1 vis-à-vis de ce *logion* et le sens qu'il faut leur donner ici.

L'adjectif ἀχειροποίητος ne se trouve, dans le NT, que dans nos deux textes (ce qui est assez troublant) et dans Col. 2: 11, appartenant, sans doute, à un autre contexte – il s'agit de la circoncision spirituelle; cf. Eph. 2: 11 – mais qui n'en oppose pas moins l'ancienne alliance à la nouvelle.

La même constatation s'impose lorsqu'on se tourne vers l'adjectif simple χειροποίητος, fréquent dans la LXX pour qualifier les idoles (Lév. 26: 1, 30; Es. 2: 8; 10: 11). On le trouve six fois dans le NT, dont une fois à nouveau pour désigner la circoncision de l'ancienne alliance (Eph. 2: 11). Les cinq autres épithètes qualifient chaque fois le temple 'fait de main d'homme' dans lequel le Dieu de la nouvelle alliance n'habite plus. Ainsi, dans Mc. 14: 58, dans le discours d'Etienne (Act. 7: 48): 'Mais le Très-Haut n'habite pas dans ce qui est fait de main d'homme, comme le dit le prophète...'; le discours de Paul à l'Aréopage (Act. 17: 24): 'Le Dieu qui a fait

---

[1] Feuillet, p. 313; Ellis, p. 213; Bultmann, *Exegetische*, p. 8; Wagner, p. 381; Héring, Windisch, L. Brun, 'Zur Auslegung von 2 Kor. 5: 1–10', *ZNW* (1929), p. 208ss.

[2] Sur ce *logion* et ses développements dans la tradition, cf. – outre les différents commentaires – Schrenk, *art*. 'Ἱερόν', *ThWNT*, III (1938), p. 230–47; Michel, *art*. 'ναός', *ThWNT*, IV (1942), p. 884–95; M. Simon, 'Retour du Christ et reconstruction du Temple dans la pensée chrétienne primitive', in *Mélanges Goguel* (1950), p. 247–57; Selwyn, *The First Epistle of St Peter*[2] (Londres, 1947); p. 286–91; Congar, *Le mystère du Temple*[2] (Paris, 1963), p. 139–80.

le monde et tout ce qui s'y trouve, étant le Seigneur du ciel et de la terre, n'habite pas dans les temples faits de main d'homme.' Particulièrement intéressant est, à cet égard, l'emploi que l'épître aux Hébreux fait de notre adjectif: 'Mais Christ est venu comme souverain sacrificateur des biens à venir; il a traversé le tabernacle qui n'est pas construit de main d'homme (διὰ τῆς σκηνῆς οὐ χειροποιήτου)..., c'est-à-dire qui n'est pas de cette création' (9: 11), et: 'Car Christ n'est pas entré dans un sanctuaire fait de main d'homme (εἰς χειροποίητα ἅγια)' (9: 24).

Le verbe καταλύω se trouve dix-sept fois dans le NT, dont trois fois seulement chez Paul. C'est dire que ce n'est pas là un verbe particulièrement cher à l'apôtre.

Il est remarquable, par ailleurs, que, dans huit cas sur ces dix-sept (neuf, si on inclut 2 Cor. 5: 1), il est employé dans un contexte qui se rapporte à la parole de Jésus sur le Temple.

(1) Au début de la petite apocalypse synoptique, Jésus répond à un des disciples qui admire les pierres et les constructions du Temple (οἰκοδομάς): 'Voit-tu ces grandes constructions? Il ne restera pas pierre sur pierre qui ne soit détruite (καταλυθῇ)': Mc. 13: 2 = Mt. 24: 2 = Lc. 21: 6 (καταλυθήσεται).

(2) Dans le texte déjà cité du faux témoignage contre Jésus, où Marc l'associe à χειροποίητος–ἀχειροποίητος: Mc. 14: 58 = Mt. 26: 61.

(3) Cette parole est reprise dans la moquerie que les passants adressent à Jésus sur la croix: 'Hé, toi qui détruis le temple et qui le rebâtis en trois jours (ὁ καταλύων τὸν ναὸν καὶ οἰκοδομῶν ἐν τρισὶν ἡμέραις)': Mc. 15: 29 = Mt. 27: 40.

(4) C'est au même contexte qu'appartient Act. 6: 14, où l'on voit Etienne accusé de propager la prédiction du Nazaréen selon laquelle il détruirait ce lieu (οὗτος καταλύσει τὸν τόπον τοῦτον). Ce qui suit: 'et changera les coutumes que nous a données Moïse' est une interprétation intéressante de la parole du Christ. Elle nous aidera peut-être à comprendre un peu mieux 2 Cor. 5: 1, mais aussi à nous demander si le double usage que Matthieu fait de καταλύω en Mt. 5: 17 ('je ne suis pas venu détruire – καταλῦσαι – la loi et les prophètes') n'est pas aussi en dépendance de la parole de Jésus sur le Temple.[1]

---

[1] Toutefois, le verbe est fréquemment employé au sens figuré en grec. On renverse ou abolit le pouvoir, la royauté, les lois (τοὺς νόμους).

Les deux emplois propres à Luc (9: 12 et 19: 7) ne peuvent nous éclairer, car καταλύω y a le sens très particulier de 'laisser aller', 'congédier'. Le double emploi qui se trouve en Act. 5: 38–9, s'il offre peu de rapports avec Mc. 14: 58, offre ce parallèle intéressant avec 2 Cor. 5: 1 qu'on y oppose une œuvre d'hommes (ἐξ ἀνθρώπων) qui ne peut qu'être détruite, à l'œuvre que rien ne saurait détruire, de Dieu (ἐκ θεοῦ).

Enfin, dans les trois textes où Paul fait usage de notre verbe, il l'associe à οἰκοδομή ou οἰκοδομέω (Rom. 14: 20; Gal. 2: 18 et 2 Cor. 5: 1). Ces trois textes ont, bien sûr, des sens sensiblement différents; notons pourtant que l'œuvre de Dieu (τὸ ἔργον τοῦ θεοῦ) qu'il ne faut pas détruire est la οἰκοδομή, l'édification réciproque (Rom. 14: 19–20) et que, dans Gal. 2: 18, les choses que Paul, disciple du Christ, a détruites sont celles de la Loi (v. 19).

On peut donc conclure de cette investigation sur le verbe καταλύω, qu'à part les deux textes de Luc, *ce verbe présente, dans le NT, une homogénéité de sens et de contexte assez remarquable: le Temple, la Loi, est détruit et une réalité nouvelle a surgi.* Il faut même aller plus loin et dire que *cet usage néotestamentaire est très largement dominé par la parole de Jésus sur le Temple.*

Nous aboutissons donc à des conclusions qui convergent avec celles que nous pouvions tirer de l'usage du couple χειροποίητος–ἀχειροποίητος. Comme, par ailleurs, Paul ne fait pas un usage personnel et particulier de ces deux termes, l'impression se confirme que, s'il les utilise ici, c'est tout simplement qu'ils se trouvaient dans sa 'source'.

En est-il de même du troisième des termes communs à 2 Cor. 5: 1 et Mc. 14: 58: οἰκοδομέω–οἰκοδομή? Le problème paraît, là, plus délicat, puisqu'aussi bien οἰκοδομή est un terme-clef de la théologie paulinienne. Mais, avant de nous y attaquer, nous voudrions encore montrer que ce n'est qu'en acceptant le fait que Paul utilise ici les termes καταλύω et ἀχειροποίητος parce qu'ils appartiennent au *logion* auquel il se réfère qu'on peut en comprendre le sens dans notre passage et ne pas se perdre dans le dédale de querelles byzantines.

ἀχειροποίητος

En effet, l'exégèse courante, qui voit dans notre verset une simple opposition entre un corps terrestre ('notre maison de la tente') et un corps ressuscité (οἰκοδομὴ ἀχειροποίητος) se heurte à la qualification, pour le moins maladroite, de ce dernier par ἀχειροποίητος. Car cette qualification du corps céleste sous-entend que le corps terrestre est, lui, créé par une main humaine. Cela est non seulement incompatible avec tout l'enseignement biblique, mais encore avec la réalité et le bon sens…même païens. Prétendre alors que le corps terrestre, s'il n'est pas 'directement' χειροποίητος, est néanmoins produit par génération humaine, ce qui ne sera pas le cas du corps céleste (Plummer, Héring),[1] n'est certainement qu'un moyen comme un autre – n'excluant d'ailleurs pas une pointe d'humour – d'éluder la question.

Bachmann, quant à lui, conclut que, si 'le corps humain n'est pas fait de "main d'homme", l'attribut ἀχειροποίητος ne se rapporte pas non plus directement au corps céleste, mais bien à la maison avec laquelle ce corps est comparé'. On ne peut dire plus justement, mais la question demeure: 'Pourquoi *cet* attribut?'

καταλυθῇ

Ce n'est pas encore le lieu de définir ce qu'il faut entendre avec précision sous ce verbe. Nous ne le pourrons qu'après avoir déterminé ce qu'il faut entendre par 'la maison de la tente'. Quel qu'en soit le sens précis, ce verbe ne peut manquer de surprendre ici et on est en droit d'en demander l'origine ou la raison. Bonsirven (*op. cit.*, p. 315) s'étonne: 'on roule une tente, on le la détruit pas'. On peut lui répondre, là encore, que le sujet du verbe est la maison, οἰκία; mais si cette maison désigne notre corps terrestre, le verbe 'détruire' ou 'dissoudre' (καταλύειν) n'est-il pas un peu impropre? et cela d'autant plus qu'on n'en trouve aucun exemple dans toute la littérature grecque de quelle qu'époque qu'elle soit. Bultmann (*Exegetische*, p. 6–10) pense que ce terme aurait été fourni à Paul par les opposants gnostiques auxquels il s'attaquerait ici. Ce verbe désignerait alors la mort du corps. Mais, s'il est vrai que, dans le *Corpus Hermeticum*, on trouve les termes λύω, ἀναλύω, ἀνάλυσις (1, 24; 13, 14; 13, 15. 12. 3. 6) pour désigner la libération de l'âme de sa prison qu'est le corps, Bultmann ne peut

---

[1] Windisch retrouve là une des marques du caractère dualiste de tout le passage, qui ignore visiblement la création du corps, Gen. 2: 27.

fournir aucun emploi semblable de καταλύω; et, alors, le problème se repose: pourquoi καταλύω, alors qu'ἀναλύω était le mot qu'il fallait?

Reste οἰκοδομή.[1] Une étude récente et poussée sur l'emploi de ce terme par Paul est constituée par la première partie de l'ouvrage de M. A. Chevallier, qui distingue deux sens du mot chez Paul, entre lesquels aucune confusion ne doit être faite. Ainsi, 'il y a, d'une part, le sens métaphorique, que nous avons appelé communautaire, dans le domaine de la parénèse (1 Thess. 5: 11; 1 Cor. 8–10 – trois fois) et il y a, d'autre part, le sens historico-eschatologique ou sens jérémien, apparaissant de façon développée en 1 Cor. 3 (...) et reparaissant de façon brève mais caractérisée dans 2 Cor. 10: 8; 13: 10 et dans Rom. 15: 20' (p. 64).

Deux textes pourtant ne peuvent être rangés dans aucune de ces deux catégories: Gal. 2: 18 – dont nous avons déjà vu l'analogie qu'il pouvait offrir avec 2 Cor. 5: 1 – et 2 Cor. 5: 1. En ce qui concerne ce dernier texte, nous ne pouvons faire mieux que citer à nouveau M. A. Chevallier: 'Si l'on voulait préciser les affinités sémantiques de ce troisième sens d'οἰκοδομή il faudrait sans doute chercher du côté de la désignation du Temple de Jérusalem, comme οἰκοδομαί au pluriel (Mc. 13: 1ss; Mt. 24: 1; cf. Esdras 5: 70 au singulier), étant donné notamment l'antithèse avec σκῆνος' (p. 62).

On ne saurait mieux dire et la cause est entendue: *lorsque Paul s'adresse à ses lecteurs en 2 Cor. 5: 1 et leur dit 'nous savons', il se réfère à la parole de Jésus sur le Temple,* telle que la lui présentait une tradition dont la forme devait n'être pas très différente de l'actuelle formulation marcienne. Sans aller toujours aussi loin, c'est ce que reconnaissent Selwyn (*op. cit.*, p. 290), Congar (*op. cit.*, p. 188), Feuillet et Wagner.

Jésus et le Temple

Tout le problème est alors de déterminer le sens que Paul donne à ce *logion* et la manière dont il l'interprète.[2]

[1] Cf. P. Vielhauer, Οἰκοδομή. *Das Bild vom Bau in der christlichen Literatur vom NT bis Clemens Alexandrinus* (1939) (surtout p. 106–10); Michel, *art.* 'οἰκοδομή', *ThWNT*, v (1954), p. 139–49; Chevallier, *op. cit.*, p. 20–64.
[2] Nous n'avons pas à nous prononcer sur la forme et le sens primitifs de cette parole, ni sur son authenticité. Tous les auteurs que nous avons consultés admettent, avec plus ou moins de réserve, cette dernière.

Il est clair que la communauté primitive a pu interpréter l'énigmatique parole de Jésus de diverses manières. On a pu la prendre au sens littéral et y voir une prédiction concernant effectivement la ruine du Temple de Jérusalem en 70. Celui-ci n'ayant pourtant jamais été reconstruit, on aurait alors placé la parole du Seigneur, partiellement irréalisée, dans la bouche de faux témoins. On y a aussi sûrement vu l'avènement de la communauté chrétienne comme nouveau lieu de la présence de Dieu.

L'interprétation donnée par Jean: 'il parlait du Temple de son corps' est généralement considérée comme tardive.[1] M. Simon pense que ce n'est qu'au début du second siècle que 'le dilemme Christ ou Temple se résout en une identité' (p. 257). Un pareil jugement ne nous paraît pas s'imposer. Ainsi, c'est vraiment tenir en piètre estime l'imagination des premiers chrétiens que d'avancer qu'ils ont mis trois-quarts de siècle à découvrir une identité qui, somme toute, n'offrait aucune difficulté particulière. D'autant plus qu'une parole énigmatique, on y réfléchit. La mention des 'trois jours' dès le texte de Marc, un texte tel que Mt. 12: 6 ('il y a ici plus que le Temple'), nous invitent à plus de circonspection.[2]

Aussi croyons-nous justifiées les affirmations du Père Congar à cet égard:

vraiment, Jésus a transféré à sa personne le privilège, longtemps détenu par le Temple, d'être l'endroit où l'on rencontrerait la Présence et le salut de Dieu, le point à partir duquel toute sainteté se communique (p. 168). Si les apôtres parlent peu du Christ comme Temple, ce n'est pas qu'ils ignorent qu'il le soit...mais ils ont saisi avec une profondeur incomparable cette vérité fondamentale: le Christ n'a rien été, il n'a rien fait pour lui seul; son Mystère n'est pas limité à sa personne, mais il se réalise en nous (p. 182).

Les thèses de Robinson, Ellis et Feuillet, qui identifient la οἰκοδομή ἐκ θεοῦ de notre verset et le Christ nous semblent donc, au point où nous sommes arrivés, mériter qu'on s'y arrête. C'est alors que l'examen du verbe ἔχομεν va nous confirmer dans ce choix.

[1] Ainsi, Bultmann, *Das Evangelium des Johannes* (1941), *ad loc.*; Michel, *art. cit.*, p. 889; M. Simon, *art. cit.*

[2] Bultmann, *Commentaire, ad loc.*, pense même que le logion transmis par Jean (2: 19) est une forme plus ancienne que celui de Marc – ce dont on peut douter. Pourquoi, alors, bouleverser le texte et prétendre que l'interprétation johannique (v. 20, 21) n'est plus, elle, primitive?

ἔχομεν

En effet, dans l'exégèse qui pose οἰκοδομὴ ἐκ θεοῦ corps de résurrection, deux interprétations sont possibles. Ou bien il faut comprendre que nos corps pneumatiques (1 Cor. 15: 40–4) sont déjà tout prêts dans les cieux, à nous attendre (Wagner, Wendland, Lietzmann, qui produit les exemples de Hén. 22: 8ss; Asc. Es. 8: 26; 9: 2), ou bien il faut comprendre ce présent comme indiquant la certitude au sujet d'un événement futur.[1] D'autres, enfin, comme Windisch et Godet se contentent de présenter les deux hypothèses, sans choisir.

En fait, c'est la première de ces deux interprétations qui a le moins de succès et cela se comprend, car elle est difficilement conciliable avec l'anthropologie de Paul et toute l'anthropologie biblique en général. Même ceux qui voudraient voir ici une hellénisation de la pensée paulinienne sont bien incapables de trouver dans l'hellénisme pareille mention d'un corps tout prêt qui attendrait l'âme aux cieux; pour l'hellénisme ou la gnose, il est inconcevable que l'âme, enfin libérée du corps, 's'incarne' à nouveau.[2]

La seconde hypothèse est plus sérieuse, encore qu'elle impose un sens au présent de ἔχειν dont on ne trouve pas d'équivalent exact dans le NT. Et le fait est que, si la thèse qui identifie la οἰκοδομὴ ἐκ θεοῦ et la béatitude céleste a pu naître, c'est qu'elle se fondait justement sur une compréhension littérale et normale du présent ἔχομεν (et sur d'autres présupposés dogmatiques, il est vrai).

Or nous avons déjà vu que, dans notre passage, Paul utilise le verbe ἔχειν de façon relativement constante quant au sens: l'apôtre, en proie à toutes sortes de 'dépossessions', de priva-

---

[1] Allo, Plummer, Hoffmann, *op. cit.*, p. 270. Bachmann pense que Paul exprime ici une certitude de la foi qui relègue absolument à l'arrière-plan toute basse notion de temps. Peu importe dès lors à Paul si cette possession est idéelle ou réelle, ni quand elle prendra forme. Outre le fait que cette exégèse place Paul devant une problématique bien platonicienne, nous montrerons encore, avec le futur du v. 3, que Paul n'oublie pas du tout la notion du temps.

[2] A moins, bien sûr, de penser, comme Bultmann et Schmithals, que c'est là tout le problème: Paul aurait accepté d'entrer dans la problématique d'adversaires hellénistico-gnostiques, mais son 'fond' profondément juif l'empêche de les comprendre vraiment et fait de cette tentative un échec.

tions, se voit comblé par Dieu *dès à présent* d'une assurance
(3: 4), d'une espérance (3: 12), d'un ministère (4: 1), du
trésor qu'est la prédication (4: 7), de la foi (4: 13; cf. 5: 12;
6: 10; 7: 1). Il n'y a pas lieu de penser que 5: 1 fasse exception
à cette règle: l'apôtre, dont la 'maison de la tente' est détruite
a, dès à présent, comme seule assurance et unique espérance, le
Christ. Pour s'en convaincre plus encore, il n'est que de rappeler
l'usage identique du verbe ἔχω fait en Col. 4: 1 et les textes
déjà cités de *ad Hebraeos* (4: 14–15; 8: 1; 10: 21): 'Le point
capital de ce qui vient d'être dit, c'est que nous avons un tel
grand prêtre (ἔχομεν ἀρχιερέα) qui s'est assis à la droite du trône
de la majesté divine, dans les cieux (ἐν τοῖς οὐρανοῖς)' (8: 1).

Le Christ et la demeure céleste

Un faisceau de faits convergents nous porte ainsi *à identifier la
demeure céleste au Christ*. Mais de quel Christ s'agit-il alors? Paul
pense-t-il ici au corps ressuscité du Christ, personnalité cor-
porative, i.e. Eglise (ainsi, Robinson et Ellis)? Ou bien faut-il
voir se dessiner derrière cette image la silhouette d'un Christ
plus personnalisé, prémices, néanmoins, de la résurrection
future (Feuillet)?

La première interprétation a pour elle la résonnance particulière que le mot οἰκοδομή avait chez Paul et, surtout, le fait
que, s'il qualifie celle-ci d'οἰκία par la suite, c'est peut-être bien
en jouant sur le double sens de l'hébreu בית – double sens
qu'avait aussi οἰκία: maison (temple) et famille. L'idée d'une
Eglise Temple–Corps du Christ est loin d'être négligeable chez
Paul et le contexte ici s'y prêterait assez, surtout s'il est question
de la mort en 1a.

Toutefois, ces arguments ne sont pas irréfutables. En particulier, si l'on admet que οἰκοδομή a été dicté par la tradition, il
n'est pas nécessaire d'y voir plus que cela (cf. les conclusions
déjà produites de l'étude de M. A. Chevallier). Ainsi, en Jean
2: 20, le σῶμα du Christ est, sans doute, à comprendre dans un
sens personnel et une telle conception pouvait fort bien être
acceptée par un homme qui avait déjà écrit aux Corinthiens:
'Ne savez-vous pas non plus que votre corps est le Temple du
St Esprit qui est en vous et qui vous vient de Dieu'? (1 Cor.
6: 19).

L'hésitation est donc ici légitime et il n'est pas nécessaire de trancher déjà avec certitude. Mais l'étude du contexte nous ferait pencher vers la thèse de Feuillet.

Et, tout d'abord, le contexte néo-testamentaire. Nous avons déjà vu ce qu'il faut entendre de Jn. 2: 20. Des passages comme ceux de *ad Hebraeos*, déjà cités, ou Rom. 8: 34 – tout le chap. 8 de Romains constitue un des meilleurs 'parallèles' de 2 Cor. 5: 1–10 – nous semblent aussi significatifs.

Il en est de même du contexte immédiat ouvert par ces mots (4: 14): 'Car nous savons que celui qui a ressuscité le Seigneur Jésus nous ressuscitera nous aussi avec Jésus.' Nous ne pouvons encore montrer que les versets 2–4 ne peuvent se comprendre que dans l'optique du Christ dont Paul parle ici, mais on peut quand même signaler la présence du κύριος aux v. 6 et 8 et du tribunal du Christ au v. 10. D'ordinaire, on est obligé de reconnaître une cassure après le v. 5. Nous espérons montrer qu'il n'en est rien: la pensée de Paul – si difficile qu'en soit la forme – est ici parfaitement cohérente et homogène.

Sans donc rejeter trop catégoriquement la position de Robinson et Ellis, nous dirons que la οἰκοδομή *que l'apôtre possède est le Christ ressuscité.* En proie à la destruction de sa 'maison de la tente', il a comme seule assurance et consolation – mais rien moins que cela! – non seulement l'espérance, mais encore la présence du Christ ressuscité, prémices (ἀπαρχή) de la résurrection future (1 Cor. 15: 20 + 23).

Il nous faut maintenant voir d'un peu plus près comment Paul définit, qualifie ce Christ-édifice.

ἐκ θεοῦ

On rattache très généralement ce ἐκ θεοῦ à οἰκοδομή, ce qui convient à notre interprétation: ἐκ θεοῦ s'opposant à ἐπίγειος. Mais nous avons vu qu'il est peu probable que Paul pense que 'notre maison terrestre' ne soit pas aussi œuvre divine. Il vaut donc mieux rattacher ἐκ θεοῦ au verbe ἔχομεν et lui donner la nuance polémique qu'il a dans tout notre passage (cf. 2: 17): l'avoir' que Dieu donne à l'apôtre c'est le Christ ressuscité; rien moins que cela, mais aussi rien d'autre que cela.

οἰκία

Cette οἰκοδομή est aussi une οἰκία.[1] Ou bien ce terme se trouvait, lui aussi, dans la 'source' de Paul, ou bien Paul explicite maintenant ce *logion*. Nous optons pour cette dernière possibilité. Pourquoi οἰκία? Parce que c'est une des appellations que la LXX donne au Temple (exemples dans Michel, *art. cit.*), traduisant ainsi l'hébreu *baït*. Il n'est pas impossible que le double sens de maison-famille de ce terme ait été pour quelque chose dans le choix que Paul en a fait, quoique nous pensions plutôt que la clef s'en trouve dans la première partie du verset: οἰκία τοῦ σκήνους.

αἰώνιον

Nous ne revenons pas sur le qualificatif ἀχειροποίητος auquel est adjoint maintenant αἰώνιος.[2] Ce terme ne se rencontre que trois fois dans notre épître: ici même et dans les deux versets qui précèdent (4: 17, 18). Il est absent de 1 Cor. 15; c'est dire qu'il ne s'agit pas d'un terme technique, du moins en ce qui concerne la résurrection. L'éternité est plutôt un attribut de Dieu (Rom. 16: 26), la marque même de sa transcendance. Ce qui est donc donné à l'apôtre est bien 'de Dieu' et prémices d'une gloire future et totale.

ἐν τοῖς οὐρανοῖς

Cette maison est 'dans les cieux'.[3] Cette précision est chargée de faire pendant au ἐπίγειος qui caractérise notre 'maison de la tente'. Notons seulement qu'elle se comprend admirablement bien si elle s'applique au Christ-Kyrios.[4]

Contrairement donc à la majorité des exégètes, nous pensons que la manière assez surprenante dont Paul s'exprime en 1*a* ne peut s'expliquer qu'en fonction de 1*b*, et non l'inverse. Cela dit,

---

[1] Cf. Michel, *art.* 'οἶκος, οἰκία', *ThWNT*, v (1954), p. 122–36.

[2] Cf. Sasse, *art.* 'αἰών, αἰώνιος', *ThWNT*, i (1933), p. 208–9; Schmithals (*op. cit.*, p. 224–5) pense, avec justesse, que ce mot relie 5: 1 à ce qui précède. Nous serions moins enclin à le suivre lorsqu'il affirme que c'est là le thème de 5: 1ss.

[3] Cf. Von Rad–Traub, *art.* 'οὐρανός', *ThWNT*, vi (1964), p. 496–543 et particulièrement le paragraphe consacré au 'Christ et au ciel', p. 522–9.

[4] Là encore, on peut renvoyer à l'épître aux Hébreux.

il nous reste à voir ce que cache l'expression 'notre maison terrestre de la tente'. Après quoi, il nous faudra encore déterminer à quel événement fait allusion καταλυθῇ.

οἰκία τοῦ σκήνους

La grande erreur qu'a faite la majorité des commentateurs, est d'avoir tenu le raisonnement suivant: notre maison terrestre, c'est notre corps; produisons donc des textes où le corps est comparé à une maison. Ceux-ci ne manquent pas, car c'est là un thème gnostico-hellénistique fort répandu. Par contre, de ce thème, point de traces dans la Bible,[1] ni chez les rabbins. Les conclusions se tirent d'elles-mêmes. Ce corps, Paul le définit ensuite par un génitif 'explicatif'; c'est une tente. Quelle est la raison de cette qualification étrange? Il n'est certes pas facile de le savoir. Les uns proposent d'y voir un simple reflet du métier de Paul (Bonsirven, *op. cit.*, p. 314, Plummer), d'autres une image transparente marquant la fragilité de ce corps (Prümm, II, p. 662, Allo, Godet, Bachmann), d'autres se réfèrent à la fête des Tabernacles[2] et même au Tabernacle du désert (Wagner).

En fait, toutes ces exégèses nous semblent marquées par deux traits contradictoires: leur indigence (voire même leur caractère dérisoire), mais aussi l'évidence: car, s'il ne s'agissait pas du corps ici, de quoi pourrait-il bien s'agir?

Certes, Paul parle ici du corps, on ne peut y échapper, mais non pas lorsqu'il dit οἰκία ἐπίγειος ἡμῶν, mais bien lorsqu'il précise: τοῦ σκήνους. Le premier terme de l'expression n'est pas notre corps, mais bien ce qui est l'antithèse de la demeure céleste, à savoir le Temple terrestre dont Paul précise alors qu'il est notre corps (σκῆνος).

En effet, Paul parle bien ici de σκῆνος et non σκηνή (tente).[3]

---

[1] Sap. 9: 15 (influencé par le *Phédon*, 81c) et Job 4: 19 ne font pas le poids. Il y a, bien sûr, 2 Pi. 1: 13.

[2] Ainsi, Davies (*op. cit.*, p. 313), qui reprend une thèse de Manson, selon laquelle Paul aurait écrit notre épître peu après cette fête. Héring juge cela plausible. Michaelis, art. 'σκηνή, σκῆνος', *ThWNT*, VII (1964), p. 369–96, rejette cette interprétation; cf. du même auteur, 'Zelt und Hütte im biblischen Denken', *EvTh*, 14 (1954), p. 29–49.

[3] En particulier, nous comprenons mal ceux qui, comme Davies, Feuillet, Wagner, etc. prennent σκῆνος comme la traduction de l'hébreu *sukkah*.

Et cela n'est, certes, pas un accident, étant donné que c'est le même terme que Paul va employer trois versets plus bas. Ces deux emplois sont un *hapax* du NT. Le terme ne se trouve pas plus, semble-t-il, chez Josèphe ou chez Philon. Il s'agit donc d'un terme rare et Paul n'a pu l'utiliser qu'avec une intention précise. Dans la LXX, où il ne se trouve qu'une seule fois, il ne signifie pas autre chose que 'corps' (Sap. 9: 15): 'le corps corruptible, en effet, alourdit l'âme – φθαρτὸν γὰρ σῶμα βαρύνει ψυχήν – et le σκῆνος fait de terre (γεῶδες) appesantit l'esprit soucieux (νοῦν)'. Dans le grec classique, σκῆνος, s'il signifie bien 'tente' au sens propre, est peu employé dans cette acception et 'il est de règle de l'utiliser au sens figuré pour désigner le corps (humain ou animal) vivant ou mort... Cet emploi est si fort que l'on peut se demander dans quelle mesure ce mot signifie encore *tente* et si, en particulier, sa traduction par *tente* n'est pas forcée, alors que *corps* serait le mot juste' (Michaelis, *art. cit.*, p. 383).

Ainsi, Paul est amené à interpréter le *logion* du Christ qu'il utilise ici dans le sens suivant: à notre temple terrestre qui se détruit, est opposé un temple céleste éternel. Or ce temple terrestre, c'est notre corps (cf. 1 Cor. 6: 19).

Mais la question subsiste: pourquoi σκῆνος et non pas σῶμα (terme que Paul ne se fera pas faute d'employer aux v. 6 et 8)? La réponse ne semble pas faire de doute: Paul emploie ici le mot σκῆνος pour désigner le corps à cause des affinités que ce terme présente avec σκηνή.

Vu le contexte que nous avons dégagé jusqu'ici, ce terme ne pouvait manquer d'évoquer le Tabernacle du désert. C'est le sens de σκηνή dans le NT – dont plus de la moitié des emplois se trouve dans *ad Hebraeos* – même si on ne le trouve pas chez Paul. C'est un des sens les plus typiques de la LXX (Exod. 33: 7–11; 40: 35) où le Tabernacle – comme l'a d'ailleurs fort bien relevé Feuillet[1] – est même une fois qualifié de 'maison de la tente'

Dans la LXX, *sukkah* est généralement traduit par σκηνή. C'est donc une erreur que de prétendre, comme Wagner (*art. cit.*, p. 379ss), que: 'σκῆνος équivaut au féminin σκηνή, terme utilisé tant dans la LXX que dans le N.T. pour désigner le Tabernacle'. Les arguments pour expliquer σκῆνος à la place de σκηνή sont des plus faibles.

[1] *Art. cit.*, p. 165. Mais, contrairement à Feuillet, nous ne prétendons pas qu'il y a influence directe de l'expression de 1 Chr. 9: 23 sur celle de 2 Cor. 5: 1. Dans un cas il s'agit de σκηνή, dans l'autre de σκῆνος.

(οἶκος τῆς σκηνῆς) – 1 Chr. 9: 23. C'est donc le désert, la vie nomade – certes dans une certaine présence du Seigneur – qu'évoque ici σκῆνος. Ce sentiment est encore renforcé lorsqu'on suit l'usage profane du mot (σκηνή) dans la Bible: ce sont Abraham, les pères nomades, apatrides qui logeaient dans des tentes ou, comme le dit Michaelis (*art. cit.*, p. 370): 'C'est toute l'histoire d'Israël, particulièrement jusqu'à l'entrée en Canaan, qui est retracée lorsque l'on suit – dans la LXX – l'emploi du mot σκηνή.'[1]

Nous ne voyons donc rien qui puisse justifier dans ce verset une hellénisation plus ou moins claire ou consciente de l'anthropologie paulinienne. Ce qu'il exprime, ce n'est pas l'emprisonnement ici-bas de l'âme dans le corps, mais la séparation du Seigneur (v. 6) qui est aux cieux (*1b*), alors que nous sommes sur la terre (ἐπίγειος). Cette vie, ici-bas, est sous le signe du désert, du pèlerinage, du pas encore, dans la foi, mais non dans la vision claire (v. 7; cf. encore 4: 17–18). Voilà ce qu'est notre corps, ce Tabernacle terrestre.[2]

ἐπίγειος

Ἐπίγειος est le qualificatif ordinaire de tout ce qui vit sur terre,[3] sans aucun sens péjoratif ou particulier, le cosmos étant partagé entre ciel et terre (Phil. 2: 10; 1 Cor. 8: 5). Dans la mesure où cette terre est le lieu du péché, ἐπίγειος prend un sens plus éthique (Phil. 3: 19; Col. 3: 2). Ces deux sens ne s'excluent pas et sont certainement présents ici: le temple terrestre est opposé au Temple du ciel, qui n'en a aucun des défauts. Feuillet (*art. cit.*, p. 370–7) renvoie très fortement à 1 Cor. 15: 40ss (σώματα ἐπουράνια καὶ σώματα ἐπίγεια) et à la doctrine des deux Adams (1 Cor. 15: 47ss). Ce rapprochement

[1] On notera encore comme parallèle intéressant, Heb. 9: 11, où A. Vanhoye croit voir aussi, dans la tente dont il est question, le corps ressuscité du Christ: 'Par la tente plus grande et plus parfaite...' (Héb. 9: 11), *Biblica*, **46** (1965), II, p. 1–28. La démonstration, fort intéressante, recoupe en plus d'un point la nôtre.

[2] Il y a donc à la fois similitude et divergence entre les expressions de 4: 16 et de 5: 1. Les divergences sont dues au fait que Paul utilise, dans les deux cas, des termes, des concepts, des images différentes. Mais, *fondamentalement*, la pensée est la même.

[3] Cf. Sasse, art. 'γῆ, ἐπίγειος', *ThWNT*, 1 (1933), p. 676–80.

nous semble un peu risqué. D'une manière générale, d'ailleurs, on a trop exclusivement confronté 2 Cor. 5 à 1 Cor. 15, et cela au détriment de textes qui nous semblent offrir plus de liens avec le premier. Dans le cas particulier, nous hésitons à charger ainsi un simple adjectif d'une substance aussi impressionnante que celle de la doctrine des deux Adams et nous préférons donc nous en tenir à l'interprétation plus modeste que nous avons indiquée au début de ce paragraphe. L'opposition est moins entre premier et deuxième Adam qu'entre nouvelle et ancienne alliance, entre le provisoire et le définitif. Les deux choses, il est clair, ne s'excluent pas d'ailleurs.

Il nous reste à essayer de déterminer ce à quoi fait allusion la destruction dont Paul parle ici.

καταλυθῇ

C'est Bultmann (*Exegetische*, p. 6–10) qui a fait le plus complètement le tour de la question.

Il y a trois possibilités d'interprétation: le καταλυθῆναι désigne la mort. C'est l'opinion générale. On admet alors un changement dans la pensée de Paul, dont les premières épîtres, jusqu'à 1 Corinthiens, disaient sa certitude d'être encore en vie lors de la Parousie. Dans cette optique, les avis divergent pour ce qui devrait se passer après la mort: revêtir immédiatement le vêtement céleste ou passer par un état intermédiaire. Mais on peut aussi concevoir – et c'est là la deuxième possibilité – que, sous le καταλυθῆναι ne se cache pas la mort, mais la transformation lors du retour du Seigneur, transformation qui implique 'ein irgendwie erfolgender Abschluss des Daseins in irdischer Leiblichkeit' (Bachmann).[1] Enfin, L. Brun défend la thèse que 'καταλυθῇ ne se rapporte pas à la mort au sens littéral, mais à la puissance de la mort, ou alors à la mort telle qu'elle se manifeste aux porteurs de l'évangile et à Paul en particulier, par toutes sortes de souffrances et de tribulations' (*art. cit.*, p. 217). Il s'agirait alors plutôt d'un processus de mort, devant ou ne devant pas aboutir à son terme.

L'étude de la conjonction ἐάν[2] ne nous permet guère de trancher. Suivie du subjonctif aoriste, elle peut signifier, soit

---

[1] Cf. aussi Mundle, *art. cit.*, p. 95–6.
[2] Cf. Blass-D., §371, 4 et 373; Bauer, *Wörterbuch*, col. 418–19.

l'éventualité: 'au cas où, dans la mesure où', soit la répétition dans le présent: 'toutes les fois que', et se rapproche alors beaucoup de ὅταν 'lorsque'.

Quant au verbe καταλύω, on ne peut en tirer grand chose, étant donné son 'importation'. Toutefois, le contexte général de l'épître, le contexte particulier de 4: 7ss et 4: 16 ne laissent guère de doute et nous conduisent à la thèse de L. Brun: c'est tout l'apostolat dans la faiblesse, avec ses tribulations, ses atteintes à la santé de l'apôtre et, au bout du compte, la mort, que Paul désigne ici sous le terme de destruction.

Le fil du discours

Il nous faut maintenant lier la gerbe de ce que nous avons moissonné dans ce v. 1 et préciser la manière dont il s'inscrit à la suite de ce que Paul a déjà dit dans notre section, notamment en 4: 16ss. Et, tout d'abord, il faut noter avec Bachmann la concentration de termes marquant des états subjectifs dans les v. 1–10: οἶδα (v. 1+6), στενάζω (v. 2+4), ἐπιποθέω (v. 2), θέλω (v. 4), θαρρέω (v. 6+8), εὐδοκέω (v. 8), φιλοτιμάομαι (v. 9). Cela donne le ton du passage et nous comprenons assez mal comment Bultmann et Schmithals ont pu voir ici un Paul présentant à la polémique des arguments soigneusement fourbis. De plus, l'expression un peu obscure de ces versets laisse pressentir que c'est bien le fond de lui-même, le fond de sa foi que Paul livre ici (cf. 6: 13ss et 7: 2ss). Nous sommes au cœur de notre section. En butte aux souffrances, aux tribulations de toutes sortes, aux critiques de ses propres 'enfants en Christ', du fond de cette 'destruction', Paul se tourne, non pas vers quelque système eschatologique (ancien ou nouveau), non vers Moïse et des manifestations démagogiques, mais vers le Christ, vers ce Christ tel qu'il se présente lui-même à travers la tradition (c'est, oserons-nous dire, un peu comme un langage maternel qui monte aux lèvres de l'apôtre), vers le Christ tel qu'il est, gage vivant d'un monde nouveau et tel qu'il se donne maintenant déjà. En définitive, ce verset apparaît comme un des plus purs joyaux de la foi dont il a été question en 4: 13 et dont Paul reparlera en 5: 7.

Comment comprendre autrement d'ailleurs lorsqu'il est clair que l'opposition entre misère présente et gloire à venir (mais pourtant déjà donnée sur 'la face du Christ') est le thème même de notre lettre? La référence au *logion* sur le Temple a pu être facilitée par le fait qu'il a pu être 'véhiculé' dans un contexte polémique sur l'ancienne et la nouvelle alliance. Que la pensée de Paul reste en tout cas parfaitement 'centrée' sur la problématique du chapitre 3, est encore montré par le jeu de mots σκῆνος–σκηνή.

EN RÉSUMÉ

Loin de rompre avec le contexte, 5: 1ss ne fait que reprendre, sous une forme nouvelle, l'opposition entre misère présente et gloire future, le lien entre ces deux formes de la condition chrétienne étant donné 'en Christ'. Mais en 5: 1 Paul utilise une métaphore. Se fondant sur la parole bien connue de Jésus sur le Temple (οἴδαμεν: Mc. 14: 58), il parle du Christ régnant actuellement sur l'Eglise comme d'une οἰκοδομή. C'est Lui qui est donné dès maintenant à ceux qui vivent dans la faiblesse (ἔχομεν), comme soutien et comme gage de l'avenir, car il est οἰκίαν ἀχειροποίητον αἰώνιον ἐν τοῖς οὐρανοῖς.

Par analogie, l'apparence actuelle de l'apôtre, dont la destruction (καταλυθῇ: 5: 1) ou le délabrement (διαφθείρεται: 4: 16) est indissolublement lié au Christ-édifice, est appelée ἡ ἐπίγειος ἡμῶν οἰκία τοῦ σκήνους. Ainsi, de plus, la pensée n'est pas, ici, en contradiction avec le reste de la pensée paulinienne; il n'est pas ici question avant tout d'eschatologie mais de foi.

CHAPITRE II

CHRIST, DESIR DE L'APOTRE,
5 : 2–5

(2) Aussi, dans cette situation-là, gémissons-nous, aspirant à passer comme un survêtement notre demeure du ciel, (3) dans la mesure où, même l'ayant revêtu, nous ne serons pas trouvés nus. (4) Aussi bien, nous qui sommes dans le corps, oppressés, nous gémissons, parce que nous ne voulons pas nous dévêtir, mais nous survêtir, afin que ce qui est mortel soit englouti par la vie. (5) Et c'est Dieu qui nous a fait pour cela même, Lui qui nous a donné les arrhes de l'Esprit.

A. LE VERSET 2

V. 2 à 5 : structure et thème

Il est tout à fait clair que les v. 2 à 5 forment une certaine unité : unité de structure et de thème. Les v. 2 et 4 commencent tous deux par καὶ γάρ, introduisant le verbe στενάζομεν. De plus, le v. 5 est à considérer comme une précision polémique à ce qui vient d'être dit. Le parallélisme entre les v. 2 et 4 peut même être poussé plus loin ; on a fait remarquer que au ἐν τούτῳ (v. 2) répondait le οἱ ὄντες ἐν τῷ σκήνει du v. 4, que 4*b* (ἐφ' ᾧ ...) reprenait 2*b* (τὸ οἰκητήριον...). Nous ne pouvons, sans autre certitude, imposer un tel schéma au texte et il nous faudra d'abord nous laisser guider par les mots eux-mêmes.

Mais les v. 2 à 4 tournent aussi autour d'un thème particulier : celui de 'l'habillage' et du 'déshabillage', oserions-nous dire. Ce thème est donné dans les mots ἐπενδύσασθαι (être survêtu) au v. 2, ἐνδυσάμενοι (ou ἐκδυσάμενοι, suivant les manuscrits) = vêtus, γυμνοί (nus) au v. 3, ἐκδύσασθαι (être dévêtu) et ἐπενδύσασθαι (être survêtu) au v. 4. On peut donc, à bon droit, affirmer avec Hoffmann (p. 270) que Paul, ici, s'essaye à la formulation de sa pensée : un premier jet (v. 2) est interrompu par la parenthèse du v. 3 et repris (complété ou transformé) au v. 4.

Sur l'identification de cette pensée, les avis sont au moins aussi nombreux et divergents qu'en ce qui concerne le v. 1.

Mais comme la polémique ne concerne le v. 2 qu'en un seul de ses termes (ἐπενδύσασθαι), nous préférons tout d'abord replacer ce terme dans son contexte et nous livrer à l'exégèse – beaucoup plus irénique dans les commentaires – des autres termes de ce verset.

καὶ γάρ

Le verset s'ouvre – comme s'ouvrira le v. 4 – par un καὶ γάρ chargé de faire la jonction avec le v. 1. Il faut le comprendre, non tant – contrairement à la majorité des commentateurs – comme un développement de 'preuve' (il n'y a rien à 'prouver' ici), mais comme l'indice d'un lien à la fois causal et consécutif: c'est parce que l'apôtre vit une douloureuse tension entre sa situation 'mondaine' qui se détruit et le Seigneur vers lequel il tend, qu'il gémit et c'est, en retour, parce qu'il gémit qu'il distingue la tension que nous venons d'évoquer.

ἐν τούτῳ

Le plus généralement, on comprend 'dans la tente' à cause du parallélisme du v. 4 (Plummer, Allo, Hoffmann, etc.). Mais on peut aussi comprendre que ἐν τούτῳ annonce ce qui suit: 'nous gémissons en cela que nous désirons...' (cf. 1 Jn. 2: 3–5 et Jn. 15: 8: 'si vous portez beaucoup de fruits, en cela [ἐν τούτῳ] mon père sera glorifié'). Bachmann pense même que ἐν τούτῳ se rapporterait, non à 2b, mais au v. 3.[1] On peut enfin comprendre, avec Wendland, 'sur cette base', 'à partir de ce savoir du chrétien', en se référant à Act. 24: 16 et Jn. 16: 30, où ἐν τούτῳ signifie 'à cause de cela'.

Aucun de ces sens n'est à rejeter formellement. Mais ce que nous savons du sens de οὗτος (cf. note précédente), l'emploi inexistant ailleurs chez Paul des deux derniers sens exposés et surtout le parallélisme avec le v. 4 nous font pencher vers la première hypothèse. Il nous faut alors de suite préciser: pas

---

[1] Les commentateurs ne facilitent pas toujours la tâche de leurs lecteurs. Ainsi, Bachmann, qui affirme que ἐν τούτῳ ne peut pas se référer à la phrase précédente, mais uniquement à ce qui suit: ce n'est pas un rappel, mais une annonce, sinon on aurait ἐν ἐκείνῳ. L'argument paraît de poids, mais voilà ce qu'on trouve dans les grammaires: 'sehr üblich ist οὗτος im Nachsatz mit Zurückweisung auf den Vordersatz...dagegen wird selten mit οὗτος...auf einen folgenden Satz vorausgewiesen', Blass–D. §290.

plus qu'au v. 1, σκῆνος au v. 4 ne signifie 'tente', mais bien le corps en ce qu'il est la marque du caractère provisoire de notre existence ici-bas. Le ἐν τούτῳ du v. 2 est un peu plus vague; c'est à l'ensemble de la vie chrétienne, telle qu'elle est évoquée dans son ambigüité au v. 1, qu'il renvoie.

στενάζομεν

'Aussi bien, nous dit Paul, la marque de la situation du chrétien ici-bas est le gémissement (στενάζω).'[1] Ce gémissement n'est pas provoqué essentiellement par la quête du vêtement céleste (thèse de ceux pour qui ἐν τούτῳ annonce 2*b*), ni par la crainte de la mort (cf. v. 3), ni par la charge que représente l'existence humaine en général; il est de la condition même de l'apôtre et du chrétien – de l'essence de ces conditions – de gémir.

Si on essaie alors, dans la perspective ainsi dégagée, de préciser les contours de ce terme, on s'aperçoit que:

(1) L'emploi général du mot – ailleurs que chez Paul – n'offre aucune particularité éclairante. Στενάζω exprime la douleur sous toutes ses formes. On gémit sur un deuil (ainsi Euripide, *Alceste* 199; Judith 14: 16), devant le châtiment divin (Es. 24: 17) etc.[2] Les parallèles hermétiques ou apocalyptiques juifs sont – en ce qui concerne le terme même, du moins – peu probants et l'emploi que le NT en fait, en dehors du corpus paulinien,[3] n'est pas plus suggestif.

(2) Sur cet arrière-fond assez neutre, le sens que Paul donne à στενάζω se détache avec une certaine vigueur. L'apôtre ne l'utilise qu'en deux passages: ici même, où il apparaît pour la première fois, et ce à deux reprises, et en Rom. 8: 17–30, où le verbe (v. 23) ou un de ses composés (συστενάζω, v. 22) ou de ses dérivés (στεναγμός, v. 26) réapparaît trois fois.

La chose mérite qu'on s'y arrête, car ce n'est pas là le seul parallèle que Rom. 8: 17–30 offre avec notre texte. Ce que nous avons dit de 2 Cor. 5: 1 trouve un écho dans le fait que les chrétiens 'sont prédestinés à être semblables à l'image du Fils, premier né entre plusieurs frères' (Rom. 8: 30) et que cette conformation se fait 'dans la souffrance avec lui, afin d'être

[1] Cf. J. Schneider, *art.* 'στενάζω', *ThWNT*, VII (1964), p. 600–3.
[2] C'est pourquoi on ne peut guère traduire par 'soupir', qui est trop faible.   [3] Héb. 13: 17; Jac. 5: 9; Mc. 7: 34.

glorifiés avec lui' (v. 17). Cette 'souffrance qui n'est rien, comparée à la gloire à venir' (Rom. 8: 18) rappelle 'la légère affliction du moment présent produisant...un poids éternel de gloire' (2 Cor. 4: 17–18). Le thème de l'espérance 'qu'on ne voit pas' et 'dans laquelle nous sommes actuellement sauvés' (Rom. 8: 24–5) reprend 2 Cor. 4: 18 et 'c'est par la foi que nous marchons, non par la vue' (5: 7). Dans un cas comme dans l'autre, le chrétien est appelé à agir avec persévérance et stabilité (ὑπομονή, Rom. 8: 25; θαρρέω 2 Cor. 5: 6+8).

La même concordance existe entre les deux emplois de στενάζω. D'après Rom. 8, on peut dire que le gémissement est le statut de toute la création après la venue du Christ. Celle-ci a déclenché un processus de rénovation, de transformation, destiné à arracher la création à la ματαιότης (vanité, v. 20) et à la φθορά (v. 21, corruption) et à conformer les chrétiens à l'image de leur frère aîné, Christ (v. 30). Mais ce processus ne se fait pas sans douleurs. La meilleure image est celle que Paul emploie au v. 22, où στενάζω est explicité par συνωδίνω: la création qui gémit est semblable à une femme sur le point d'accoucher. On peut donc discerner trois composantes dans le στενάζειν paulinien: il marque une certaine tension. Cette tension est douloureuse, mais aussi chargée de promesses. Notons encore le rôle de l'Esprit dans ce gémissement chrétien (v. 23+26).

Tout cela nous permet d'avancer l'hypothèse suivante: nous sommes en présence, en 2 Cor. 5: 1–2, d'une tentative originale de définir la condition apostolique et chrétienne. Que Paul s'y soit déjà essayé – dans les mêmes termes – ailleurs, nous n'en savons rien. Tout ce que nous pouvons constater, c'est qu'elle fait pour la première fois – dans les écrits pauliniens que nous avons conservés – surface ici, et cela d'une manière assez embryonnaire. Rom. 8 nous présente un stade plus adulte de cet embryon.

Paul explicite alors un peu ce verbe, en dégage une des composantes dominantes avec la proposition participiale 'τὸ οἰκητήριον...ἐπιποθοῦντες'. On a voulu voir là la cause du soupir (Mundle, Plummer, Windisch) ou même la conséquence de celui-ci (possibilité évoquée par Windisch), mais si Paul avait voulu indiquer quelque chose d'aussi précis, il l'aurait fait. Il faut donc voir entre στενάζομεν et ἐπιποθοῦντες une relation d'explication, d'élucidation: l'ἐπιποθεῖν élucide un aspect particulièrement important du στενάзειν.

Mais de quoi s'agit-il au juste? Sur la base de ce que nous avons montré au verset précédent, et sous réserve des précisions que nous allons encore donner, nous présenterons la thèse suivante: ce que nous désirons, c'est survêtir le Christ, notre domicile du ciel.[1]

οἰκητήριον

Il est en effet évident que le οἰκητήριον du v. 2 recouvre la même réalité que la οἰκοδομή du v. 1. Pourquoi οἰκητήριον? La différence d'avec οἰκοδομή ou οἰκία est insignifiante et Berry (*art. cit.*, p. 62) nous semble la pousser trop loin lorsqu'il prétend que la οἰκοδομή désigne un bâtiment en construction, alors que οἰκητήριον désigne le même bâtiment achevé – traduisez: tel que nous le recevrons à la Parousie. Ce qui est certain, c'est que dans un passage si christocentrique, Paul joue sur ce nom de Christ – ou sur le mot qu'il emploie pour le désigner: notre Seigneur, notre οἰκοδομή, notre οἰκία, notre οἰκητήριον. Le Christ déborde et brise le statisme dans lequel pourraient le fixer les mots. On touche à nouveau, par là, une des caractéristiques de notre passage: son christocentrisme – nous l'avons déjà dit – mais aussi son lyrisme et son caractère vécu et prenant.

Que notre οἰκητήριον soit ce Christ, c'est ce que confirment encore le complément ἐξ οὐρανοῦ et le verbe ἐπιποθέω.

ἐπιποθοῦντες

Ce verbe,[2] rare dans le grec classique, ne devient courant que dans la *koiné*. Il ne se trouve que neuf fois dans le NT. Il est alors intéressant de constater que, sur ces neuf cas, sept relèvent des épîtres pauliniennes. C'est, de plus, Paul qui, le premier dans la langue grecque, emploie les dérivés ἐπιπόθησις (2 fois), ἐπιποθία (1 fois) et ἐπιπόθητος (1 fois). Cela laisse présumer qu'il s'agit là d'un terme particulièrement cher à Paul et qu'il a dû marquer de sa griffe. Cette hypothèse se confirme lorsque

---

[1] Feuillet, *art. cit.*, p. 380: 'revêtir la demeure céleste et porter l'image de l'Adam céleste, c'est une seule et même chose'.

[2] Cf. Spicq, ''Επιποθεῖν, désirer ou chérir?', *RB* (1957), p. 184–95.

nous nous reportons aux textes eux-mêmes. L'ἐπιποθεῖν –
réserve faite de 2 Cor. 5: 2 – est bien caractérisé; il l'est par son
objet et par sa nature.

Son objet est toujours une personne. Dans la plupart des cas,
Paul exprime son désir d'aller voir ses correspondants: les
Romains en Rom. 1: 11 (ἐπιποθῶ γὰρ ἰδεῖν ὑμᾶς) et Rom.
15: 23 (ἐπιποθία), les Philippiens (2: 26), Timothée (2 Tim.
1: 4), les Thessaloniciens (1 Thess. 3: 6). On peut affirmer,
avec Spicq (*art. cit.*, p. 187), que ἐπιποθέω 'traduit une certaine
ferveur des vœux et...de l'affection'. Ce caractère est encore
accentué dans des textes comme Phil. 1: 8: 'Dieu m'est témoin
que je vous chéris tous avec les entrailles du Christ (ἐπιποθῶ
πάντας ὑμᾶς ἐν σπλάγχνοις Χριστοῦ Ἰησοῦ).' Il en est de même
de Phil. 4: 1 et de 2 Cor. 7: 7, 11 (ἐπιπόθησις). On peut donc
dire que l'ἐπιποθεῖν paulinien marque un élan affectueux qui
porte vers des êtres chers. Rien ne nous permet de penser qu'il
en est autrement en 2 Cor. 5: 2.

ἐξ οὐρανοῦ

Il faut noter ici la différence d'avec le v. 1, où la οἰκοδομή nous
était présentée comme ἐν οὐρανοῖς. Si l'on se réfère à 1 Thess.
1: 10: 'vous vous êtes convertis...attendant des cieux (ἐκ τῶν
οὐρανῶν) son fils qu'il a ressuscité des morts', ainsi qu'à
1 Thess. 4: 16; 2 Thess. 1: 7; Phil. 3: 20 et à toute l'attente du
NT, il faut comprendre que le v. 1 se réfère au Christ que nous
avons déjà actuellement *dans* le ciel, alors que le v. 2 fait allusion
au retour du Christ *du* ciel.

ἐπενδύσασθαι

Ce à quoi aspire ainsi Paul, c'est à *survêtir* sa demeure céleste.
Nous ne voulons pas encore aborder ici d'une manière très
approfondie le thème du vêtement. Nous en dirons juste assez
pour situer ce terme à l'intérieur du v. 2 et commencer à
donner les coordonnées du problème.

Ce terme est assez étrange ici.[1] Voici comment Feuillet (*art.
cit.*, p. 168) résume ce qu'on peut dire à ce sujet:

---

[1] Cf. Oepke, art. 'δύω, ἐνδύω', *ThWNT*, II (1935), p. 318–20 et Hoffmann, *op. cit.*, p. 273–4.

Le verbe ἐπενδύσασθαι est très rare: on ne le trouve qu'ici dans toute la Bible et l'ancienne littérature chrétienne et, pour ce qui est de la littérature profane, on ne peut guère produire que deux ou trois exemples où le sens de revêtir par-dessus ne fait d'ailleurs aucun doute...[1] En Jn. 21: 7, on a ἐπενδύτης comme en 1 Rois 18: 4 et 2 Rois 13: 18...synonyme de ἐπένδυμα, plus fréquent; l'un comme l'autre signifient 'vêtement du dessus'.

Ce qu'il nous faut retenir, c'est la rareté du terme et son sens précis et technique: passer un survêtement. Mais de quoi s'agit-il ici?

Il est clair que si Paul avait employé le verbe simple ἐνδύσασθαι, cela eût posé moins de problèmes. On aurait alors pu en référer à 1 Cor. 15: 53-4. Mais ce n'est pas ἐνδύσασθαι que Paul emploie, mais bien ἐπενδύσασθαι. La façon la plus habituelle de rendre compte de cet emploi surprenant est d'y voir une allusion au désir de Paul de ne pas passer par la mort, mais d'être encore en vie lors de la Parousie du Seigneur; il revêtirait alors par-dessus son corps charnel le corps céleste. On voit alors dans le verset 3 l'expression de cette crainte à passer par un état intermédiaire entre la mort individuelle et la Parousie, dont la caractéristique serait la nudité (γυμνός). Il n'est pas question de reproduire ici toutes les objections que l'on a pu faire à une telle thèse; elles sont, pour la plupart, ou trop peu précises ou trop liées à la thèse contraire et particulière présentée par l'objecteur. Nous nous contenterons de faire trois remarques:

(1) Le désir de Paul ne porte pas tant sur le préfixe ἐπι- du verbe ἐπενδύσασθαι, mais bien plutôt sur la demeure du ciel... qu'on vêt. Nous trouvons donc justifiées les remarques de Mundle (*art. cit.*, p. 100) et de Hoffmann (*op. cit.*, p. 273) qui posent la question: 's'agit-il ici d'une réflexion sur le "comment" et le "quand" – du revêtement – ou ne s'agit-il pas plutôt et uniquement pour Paul de mettre en relief le fait de l'acquisition du salut?'

(2) On voit mal comment Paul aurait pu acquérir pareille représentation. Car, enfin, que devient notre corps mortel 'sous' ce revêtement immortel et incorruptible? Le corps glorieux n'est-il qu'un revêtement? Il nous paraît arbitraire et dangereux d'affirmer qu'un mot isolé et spontané est l'expres-

---

[1] On trouvera ces textes dans l'article de Oepke sus-cité.

sion d'une théorie assez peu consistante et qui n'a pas grand chose à voir avec la pensée d'un auteur, telle qu'il nous la livre par ailleurs d'une façon explicite et développée.

Aussi comprenons-nous la tentative de Reitzenstein (*op. cit.*, p. 206ss), qui pense que c'est l'homme intérieur (4: 16) indestructible qui sera vêtu lors de la parousie, tentative reprise par Wagner (*art. cit.*, p. 389).

(3) Nous montrerons encore qu'il n'y a pas de trace d'une quelconque crainte devant la mort au v. 3.

Toutefois, si justifiées que soient ces objections, elles ne prouvent pas grand chose. Car abandonner la thèse que nous venons d'exposer signifie assimiler purement et simplement ἐπενδύσασθαι à ἐνδύσασθαι. C'est ce que font, entre autres, Bultmann, Hoffmann et Feuillet. Mais les raisons qu'ils donnent alors pour expliquer la présence du préfixe sont pratiquement nulles.

La seule conclusion que nous puissions, en fait, tirer de tout cela, est une certaine perplexité. Mais il faut bien se rendre compte que cette perplexité devait être partagée par les lecteurs de Paul eux-mêmes. Paul n'a pas pu, vu le sens très précis, technique du terme et son extrême rareté, vu la concision de sa pensée ici, ne pas se rendre compte de la difficulté qu'il allait présenter pour les Corinthiens. Rien d'étonnant, dès lors, à ce qu'il essaye – dans une parenthèse – de s'expliquer un peu. C'est ce qu'il va faire au v. 3. Toujours est-il qu'au niveau même du v. 2 nous ne pouvons que remettre l'ἐπενδύσασθαι dans son contexte, en évoquer les résonnances pauliniennes (1 Cor. 15: 53–4 et *induere Christum*) et, en définitive, noter notre impuissance à en cerner les contours exacts ici.

Avant de passer au v. 3, il nous faut encore aborder rapidement le problème du moment où doit se produire l'ἐπενδύσασθαι. Si nous partageons entièrement les réserves de Mundle et de Hoffmann en ce qui concerne les modalités de cet acte, que l'on croit découvrir dans le préfixe ἐπι-, nous ne croyons pas que le même scepticisme doive être observé en ce qui concerne le temps où il doit se produire. On ne peut, bien sûr, tant qu'on n'a pas défini avec précision ce dont il s'agit, donner une réponse certaine. Mais les parallèles très forts que notre verset offre avec Rom. 8: 19ss et 1 Cor. 15: 53–4, la présence du ἐξ οὐρανοῦ et, enfin, ce que va nous livrer le v. 3, empêchent de penser, avec Windisch, que le revêtement a lieu de suite après la mort. C'est bien à la fin des temps, lors de la Parousie, que nous sommes placés.

On connaît ce verset comme *crux interpretum*, mais, à lire nombre de commentaires, à s'essayer à les suivre dans le dédale d'interprétations souvent subtiles, c'est d'une seconde croix qu'on se charge. On n'a pas tant de mal à voir ce que Paul veut dire ici qu'à comprendre ce que ses interprètes veulent lui faire dire.

Il est vrai que cette simple ligne du *Nestle* fourmille de difficultés. Faut-il lire εἴ γε καί, avec la majorité de la tradition manuscrite, ou εἴπερ καί, avec P⁴⁶ et le *Vaticanus*? Quel est alors le sens de la conjonction choisie? Pour εἴπερ καί le problème semble assez simple, mais en ce qui concerne εἴ γε καί, on trouve au moins cinq sens sensiblement différents. Faut-il lire ἐνδυσά-μενοι ou – juste le contraire – ἐκδυσάμενοι, être vêtus ou être dévêtus? Quel est alors le rapport du terme adopté avec l'ἐπενδύσασθαι du verset précédent? Faut-il ensuite coordonner ἐν(ἐκ-)δυσάμενοι et γυμνοί ou bien considérer que γυμνοί est le seul prédicat du verbe εὑρεθησόμεθα? Enfin, que recouvre la nudité dont il est ici question? S'agit-il d'une nudité morale, d'un état intermédiaire entre la mort et la résurrection ou bien du sort des impies à la fin des temps? On voit ainsi le nombre, à proprement parler incalculable, de solutions possibles à cette petite énigme. Mais le plus gros problème reste encore l'insertion dans le contexte. Si bien qu'on peut dire sans exagérer que, dans la très grande majorité des cas, l'exégèse de l'ensemble des v. 1 à 10 est menée chez les différents commentateurs en fonction de la solution qu'ils apportent au v. 3. Il nous faut donc d'abord faire le tour de ces différentes solutions.

Les thèses en présence

Bultmann (*Exegetische*, p. 11) pense que ce sont les nécessités de la polémique qui poussent Paul à s'exprimer comme il le fait. Schmithals (*op. cit.*, p. 227ss) a repris et développé cette thèse. Paul s'attaquerait ici aux adversaires gnostiques avec lesquels il avait déjà eu maille à partir en 1 Cor. 15. Dans cette première épître, Paul se serait mépris sur les véritables croyances de ses adversaires. Pensant qu'ils niaient la résurrection, il leur aurait démontré la nécessité de celle-ci. Mais, entre 1 Corinthiens et 2 Corinthiens, il apprend que ces gens-là ne sont pas opposés à la survie au-delà de la mort: ils pensent seulement que l'âme 'nue', débarrassée du corps, le restera pour toujours. Paul se rend alors compte que son argumentation de 1 Cor. 15 a porté en partie à faux et ce qu'il veut montrer maintenant, ce n'est plus la possibilité d'une survie après la mort, mais la nécessité de la résurrection des corps: 'si, du moins, il est vrai alors, qu'après avoir quitté notre vêtement terrestre (on lit ἐκδυσάμενοι), nous ne pouvons nous trouver nus'. Votre idée de nudité est paradoxale et n'a pas de sens: vous ne pouvez concilier l'aspiration à la demeure céleste et la nudité de l'âme après la mort.[1]

Reitzenstein (*op. cit.*, p. 355s) opte, lui aussi, pour ἐκδυσά-μενοι. Le sens serait alors – dans sa perspective, déjà signalée – le suivant: 'même si nous devions enlever notre corps terrestre, nous ne nous trouverions pas nus', sous-entendu: car nous avons encore une autre 'tente', l'ἔξω ἡμῶν ἄνθρωπος (4: 16) ou le *pneuma* indestructible par-dessus lequel nous vêtirons notre corps céleste. Il faut encore noter que Reitzenstein dissocie καί de εἴ γε pour le rattacher au participe ἐκδυσάμενοι.

Godet rend εἴ γε καί par 'quoique' et opte pour ἐκδυσάμενοι. Paul 'désire surtout être revêtu (sans mourir) lors de la Parousie, quoique, à la vérité (nous soyons certains que), même si nous avons été dépouillés par la mort, nous ne paraîtrons pourtant pas nus, sans corps, au jour du Seigneur, puisque Dieu nous donne le corps ressuscité'. En somme, la perspective ouverte au v. 1 console de la mort, même si celle-ci devait survenir.

Voilà pour ce qui est de ceux qui lisent ἐκδυσάμενοι; la majorité des exégètes s'en tient pourtant à ἐνδυσάμενοι. On peut alors distinguer entre les thèses qui coordonnent ἐνδυσάμενοι et γυμνοί et celles qui font de γυμνοί le seul prédicat de εὑρεθησόμεθα.

Pour la première possibilité optent, parmi d'autres, Osty (dans l'édition de 1949), Robinson (*op. cit.*, p. 77), Bachmann; pour la seconde, Plummer, Windisch, Osty (1965), Allo, Lietzmann, Feuillet (*art. cit.*, p. 384–5). Malgré les notables

---

[1] Schmithals ne pense pas que Paul ait réussi ainsi à convaincre ses opposants... C'est là une conclusion que nous ne saurions refuser à l'auteur.

divergences qui séparent les auteurs que nous venons de citer, leurs thèses ont toutes un point commun: en se référant à des parallèles notamment platoniques, ils voient dans l'état de nudité (γυμνός) la situation de l'âme privée de corps après la mort. L'interprétation dominante, quelles que soient les divergences de détail, est alors que Paul exprime ici une certaine appréhension à traverser cet état de nudité; il préfèrerait, autrement dit, n'avoir pas à mourir avant la Parousie du Seigneur.[1] Citons seulement Feuillet, qui traduit: 'si, comme il est certain, une fois que nous aurons revêtu notre demeure du ciel, nous n'aurons plus à traverser l'état de nudité' – et qui commente: 'nous voudrions être transformés sans passer par la mort, recevoir sur notre corps mortel d'à présent la ressemblance du corps glorieux puisque, une fois que nous l'aurons reçue, nous n'aurons plus à craindre de perdre notre corps et serons devenus immortels'.

Mais on a aussi compris γυμνός dans un tout autre sens. Oepke[2] pense que Paul fait allusion ici au sort éternel des *goyim*, des impies exclus de la béatitude céleste après le jugement dernier. Paul dirait: 'nous aspirons à nous survêtir, à moins que nous ne soyons rejetés par le juge à la fin'. Mais Oepke n'entre pas dans les détails d'une exégèse qu'on ne peut s'empêcher de trouver, telle quelle, un peu arbitraire.

Calvin traduit: 'si, toutefois, nous sommes trouvés aussi vêtus et non pas nus' et commente de la sorte: il y a 'un double vêtement, duquel nous sommes vêtus de Dieu, à savoir la justice du Christ en cette vie, avec sanctification de l'Esprit, et, après la mort, l'immortalité et la gloire'. Ici donc: 'Paul restreint aux fidèles ce qu'il avait dit de la certitude de la gloire à venir... Les fidèles qui comparaissent devant la face de Dieu vêtus du Christ et ornés de sa justice reçoivent la robe glorieuse d'immortalité.'[3]

Berry, enfin (*art. cit.*, p. 64 et p. 75-6), propose une solution originale. Analysant la notion de σῶμα chez Paul, il distingue

[1] Cf. aussi C. F. D. Moule, 'St Paul and dualism: the Pauline conception of resurrection', *NTS*, **12** (1965-6), p. 106-23 (p. 118ss).

[2] *Art.* 'γυμνός', *ThWNT*, I (1933), p. 773-6; *art.* 'δύω, ἐνδύω, ἐκδύω', *ThWNT*, II (1935), p. 318-20; cf. encore Ellis, *art. cit.*, p. 218-21 et Hettlinger, '2 Cor. 5: 1-10', *ScJTh*, **10** (1957), p. 174-94 (p. 182+190).

[3] Se rallient, avec des variantes, à cette interprétation 'morale', Schlatter et Wagner (*art. cit.*, p. 389s).

deux sens: σῶμα peut désigner soit le corps individuel, soit le corps du Christ qu'est l'Eglise. La nudité que Paul craindrait ne serait pas celle qui le priverait de son corps de chair (aux v. 6ss, Paul nous assure que cet état intermédiaire n'est pas sans avantages, puisqu'il nous rapproche du Seigneur), mais celle qui, dans ce même état intermédiaire – entre la mort et la résurrection – le privera du corps du Christ, i.e. de l'Eglise: dans l'entre-deux, la vie individuelle est maintenue, non pas la vie communautaire. Paul espère donc vivre jusqu'à la Parousie, afin de n'avoir pas à subir cette 'nudité' qui le séparerait de ses frères.

Méthode

C'est à travers ce dédale qu'il nous faut maintenant essayer de trouver notre chemin. Nous allons tenter l'affaire, non pas tant à partir de ce que nous avons déjà acquis dans l'exégèse des versets précédents (nous ne pourrons, bien sûr, pas ne pas en tenir compte), mais en montrant qu'une analyse un tant soit peu sérieuse des termes et de l'ensemble du v. 3 ne permet guère d'y trouver plus d'un sens et que ce sens s'intègre parfaitement à nos conclusions précédentes.

Dupont (ΣΥΝ ΧΡΙΣΤΩΙ, p. 144–5) a bien relevé que c'était 'un vice de méthode à s'appuyer sur un terme isolé (γυμνός) pour juger de l'interprétation du passage'. Il faut partir, selon lui, 'de la métaphore principale commandant tout le contexte: revêtir et dévêtir'. Nous sommes bien d'accord avec lui, mais il nous faut encore faire un pas de plus; dans tout le v. 3, il n'y a qu'un seul mot qu'aucune tradition manuscrite ne conteste et qui ne pose aucun problème de syntaxe: c'est εὑρεθησόμεθα. C'est donc avant tout à ce verbe qu'il faut se raccrocher pour essayer de voir quel éclairage il donne au texte; c'est lui qu'il faut presser au maximum, car c'est là le seul terrain qui soit ferme.

εὑρεθησόμεθα

Or il s'agit là d'un futur passif du verbe εὑρίσκω. Le verbe est trop courant, trop banal pour qu'on puisse en tirer quelque chose de précis (on le trouve 176 fois dans le NT et 17 fois chez Paul). Et il est vrai qu'au passif, ce verbe peut signifier 'se trouver à, ou, dans telle situation' (cf. Act. 8: 40; Ap. 12: 8).

Mais le fait qu'il s'agit ici d'un futur et que ce futur contraste étrangement avec le présent (ἔχομεν, στενάζομεν) des verbes utilisés jusqu'ici nous fait nous tourner vers un sens beaucoup plus technique et relativement fréquent du verbe, correspondant à l'hébreu *nimetsa*: 'apparaître, être découvert comme'. Voilà comment Bonnard (*CNT ad* Phil. 3: 9) définit ce sens: 'Le verbe trouver (εὑρίσκειν), au passif, est fréquent chez Paul, comme déjà dans l'Ancien Testament; il présuppose toujours (1) que c'est Dieu qui "trouve" l'homme, c'est-à-dire qu'il le juge; (2) que l'homme sera ainsi "trouvé" par Dieu, en définitive, au jugement dernier. Le mot a donc un accent théocentrique et eschatologique prononcé.' On peut renvoyer alors à 1 Cor. 4: 2; 15: 15; Mt. 24: 46; Gal. 2: 17; 1 Pi. 1: 7; Apoc. 20: 15. C'est ce sens qu'adoptent ici Windisch, Bachmann, Hettlinger, Wagner, etc. Il faut les suivre, en ajoutant aux arguments que nous avons déjà présentés les deux textes frappants de Phil. 3: 9 et de Gal. 2: 17. Ce dernier est intéressant parce qu'il montre qu'au jugement dernier – qui a, peut-être bien, déjà commencé, puisque Paul emploie le présent (εὑρέθημεν) – nous sommes trouvés justifiés en Christ (cf. infra); Phil. 3: 9 l'est encore bien plus à cause de l'analogie que tout le chap. 3 offre avec 2 Cor. 5: 1–10 et 2 Cor. 5: 3 en particulier (cf. infra): 'afin que je gagne Christ (ἵνα Χριστὸν κερδήσω) et que je sois trouvé en lui (καὶ εὑρεθῶ ἐν αὐτῷ) en possession, non pas de ma justice, celle qui vient de la Loi, mais de celle qui s'obtient par la foi en Christ'. Il faut, enfin, surtout renvoyer à 2 Cor. 5: 10: contrairement à tout ce qu'on a pu en dire, notre passage se présente comme une unité cohérente. Toujours est-il qu'on ne peut sans autre comprendre comme Allo: 'quoique... nous ne devions pas nous trouver nus'.

ἐνδυσάμενοι οὐ γυμνοί

C'est ayant été vêtu que l'apôtre ne sera pas trouvé nu. La leçon ἐκδυσάμενοι est trop mal attestée (et la difficulté de ces versets trop certaine pour qu'on n'ait pas tenté, ici ou là, de corriger un mot)[1] pour qu'on ne l'accepte pas avant d'avoir

---

[1] Il n'y a guère que D* et G qui portent cette leçon. Or ces deux manuscrits ont une présentation de 5: 1–10 sensiblement modifiée par rapport au texte présenté par la grande majorité de la tradition manuscrite.

épuisé tous les sens possibles susceptibles d'être donnés avec
ἐνδυσάμενοι. Ἐκδυσάμενοι ne peut être qu'une bouée de
sauvetage ne devant être utilisée qu'en toute extrémité.

Il est grammaticalement asez difficile de coordonner ἐνδυσάμενοι et οὐ γυμνοί. On ne peut pas dire que c'est à cause de la
construction un peu particulière où l'on aurait côte-à-côte deux
attributs non reliés par une copule, car telle construction n'esť
pas inconnue de Paul, qui l'emploie même, sans doute possible,
quelques versets plus bas (2 Cor. 5: 7; Rom. 2: 29; 9: 1). La
véritable difficulté réside dans le fait que γυμνοί marque un
état, alors que le participe aoriste ἐνδυσάμενοι a le sens très
précis d'un acte 'historique' bien défini, accompli dans le
passé: 'ayant été vêtus'. C'est donc un participe parfait
ἐνδεδυμένοι qu'on attendrait pour que la coordination soit
possible avec γυμνός. Mais une difficulté subsiste – quelle que
soit la construction que l'on adopte: ce participe n'a pas de
complément. Il faut alors imaginer, soit que ce complément,
identique à celui de ἐπενδύσασθαι est sous-entendu: 'l'ayant
revêtu', soit que le moyen a ici une valeur passive (cf. Lc.
24: 49; 1 Cor. 15: 53 et les exemples tirés de la LXX que nous
allons encore produire), Dieu étant le sujet (cf. εὑρεθησόμεθα).
Que l'on choisisse l'une ou l'autre hypothèse ne change rien au
sens du verset.

<h3 style="text-align:center">ἐνδυσάμενοι</h3>

Le terme ἐνδύω mérite qu'on s'y arrête un peu.[1] Paul, en effet,
l'utilise quatorze fois, et chaque fois dans un sens figuré. Ces
sens peuvent être répartis en quatre groupes:

(1) Paul emploie quatre fois le verbe dans 1 Cor. 15: 53-4: 'il
faut, en effet, que ce corps corruptible revête l'incorruptibi-
lité et que ce corps mortel revête l'immortalité...'.

(2) Le chrétien est appelé à revêtir les armes de lumière
(Rom. 13: 12), la cuirasse de la foi et de la charité (1 Thess.
5: 8), la 'panoplie' de Dieu (Eph. 6: 11), la cuirasse de la
justice (Eph. 6: 14), des entrailles de miséricorde (Col. 3: 12).
Le contexte est celui de l'exhortation morale.

(3) Eph. 4: 24 et Col. 3: 10 disent du chrétien qu'il s'est
'dépouillé du vieil homme avec ses œuvres et qu'il s'est revêtu

---

[1] Cf. Oepke, art. 'δύω, ἐνδύω...'; Haulotte, *La symbolique du vêtement selon la Bible* (Paris, 1966).

de l'homme nouveau (ἐνδυσάμενοι τὸν νέον ἄνθρωπον) qui se renouvelle sans cesse, à l'image de celui qui l'a créé'.

(4) Enfin, dans Rom. 13: 14 et Gal. 3: 27, l'objet du verbe est le Christ. 'Revêtez-vous du Seigneur Jésus-Christ' et 'vous tous qui avez été baptisés en Christ, vous avez revêtu Christ' (ὅσοι γὰρ εἰς Χριστὸν ἐβαπτίσθητε, Χριστὸν ἐνεδύσασθε).

Une lecture un tant soit peu attentive de ces quatre groupes de textes nous montre que, loin d'être étanches les uns aux autres, ils communiquent et se chevauchent très largement. Pour prendre une image, on peut dire que Paul tient là un thème musical qu'il reprend, développe, adapte aux différentes parties de son œuvre. C'est dans cette optique qu'il faut comprendre 1 Cor. 15: 53ss et sur l'arrière-plan de la doctrine des 'deux Adams'. Il est donc parfaitement illégitime de tenir le raisonnement que tient la majorité des interprètes de 2 Cor. 5: 3 lorsqu'elle avance: 'En 1 Cor. 15, on assiste déjà à un revêtement lors de la Parousie; en 2 Cor. 5, la pensée de Paul s'est précisée et, en se précisant, s'est hellénisée: c'est l'âme nue, débarrassée du corps, qui va revêtir le corps glorieux.' On peut qualifier ce raisonnement de vicieux, car il projette déjà sur 1 Cor. 15 une lumière platonicienne qui ne s'y trouve pas; on ne s'étonne pas, alors, de la découvrir en 2 Cor. 5; en fait, on a tourné en rond.

Si l'on essaye maintenant de dépasser les limites du paulinisme et de l'enraciner dans son contexte sémantique et culturel, on s'aperçoit que Paul fait un emploi parfaitement correct du mot grec, mais que la symbolique à laquelle il le rattache est d'origine hébraïque.

Voici ce qu'on peut dire du terme grec:

Du sens fondamental 'entrer', 's'immerger dans', le verbe ἐνδύειν évolue rapidement vers le sens de 'revêtir', 'endosser' un vêtement ou une armure. Du sens propre de 'revêtir un vêtement, des armes', on passe spontanément au sens métaphorique 'être envahi d'un sentiment', qui investit l'âme et la transforme. Quand le verbe est employé avec l'accusatif de la personne, il signifie rarement, en-dehors du NT, le fait d'imiter la manière de sentir et d'agir de quelqu'un (on en rencontre un exemple dans Denys d'Halicarnasse[1])

[1] Certains orateurs 'revêtent' le comportement d'un Tarquin en empêchant les autres de parler pour la justice (τὸν Ταρκύνιον ἐκεῖνον ἐνδυόμενοι)', *Ant. Rom.* 11, 5, 2.

ou changer de condition (Libanius[1]). Ce que l'on revêt se trouve généralement à l'accusatif et celui qui en est revêtu est...le sujet du verbe (au moyen, rarement au passif) (Haulotte, *op. cit.*, p. 213).

Mais, au-delà de l'humus chrétien, l'ἐνδύειν paulinien s'enracine dans la symbolique du vêtement hébraïque. Nous nous référons ici surtout à l'étude récente et approfondie de Haulotte.

Le vêtement paraît conçu par les Israélites de telle sorte qu'il reflète une notion religieuse du monde: Dieu l'a sorti du chaos et ordonné...La question même du vêtement ne se pose à l'homme qu'en fonction d'un ordre spirituel, à l'origine aussi bien qu'à chaque point de son histoire: la *rupture* de l'harmonie entre Dieu et l'homme et sa *résolution*, qui est l'œuvre de Dieu. Vêtement et nudité sont les signes de cette genèse à double perspective...Chaque fois qu'Israël est en rupture avec l'alliance, il se retrouve vite revenu à sa nudité originelle. Car, en rejetant le vêtement de la gloire de Dieu ou en en abusant, il se voue à la nudité d'une créature qui renie sa source ou se pare de dépouilles fallacieuses (p. 330).

Yahweh, pourtant, prépare le salut de son peuple: 'Je me livrerai à l'allégresse à cause de Yahweh..., car il m'a revêtu (*bagad*) des vêtements du salut et il m'a enveloppé dans le manteau de la justice (*mehil tsedaqah*), comme l'époux est coiffé d'un turban et la mariée parée de ses atours' (Es. 61: 10). 'Dans la tradition messianique et sapientielle, la sphère humaine ainsi renouvelée n'exclut pas le corps, dont Job affirme qu'il a besoin pour voir son salut (Job 13: 14; 14: 14; 16: 19). Et ce corps que Dieu "a tissé" pour l'en "vêtir" est bien de "peau et de chair", "d'os et de nerfs" (Job 10: 11). Car Dieu n'anulle pas la création, il la magnifie. Seulement, l'homme n'atteint ce nouvel état qu'à travers la *tribulation*. Une sorte de renaissance douloureuse à partir de "l'Esprit" nouveau accompagne nécessairement la genèse du vêtement fait de "justice" (Job 29: 14; Ps. LXX 131: 9) – tous les textes cités comportent le terme ἐνδύω avec Dieu pour sujet – de vérité, de "force" (δύναμις, Ps. 92: 1), de "vigueur" (ἰσχύς, Es. 52: 1), de "salut" (Ps. 131: 16), de "gloire" (δόξα, 1 Macc. 14: 9) que revêtira la communauté des Derniers Temps: en un mot, *c'est de son*

[1] 'Firminius, abandonnant le soldat, revêtit le sophiste' (*Epist.* 1048/2).

"Esprit" que Dieu la couvre (1 Chron. 12: 19; 2 Chron. 24: 20)' (Haulotte, p. 196–7).[1]

Ce sont là, pensons-nous, les vraies racines du ἐνδύειν paulinien; c'est à partir de là aussi qu'il faut comprendre γυμνός.[2]

γυμνοί

Certes, le terme peut désigner, depuis Platon, l'âme nue, débarrassée, par la mort, du corps.[3] Mais le fait que Paul n'utilise que deux fois cet adjectif[4] – en 1 Cor. 15: 37 et ici même – devrait inciter à la prudence quant aux conclusions à tirer de pareils rapprochements. La thèse de Sevenster[5] (voir aussi Héring et d'autres), pour qui Paul a christianisé ou judaïsé la perspective grecque (Platon se réjouissait de l'état de nudité, alors que Paul le redoute), relève d'une méthode dont nous avons déjà dit ce que nous en pensons.

D'autre part, à y regarder de près, le γυμνός de 1 Cor. 15: 37 n'a aucune valeur spécifique: il n'est qu'amené par l'image du grain et de la plante que Paul y utilise. On ne peut donc pas se fonder sur ce texte pour expliquer 2 Cor. 5: 3. Rien n'est plus légitime, au contraire, que de concevoir que, là aussi, γυμνός est amené par le contexte symbolique où Paul le place.

Mais, même replacés ainsi dans une perspective plus correcte, les trois termes que nous venons d'étudier n'ont pas l'air de présenter beaucoup de sens: 'ayant revêtu, nous ne serons pas trouvés nus'. Pour élucider ce sens, il nous faut maintenant les replacer à la suite des v. 1 et 2, et pour ce, tout d'abord essayer de cerner la valeur de la conjonction εἴ γε καί.

εἴ γε καί

La leçon εἴπερ καί est assez bien soutenue (papyrus Chester Beatty, Vaticanus, tradition occidentale), mieux que ἐκδυσά-

---

[1] L'auteur n'a pas du tout 2 Cor. 5: 3 en vue en écrivant cette page, ce qui n'en est que plus frappant.   [2] Cf. Oepke, *art.* 'γυμνός', p. 773–6.

[3] Voir *Gorgias*, 524d, 523e; *Crat.* 403b; Philon (*Leg All.* ii, 57) parle de l'intelligence 'nue et incorporelle' (γυμνὸς καὶ ἀσώματος).

[4] Γυμνότης se trouve deux fois chez lui (Rom. 8: 35; 2 Cor. 11: 27) au sens de 'dénuement'.

[5] 'Some remarks on the *gumnos* in 2 Cor. 5: 3', in *Studia Paulina* (*in honorem J. de Zwaan*) (Haarlem, 1953), p. 202ss.

μενοι. Mais cet appui n'est pas suffisant face à l'unanimité des autres manuscrits.[1] En fait, on ne voit guère comment cette majorité aurait été amenée à lire εἴ γε καί au lieu de εἴπερ καί, qui est d'un grec très correct et dont le sens est clair, alors que εἴ γε καί est, avec Gal. 3: 4, un *hapax* de toute la littérature grecque. C'est donc à εἴ γε καί qu'il faut se tenir, mais quel en est le sens?

Gal. 3: 4 n'offre, malheureusement, aucune aide, car ce verset est au moins aussi obscur que le nôtre. On peut s'amuser, alors, à disséquer la conjonction:[2] εἰ a tant et tant de sens, et γε en a tant d'autres, ce qui permet tant de combinaisons; maintenant, si on ajoute καί, qui présente une gamme, ô combien complète, de nuances! on obtient tant et tant de solutions, d'entre lesquelles nous choisissons: 'afin que' (Héring), 'car certainement' (Plummer), 'si toutefois' (Wagner), 'quoique à la vérité' (Godet), etc. La plupart des auteurs, cependant, met entre parenthèses καί et ne s'occupe que de εἴ γε = 'si du moins' ou 'si à la vérité'. Allo va même jusqu'à dire que, quant à placer une parenthèse, il préfère supprimer γε et comprendre εἰ καί = 'quoique'.

De telles discussions sont usantes. En fait, il faut voir les choses en face et admettre que εἴ γε καί n'existe pas. Il faut donc mettre une virgule après εἴ γε et rapporter καί à ἐνδυσά-μενοι. Le sens de εἴ γε est clair et parfaitement établi: γε marque une restriction et, joint à εἰ, ἐάν, ἄν, εἴπερ, il signifie 'si du moins', 'si toutefois'.[3]

Quant à καί précédant un mot, l'usage en est classique, pour insister sur ce mot; on le rend par 'même', 'aussi'. Allo cite même – pour le rejeter – un texte de Xénophon (*Mémorables* III, VI, 13: παμμέγεθες πρᾶγμα, εἴ γε καί τῶν τοιούτων ἐπιμε-λεῖσθαι δεήσει = grosse affaire, s'il faut même s'occuper de pareilles choses!).

Il faut donc traduire notre verset 3 par: 'si toutefois, même l'ayant revêtu, nous ne serons pas trouvés nus'. Cette manière

---

[1] C'est aussi la tradition occidentale qui propose ἐκδυσάμενοι.

[2] On trouvera un tableau très complet dans le commentaire de Allo.

[3] Εἴ γε σὺ ἀληθῆ λέγεις, Plat. *Phèdr.* 242d: si du moins (ou, si toutefois) tu dis vrai; εἰ μὴ κωφός γ' εἰμί, *Gorg.* 511b. Traduire par 'si certainement', 'si comme il est vrai' (Robinson, Plummer, Strachan) est certainement possible, mais ne correspond pas du tout au sens courant et normal de la conjonction.

de comprendre εἴ γε καί peut, sans doute, aussi être appliquée à
Gal. 3: 4. Mais cette traduction (de 2 Cor. 5: 3) ne nous dit
toujours pas ce qu'il faut entendre par là.

ἐπενδύω–ἐνδύω

Paul vient de dire au v. 2: 'nous gémissons, désirant survêtir
le Christ qui viendra du ciel'. Nous avons noté alors combien le
verbe 'survêtir', ἐπενδύσασθαι était surprenant, mais combien
aussi sa signification ne pouvait faire de doute. En fait, si Paul
l'emploie, c'est que: (1) le chrétien, dès ici-bas, a déjà revêtu
(ἐνδύω) le Christ, (2) il aspire à un surcroît de vêtement, à une
communion entière, pleine et parfaite, avec son Seigneur (v. 6
et 8), à la vue et non plus seulement à la foi (v. 7).

Mais, en utilisant ce verbe assez surprenant de ἐπενδύσασθαι,
Paul a conscience que ses lecteurs risquent de ne pas comprendre
du premier coup. C'est pourquoi il ouvre une parenthèse
destinée à clarifier les choses: 'nous serons survêtus, dans la
mesure où, ayant été vêtus une fois, nous ne serons pas trouvés
nus'. Le survêtement suppose que, lors de la Parousie, nous
ayons toujours sur nous le simple vêtement et que nous ne
soyons pas nus.

<h2 align="center">La 'Crainte' du v. 3</h2>

Ce que Paul envisage donc ici, c'est qu'il n'est pas impossible
au chrétien de retomber, de renier, de se dénuder. Cette idée
est d'autant plus compréhensible dans le contexte de 2 Cor.
5: 1–10 que tout le passage est dominé par le désir de Paul
d'arriver, de toucher au but, d'être délivré de ce qui le sépare
encore du Christ. Or, ce qui l'en sépare vraiment, c'est justement cette possibilité de pouvoir encore s'en séparer, le rejeter
'comme on jette un vieux vêtement', possibilité qui ne sera
abolie qu'à la fin. Or la moindre tentation de renier le Christ
n'est, peut-être, pas celle de l'apostolat dans la gloire qu'on
l'invite tant à entreprendre. Ἐν τούτῳ στενάζομεν, du fait
même de cette situation qui est la nôtre actuellement, nous
gémissons...désirant survêtir Christ, pour peu que, l'ayant une
fois revêtu, nous ne soyons quand même pas trouvés nus'.[1]

<hr/>

[1] Qu'on se tourne aussi vers Phil. 3: 8–14 et l'on verra combien, dans une
situation semblable, la pensée – jusque dans l'expression! – de Paul
s'engagera dans une démarche identique.

Il nous reste encore un point à éclaircir en précisant d'avantage ἐνδυσάμενοι.

ἐνδυσάμενοι

Le fait que le participe aoriste renvoie à un acte du passé bien déterminé (détermination encore renforcée par le καί qui l'appuie), la présence au verset 5 de deux nouveaux participes aoristes (κατεργασάμενος, δούς) associés au don des prémices de l'Esprit (voir plus bas), le contexte dans lequel semblent s'insérer les considérations pauliniennes sur le dépouillement du vieil homme et l'avènement d'un homme nouveau[1] et, enfin, le parallèle de Gal. 3: 27: 'vous tous qui avez été baptisés en vue du Christ (εἰς Χριστόν), vous avez revêtu Christ (Χριστὸν ἐνεδύσασθε)', tout cela indique que Paul se réfère ici au baptême.

Au baptême, après sa conversion, Paul a revêtu le Christ, ce qui signifie, selon la symbolique dégagée par Haulotte (*op. cit.*, p. 231–2): (1) qu'il s'est mis sous la protection du Christ (il le revêt comme une armure); (2) qu'il a retrouvé ainsi sa véritable identité, car 'le vêtement apparaît de façon éclatante comme le signe pour chaque homme de la pleine possession de soi et ce qui lui garantit aux yeux d'autrui son identité' (*op. cit.*, p. 71); (3) que s'est instaurée une communion intime entre lui et le Christ.

Mais ce vêtement n'est pas un survêtement; la vie apostolique (et chrétienne!) est une course qui ne permet pas de s'arrêter ou de faire marche arrière, auquel cas on risquerait fort d'être trouvés nus lorsque Dieu aura rendu manifestes toutes choses.

C. LE VERSET 4

Nous avons déjà relevé, en abordant l'étude du v. 2, le parallélisme existant entre ce verset et le v. 4. Si cela est certain en ce qui concerne surtout 4*a* – καὶ γάρ; ἐν τούτῳ (v. 2) et οἱ ὄντες ἐν τῷ σκήνει (v. 4); στενάζομεν (v. 2) et στενάζομεν βαρούμενοι (v. 4) – nous ne pensons pas qu'il faille pousser ce parallélisme trop loin, car, depuis le v. 2, la pensée de Paul a quand même

---

[1] Cf. entr'autres, B. Rey, 'L'homme nouveau d'après St Paul', *RScPhTh* (1965), p. 161–95; Selwyn, *The first Epistle of St Peter* (Londres, 1947), p. 389–406.

progressé (4*b* est une reprise du v. 3) : on a plutôt l'impression
que la pensée de l'apôtre, qui cherche une formulation dans ces
versets, avance comme en spirale : elle reprend et progresse tout
à la fois (ainsi Hoffmann, *op. cit.*, p. 278; Schmithals).

καὶ γάρ

C'est sur l'ensemble présenté par les v. 1 à 3 que s'appuie
maintenant le v. 4 : 'vu tout cela, aussi bien... nous gémissons
chargés...'.

οἱ ὄντες ἐν τῷ σκήνει

Comme nous l'avons déjà pressenti – cf. le parallélisme avec
Rom. 8 – il faut comprendre que Paul ne fait pas ici de distinction nette entre la situation chrétienne en général et la
situation apostolique. Mais, comme dans toute notre section,
c'est de lui qu'il parle avant tout. Le σκῆνος n'est pas plus une
tente que le corps tel que le conçoit la philosophie hellénistique
ou la gnose. Il s'agit de la situation du chrétien en ce qu'elle a
de provisoire, de 'devant être aboli' (cf. 4*c*: καταποθῇ), tel que
le corps périssable et mortel (4*c*: θνητόν) accomplissant encore
les œuvres de la σάρξ en est le signe tangible. Comme avec ἐν
τούτῳ au v. 2, nous avons ici la raison du στενάζειν. On
remarquera pourtant, par rapport au v. 2, que le tableau s'est
comme assombri : au v. 4, Paul insiste surtout sur le côté
sombre de sa condition : ἐν τῷ σκήνει, βαρούμενοι. Cela est sans
doute dû à la possibilité évoquée par le v. 3.

βαρούμενοι

En effet, στενάζομεν est comme qualifié par le participe βαρούμενοι.[1] Ce terme implique un sentiment de pesanteur, de charge
et de souffrance. Il est notable que Paul ne l'emploie jamais que
trois fois : en 1 Tim. 5 : 16 (où le sens est différent), ici même et,
dans la même lettre, 2 Cor. 1 : 8 : l'apôtre, désespérant même de
conserver la vie, avoue avoir été chargé (ἐβαρήθημεν) au-delà
de toute force. La manière dont les différents interprètes comprennent ce terme est fonction de leur interprétation du verset 3.
Pour notre part nous ferons les remarques suivantes :

[1] Cf. Schrenk, *art.* 'βάρος, βαρύς...', *ThWNT*, 1 (1933), p. 551–9.

(1) Le verbe βαροῦμαι n'est pas un terme technique à l'emploi très localisé. On peut tout au plus dire que pour exprimer l'état de l'âme tombée dans la matière, on l'utilisait parfois. L'usage du NT en général (Mt. 26: 43; Lc. 21: 34) et de Paul en particulier n'invite pas à trop s'engager dans cette voie.

(2) Paul veut dire ici que la situation ambiguë de l'apôtre et du chrétien comporte un côté d'ombre qui n'est pas que matériel (la destruction du corps évoquée au v. 1), mais aussi 'spirituel': l'âme (au sens hébraïque du terme) est aussi en péril, dans la mesure où elle peut encore se séparer du Christ en le reniant, c'est-à-dire, dans le cas précis, en présentant un apostolat 'dans la gloire' et non 'dans la faiblesse' (cf. v. 3 et 4b).

ἐφ' ᾧ

C'est ce sentiment que développe maintenant encore la subordonnée commençant par ἐφ' ᾧ. C'est bien à βαρούμενοι – ou à στενάζομεν βαρούμενοι – qu'il faut la rattacher et non à στενάζομεν seulement (contre Allo). Ἐφ' ᾧ peut introduire une explication de la principale ('nous gémissons chargés, en ce que, du fait que...'), mais est aussi courant pour exprimer la cause (Rom. 5: 12?; Phil. 3: 12; 4: 10). On ne peut pas préférer ici une nuance à l'autre. Le sens qu'a, dans le grec classique, ἐφ' ᾧ ('à la condition que', 'moyennant que') ne se trouve pas dans le NT et ne convient pas ici.

ἐκδύσασθαι

Il est indéniable que 4b, avec l'opposition ἐκδύσασθαι–ἐπενδύσασθαι, reprend le v. 3 et l'opposition de ἐνδυσάμενοι–γυμνοί. Le verbe ἐκδύω est un *hapax* paulinien, ce qui prouve bien que si Paul l'emploie ici, c'est poussé par la problématique dans laquelle il s'est placé dans les versets précédents. Les thèses qui expliquent ce que recouvrent les termes de 4b sont donc les mêmes que celles que nous avons déjà rencontrées au v. 3. C'est ainsi que la grande majorité des commentateurs pensent que Paul ne veut pas (οὐ θέλομεν) mourir, quitter son corps (ἐκδύσασθαι), mais vivre jusqu'à la Parousie et vêtir par-dessus son corps mortel le corps glorieux (ἐπενδύσασθαι).[1]

---

[1] Variantes: Windisch: il veut le revêtir tout de suite après la mort individuelle; Allo, Strachan: il n'y a pas d'allusion spéciale à la Parousie,

Notre interprétation, elle, sera la suivante: une des charges, particulière et caractéristique de la situation apostolique-chrétienne, telle que Paul la vit au moment où il écrit 2 Cor. 5 et telle qu'il l'expose ici, est constituée par sa volonté de ne pas dévêtir le Christ (le rejeter), mais de le survêtir lorsque, le moment venu, reconnu comme ayant déjà accepté les 'arrhes' (cf. v. 5), il recevra le tout.

οὐ θέλομεν

Cette interprétation nous semble encore confirmée par l'examen de θέλω.[1] Tout absorbés par les termes suivants, les exégètes n'accordent pour ainsi dire aucune attention à ce verbe.

Le θέλειν humain chez Paul exprime, d'une manière générale, le vouloir dans ses différentes nuances: (1) la décision: Rom. 9: 16; 1 Cor. 4: 21; (2) le désir, la convoitise: 2 Cor. 11: 12; 12: 20; Gal. 4: 17; (3) le souhait, celui-ci pouvant être vif: Rom. 16: 19; 1 Cor. 7: 32; 10: 20; (4) dans nombre de textes enfin le θέλειν paulinien est opposé à son exécution, au ποιεῖν, ἐνεργεῖν, πράσσειν, κατεργάζεσθαι (cf. Phil. 2: 13).

C'est dans cette dernière catégorie qu'il faut ranger 2 Cor. 5: 4, vu notamment l'apparition au verset suivant d'un κατεργασάμενος. Que l'on se reporte alors à Rom. 7: 14–25 et à Gal. 5: 17: ici, l'apôtre ne *veut* pas rejeter Christ; reste à savoir s'il y réussira.

τὸ θνητόν

Le texte ne peut pas ne pas rappeler ici 1 Cor. 15: 54: 'lorsque…ce qui est mortel (τὸ θνητόν) aura revêtu l'immortalité, alors sera accomplie la parole qui est écrite: la mort a été engloutie par la victoire (κατεπόθη ὁ θάνατος εἰς νῖκος [Es. 25: 8])'. Le rapport à 1 Cor. 15: 54 est encore renforcé par le fait que καταπίνω[2] n'est employé par Paul que trois fois

mais la simple crainte, naturelle à l'homme, devant la mort; Ellis, Schlatter etc. voient dans οὐ θέλομεν ἐκδύσασθαι le désir de ne pas être couvert de honte lors du jugement. Berry soutient que c'est la séparation de ses frères chrétiens que Paul redoute et Oepke, Mundle comprennent dans ἐκδύσασθαι le sort des impies après le jugement final.

[1] Cf. Schrenk, art. 'θέλειν, θέλημα', ThWNT, III (1938), p. 43–63; Bultmann, Theologie[5], p. 223s, dont nous reprenons la classification.
[2] Cf. Michaelis, art. 'πίνω…', ThWNT, VI (1959), p. 158–9.

(1 Cor. 15: 54; 2 Cor. 2: 7; 5: 4) et désigne, dans le NT, 'un naufrage total (cf. Jon. 2: 2), c.-à-d. un événement final et définitif, l'anéantissement d'un ennemi' (Michaelis, *art. cit.*).

Mais cette similitude fait aussi apparaître des divergences. Il serait tout naturel qu'à ζωή Paul opposât θάνατος, comme c'est souvent le cas chez lui, où l'antithèse est assez stéréotypée. Ici, le drame aux dimensions cosmiques de 1 Cor. 15 est comme ramené à sa dimension humaine: la puissance Θάνατος est désignée sous une de ses formes particulières, le 'mortel'. Ce terme est particulier à Paul dans le NT, où il apparaît six fois. Son sens y est bien défini: il s'agit de la 'structure anthropologique' par laquelle le péché a accès à l'homme et qui doit être détruite lors de la Parousie (1 Cor. 15: 53-4). En 2 Cor. 5: 4, Paul aspire tout particulièrement à voir disparaître cette possibilité qui consiste à renier le Christ.

τῆς ζωῆς

Ce qui doit abolir cette possibilité, c'est la vie.[1] Paul désigne par là la gloire eschatologique; la vie est le signe même de ce que le chrétien attend. Il n'est toutefois pas impossible que la pensée de Paul soit ici un peu plus précise: cette vie, qui doit engloutir ce qui est mortel en nous, c'est le Christ, que nous devons 'passer comme un survêtement'. Cette interprétation, qui ne s'impose pas, a pour elle le fait certain de la liaison très étroite que Paul établit toujours entre le Christ et la vie: 'en lui nous avons la vie' (2 Tim. 1: 1; 1: 10; cf. Rom. 8: 2 etc.) et – dans le contexte immédiat – 2 Cor. 4: 11. Il ne serait donc pas étonnant que, dans notre passage où la 'mystique christologique' est très poussée, l'assimilation du Christ et de la ζωή se soit produite comme elle se produira encore dans Col. 3: 3 et dans les écrits johanniques (Jn. 11: 25; 14: 6; 1 Jn. 5: 20) avec lesquels Paul s'est déjà accordé au v. 1 (= Jn. 2: 19–21). Il faut encore ajouter que les termes sont ici particulièrement propres à suggérer le 'survêtement', i.e. 'l'engloutissement' (καταπίνειν) sous (ὑπό) la vie.

[1] Cf. Bultmann, *art.* 'ζάω', *ThWNT*, II (1935), p. 862–75.

D. LE VERSET 5

L'interprétation du v. 5 ne présente pas de difficultés particulières. Mais il ne faut pas être victime de l'illusion que peut constituer le volume des commentaires: l'accent est, pour Paul, bien plus sur ce verset que sur la parenthèse du v. 3. A preuve: il renoue ici avec l'évocation de Dieu et de l'Esprit, dont nous avons reconnu la portée polémique tout au long de notre section. Cela montre de plus que, bien loin de se perdre dans de ténébreuses digressions 'eschatologiques', la pensée de l'apôtre reste ferme et maîtrise son sujet.

εἰς αὐτὸ τοῦτο θεός

L'expression est sciemment vague[1] et se rapporte à la fois au ἐπενδύσασθαι[2] et au στενάζομεν.[3] Mais l'accent est sur θεός: c'est Dieu qui prépare le salut. Et il lui a plu de le faire passer par la croix, par la faiblesse de l'apôtre, le délabrement de 'son homme extérieur', le doute quant à son arrivée au but final. Il ne s'agit pas de recourir à des appréciations humaines, comme les adversaires; tout est suspendu à la grâce et à la liberté de Dieu.

κατεργασάμενος ἡμᾶς

Ce terme, typiquement paulinien dans le NT,[4] a une résonance un peu particulière ici. C'est le seul exemple, à notre connaissance, où, en grec, l'objet de ce verbe est une personne. Aussi l'accent porte-t-il bien sur ce point: Paul n'agit pas à sa libre fantaisie, il est 'agi', 'fait' par Dieu; dans sa faiblesse, ses doutes, mais aussi sa foi et son espérance, il n'est qu'instrument

[1] Paul utilise souvent αὐτὸ τοῦτο pour dire: ' cela même' (à l'exclusion de tout le reste). L'expression se rapporte, soit à ce qui suit (Rom. 9: 17), soit à ce qui précède (Rom. 13: 6). Εἰς αὐτὸ τοῦτο marque le but de l'action et se retrouve en Rom. 9: 17; 13: 6; Eph. 6: 22; Col. 4: 8.

[2] Paul voudrait dire: notre appréhension à passer par la mort est vaincue par l'assurance que nous avons en Dieu qu'il ne s'agit là que d'un état intermédiaire (Héring, Godet, Hoffmann, p. 278–9, et la majorité des auteurs).

[3] Paul n'aurait pas à rejeter ou à redouter pareille souffrance, car c'est Dieu lui-même qui la lui procure (Allo, Schlatter, Brun).

[4] Cf. Bertram, art. 'κατεργάζομαι', ThWNT, III (1938), p. 635–7.

dans la main de Dieu, vase d'argile sous les doigts du potier (cf. 4: 7).

Comme au v. 3 et en 5*b*, le participe est à l'aoriste.[1] Comme dans ces deux autres cas, il faut sans doute voir ici une référence au baptême: 'l'agir' de Dieu sur l'homme se marque par des actes concrets qui attachent celui-ci à la croix.

ὁ δοὺς ἡμῖν τὸν ἀρραβῶνα τοῦ πνεύματος

L'allusion au baptême est confirmée par la deuxième partie du verset. On peut comprendre: 'les arrhes que sont l'Esprit' ou 'la partie d'un tout qui est l'Esprit'. Le terme grec ἀρραβών[2] vient de l'hébreu *hérabon*, gage, que l'on ne trouve dans la LXX qu'en Gen. 38: 17ss. C'est un terme commercial: le ἀρραβών étant une partie du tout, donne un droit à celui qui l'a versé. La coloration du terme est donc nettement juridique et l'inscrit dans le contexte de l'alliance. Mais ici – et cela est encore une marque de la pensée paulinienne – ce n'est pas l'homme qui verse des arrhes pour son salut futur, c'est Dieu qui les verse pour lui. Nous rejoignons ainsi tout le thème du chap. 3, où l'esprit joue un si grand rôle.

L'expression (ἀρραβών τοῦ πν.) ne se retrouve qu'en 2 Cor. 1: 22, dont l'analogie avec notre verset saute aux yeux et se manifeste jusque dans la construction grammaticale. Or 1: 21 fait sans doute allusion au baptême.[3] Quoi qu'il en soit, on peut conclure avec C. Masson:

Le Saint-Esprit accordé au croyant dans la vie présente constitue les arrhes...du don total qui lui sera fait quand il sera ressuscité 'corps spirituel' par la puissance de Dieu. Autrement dit, ce n'est pas ce que le croyant est devenu sous l'action du Saint-Esprit qui fonde sa certitude de triompher de la mort, c'est ce que Dieu a fait pour lui en Jésus-Christ et par le Saint-Esprit, car Dieu ne peut manquer d'achever ce qu'il a commencé.[4]

[1] D et G lisent un participe présent. Mais nous avons déjà reconnu le caractère secondaire de leurs lectures dans notre passage.

[2] Cf. Behm, *art.* 'ἀρραβών', *ThWNT*, I (1933), p. 474; Bultmann, *Theologie*[5], p. 335–7.

[3] Windisch, Lietzmann, Allo, M. A. Chevallier, *L'Esprit et le Messie dans le bas-judaïsme et le NT* (Paris, 1958), p. 105–10.

[4] *Art. cit.*, p. 264; cf. aussi C. L. Mitton, 'The gift of the Spirit and the life beyond death. 2 Cor. 5: 1–5', *ExpTim*, **69** (1957–8), p. 260–3.

EN RÉSUMÉ

La tension fondamentale de toute vie apostolique (et chrétienne), entre un présent sans éclat et un avenir dans la gloire, entre une vie actuelle loin du Seigneur (cf. 5 : 7) et la présence pleine de ce même Seigneur, engendre un gémissement douloureux (στενάζομεν). Toutefois, cette tension est justement voulue par Dieu qui *agit* (κατεργασάμενος) l'apôtre, le chrétien, en lui donnant les arrhes de l'Esprit, c'est-à-dire la partie seulement d'un tout qu'on est pourtant assuré de posséder pleinement un jour (v. 5).

Pour exprimer encore cette tension, Paul recourt à une nouvelle métaphore (v. 2b–4), dont le sujet est à nouveau le Christ. Le Christ est, cette fois-ci, comparé – selon une symbolique aux racines vétéro-testamentaires et très paulinienne – à un vêtement. Au baptême, le chrétien a revêtu Christ (ἐκδυσάμενοι), mais il peut encore ici-bas rejeter ce vêtement (ἐκδύσασθαι, v. 4), renier le Christ. Dans ce cas, il se retrouverait, pour son malheur, nu (γυμνός) devant son juge, alors que ce à quoi il aspire si fermement c'est à survêtir (ἐπενδύσασθαι) le Christ, à arriver à une communion pleine et totale avec Lui et qui ne puisse plus jamais être mise en question. Seulement – encore une fois – cette tension à la fois douloureuse et pleine de promesses, entre un déjà et un pas encore, entre vêtement et survêtement, entre les arrhes et le tout, est le fait de Dieu Lui-même, qui a décidé qu'il devait en être ainsi (v. 5). Tout christianisme, toute action apostolique, qui essaye de faire l'économie de cette tension douloureuse et qui prétend à une accession immédiate à la gloire, trahit donc la volonté et l'action divines.

CHAPITRE 12

LES FRUITS DE L'EXIL,
5 : 6–10

(6) Prenant donc courage en toutes circonstances, et sachant que résider dans le corps c'est être en exil loin du Seigneur – (7) car c'est dans la foi que nous marchons, et non dans ce qu'on voit – (8) Mais nous prenons courage et nous voulons émigrer plus encore du corps et immigrer vers le Seigneur. (9) C'est pourquoi nous avons à cœur, que nous soyons chez nous ou que nous soyons en exil, de lui être agréables. (10) Tous, en effet, il nous faut comparaître devant le tribunal du Christ, afin que chacun reçoive selon ce qu'il a fait par le corps, soit en bien, soit en mal.

A. LE VERSET 6

L'interprétation des v. 6ss semble offrir beaucoup moins de prise à la controverse.

Tous les auteurs, sauf un, considèrent que la clef de ces versets est donnée au verset 8. Paul commence, avec le v. 6, une phrase qu'il interrompt par la parenthèse du v. 7 et qu'il ne termine pas. S'apercevant, en effet, qu'il s'y est mal pris pour exprimer sa pensée, il abandonne cette phrase commencée au v. 6 et formule ce qu'il a à dire d'une manière plus simple au v. 8. Il exprime là sa 'préférence' (εὐδοκοῦμεν μᾶλλον) à quitter le corps pour aller rejoindre le Seigneur. Cela s'interprète dans la perspective classique, qui trouve dans les v. 2 à 5 l'expression d'une crainte de la mort: cette crainte – naturelle et, pour ainsi dire, païenne – est surmontée par l'espérance chrétienne qu'a l'apôtre que, même dans la mort, le Seigneur ne l'abandonnera pas; bien plus, que la mort le rapprochera de ce Seigneur (soit qu'il faille imaginer un état intermédiaire entre la mort et la résurrection, caractérisé par une certaine communion avec le Seigneur,[1] soit que cette mort le rapproche de la résurrection et de la Parousie).

[1] Cf. Phil. 1 : 23: 'j'ai le désir de m'en aller et d'être avec Christ, ce qui, de beaucoup, est le meilleur'.

Cette façon de construire les v. 6ss a pour difficulté de très mal expliquer la jonction avec les v. 9 et 10. C'est ce qui pousse en partie Hoffmann (*op. cit.*, p. 279–80) à considérer que la suite naturelle du v. 6 est constituée par le v. 9 et que la parenthèse commencée au v. 7 ne se réduit pas à ce verset, mais englobe encore le v. 8. Mais l'intérêt de cette thèse consiste surtout en ce qu'elle dénonce certaines faiblesses de la thèse courante: elle ne les résoud pas toutes, puisqu'elle interprète le v. 8 de la même manière; elle lui donne tout simplement beaucoup moins d'importance, mais le problème qu'il pose n'en subsiste pas moins.

En fait, pour y voir clair, il nous faudra, là encore, aller pas à pas. Disons tout de suite pourtant que la mécompréhension – car mécompréhension il y a – de ces versets nous semble due à trois facteurs:

(1) Lorsque l'exégète aborde le v. 6, il le fait chargé de toute l'attention que lui ont demandée les v. 3 et 4; il est donc enclin à retrouver son interprétation de ces versets dans les v. 6 à 8. Or nous avons vu que ces versets n'arrêtent pas fondamentalement Paul. Certes, ce qu'il y dit – selon notre exégèse – se retrouve ici, mais l'important, pour lui, il l'a exprimé dans les v. 1–2. Nous montrerons encore combien les v. 6–8 sont comme le développement de ces deux premiers versets; (2) une mauvaise compréhension de l'expression ἐν τῷ σώματι; (3) une faute de syntaxe concernant le εὐδοκοῦμεν μᾶλλον au v. 8.

θαρροῦντες

A cause de l'assurance donnée aux v. 1–2 et 5, Paul prend courage (θαρρεῖν[1]). Ce verbe n'apparaît, dans le NT, que cinq fois: dans notre épître et dans Héb. 13: 6. Cela pourrait être l'indice d'un sens particulier, mais cette hypothèse ne résiste pas à l'examen des textes (2 Cor. 5: 6, 8; 7: 16; 10: 1, 2). Il s'agit d'un verbe cher aux stoïciens pour marquer l'assurance, la persévérance qu'il faut manifester dans la vie. Grundmann (*art. cit.*) a noté le rôle particulier qu'il joue dans le *Phédon* (88b, 78b, 63e) en relation avec le problème de la mort. On ne peut pourtant pas sans plus en inférer à une quelconque relation entre

---

[1] Cf. Grundmann, *art.* 'θαρρέω', *ThWNT*, III (1938), p. 25–7; Dupont, ΣΥΝ ΧΡΙΣΤΩΙ, p. 158–60.

8-2

notre texte et le *Phédon*. Il faut simplement reconnaître au verbe θαρρεῖν certaines nuances pour lesquelles Paul a jugé bon de l'employer ici pour rendre un thème qui parcourt, par ailleurs, notre épître.[1]

οὖν

Sur quoi s'appuie cette exhortation au courage? Sur l'affirmation du v. 5? Elle s'élèverait alors contre la crainte exprimée aux v. 3–4 (Schmithals, Robinson). Ou bien sur les affirmations des v. 1 et 2? Quelles que soient les difficultés de la vie présente, la force de notre espérance produit un θαρρεῖν (Mundle, p. 104; Brun, p. 221). Il n'est pas nécessaire de choisir ici, car le v. 5 exprime exactement la même espérance que le v. 1. C'est, peut-être, d'ailleurs bien l'Esprit (v. 5) qui produit le θαρρεῖν.

La relation avec le v. 1 se fait beaucoup plus sentir avec εἰδότες. En effet, le v. 6*b* n'apparaît pas – du moins dans sa forme – comme une formule traditionnelle (voir οἴδαμεν, v. 1), mais il reprend, il explicite en quelque sorte, le savoir du v. 1.

ἐνδημοῦντες–ἐκδημοῦμεν

Ce que Paul sait est frappé du coin de l'antithèse ἐνδημέω– ἐκδημέω.[2] Cette antithèse se trouve encore deux fois dans les versets qui suivent, et c'est tout pour l'emploi de l'un ou l'autre de ces verbes dans toute la Bible grecque. Leur sens est, par contre, très bien établi: δῆμος signifiant 'pays' ou 'peuple occupant ce pays', ἐκδημέω signifie 'être à l'étranger, loin de chez soi, en exil' et ἐνδημέω 'être chez soi, dans sa patrie'. A l'aoriste ingressif, les deux verbes signifient respectivement: 'quitter le pays, s'exiler' et 'revenir au pays, être rapatrié'. Comme on ne note, par ailleurs, aucun emploi figuré ou métaphorique de ces deux mots, il faut en conclure que Paul innove ici: il cherche à exprimer quelque chose d'une manière un peu nouvelle.

---

[1] Ὑπομονή 1: 6; 6: 4 et 12: 12; πεποίθησις 1: 15; 3: 4; 8: 22; 10: 2; πεποιθώς 1: 9; 2: 3; 10: 7; πολλὴ παρρησία 3: 12; 7: 4; οὐκ ἐγκακοῦμεν 4: 1; 4: 16; Paul avait du vocabulaire.

[2] Cf. Grundmann, art. 'δῆμος, ἐκ- ἐν-', *ThWNT*, ii (1935), p. 62–4. Ce sont toujours les mêmes manuscrits (D et G) qui corrigent le texte.

Or de quoi peut-il bien s'agir? Nous avons vu que les v. 1 et 2 étaient dominés par le thème de la maison (οἰκία), de la demeure (οἰκοδομή, οἰκητήριον). Quoi de plus naturel alors que de voir que c'est ce thème que Paul veut expliciter en utilisant les verbes 'être chez soi, à la maison', 'être loin de chez soi, hors de la maison'. Il faut donc comprendre que ἐνδημοῦν-τες ἐν τῷ σώματι et ἐκδημοῦμεν ἀπὸ τοῦ κυρίου se réfèrent, d'une manière ou d'une autre, à la situation exprimée en 1a par ἡ ἐπίγειος ἡμῶν οἰκία τοῦ σκήνους. C'est ce que nous aidera à préciser le v. 7; c'est ce qu'il nous faut, dès maintenant, éclaircir en cernant d'un peu plus près ce que cache l'expression ἐν τῷ σώματι.

<h3 style="text-align:center;">ἐν τῷ σώματι</h3>

La majorité des exégètes interprète ici le σῶμα dans une optique dualiste: le vrai 'moi' prisonnier du corps exilé est loin de sa véritable patrie, loin du Seigneur. La difficulté consiste alors en ce que c'est là un sens absolument étranger à l'anthropologie et au σῶμα pauliniens.[1] On se tire d'affaire en disant que c'est justement là tout le problème et que, dans les versets 1–5, Paul s'est déjà placé dans une telle perspective. Nous avons vu qu'il n'en était rien.

Robinson (*The Body*, p. 29), suivi par Ellis (*art. cit.*, p. 222), comprend ici que: "chez soi dans le corps" (2 Cor. 5: 6) signifie "entouré des solidarités et sécurités de l'existence terrestre", alors que "être absent du corps" (2 Cor. 5: 8) est l'état de "nudité" (2 Cor. 5: 3). Berry, dans une longue analyse (*art. cit.*, p. 270ss), s'est efforcé de montrer que le corps dont il est question ici est celui du Christ, i.e. l'Eglise. Ici-bas, vivre 'en Christ' et dans le corps du Christ qu'est l'Eglise, c'est tout un. Mais 'le fait que, ici-bas, le chrétien est nécessairement membre du corps ne signifie pas qu'il ne puisse subsister ailleurs en Christ, séparé du corps'. La principale objection que l'on peut faire à cette thèse, c'est qu'elle se contredit elle-même: si vivre dans le corps c'est vivre en Christ, comment Paul peut-il dire que c'est en même temps un exil loin du Seigneur? Paul n'a jamais eu une conception aussi pessimiste de l'Eglise.

[1] Schmithals pense que Paul emprunte ici la terminologie de ses ad-versaires gnostiques.

En fait, c'est à la lumière du v. 1 qu'il faut lire notre v. 6, et plus particulièrement le terme de 'corps'.[1] En effet, nous avons vu au v. 1 que σκῆνος ne signifiait pas autre chose que 'corps', σῶμα, mais que Paul cherchait à exprimer par là que la vie ici-bas 'dans le corps' était une vie provisoire, tendant encore vers son accomplissement, une vie de nomades, dans la foi. Paul reprend donc la problématique du v. 1, mais n'a plus aucune raison d'employer σκῆνος, qui lui était suggéré par le contexte du Temple. Le sens reste néanmoins le même. Et, pour qu'il n'y ait pas de confusion possible, il ouvrira la parenthèse du v. 7. Mais le seul fait qu'il définisse d'un seul souffle la situation du chrétien comme ἐν τῷ σώματι et comme ἀπὸ τοῦ κυρίου justifie à la fois notre interprétation de ce premier terme et du v. 1.

En effet, le titre de κύριος se réfère généralement à 'l'œuvre présente du Christ', pour employer la terminologie de Cullmann.[2] Paul n'est donc pas tant éloigné du Seigneur qu'il retrouvera après la mort ou lors de la Parousie, que de celui qui, *actuellement*, est notre οἰκοδομὴ ἀχειροποίητος (cf. v. 8).

En conclusion, on peut dire que être ἐν τῷ σώματι marque beaucoup plus une manière d'être qu'un état: on est un peu ἐν τῷ σώματι comme ἐν πνεύματι, ἐν σαρκί, ἐν Χριστῷ. Ce qui fait illusion ici, c'est l'image ἐνδημέω–ἐκδημέω, mais nous avons vu ce qui amène une telle image. Paul est d'ailleurs, semble-t-il, très conscient de l'ambiguïté que recèle sa formulation, aussi éprouve-t-il le besoin de mettre les choses au point au verset suivant.

Le verset 6 s'arrête là, laissant la phrase commencée par Paul en suspens. Peut-on, toutefois, essayer de savoir ce que Paul voulait bien dire? Cela ne nous semble guère faire de doute: ce qu'on attend, tant après les v. 1–2 que 3–5, c'est une exhortation au courage (θαρροῦμεν) et à une vie conforme à ce qui est donné: selon le schéma classique chez Paul, l'indicatif produit l'impératif. La thèse de Hoffmann, qui voit dans le v. 9 l'aboutissement du v. 6, est donc particulièrement digne d'intérêt, à moins que l'exhortation morale ne se trouve déjà dans le v. 8.

---

[1] Pour l'analyse de ce terme dans notre épître cf. *ad* 4: 10.
[2] *Christologie du NT* (Neuchâtel–Paris, 1958), p. 169–212; cf. aussi *ad* 4: 5.

B. LE VERSET 7

Conscient, sans doute, que ce qu'il venait de dire pouvait être mal compris, Paul ouvre maintenant une parenthèse chargée de mettre les choses au point. Malheureusement, on ne peut pas dire que le sens de cette parenthèse soit très limpide. On peut toutefois supposer, vu sa concision, son caractère démonstratif (γάρ), sa dépendance indirecte du εἰδότες du v. 6, qu'elle reprend, sinon une formule de catéchisme, du moins un thème courant pour les Corinthiens.

περιπατοῦμεν

On peut tirer les précisions suivantes de l'emploi de ce verbe d'origine biblique comme complément ou comme correctif au v. 6: (1) En aucun cas, on ne peut comprendre ce dernier dans une perspective grecque; (2) c'est bien toujours le même thème qui, depuis le v. 1, hante l'apôtre: notre vie ici-bas est comparée à l'exil loin de la terre promise, à l'errance dans le désert; (3) le verbe 'marcher' corrige ce que pouvait avoir de trop statique les verbes ἐνδημέω–ἐκδημέω. Paul ne semble pas se représenter d'une manière nette et géométrique deux espaces: l'ici-bas dans le corps, l'au-delà près du Seigneur, le passage de l'un à l'autre pouvant être instantané; (4) ce verbe est comme chargé d'une substance éthique (cf. v. 8–9).

διὰ πίστεως, οὐ διὰ εἴδους

Toutefois – et c'est là la première difficulté – περιπατέω n'est jamais suivi de διά chez Paul. Cela n'aurait, au fond, rien de très gênant, puisque l'expression διὰ πίστεως se trouve, elle, ailleurs encore sous sa plume: Rom. 3: 22–5; Gal. 2: 16, où elle signifie 'au moyen de', 'par la foi'. Dans ces deux textes, en gros, la justification par la foi est opposée à la justification par les œuvres de la Loi.

Cependant, c'est au εἶδος[1] que la foi est opposée ici. Héring traduit: 'Car nous marchons par la foi, non par la vue' (cf. encore Godet, Wagner), ce qui, du point de vue logique, offre un sens excellent, mais ne correspond pas au grec εἶδος.

[1] Cf. Kittel, _art._ 'εἶδος', _ThWNT_, II (1935), p. 371–3.

En effet, ce terme ne signifie jamais l'action de voir, la vue, mais ce qui est vu, la forme, l'apparition etc. On conçoit, dès lors, que cet 'objet' s'oppose assez mal à la foi essentiellement subjective. Le problème est donc double; quel sens donner à διά et comment envisager le rapport entre πίστις et εἶδος?

Il faut, sans doute, comprendre que, dans l'antithèse foi – ce qu'on voit, le dernier terme marque un mieux par rapport au premier. Πίστις prend alors la valeur d'une réalité plus objective que celle qu'elle recèle généralement. Ainsi, Kittel (*art. cit.*, p. 372) comprend: 'nous marchons dans une sphère où nous sommes renvoyés à la foi et où il ne s'agit pas de "forme visible"'. Διά a alors, soit un sens spatial: 'nous traversons le domaine de la foi', soit temporel: 'nous marchons pendant le temps de la foi', soit même, plus simplement, modal (ainsi Kittel): 'nous marchons avec (à la manière de) la foi et non à la manière de ce qui se voit'.

Ce sens un peu singulier de πίστις (cf. *ad* 4: 13) peut s'expliquer par le fait que Paul 'emprunte' ici comme un 'slogan', au *Sitz im Leben* assez difficile à préciser. Toutefois εἶδος se retrouve en Nom. 12: 8, verset manifestement à l'arrière-plan de 1 Cor. 13: 12. Or on peut déceler dans ce dernier texte une nette polémique anti-gnostique. C'est donc dans ce contexte qu'il faudrait chercher l'origine de notre formule.[1] Mais par ailleurs la dimension que prend la πίστις ici n'a rien de vraiment anti-paulinien: elle prend une coloration identique en Rom. 8: 24ss (cf. Héb. 11: 1) dans un contexte dont nous avons reconnu l'analogie avec notre passage.

Il reste toutefois encore un point à élucider. De quelle 'forme', 'objet vu' s'agit-il exactement? Kittel (*art. cit.*, p. 372) pense qu'il s'agit du corps et du monde glorieux auxquels nous ne pouvons actuellement que croire sans les voir. Nous pensons qu'il s'agit beaucoup plus du Seigneur. En effet, dans Gen. 32: 30s et Nom. 12: 8, εἶδος se rapporte à Dieu. Que ce soit le Seigneur qui domine tout notre passage, cela n'est plus à

---

[1] De même Schmithals, qui identifie εἶδος à γνῶσις, mot d'ordre des gnostiques, auquel Paul oppose la πίστις. Seulement, nous pensons qu'en 2 Cor. 5: 7 la phrase a beaucoup perdu de sa pointe polémique; c'est une 'vieille histoire' que Paul rappelle au souvenir de ses lecteurs pour étayer sa thèse ou en rectifier la formulation.

démontrer; il est, de plus, explicitement nommé aux v. 6 et 8, et Paul ne met jamais sa foi en un monde meilleur, mais uniquement dans le Christ. 'En effet, dit-il, ici, actuellement, en exil loin du Seigneur, nous ne pouvons que croire en Lui, non pas Le voir'.

c. LE VERSET 8

Paul poursuit: 'Malgré le fait que, ne pouvant voir le Seigneur, nous en sommes réduits à croire en lui, nous prenons quand même courage' (sens adversatif du δέ; sur θαρρέω, cf. v. 6).

εὐδοκοῦμεν μᾶλλον

Tous les commentateurs – excepté Berry – voient dans ce verbe l'expression d'une préférence. Ainsi, Héring: 'Nous sommes donc plein de courage et nous préférerions être exilés de notre corps et habiter près du Seigneur.' Ce par quoi on comprend que Paul exprime son désir, soit de mourir, soit de voir venir la Parousie. Le problème étant alors double pour l'exégète: comment comprendre ce désir face aux v. 1–5 et dans le cadre de l'eschatologie paulinienne? Les thèses les plus tranchées, face auxquelles tout le monde se situe – soit pour les approuver, les désapprouver ou les nuancer – soutiennent que Paul surmonte par sa foi chrétienne l'angoisse naturelle ou hellénistique exprimée dans les v. 1–5 face à la mort; il y aurait d'abord eu comme une hellénisation de l'eschatologie de Paul (v. 1–5), suivie d'une christianisation de cette eschatologie hellénisée (v. 8): non seulement Paul ne craint plus la mort, il la désire parce qu'elle le rapprochera du Seigneur.

Les difficultés auxquelles on se heurte ainsi sont telles que Hoffmann (*op. cit.*, p. 279–80) propose de ne voir ici qu'un simple prolongement de la parenthèse ouverte au v. 7. Le v. 8 n'exprimerait nullement la pensée profonde de l'apôtre: poussé par son goût de l'antithèse, Paul aurait ici forgé comme une réplique au v. 6*b*. Nous avons déjà dit que cette thèse nous semblait louable dans ses intentions, assez décevante pour ce qui est du résultat: il ne suffit pas de dire qu'une affirmation est incluse dans une parenthèse pour lui dénier toute valeur, au contraire, la parenthèse peut justement préciser, corriger, mettre en valeur.

Nous voudrions, quant à nous, montrer pourquoi, dans le contexte immédiat des v. 6 à 9, l'idée d'une préférence, soit de la mort, soit de la Parousie est difficilement acceptable. Tout d'abord, quel lien voit-on entre l'expression de cette préférence et θαρρέω? θαρροῦμεν καὶ εὐδοκοῦμεν? La seule manière possible de comprendre ce lien serait de donner, avec Windisch, au καί des vertus qu'il n'a pas. Comment ensuite comprendre la conséquence éthique que Paul tire de cette préférence (διὸ καί v. 9)? En fait, si 8b reprend et complète 6b, dont nous avons déjà vu qu'il appelait une exhortation, s'il est coordonné à un θαρρεῖν essentiellement éthique, si on en tire des conséquences éthiques (v. 9), on peut légitimement supposer que son sens est, lui aussi, éthique.

Or qu'en est-il des termes eux-mêmes? On nous dit que εὐδοκοῦμεν μᾶλλον signifie préférer; cela n'autorisant d'ailleurs pas à traduire ce présent par un conditionnel 'nous préfèrerions' (Héring, Godet, Wagner). En fait, l'association des deux mots εὐδοκέω et μᾶλλον n'est pas chose très courante; le sens n'en est donc pas évident. Bailly n'en parle pas, Schrenk,[1] qui traduit aussi 2 Cor. 5:8 par 'préférer', ne cite aucun parallèle. Bauer (*Wörterbuch, ad loc.*, col. 631) comprend de la même manière mais note – dans une parenthèse seulement – Polybe 18, 35, 4; Siracide 25:16, où l'on ne trouve que 'εὐδοκήσω... ἤ...' (dont on remarquera, qu'à la différence de notre verset, le complément du comparatif est indiqué). La chose mérite donc qu'on s'y arrête et nous trouvons saine la réaction de Berry (*art. cit.*, p. 65) qui refuse de comprendre 'préférer', mais: 'ce qu'on peut envisager de mieux' – version que nous rejetons aussi, par ailleurs.

Il faut enfin noter que le comparatif μᾶλλον détermine habituellement le verbe qu'il précède – en l'occurrence ἐκδημῆσαι – et non pas qu'il suit; cela n'aura guère, nous le verrons, d'influence sur le sens général du verset, mais cela nous pousse maintenant à examiner εὐδοκοῦμεν seul.

Dans le grec classique, εὐδοκέω signifie 'juger bon, approuver, être satisfait'. Dans la LXX, il sert souvent à rendre *haphatz* et *ratzah*, rendus plus souvent par θέλω, puis par βούλομαι. Ainsi, écrit Schrenk (*art. cit.*, p. 737), 'εὐδοκεῖν est un verbe exprimant la volonté, avec cette nuance qu'il s'agit d'une volonté en

---

[1] Art. 'εὐδοκέω, εὐδοκία', *ThWNT*, II (1935), p. 736–40.

accord avec le bon plaisir'.[1] Dans le NT, 'suivi de l'infinitif ou de l'accusatif et de l'infinitif, εὐδοκεῖν exprime toujours le choix, la décision ou la délibération' (p. 739).

Si l'on détermine maintenant ce verbe de volonté par le comparatif μᾶλλον, sans exprimer le complément de ce comparatif (μᾶλλον...ἤ), on ne peut que comprendre: 'vouloir plus' (sous-entendu, en grec comme en français, 'plus encore', 'plus qu'avant'). Paul dirait: 'nous prenons courage et nous voulons encore plus sortir du corps et aller vers le Seigneur'. Il faut alors sous-entendre: nous avons déjà commencé à sortir du corps, nous l'avons voulu, mais ce que nous venons de dire (v. 1–7) nous incite à le vouloir encore bien plus. Toutefois, nous avons vu que μᾶλλον peut tout aussi bien, sinon mieux, qualifier ἐκδημῆσαι, ce qui donnerait: 'nous voulons sortir plus encore du corps et aller (plus encore) vers le Seigneur'. Le sens ne change guère.

Il faut donc comprendre, sous réserve de précisions ultérieures, que Paul considère que la vie chrétienne consiste à passer de la domination du péché, dont le signe peut être le σῶμα, à la domination du κύριος. Cette marche (περιπατέω) a commencé avec le début de la vie chrétienne (au baptême) et il s'agit de la mener jusqu'au bout. Ainsi compris, notre v. 8 s'intègre remarquablement dans le contexte des v. 1–4, tel que nous venons de le définir.[2]

Il nous faut maintenant soumettre notre thèse à une triple vérification: celle du ἐκ τοῦ σώματος, du πρὸς τὸν κύριον et de la confrontation avec le v. 6b.

---

[1] Les mots *ratzon* et εὐδοκία jouent un certain rôle dans le Siracide. Notons à l'appui de notre interprétation (15: 15–17): 'Si tu le veux (θέλῃς), tu observeras les commandements. Assurer la fidélité dépend du bon plaisir (εὐδοκία). Il a placé devant toi le feu et l'eau, là où tu veux (θέλῃς) tu étendras la main. Devant les hommes, il y a la vie et la mort; ce que chacun aura voulu (εὐδοκήσῃ) lui sera donné.'

[2] Cf. 1 Thess. 4: 1ss: 'Au reste, frères, puisque vous avez appris de nous comment vous devez marcher (περιπατεῖν) et plaire à Dieu (ἀρέσκειν θεῷ) – cf. 2 Cor. 5: 9: εὐάρεστοι – et que c'est là ce que vous faites – καθὼς καὶ περιπατεῖτε – nous vous prions...de marcher de progrès en progrès (ἵνα περισσεύητε μᾶλλον)... Ce que Dieu veut, c'est votre sanctification.'

ἐκδημῆσαι ἐκ τοῦ σώματος

En effet, ce n'est pas là forcément une allusion à la mort ou à la Parousie. Nous avons déjà vu, au v. 6, que σῶμα pouvait parfois être comme l'équivalent de σάρξ chez Paul, et tout particulièrement dans 2 Corinthiens. Nous en avions conclu que ἐν τῷ σώματι marquait beaucoup plus une manière d'être qu'un état. C'est dans cette perspective, là aussi, qu'il faut comprendre, au v. 8, ἐκ τοῦ σώματος.

ἐνδημῆσαι πρὸς τὸν κύριον

Il est très difficile de se prononcer sur la valeur exacte à donner à une préposition comme πρός.[1] Dupont (ΣΥΝ ΧΡΙΣΤΩΙ, p. 165) note que 'l'antithèse ἀπό–πρός n'est pas courante chez St Paul; à ce point de vue, on ne peut guère la rapprocher que de 1 Thess. 1: 9'. Paul y écrit: 'Car on raconte...comment vous vous êtes convertis à Dieu (πῶς ἐπεστρέψατε πρὸς τὸν θεόν) en abandonnant les idoles (ἀπὸ τῶν εἰδώλων).' Si peu évident, en effet, que soit ce rapprochement, il nous paraît, en tout cas, plus justifié que le σὺν Χριστῷ que l'on a l'habitude de citer à propos de notre texte et, en définitive, plus éclairant. On peut, en effet, encore produire d'autres textes où πρός indique la conversion 'vers': Eph. 2: 18; 1 Cor. 12: 2; 2 Cor. 3: 16; Lc. 17: 4. De plus, il faut encore noter que, pour Paul, κύριος est plus un titre du 'Christ présent' que du 'Christ futur' et que, dans notre contexte, si influencé par la marche des Israélites dans le désert, des expressions comme 'marcher devant Dieu', 'se présenter devant Yahweh' – Yahweh = κύριος – ne peuvent pas ne pas être à l'arrière-plan de la pensée paulinienne.

ἐκ τοῦ σώματος

Présentée telle quelle, notre interprétation est pourtant incomplète. En effet, la manière dont le v. 7 précise le v. 6 empêche de ne voir dans le ἐν σώματι qu'une disposition 'subjective'; le σῶμα a un caractère essentiellement concret, objectif: il est ainsi la marque de cet éon-ci, face à l'éon à venir. Que signifie alors avec précision 'sortir du corps'? Là encore,

[1] Cf. Reicke, *art.* 'πρός', *ThWNT*, vi (1959), p. 720–5.

on ne peut comprendre l'apôtre que si on se rend compte que, pour lui, il n'y a justement pas d'âme sans corps, il n'y a pas de sanctification de 'l'âme' qui ne soit aussi rédemption du 'corps'. Le v. 2 nous a montré que le chrétien en général, l'apôtre en particulier, était l'acteur d'un drame qui le menait de l'état d'homme pécheur à celui d'homme fait. Ce sont justement les modalités d'un tel drame dans la *vie présente* dont notre texte est l'expression; il ne dit mot de celles-ci dans la vie future.

Ainsi donc, on pourrait définir la structure du ἐκδημῆσαι ἐκ τοῦ σώματος comme suit:

(1) Au baptême, association à la mort du Christ, commence pour le baptisé une vie nouvelle qui, de son état d'homme perdu, va le mener à la gloire.

(2) Ce passage d'un état à l'autre n'est pas instantané et se poursuit encore durant toute la vie chrétienne:

(a) par une conduite κατὰ πνεῦμα et non plus κατὰ σάρκα;

(b) mais le corps même de l'apôtre porte les marques de ce fait; cf. 4: 10ss.

(3) Ainsi – suivant le dessein divin – est avancé, préparé le Jour où toutes choses seront nouvelles: l'homme, en particulier, sera entièrement – corps (v. 6–8) et âme (v. 3–4) – renouvelé.[1]

D. LE VERSET 9

διὸ καὶ φιλοτιμούμεθα

Ce verset est donc solidement relié au précédent; c'est pourquoi nous ne pouvons suivre Calvin et Bachmann qui font débuter ici une nouvelle section de l'épître. Διὸ καί est un διό renforcé et n'indique pas autre chose que la conséquence (contre Héring: 'mais').

Paul vient donc de dire (v. 8): 'nous voulons plus encore émigrer du corps et immigrer vers le Seigneur'; il poursuit maintenant: 'c'est pourquoi nous mettons un point d'honneur (φιλοτιμούμεθα) à Lui plaire'. Ainsi compris, l'ensemble des v. 6–9 se trouve donc cohérent. Le verset 9 a de plus une pointe légèrement polémique: Paul revient plus particulièrement à son sujet, qui est le but de l'apostolat. Le verbe φιλοτι-

---

[1] Voir Cullmann, 'La délivrance anticipée du corps humain d'après le NT', in *Hommage et Reconnaissance à K. Barth* (Neuchâtel, 1946), p. 31–40.

μέομαι n'est, en effet, employé dans la Bible que par Paul et, en Rom. 15: 20, il se rapporte aussi à la manière particulière que Paul a de mener son apostolat.

εὐάρεστοι αὐτῷ

Ce que Paul ambitionne, c'est d'être agréable au Seigneur. Εὐάρεστος,[1] 'qui plaît, agréable', est un terme de la *koiné* qui n'apparaît, dans la LXX, qu'en Sap. 4: 10 et 9: 10, où il s'agit de 'plaire à Dieu'.

Dans le NT, c'est un terme essentiellement paulinien. Il ne se rapporte qu'une seule fois aux relations humaines (Tit. 2: 9) et, pour le reste, toujours à la situation de l'homme devant Dieu. Mais il n'y a aucune casuistique qui puisse s'instaurer sur ce qui est agréable à Dieu ou sur ce qui ne l'est pas. Paul ne précise la 'cause' de ce qui est susceptible de plaire à Dieu qu'une seule fois (Phil. 4: 18); il s'agit autrement toujours d'une quête, d'une recherche, d'un περιπατεῖν.[2] Ainsi, Eph. 5: 10: 'Marchez comme des enfants de lumière... Examinez ce qui est agréable au Seigneur (δοκιμάζοντες τί ἐστιν εὐάρεστον τῷ κυρίῳ)'.

εἴτε ἐνδημοῦντες, εἴτε ἐκδημοῦντες

On a beaucoup discuté pour savoir si le complément sous-entendu était le corps ou le Seigneur (Plummer, Bachmann). En fait, cela ne change absolument rien au sens. Une autre difficulté vient de ce que la phrase semble sous-entendre qu'on peut être agréable au Seigneur, 'produire des œuvres même auprès de lui, après la mort'.[3] En fait, cette objection ne vaut que dans la mesure où l'on voit ici l'affirmation d'un état intermédiaire, durant lequel on pourrait encore 'se racheter'. En dehors de cette perspective – qui n'est pas celle de notre texte – pourquoi Paul aurait-il dû estimer qu'après la Parousie il faudra se montrer 'désagréable' envers le Seigneur?

Il n'en reste pas moins qu'une légère difficulté peut subsister

---

[1] Cf. Foerster, *art.* 'ἀρέσκω...', *ThWNT*, I (1933), p. 456–7.

[2] Εὐαρέσκω rend souvent, dans la LXX, *halak* au sens religieux et éthique.

[3] Ainsi Calvin: 'il faut noter qu'il dit que les morts ont aussi bien cette volonté que les vivants: par laquelle sentence est derechef confirmée l'immortalité des âmes'.

à cet endroit du fait du caractère essentiellement éthique de εὐάρεστος et de la mention du 'tribunal du Christ' au verset suivant. Il ne faut pourtant pas trop la majorer, étant donné le caractère assez rhétorique du εἴτε ἐνδημοῦντες, εἴτε ἐκδημοῦντες (Windisch, Brun). Il faut reconnaître un certain goût de la formule ici et, surtout, la frontière que nous avons reconnue assez vague entre les situations ἐν τῷ σώματι et πρὸς τὸν κύριον. Paul veut dire ici: 'où que nous en soyons – personnellement ou collectivement – de ce cheminement hors du corps vers le Seigneur, nous tenons à lui être agréables'. C'est là la seule recherche qui compte, et non celle d'une gloire personnelle, à la manière des faux apôtres.

B. LE VERSET 10

Le verset 10 s'inscrit bien dans la ligne de notre interprétation des v. 1–9. Il reprend et explicite l'allusion du v. 3 et, surtout, il souligne que l'issue finale de toutes choses repose sur Christ, à la fois juge et avocat. Mais, de plus, ce verset renoue avec la polémique qui sous-tend tout notre passage et qu'avait déjà amorcée le v. 9. Ce fait est particulièrement marqué par un nouvel emploi du verbe φανερόω et l'allusion du τοὺς πάντας ἡμᾶς. A des adversaires trop sûrs d'eux-mêmes et misant par trop sur la condition présente, Paul rappelle que rien n'est joué, que tout dépend du Christ et de sa manifestation future.

C'est cette pointe polémique qui explique, en partie du moins, le recours de Paul au jugement dernier, thème judaïque traditionnel,[1] mais qui ne jouit pas, chez lui, d'une faveur particulière.[2] Notre verset permet alors de faire les remarques suivantes sur la conception paulinienne de ce jugement:

(1) L'évocation du jugement n'a pas de valeur en elle-même; elle a pour but de renvoyer à l'action concrète ici-bas, de lui donner tout son sens et tout son sérieux (cf. Hoffmann, *op. cit.*, p. 346).

[1] Cf. Büchsel, Herntrich, art. 'κρίνω', *ThWNT*, iii (1938), p. 920–56; Hoffmann, *op. cit.*, p. 26–174; L. Mattern, *op. cit.*, p. 9–50.
[2] Outre les titres sus-cités, cf. M. Goguel, *Le jugement dans le NT* (Bulletin de la Faculté libre de théologie protestante de Paris, 1943); W. Grundmann, 'Überlieferung und Eigenaussage im eschatologischen Denken des Apostels Paulus', *NTS*, **8** (1961–2), p. 12–26; H. A. Wilcke, *Das Problem eines messianischen Zwischenreichs bei Paulus* (Zürich–Stuttgart, 1967), p. 151–5.

(2) Δεῖ. Ce jugement est l'aboutissement du plan de Dieu (cf. encore ἵνα). Dans l'AT, le δεῖ divin est l'expression de l'alliance: il a ainsi un aspect 'histoire du salut' – Dieu mène l'histoire – et un aspect éthique, réponse de l'homme à l'acte salvifique de Dieu (cf. Lév. 5: 17).[1] Ces deux caractéristiques se retrouvent dans le NT, radicalisées par le fait christique. Paul et les apôtres ne sont donc pas libres d'envisager leur ministère comme ils l'entendent: ils sont 'embrigadés' dans l'histoire de la croix et il leur faudra rendre compte de la manière dont ils auront – ou n'auront pas – suivi la ligne ainsi définie.

(3) ἔμπροσθεν τοῦ βήματος τοῦ Χριστοῦ. 'Bêma est l'estrade du tribunal où se trouve le siège du juge, et, finalement, ce siège lui-même, dans certains cas un trône' (Héring). En Rom. 14: 10, c'est le tribunal *de Dieu* que Paul évoque. Mais il ne faut pas envisager de différence entre tribunal de Dieu et tribunal du Christ. Si Paul parle ici du Christ, c'est pour souligner que celui devant lequel nous sommes appelés à comparaître n'est personne d'autre que celui qui est notre espérance. Cela ressort de toute la pointe christologique des v. 1–9 (cf. encore Rom. 8: 31–9). Le sérieux de ce jugement et, par conséquent, de la vie apostolique (et chrétienne en général) se trouve, par là-même, renforcé: il ne s'agit pas d'une vague responsabilité; elle s'exerce devant quelqu'un qu'on connaît et qui nous connaît, le Christ. D'un autre côté, toute crainte superstitieuse, 'religieuse' relevant d'une théologie des œuvres et non de la foi (à quoi peut être assimilée l'attitude des faux apôtres) se trouve bannie: c'est le front haut qu'il est possible de se présenter devant le juge qui est notre justice.

(4) φανερωθῆναι τοὺς πάντας ἡμᾶς. Le jugement est une 'mise à jour'. Pour le sens néo-testamentaire du verbe, notamment dans notre épître, cf. *ad* 2: 14.[2] Ici comme là, le verbe est polémique. 'Il peut y avoir actuellement contestation de mon apostolat, argumente Paul, j'en appelle au jugement final de Dieu lui-même. On verra bien alors, en toute clarté, ce qui aura vraiment été agréable au Seigneur, ce qui aura vraiment

---

[1] Cf. W. Grundmann, *art.* 'δεῖ...', *ThWNT*, II (1935), p. 21–5; E. Fascher, 'Theologische Beobachtungen zu δεῖ', in *Neutestamentliche Studien für R. Bultmann* (Berlin, 1954), p. 228–54.

[2] 1 Cor. 3: 21 – 4: 5 offre un bon parallèle à notre verset. Sa pointe est également polémique.

été révélation de sa part.' C'est ainsi qu'il faut comprendre l'antithèse τοὺς πάντας ἡμᾶς – ἕκαστος: 'nous tous – vrais et faux apôtres – paraîtrons au grand jour où sera révélée la vérité de chacun'.

(5) κομίσηται. Ce jugement est une rétribution.[1] Le verbe κομίζω signifie 'emporter pour soi, obtenir'. Il se rapporte au jugement final en Eph. 6: 8; Col. 3: 25 et 1 Pi. 1: 9; 5: 4. Mais cet usage n'est pas propre au NT. Cette rétribution ne remet pas en cause – comme presque tout le monde le note bien – la justification par la foi.

(6) τὰ διὰ τοῦ σώματος. Les bases et les modalités de la rétribution sont maintenant explicitées. Le détail du texte n'est pas très clair. Det G lisent ἃ διὰ τοῦ σώματος ἔπραξεν ('nous recevrons ce que nous aurons fait par le corps'), ce qui est une syntaxe plus élégante que celle que présente la majorité des manuscrits. Mais il s'agit aussi d'une *lectio facilior*, dont nous avons déjà vu que D et G étaient friands. P[46] et la tradition latine lisent τὰ ἴδια: 'nous recevrons les choses propres au corps'. Mais le sens n'en est pas plus simple et l'attestation est faible. Héring, enfin, sans trop y croire lui-même semble-t-il, propose de lire διὰ τοῦ στόματος: 'il récoltera par la *bouche* du juge la sanction conforme à ses œuvres'. En définitive, il est raisonnable de s'en tenir – avec tous les commentateurs récents – à la leçon de la majorité des manuscrits, malgré sa difficulté.

En fait, la formulation paulinienne ne s'explique que dans un contexte polémique. Ce qui restera, ce au vu de quoi les récompenses ou les blâmes seront distribués, ce sont 'les choses à travers', ou, 'pendant le corps'. Ces choses-là (explicitées, de plus, par la fin du verset) s'opposent aux extases et autres phénomènes prétendus se passer 'hors du corps'. Que l'on se réfère à 12: 2ss ('je sais un homme en Christ') et à la définition assez 'existentielle' que σῶμα revêt aux v. 6–8! Ce qui compte pour Paul, c'est la vie historique et 'somatique' dont le Christ nous donne l'exemple dans l'incarnation et dans la croix. C'est ce qu'on aura vécu *là* – et non pas dans un monde angélique et chimérique – qu'on recevra lors du jugement. L'expression est un peu rude mais nullement incompréhensible.

[1] Cf. G. Didier, *Désintéressement du chrétien. La rétribution dans la morale de St Paul* (1955).

πρὸς ἃ ἔπραξεν εἴτε ἀγαθὸν εἴτε φαῦλον

La formule précédente, un peu concise, est alors explicitée. Il ne faut donc pas tant mettre, comme Nestle, une virgule après ἔπραξεν qu'après σώματος: 'chacun recevra les choses de par le corps, suivant celles qu'il aura faites bonnes ou mauvaises'. L'accent est alors sur πράσσω:[1] il s'agit d'une action concrète, à caractère éthique, et non pas d'une démonstration extatique.

On ne peut pas se prononcer sur la leçon originale du dernier terme: φαῦλον ou κακόν? Les deux leçons sont bien soutenues et on trouve chez Paul les deux antithèses (Rom. 9: 11 et 7: 19ss). De toutes manières, le sens est le même. Notons encore que la norme de ce 'bien' et de ce 'mal' n'est pas vague: c'est le Seigneur qui la définit.

Note sur l'ensemble des v. 1–10

(1) Nous n'avons trouvé, pour notre part, rien dans ces dix versets, qui permette d'y voir une hellénisation de l'eschatologie de Paul, ni même une quelconque évolution de cette eschatologie. Il n'est pas ici question d'un état intermédiaire entre la mort et la résurrection. Bien plus, il n'y est même pas question avant tout d'eschatologie. Le parallèle fréquemment tiré avec 1 Cor. 15, s'il s'est révélé fructueux dans certains cas bien précis, n'est, dans l'ensemble, pas propre à éclairer 2 Cor. 5.

(2) Par contre, nous avons relevé de nombreuses affinités entre ce dernier texte et Rom. 8, Phil. 3 et certains thèmes de l'épître aux Hébreux. Mais c'est surtout dans l'ensemble de la section 2: 14 – 7: 4 qu'il faut replacer 5: 1–10. Il y est avant tout question de la foi, d'une foi très profonde et très personnelle. En butte aux contestations que l'on sait, Paul a commencé par 'déblayer' le terrain en s'en prenant à la question théorique de l'interprétation de la figure de Moïse. Le propos est devenu plus personnel lorsqu'il s'est agi de justifier ses propres souffrances. Ici, il parle de son espérance: Christ. Il y met tout le poids de sa conviction. Et, pourtant, un doute l'assaille: à quoi bon? Vaut-il la peine de se battre encore? Les Corinthiens ne

---

[1] Le verbe est, de plus, à l'aoriste: l'homme est récompensé sur la base de ce qu'il *a fait* dans le temps décisif de son existence terrestre. Sur le sens de πρός, cf. Lc. 12: 47; Gal. 2: 14.

vont-ils pas lui échapper? Paul se ressaisit et reprend les armes (5: 11ss). Toutefois, un point concernant le problème de l'unité de l'épître peut être encore noté: 5: 1–10 constitue certainement un sommet dans l'argumentation. On peut présumer que plus rien d'essentiel n'est à dire, dès lors, dans la lettre dont ce morceau fait partie. Aussi ne nous étonnerons-nous pas d'entendre bientôt parler de réconciliation (entre Paul et ses lecteurs, bien entendu: 5: 18ss). Mais que dire alors du chapitre 6? Nous y reviendrons.

EN RÉSUMÉ

Le fait que ce soit Dieu Lui-même qui provoque la tension de la vie apostolico-chrétienne, que ce soit Lui-même qui assure à la faiblesse actuelle la promesse de la gloire à venir, amène à trois conclusions concernant l'éthique de la vie actuelle:

(1) il faut prendre courage (θαρροῦντες, θαρροῦμεν, v. 6 et 8);

(2) il faut aspirer – par une propagation sans cesse continuée de l'évangile, par une vie 'dans la faiblesse' – à quitter de plus en plus (μᾶλλον ἐκδημῆσαι) la situation actuelle pour arriver auprès du Seigneur (v. 8);

(3) il faut s'efforcer de plaire au Seigneur (et non aux hommes) – v. 9. En effet, il ne faut pas oublier qu'un jugement attend tout homme – apôtres et faux apôtres – que l'action apostolique n'est pas affaire d'opinion personnelle et que la mesure à laquelle tous seront jugés sera celle d'actes concrets (cf. μεταμορφούμεθα, 3: 18) et non des extases plus ou moins glorieuses – v. 10.

Ainsi, 5: 1–10 ne constitue-t-il pas un ensemble à la structure hétéroclite; il s'intègre même parfaitement dans la suite de tout le propos dégagé jusqu'ici: il y est avant tout question de la situation de celui qui vit – de par la volonté de Dieu – dans la foi au Christ, donc sous une apparence peu glorieuse, dans une tension douloureuse, mais qui n'exclut pas, mais au contraire engendre, le courage et l'espérance.

CHAPITRE 13

L'INTENTION D'UNE LETTRE,
5: 11–13

(11) Sachant donc ce qu'est la crainte du Seigneur, nous (cherchons à) convaincre (de notre bonne foi); ceci pour les hommes; quant à Dieu, il a entendu notre cause; et j'espère que, dans vos consciences aussi, elle est entendue. (12) Nous ne nous recommandons pas nous-même une nouvelle fois, mais, nous vous donnons une occasion de vous faire valoir devant ceux qui font valoir le visage et non le cœur. (13) En effet, si nos propos ont été exagérés, c'était en ce qui concerne Dieu; si nous sommes raisonnable, c'est en ce qui vous concerne.

Après avoir 'exposé' sa situation face à Dieu, Paul se tourne à nouveau vers les hommes (v. 11). L'articulation des v. 11–21 se fait alors de la sorte:[1] (1) les versets 12–13 sont une parenthèse parant à une objection éventuelle soulevée par le v. 11; (2) dans les v. 14–17, Paul résume les motivations de sa manière d'agir, si différente de celle de ses adversaires: (a) la mort du Christ; (b) inaugurant quelque chose de totalement nouveau; (3) les v. 18–21 sont un appel à la réconciliation.

A. LE VERSET 11

εἰδότες οὖν τὸν φόβον τοῦ κυρίου

Cette expression résume admirablement les versets qui précèdent: Paul vient d'y exposer sa relation au Seigneur (à Dieu ou au Christ); celle-ci est 'crainte', i.e., selon la terminologie de l'AT (reprise à la lumière de l'amour de Dieu révélé par le Christ dans le NT), l'attitude à la fois mêlée de respect et de confiance de l'homme envers le Dieu de sainteté et d'amour qui veut faire alliance avec lui.[2]

[1] Pour une solution récente, mais un peu différente de la nôtre, cf. W. Fürst, '2 Korinther 5: 11–21, Auslegung und Meditation', *EvTh*, **28**, 5 (1968), p. 221–38.
[2] Cf. B. Olivier, *La crainte de Dieu comme valeur religieuse de l'AT* (Paris, 1960); S. Plath, *Furcht Gottes. Der Begriff* ירא *im AT* (Stuttgart, 1963);

ἀνθρώπους πείθομεν[1]

Paul se tourne donc à nouveau vers les hommes. Pour les 'persuader'. De quoi? Le contexte général de 2: 14 – 7: 4, le contexte particulier de 5: 1–10 ne laissent guère de doute: Paul essaie de persuader les hommes de la pureté de ses intentions et de l'authenticité de sa manière de prêcher l'évangile (Hughes, Bachmann, Godet). Le verbe se rapporte donc essentiellement à l'effort tenté par Paul en écrivant la lettre que nous étudions. Cela n'exclut pas que, dans un deuxième temps, on puisse élargir le sens du verbe à toute l'activité missionnaire.[2] Mais ce sens n'est que second.

Il nous semble moins probable de comprendre ici la réplique à une accusation de ce genre: 'Paul fait feu d'un peu tout bois dans sa prédication-persuasion; il y emploie des moyens "honteux" (4: 2)', d'où la riposte: 'si je persuade, c'est devant Dieu, en toute clarté'.[3] De même nous ne voyons pas la nécessité d'imaginer, avec Lietzmann et Plummer, un reproche de ne tenter de persuader que les hommes et non pas Dieu.[4]

θεῷ δὲ πεφανερώμεθα

Le verbe marque un lien incontestable avec le v. 10 et les versets dont ce dernier marque l'achèvement: le problème de Dieu ayant été 'réglé', Paul revient aux hommes. Il faut surtout souligner la forme du verbe: le parfait passif. Le passif a – comme au verset précédent – une certaine pointe polémique: plutôt que de se préoccuper de révéler quelque chose de Dieu, les apôtres ont d'abord à être révélés, à être agréés par Dieu. Le parfait peut signifier: (a) dans les v. 1–10, nous nous sommes expliqués en ce qui concerne Dieu; (b) en Christ, dans sa mort et sa résurrection, nous avons *déjà* paru devant Dieu

K. Romaniuk, 'La crainte de Dieu à Qumrân et dans le NT', *RQ*, **13** (1963), p. 29–38.

[1] Quelques manuscrits (P46, P) ont un subjonctif (πείθωμεν) marquant l'exhortation.

[2] Windisch, Prümm.

[3] Bultmann, *Exegetische*, p. 13; art. 'πείθω κ.τ.λ.', *ThWNT*, VI (1959), p. 2; Schlatter, Wendland, Fürst, *art. cit.*, p. 223.

[4] Au contraire, les adversaires s'intéressaient beaucoup plus à l'apparence devant les hommes qu'à la 'persuasion' de Dieu.

(cf. v. 14ss).[1] Il faut bien sentir qu'il y a, sur ce point, contradiction entre le v. 10: 'il nous faut *encore* paraître...' et ici: 'Nous avons *déjà* paru...'. Recourir à la dialectique du 'déjà' et du 'pas encore' est, certes, juste sur le plan de la pensée théologique, mais il n'empêche que les Corinthiens ont dû sursauter à la lecture de ce parfait. Surtout si l'on considère que le φανερόω du v. 10 vise d'abord les adversaires de Paul et que le parfait, ici, ne concerne plus que Paul seul. On imagine facilement les étonnements: 'Il recommence à se recommander lui-même (v. 12s).'

ἐλπίζω δὲ καὶ ἐν ταῖς συνειδήσεσιν ὑμῶν πεφανερῶσθαι

Ici, comme en 6: 13 et en 7: 4, le 'nous' se trahit et se découvre 'je' (cf. *ad* 2: 14). C'est l'indice d'un appel personnel pressant: Paul en appelle à la conscience de ses 'enfants en Christ' et il espère bien les avoir convaincus (noter, à nouveau, le parfait). La συνείδησις[2] prend ainsi les caractéristiques suivantes: (1) elle a une fonction de jugement; (2) ce jugement s'exerce sur des qualités qui ne sont pas apparence, mais réalité profonde (cf. v. 12); (3) si Paul en appelle à la conscience des Corinthiens, c'est sans doute parce que ceux-ci aimaient en faire usage (cf. 1 Cor. 8ss): 'Vous qui faites un tel cas de vos "consciences", laissez-moi espérer que vous en ferez bon usage en m'approuvant.' Mais, ce disant, Paul ne va-t-il pas un peu vite en besogne, ne procède-t-il pas par simples affirmations de sa bonne foi, ne se recommande-t-il pas à nouveau lui-même?

B. LE VERSET 12

οὐ πάλιν ἑαυτοὺς συνιστάνομεν ὑμῖν

Il est un problème que peu de commentateurs semblent se poser: pourquoi, soudain, Paul éprouve-t-il le besoin de se justifier à nouveau de l'accusation d'auto-recommandation? Le

---

[1] C'est donc mal rendre le texte que de traduire, comme Héring: 'nous nous présentons tels que nous sommes' ou comme Osty: 'nous sommes à découvert devant lui'. De même, Schmithals se trompe en imaginant le sens suivant: 'parce que nous persuadons les hommes, nous apparaissons devant Dieu comme apôtre authentique' (*Die Gnosis*, p. 156).

[2] Sur ce terme, cf. *ad* 4: 2.

plus souvent, en effet, on se contente de rappeler que cette accusation a été lancée contre lui (cf. 3 : 1 ; 4 : 2 ; 6 : 4). Bultmann a bien pressenti le problème, qui dit que l'accent ne porte pas sur le verbe mais sur le complément : 'ce n'est pas devant *vous* que je me recommande moi-même cette fois-ci, mais devant d'autres, devant lesquels vous devez témoigner de cette recommandation' (*Exegetische*, p. 13). Mais c'est là bien compliquer les choses pour un maigre résultat.[1] La comparaison avec 3 : 1 est, en fait, instructive : Paul se défend de se recommander une nouvelle fois, parce que c'est bien ce qu'il vient de faire au verset précédent (2 : 17). De même doit-il en être ici : Paul vient de s'exprimer assez massivement, et il le sait. A des gens qui le contestent et qui demandent à voir des 'preuves' de sa qualification, il lance tout simplement qu'il est en règle avec Dieu et qu'il espère bien aussi être en règle avec eux. Voilà donc ses 'preuves' : d'insolentes affirmations. 'Mais, poursuit l'apôtre, ce serait mal me comprendre que de comprendre ainsi. Si je fais appel au tribunal de vos consciences, à ce qu'il y a de plus authentique en vous, ce n'est pas pour "m'en tirer à bon compte", mais c'est pour...'.

ἀλλὰ ἀφορμὴν διδόντες ὑμῖν καυχήματος ὑπὲρ ὑμῶν

La phrase semble être une anacoluthe, mais, comme nous le verrons encore plus bas, c'est, en fait, au v. 13 qu'il faut en chercher les verbes principaux. Ce que Paul a fait en s'en remettant aux consciences des Corinthiens, c'est, non pas de se recommander à nouveau, mais de leur donner une occasion de se glorifier un peu eux-mêmes.[2] Deux problèmes se posent alors :

---

[1] La liaison avec le v. 11 a aussi paru difficile à certains manuscrits, dont ceux de la *koiné*, qui ajoutent γάρ après οὐ.

[2] Sur les 59 emplois des mots de la famille de καυχάομαι dans le NT, 55 se trouvent chez Paul, dont 29 – soit plus de la moitié – dans notre épître, particulièrement dans les chap. 10 à 13. Paul y est forcé de 'se glorifier', d'avancer les preuves de son apostolat. Toutefois, cette glorification n'est que celle de la puissance de Dieu qui s'accomplit dans la faiblesse de l'apôtre. En principe, καύχησις désigne plutôt l'acte de la glorification et καύχημα son objet. Mais la différence n'est pas toujours nette chez Paul (comparer Rom. 3 : 27 et 4 : 2) et, ici, καύχημα semble bien désigner l'acte. Sur le sens de ὑπέρ, qui se rapproche ici de περί, cf. Blass-D., §231, 1. Pour ἀφορμή ('point de départ, cause, occasion'), cf. 2 Cor. 11 : 12, où ce terme – paulinien dans le NT – apparaît encore dans un contexte polémique.

(1) La majorité des manuscrits – suivis en cela par tous les commentaires – lit ἡμῶν et non pas ὑμῶν. Lorsqu'on signale, d'ailleurs, cette variante, c'est pour la qualifier, comme Lietzmann, d''unsinnig'. Et pourtant, la lecture ὑμῶν est soutenue par les trois manuscrits les plus anciens: P⁴⁶, א, B. Or, pour autant que nous voyons, un pareil 'trio' ne se trouve pas ailleurs dans l'appareil critique de l'édition de Nestle–Aland, pour la partie qui fait l'objet de notre étude et, de plus, il s'agit d'une *lectio difficilior*.

(2) Si on lit – avec tous les commentateurs – ἡμῶν, il faut se demander quel est le sujet de glorification que Paul donne aux Corinthiens, ce qui n'est pas facile à trouver. Windisch le voit dans la longue énumération des épreuves apostoliques qui va suivre dix versets plus bas (6: 3ss). Et pour expliquer ce 'retard', de supposer un mélange dans les feuillets du manuscrit, 6: 3 faisant suite, primitivement, à 5: 12. Quant à Bultmann (*Exegetische*, p. 15) et Schmithals (*Die Gnosis*, p. 158), ils voient cette 'occasion' dans la σωφροσύνη du v. 13: la prédication 'raisonnable' de Paul doit être l'occasion pour les Corinthiens de se glorifier. Cette hypothèse est soutenable, mais on peut au moins objecter que Paul s'exprimerait alors dans une langue plutôt barbare: 'mais vous donnant une occasion de glorification à notre sujet... En effet, si nous sommes en extase, à Dieu; si nous sommes raisonnables, à vous. En effet, l'amour du Christ nous presse.' Il y a là de quoi perdre son grec.

En fait, c'est à la leçon de P⁴⁶, א et B qu'il faut se tenir: en s'en remettant au tribunal de la conscience des Corinthiens, Paul leur donne l'occasion de montrer qu'ils ont une conscience juste. Il ne s'agit pas pour lui de se recommander lui-même, mais de faire que ses 'enfants' (6: 12), en le reconnaissant comme leur apôtre – tel qu'il est – deviennent effectivement ses enfants. Ils le seront, s'ils savent opposer – comme Paul – à ceux qui ne tablent que sur l'apparence, ce qui se passe en profondeur, dans les cœurs ou dans les consciences.

ἵνα ἔχητε πρὸς... καὶ μὴ ἐν καρδίᾳ

En effet, si les Corinthiens donnent raison à Paul dans leurs consciences, ils auront (ἔχετε) quelque chose (le complément n'est pas exprimé) au fond d'eux-mêmes, qui leur permettra de

248

s'opposer et de résister (πρός) à ceux qui, justement, ne mettent pas leur gloire dans ce qui se passe dans les cœurs – c'est ce que fait Paul et ce qu'il espère bien que feront les Corinthiens – mais sur les visages.[1] Nous ne reviendrons pas longuement sur cette opposition, dont nous avons vu qu'elle est à la base de toute l'épître et tout particulièrement du chapitre 3 (cf. 3: 7): en une forme qui rappelle 1 Sam. 16: 7, Paul oppose aux phénomènes extatiques de ses adversaires la transformation des cœurs par l'Esprit.

C. LE VERSET 13

Le v. 13 semble rompre brutalement la phrase commencée au v. 12 et a posé bien des problèmes aux exégètes quant à sa signification. L'hypothèse la plus couramment admise est que l'on a dû traiter Paul de fou (ἐξέστημεν) et qu'il répondrait ici que ce reproche n'est pas fondé; non pas qu'il nierait sa folie, mais celle-ci ne concernerait que Dieu, alors que, dans ses relations avec les Corinthiens, il parlerait le langage de la raison (σωφρονοῦμεν). Mais à quel propos a-t-on bien pu lui lancer une telle accusation? Les suggestions les plus diverses sont alors présentées. Pour Plummer, c'est l'événement de Damas qui devait être incompréhensible pour les juifs, qui sont les adversaires de Paul; pour Bachmann (cf. Walter) c'est la lettre sévère 'dans les larmes' qui a amené une telle réaction. Hughes pense au fanatisme sans nuances de Paul, d'autres[2] à la façon que Paul a de se vanter, de se 'glorifier': 'ce n'est, en fait, que pour la gloire de Dieu et non pour la mienne propre que je glorifie mon apostolat'. Enfin, Strachan, Lietzmann et Wendland suggèrent que ce sont ses extases que l'on a dû reprocher à Paul: 'en fait, cette accusation porte à faux, car mes extases ne concernent que Dieu et non pas vous'.

Bultmann[3] signale justement que cette dernière hypothèse se heurte au fait que les extases étaient très prisées des Corinthiens. On a dû, au contraire, reprocher à Paul de n'en faire pas assez montre, de n'être pas un vrai pneumatique. Ce à quoi Paul rétorque: 'Mes moments d'extase se passent dans l'intimité,

---

[1] La construction de καυχάομαι avec ἐν est normale (Rom. 5: 3; 1 Cor. 3: 21; 2 Cor. 10: 15; 12: 9 etc.).

[2] On cite Théodoret, Chrysostome, Erasme, Bengel.

[3] *Exegetische*, p. 15 – suivi par Kümmel; Güttgemanns, *op. cit.*, p. 301; Georgi, *op. cit.*, p. 296.

entre moi et mon Dieu, je n'ai pas à en faire étalage; dans mes relations avec les hommes, avec vous, j'emploie un langage intelligible.'

Cette dernière solution correspond à ce point au contexte polémique reflété par la lettre, elle s'articule si bien sur la mention qui vient d'être faite de ceux 'qui se glorifient dans l'apparence-visage' que nous serions tentés de l'accepter. Toutefois, à y voir de près, on peut encore proposer une autre thèse, qui s'accorde mieux au mouvement de la phrase telle qu'elle commence, en fait, au v. 12.

Nous avons vu, en effet, que la dénégation du début de ce verset devait répondre à une objection éventuelle au fait que Paul vient de s'affirmer au clair devant Dieu et devant les Corinthiens. 'Vous auriez tort, rétorque-t-il alors, de vous offusquer de telles affirmations, qui ne sont "exagérées", éventuellement, qu'en ce qui concerne Dieu, mais qui sont tout à fait "normales" en ce qui vous concerne.' 'Si nous avons déraisonné, c'est en disant que nous sommes au clair devant Dieu, si nous sommes modestes, c'est en espérant bien être au clair devant vous.' Ainsi, le datif θεῷ correspond au même θεῷ de 11*b*, ὑμῖν au ἐν ταῖς συνειδήσεσιν ὑμῶν de 11*c* et la phrase commencée au v. 12 s'articule ainsi: 'nous ne recommençons pas à nous recommander nous-mêmes mais, vous donnant une occasion de vous glorifier vous-mêmes...Si nous avons, en effet, "exagéré", c'était pour ce qui est de Dieu, si...'.

Tel peut, en effet, être tout à fait le sen sdes deux datifs (cf. Blass–D., § 188); tel aussi le sens de ἐξιστάναι, *hapax* paulinien qui signifie originellement 's'éloigner', 's'écarter de' et au figuré 'perdre l'esprit, la raison', 'être hors de soi'. Quant à σωφρονέω, σωφροσύνη,[1] le terme signifie 'être sain d'esprit' avec toutes les nuances que cet 'équilibre' peut revêtir (modestie, tempérance, prudence, etc.), plutôt que 'parler un langage intelligible' (ce qu'il faut comprendre si on oppose le terme à un ἐξέστημεν qui désigne des phénomènes extatiques). Ainsi donc l'aoriste de ce dernier verbe – qui n'est pas 'timeless', comme le supposent Plummer et Hughes – renvoie très précisément à 11*b* – dont Paul est prêt à tempérer l'affirma-

---

[1] Cf. V. Luck, *art.* 'σώφρων, σωφρονέω', *ThWNT*, VII (1964), p. 1094–102.

tion – et non pas à un événement quelconque du passé de Paul, alors que le présent de σωφρονοῦμεν se justifie en ce sens que Paul maintient pleinement l'exhortation de 11c.

EN RÉSUMÉ

Au chapitre 3 et au début du chapitre 4, Paul a essentiellement montré pourquoi il *n*'agissait *pas* comme ses adversaires. A partir de 4: 5 il entreprend de justifier positivement l'aspostolat dans la faiblesse. 5: 1–10 marque le sommet de cet effort. A partir de 5: 11 la démonstration étant achevée, c'est aux Corinthiens et à leurs réactions face à cette démonstration que Paul va principalement s'intéresser.

L'apôtre espère les avoir convaincus (11*b*), persuadé, par ailleurs, que pour Dieu son attitude ne fait pas problème (11*a*). D'autre part, en se ralliant à lui, les Corinthiens feront enfin preuve de cœur face aux adversaires et à leurs adeptes qui ne font cas que de qualités superficielles et non d'une transformation profonde (v. 12). Ainsi, la prétention de ramener à sa cause les Corinthiens n'a rien d'incroyable, elle est raisonnable; s'il devait y avoir quelque chose d'outré dans ce que Paul vient de dire, c'est dans l'idée (11*a*) que Dieu est d'accord avec lui – v. 13.

CHAPITRE 14

CE QUI EST PASSE EST PASSE,
5 : 14–17

(14) Car l'amour du Christ nous oblige, nous qui avons été convaincus qu'un seul est mort pour tous. Donc tous sont morts. (15) Et il est mort pour tous, afin que les vivants ne vivent plus pour eux-mêmes, mais pour celui qui est mort et ressuscité pour eux. (16) De sorte que, désormais, nous ne connaissons plus personne selon la chair, de même que, si nous avons connu selon la chair Christ, maintenant, nous ne (le) connaissons plus (ainsi). (17) De sorte que, si quelqu'un est en Christ, il est une nouvelle créature; ce qui est ancien est passé, voici des choses nouvelles sont là.

Dans les v. 14ss, Paul justifie le recours qu'il vient d'introduire devant la conscience des Corinthiens. 'Ce recours est tout à fait raisonnable (v. 13*b*), parce que (γάρ) l'amour du Christ nous montre qu'il ne faut pas juger sur les apparences mais sur ce qui se passe ἐν Χριστῷ.'[1] Cela donne, en même temps, à Paul l'occasion de résumer son argumentation. Sa manière d'être n'a qu'un fondement: la mort du Christ (v. 14 – Paul reprend là une formule traditionnelle). De là découle qu'il ne faut plus vivre pour soi-même (v. 15) et qu'il y a lieu de discerner une coupure radicale entre avant et après la croix (v. 16–17). Il faut, enfin, noter que le 'nous' devient ici plus englobant: il touche aussi – comme en 3: 18 et 5: 1ss – tous les Corinthiens. Cela provient de l'effort fait par Paul pour rallier les Corinthiens à lui et de ce que l'expérience apostolique et l'expérience chrétienne en général ont le même fondement: la mort et la résurrection du Christ.

---

[1] Dans le cadre des interprétations traditionnelles du v. 13, le lien avec le v. 14 n'apparaît pas clairement, cf. Bultmann, *Exegetische*, p. 14s.

A. LE VERSET 14

ἡ γὰρ ἀγάπη τοῦ Χριστοῦ συνέχει ἡμᾶς

Le mobile de l'attitude de l'apôtre n'est pas la recherche d'une gloire humaine et extérieure, mais l'amour, qui a sa source au fond même de l'être et dont on sait, par ailleurs, quel lien il entretient chez Paul avec l'Esprit (cf., par exemple, Gal. 5: 22).[1] Cet amour est, ici, qualifié comme étant celui du Christ, c'est-à-dire celui dont le Christ a témoigné en mourant pour tous (14b) et que ses disciples, en retour, lui portent.[2] C'est cet amour qui ne laisse pas d'autre échappatoire à ceux qu'il touche, sinon l'attitude adoptée par Paul. Le verbe συνέχω a, en effet, le sens d'une pression douloureuse, ne laissant d'autres possibilités à celui qui en est la proie. Dans les papyrus, il a, de plus, un sens juridique assez spécifique et désigne usuellement la force exécutoire d'une décision judiciaire (cf. le κρίναντας qui suit).[3]

κρίναντας τοῦτο

Κρίνω signifie couramment, dans les papyrus, 'décider', 'déterminer' (exemples dans Spicq, *op. cit.*, p. 135 n. 6), voire 's'arrêter à une conviction' (Héring). L'aoriste ne renvoie pas à une période de la vie de Paul située entre sa conversion et son activité missionnaire (Plummer, Hughes, Tasker). En effet, la décision que Paul mentionne ici ne lui est certainement pas propre et il a dû la partager avec ses lecteurs. C'est ce que montre, outre l'enchaînement de l'argumentation, le caractère fortement traditionnel de la formule qui suit.

ὅτι εἷς ὑπὲρ πάντων ἀπέθανεν

Le caractère traditionnel de cette proposition ressort, non seulement du fait que la mort du Christ *pour* (περί, ὑπέρ, ἀντί)

---

[1] C'est ce lien avec l'Esprit qui constitue, selon C. Spicq – *Agapé dans le NT (Analyse des textes II)* (Paris, 1959), p. 302ss – le caractère proprement paulinien de l'ἀγάπη, notion commune à tout le christianisme primitif et venant, sans doute, de Jésus lui-même. Sur les caractéristiques et les composantes de la charité paulinienne, cf. *ibid.*, p. 271–305.

[2] Le génitif Χριστοῦ n'est donc ni uniquement objectif (Héring), ni uniquement subjectif (Plummer, Godet), mais l'un et l'autre à la fois.

[3] Sur les différents sens du verbe συνέχω, cf. C. Spicq, *op. cit.*, p. 128–35.

les pécheurs (Rom. 5: 6), 'nous' (Rom. 5: 8), les 'nombreux' (Mc. 14: 24), 'tous' (Rom. 8: 32) se retrouve sans cesse dans les écrits du NT sous une forme presque stéréotypée, mais encore du fait que Paul en parle explicitement comme remontant à la tradition primitive en 1 Cor. 15: 3–5 et 11: 23–5.[1]

D'ailleurs, l'accord de toutes les recherches récentes semble être unanime sur ce point, de même que sur l'enracinement de la formule dans la théologie du 'serviteur' ou παῖς θεοῦ issue particulièrement des 'chants' du deutéro-Esaïe.[2]

Il n'est toutefois pas aisé de discerner les divers maillons de la chaîne qui, de Es. 53, mène à 2 Cor. 5: 14b. En effet, on ne lit pas, dans ce premier texte, la formule offerte par le second, mais la filiation est indéniable. Ce qui frappe alors dans la formule paulinienne, c'est l'espèce de radicalisation de la polarité 'un–plusieurs' d'Es. 53: le πολλοί devient πάντες. Cela correspond si bien à l'universalisme paulinien, à la doctrine des deux Adams, à la thèse selon laquelle 'Dieu a enfermé tous les hommes dans la désobéissance pour faire à tous miséricorde', que l'on peut penser que 2 Cor. 5: 14b nous livre une adaptation paulinienne des formules primitives sur la mort du Christ, adaptation répandue dans les communautés fondées par l'apôtre.

Le Christ, ainsi, est mort 'en faveur de', 'pour' tous.[3] En elle-même, la préposition ne signifie que: 'la mort du Christ a une action bénéfique pour tous'. Toutefois, l'antithèse 'un-tous' ne permet pas d'en préciser le sens autrement que dans l'optique de la substitution.[4] Le ὑπέρ se rapproche ainsi d'un ἀντί (cf. Mc. 10: 45; Mt. 20: 28; 1 Tim. 2: 6).

La question du 'Sitz im Leben' d'une telle formule est

[1] Cf., de plus, Rom. 4: 25, où on sait que Paul cite une confession de foi préexistante.

[2] Cf. Zimmerli–Jeremias, art. 'παῖς θεοῦ', ThWNT, v (1954), p. 653–713; O. Cullmann, Christologie, p. 48–73; L. Sabourin, Rédemption sacrificielle. Une enquête exégétique (Bruges, 1961), p. 192–255. Cette 'pédologie' remonte très certainement à la communauté palestinienne.

[3] Sur ce sens de ὑπέρ, cf. H. Riesenfeld, art. 'ὑπέρ', ThWNT, viii, p. 510ss; Blass–D., §231. Les formules néo-testamentaires oscillent entre ὑπέρ, περί, ἀντί montrant que l'on était à la recherche de l'expression adéquate pour rendre la réalité complexe d'Es. 53.

[4] Cf. G. Delling, 'Der Tod Jesu in der Verkündigung des Paulus', in Apophoreta. Festschrift für E. Haenchen (zu seinem 70. Geburtstag) (Berlin, 1964), p. 85–96.

discutée. On a pensé à la Sainte Cène (cf. 1 Cor. 11 : 23). Mais pour W. Popkes (*op. cit.*, p. 255ss) ce serait la prédication missionnaire. K. Romaniuk parle, quant à lui, de 'confession de foi baptismale'.[1] Le lien entre 14*b* et 14*c*, rappelant incontestablement Rom 6: 2ss, l'aoriste du verbe κρίναντας introduisant ici la formule qui nous occupe, seraient des indices indiquant cette voie. Quoi qu'il en soit, il faut comprendre notre verset comme suit: 'Nous qui, lors de l'écoute de la prédication ou du baptême, avons décidé (κρίναντας) que les prophéties sur l'*ebed Yahweh* ont été accomplies par le Christ, nous sommes contraints, par cette décision, d'agir selon l'amour du Christ…ce que ne font pas les super-apôtres.'[2]

ἄρα οἱ πάντες ἀπέθανον

La conséquence (ἄρα) de la décision prise au baptême, que les adversaires de Paul ne tirent pas mais que Paul invite ses lecteurs à tirer, est que 'tous sont morts'. Deux problèmes se posent à ce propos: dans quelle mesure 14*c* fait-il aussi partie de la formule traditionnelle décelée en 14*b*? Que signifie l'affirmation de la mort de tous?

Tout d'abord, il faut remarquer que l'idée d'une 'mort' de plusieurs résultant de la mort du Christ ne se trouve, dans le NT, que chez Paul;[3] 14*c* n'appartient donc pas de la même manière à la tradition que 14*b*: il s'agit plutôt d'une interprétation particulière à Paul de la mort du Christ. Bien sûr, nous ne pouvons savoir si cette interprétation était très répandue dans les communautés pauliniennes, si elle faisait partie du 'catéchisme' ou non. On peut donc traduire, suivant l'une ou l'autre éventualité: 'ayant décidé que…tous sont morts' ou 'ayant décidé qu'un seul est mort pour tous. Donc tous sont morts…'. Le sens n'est guère différent. Mais que Paul veut-il dire par là? Héring – pour peu que nous comprenions bien les

[1] 'L'origine des formules pauliniennes, "le Christ s'est livré pour nous", "le Christ nous a aimés et s'est livré pour nous"', *NovTest*, 5 (1962), p. 55–76.
[2] Quelques manuscrits (C*, 69) portent un εἰ – 'si' – entre ὅτι et εἰς. On peut imaginer, soit une assimilation, soit une dissimilation des deux mots; il est plus probable qu'on ait ajouté εἰ pour éviter une construction trop abrupte.
[3] Rom. 6: 2, 7, 11; 7: 4, 6, 9ss; Gal. 2: 19; Col. 2: 20; 3: 3; cf. Rom. 8: 13; 1 Cor. 15: 22.

quelques phrases sibyllines qu'il a à ce sujet – suppose une objection éventuelle des lecteurs : ' Christ est mort et, pourtant, tout le monde continue à mourir.' A quoi Paul répond : ' Certes, mais il est néanmoins mort pour tous, surtout pour que ceux qui vivent...v. 15.' Toutefois, ἄρα n'introduit pas une objection mais une conséquence.

En fait, il faut bien avouer que l'argumentation de Paul est, ici, un peu spécieuse, 'rabbinique', car il ne veut, certes, pas dire – ce qui devrait suivre, en bonne logique – que personne n'a plus à mourir. Il faut donc, pour mieux cerner de quoi il s'agit, recourir à la suite de l'argumentation (v. 15s) et aux expressions parallèles et plus explicites de Rom. 6 : 2ss. La suite du texte nous apprend que la croix a marqué l'avènement d'un monde nouveau. Par conséquent – et Paul reprend là le même thème qu'il a développé au chap. 3 – tout ce qui appartenait au monde ancien dominé par le péché, l'auto-glorification, la Loi, etc., est mort. Il en est de même pour les hommes : ils sont morts (au péché, à l'autoglorification, aux extases, à la Loi de Moïse, etc.) ; on ne doit donc plus les juger en fonction de ces critères, pour lesquels ils n'existent plus, mais en fonction des réalités nouvelles : la vie pour le Christ (v. 15), les vertus du cœur (v. 12) dans l'Esprit.

B. LE VERSET 15

Il est peu probable que ce verset dépende encore, comme le pense Godet, du κρίναντας du verset précédent. En fait, le v. 15 ne tire pas non plus la conséquence directe de 14c, ce que fera le v. 16 ; c'est surtout à 14b qu'il se rattache. Paul tire une première conclusion pratique de la mort du Christ. Il donne ainsi le critère du jugement de toute conduite se réclamant de la croix : non pour soi-même, mais pour Christ. Ainsi se trouve absolument 'disqualifiée' la conduite de ses adversaires : eux vivent pour eux-mêmes, ils s'en tiennent encore à des valeurs valables avant la mort du Christ, alors que, maintenant, tout cela est mort et qu'une seule chose compte : vivre pour celui qui est mort et ressuscité pour nous.[1]

[1] Cf. encore Rom. 14 : 7–9. On saisit ici la difficulté qu'il y a à employer le mot 'mystique'. Windisch pense que le v. 15 est une éthicisation de la pensée mystique du v. 14 ; Lietzmann que, du plan juridique (v. 14), on

C. LE VERSET 16

Avec le v. 16 nous abordons à nouveau un passage qui a fait couler beaucoup d'encre, essentiellement parce qu'on a cru y découvrir un indice des relations de Paul avec le Jésus terrestre, en même temps qu'une appréciation de la valeur de ces relations; thèse appuyée par les uns, réprouvée par les autres.[1] Toutefois, ce qui fait problème étant essentiellement la seconde partie du verset, il n'est pas inutile de dégager, avec autant de soins que possible, le sens de la première partie – moins problématique – ce qui permettra d'envisager l'objet de la controverse avec des arrières assurés.

ὥστε ἡμεῖς

A quoi faut-il rattacher la conséquence que Paul tire maintenant? au v. 14 (Bultmann, Lietzmann)? au v. 15 (Plummer, Héring)? Faut-il donner au v. 16 le caractère d'une parenthèse (Wendland, Lietzmann, Plummer)? Ou, au contraire, faut-il en faire un des temps forts de l'argumentation paulinienne (Bultmann, *Exegetische*, p. 16s, Kümmel)?

En fait, pour ce qui est au moins de 16*a*, le doute ne semble pas permis: Paul reprend manifestement le 'tous sont morts' du v. 14 et en tire la conséquence: nous ne pouvons plus agir après cette coupure comme avant. Cette conclusion s'impose parce qu'autrement on ne peut pas expliquer pourquoi, en 14*b*, Paul aurait souligné: ἄρα οἱ πάντες ἀπέθανον. Cela signifie, de plus, que le 'nous' (ἡμεῖς) ne désigne pas le seul Paul (Cambier, *art. cit.*, p. 79s), ni même les seuls 'ministres' chrétiens (Plummer),

est passé au plan mystique. On s'est posé la question de savoir si ὑπὲρ αὐτῶν se rapportait également à ἐγερθέντι (c'est, sans doute, ce qui a amené Westcott à supprimer ce dernier terme) et non seulement à ἀποθανόντι. Cela semble vraisemblable et montre que la préposition ὑπέρ ne porte pas en elle-même l'idée de substitution (le Christ n'est pas ressuscité à la place de tous).

[1] On trouvera de bonnes bibliographies sur la question dans B. Rigaux, *Saint Paul et ses lettres*, p. 73 n. 1; J. Cambier, 'Connaissance charnelle et spirituelle du Christ dans 2 Cor. 5: 16', in *Littérature et théologie pauliniennes* (Bruges, 1960), p. 72–92; O. Michel, 'Erkennen dem Fleisch nach (2 Kor. 5: 16)', *EvTh*, **14** (1954), p. 22–9; Prümm, I, p. 474–88; Allo (jusque vers 1925); J. B. Souček, 'Wir erkennen Christus nicht mehr nach dem Fleisch', *EvTh*, **19** (1959), p. 300–14.

mais, comme au v. 14, l'ensemble de ceux qui ont accepté la mort d'un seul pour tous, c'est-à-dire Paul et la communauté de Corinthe (Bultmann, Bachmann).

ἀπὸ τοῦ νῦν

Cette précision temporelle ne désigne exclusivement, ni la conversion de Paul (Lietzmann, Windisch, Souček, *art. cit.*, p. 312), ni le moment eschatologique de la croix (Bultmann, Michel, *art. cit.*, p. 23), mais bien plutôt l'un et l'autre à la fois (Tannehill, *op. cit.*, p. 67; Cambier, *art. cit.*, p. 80) ou, pour reprendre en le complétant un peu Godet, 'le présent (eschatologique) dans lequel vit l'apôtre depuis sa conversion', présent inauguré à la croix. Il faut alors encore préciser en soulignant que cette marque, ne s'appliquant pas à Paul seul (cf. ἡμεῖς) peut, dès lors, s'appuyer autant sur le baptême des croyants (cf. v. 14) que sur la conversion de Paul.

οὐδένα οἴδαμεν κατὰ σάρκα

Le verbe οἶδα n'a certainement pas ici le sens de 'Bekanntschaft' – faire la connaissance de (Seesemann, *art.* 'οἶδα', *ThWNT*, v [1954], p. 121; Dupont, *Gnosis*, p. 186) – car, en fait, on fait dériver ce sens de ce qu'on croit lire en 16*b* (οἴδαμεν ayant alors le même sens que γινώσκομεν). Il faut, au contraire, lui donner le sens fort du ידע hébraïque, marque de tout le comportement vis-à-vis de quelqu'un[1] avec, de plus, une nuance d'appréciation, de jugement de ce dernier.[2]

On peut relier l'expression κατὰ σάρκα, soit au pronom indéfini, soit au verbe. Dans la première hypothèse, Paul dirait qu'il ne connaît plus personne qui se présente avec les avantages extérieurs, humains, de la chair;[3] selon la seconde, qu'il ne connaît plus personne d'une connaissance charnelle', humaine, qu'il n'use plus de critères de cet ordre dans ses relations avec

---

[1] Cf. Gal. 4: 8: εἰδότες θεόν; 1 Thess. 4: 5; Mc. 14: 71: οὐκ οἶδα τὸν ἄνθρωπον τοῦτον.

[2] Cf. 1 Thess. 5: 12: 'ayez de la considération – εἰδέναι – pour ceux qui vous dirigent'. Ainsi, A. Sand, *Der Begriff 'Fleisch'*, p. 176s; O. Michel, *art. cit.*, p. 25; Plummer.

[3] Bultmann; Georgi, *op. cit.*, p. 254ss; Plummer; Windisch.

les autres et dans le jugement qu'il porte sur eux.[1] On peut, bien sûr, noter avec Godet le fait que choisir l'une ou l'autre solution ne change pas grand chose au sens de la phrase. Toutefois, le fait que les deux auteurs qui se sont le plus penchés sur l'expression κατὰ σάρκα (A. Sand et E. Schweizer) optent pour la seconde solution est un indice favorable pour celle-ci. En effet, l'expression est 'classique' chez Paul après un verbe (17 fois) pour qualifier une conduite humaine-pécheresse par opposition à une conduite κατὰ πνεῦμα; elle qualifie plus rarement un nom (Rom. 1 : 3; 1 Cor. 10: 18; 1 : 26) et cela dans des cas bien déterminés et l'on voit mal qu'elle puisse s'appliquer à un pronom indéfini.

Le sens de cette première partie du verset semble donc ne pas faire grand problème : Paul ne trouve pas exagéré de faire appel à la conscience des Corinthiens pour juger de son 'cœur' (v. 11ss) parce que la mort du Christ a établi une coupure radicale entre 'hier' et 'aujourd'hui': 'hier' on jugeait sur l'apparence, sur la conformité à l'exemple de Moïse etc., 'aujourd'hui', on juge sur l'action de l'Esprit dans les cœurs, qui place l'apôtre sous le signe de la croix. La conclusion que Paul tire donc du οἱ πάντες ἀπέθανον est double: (1) on ne peut juger des hommes 'morts' selon des critères uniquement valables pour la vie avant cette mort; (2) dans la mesure où le juge est passé de 'l'autre côté' de cette mort, il doit avoir un jugement conforme à la vie nouvelle qui s'ouvre à lui.

εἰ καὶ ἐγνώκαμεν... ἀλλὰ νῦν οὐκέτι γινώσκομεν

Cette supposition doit-elle être comprise comme un irréel ou comme un réel?[2] La première possibilité – soutenue, entr'autres, par Reitzenstein (op. cit., p. 373ss) – ne peut pas être défendue, car l'irréel se marque, dans la concessive comme dans la conditionnelle, par un temps second (cf., par exemple, Blass–D.,

---

[1] Schlatter; Prümm; O. Michel; Sand, op. cit., p. 176s; E. Schweizer, art. 'σάρξ', ThWNT, vii (1964), p. 130s.

[2] Il faut encore distinguer entre réel simple et réel hypothétique. Cette dernière hypothèse a été avancée par Lietzmann dans sa première édition – retirée par la suite; elle est encore suivie par J. L. Leuba, L'institution et l'événement (Neuchâtel, 1950), p. 79–80. Dans une autre interprétation générale, Georgi (op. cit., p. 254ss et 290ss) admet aussi cette signification du verbe; il est suivi par W. Fürst, art. cit., p. 225s.

§371). Or nous sommes ici en présence d'un parfait indiquant communément un réel (hypothétique?) passé: 'même si nous avons connu...'.

Un certain nombre de commentaires rattachent alors κατά σάρκα à Χριστόν et supposent que les adversaires de Paul ont dû lui reprocher de n'avoir pas connu le Jésus terrestre, d'où la réplique de Paul: 'même si je l'ai connu – ce qui, en fait, est le cas – ce n'est pas là-dessus que je m'appuie pour défendre mon apostolat'.[1] Toutefois, cette thèse se heurte à un certain nombre de difficultés: (1) La parallélisme avec 16*a*; (2) le fait que, normalement, κατά σάρκα détermine, chez Paul, un verbe, alors que l'expression est plus rarement – et dans un autre contexte – liée à un nom; (3) une telle affirmation voudrait dire que le Jésus historique n'a aucune valeur pour Paul. Or, si les épîtres ne sont pas les évangiles, on ne trouve nulle part une telle dépréciation du ministère terrestre du Christ.[2] Cela est si vrai que W. Schmithals[3] ne voit pas d'autre solution que d'attribuer tout le verset à un glossateur gnostique. (4) On ne voit pas très bien comment intégrer cette idée dans le cadre des v. 12ss, où il ne s'agit pas de christologie, mais de l'attitude des croyants face à ceux qui jugent sur l'apparence.[4] (5) Enfin, il faut rappeler que, dans notre épître, Paul n'a pas à faire à des judaïsants légalistes particulièrement sensibles aux problèmes entre Jérusalem (les apôtres qui ont 'connu' Jésus) et Paul. Comme nous le montrerons encore, notre verset est plutôt l'indice du contraire.[5]

[1] Strachan, Georgi, Fürst.

[2] Cf., au contraire, Gal. 4: 4; Rom. 1: 3; 1 Cor. 11: 23; Gal. 3: 1 et, surtout, 2 Cor. 4: 7ss! B. Rigaux, 'Réflexions sur l'historicité de Jésus dans le message paulinien', in *Analecta Biblica, 17–18* II, p. 265–74. Pour un avis moins nuancé, cf. H. J. Schoeps, *Paulus*, p. 48–51. E. J. Jungel fournit une approche assez neuve et intéressante de la question, *Paulus und Jesus. Eine Untersuchung zur Präzisierung der Frage nach dem Ursprung der Christologie* (Tübingen, 1962).

[3] 'Zwei Gnostische Glossen', *EvTh*, **18** (1958), p. 552–64.

[4] Georgi (*op. cit.*, p. 290ss) a beau supposer que la manière d'agir des adversaires de Paul laisse deviner une christologie peu orthodoxe, on voit assez mal Paul régler une telle question par une remarque annexe du genre du v. 16.

[5] La conclusion selon laquelle κατά σάρκα ne saurait déterminer le nom, nous paraît devoir être d'autant plus solidement maintenue, que, même parmi les auteurs qui commencent à affirmer que le complément se rapporte

Il faut donc rattacher κατὰ σάρκα au verbe avec, d'ailleurs, la majorité des commentaires. Mais quel sens donner alors à la phrase? Bultmann (*Exegetische*, p. 17) pense que 16*b* est un cas-limite de la thèse de 16*a*. De même, O. Michel (*art. cit.*, p. 24ss) subordonne 16*b* à 16*a*, reconnaît que Paul préconise ici une connaissance 'pneumatique' du Christ, mais insiste sur le fait que, pour l'apôtre, une telle connaissance n'est pas négation de l'histoire, mais métamorphose, sublimation de celle-ci. On peut alors imaginer que le fait réel auquel Paul fait allusion est son attitude envers Christ et l'Eglise avant l'événement du chemin de Damas,[1] ou une fausse interprétation du fait christo-logique qu'il aurait soutenue pendant les premières années de son ministère (Klöpper selon Godet). On peut, naturellement, aussi – et c'est ce qui explique la 'déviation' dont nous venons de faire mention – tout en rattachant le complément au verbe, ne pas comprendre autrement que si on le rattache au nom: 'connaître selon la chair' serait la connaissance erronée, ou du moins incomplète, des gens – des juifs, par exemple – qui ne s'attacheraient qu'à certains détails extérieurs de la personne de Jésus et dont Paul voudrait se distancer (ainsi, par exemple, Schlatter).

Devant ce nombre assez grand de possibilités, on ne peut qu'hésiter, et cela d'autant plus que – quelle que soit la solution adoptée dans ce second cas d'un κατὰ σάρκα rattaché au verbe – on se heurte à une objection sérieuse, bien mise en évidence par Schmithals (*art. cit.*, p. 559). En effet, il ne paraît pas logique que justement *Christ*, dont Paul vient de dire au v. 14 qu'il est le *fondement* d'un jugement κατὰ πνεῦμα sur tous (v. 14–16s), apparaisse maintenant comme un *cas-limite* de ce même jugement. Schmithals donne, en effet, l'exemple d'un meurtrier qui dirait: 'A partir de maintenant, je ne tue plus de mouches, même si auparavant j'ai tué des hommes, je n'en tuerai plus jamais.'[2]

au verbe, nombreux sont ceux qui, à un moment ou à un autre, 'dévient' et se mettent à parler de la possibilité ou de l'impossibilité d'une rencontre Jésus–Paul, comme étant le problème central de notre verset. Ainsi Hughes; Rigaux, *op. cit.*, p. 73s; Dupont, *op. cit.*, p. 180–6.

[1] Plummer, Hughes, Cambier.

[2] Souček parle de 'Paradigma', 'Vorbild, ja der Grund des neuen Verhältnisses zu den Mitmenschen...' (*art. cit.*, p. 312). Mais la conjonction εἰ καί permet-elle une telle interprétation?

Reste alors, en désespoir de cause, à modifier le texte. On a, par exemple, proposé de supprimer Χριστόν, par analogie à γινώσκομεν, qui n'a pas de complément. Mais le sens obtenu n'est pas plus satisfaisant. De même en est-il, d'ailleurs, si on met un point après Χριστόν: 'nous ne connaissons plus personne selon la chair, même si nous avons connu Christ selon la chair. Néanmoins, nous ne connaissons plus' (Hofmann, d'après Godet). On ne résoud pas plus la difficulté en sous-entendant, avec Cambier, οὐδένα et non Χριστόν comme complément de γινώσκομεν, à cause d'un parallélisme *aba'*, de même qu'il ne sert à rien de lire ἄλλα (pronom) au lieu de ἀλλά (conjonction): 'nous ne connaissons maintenant rien d'autre'. Nous comprenons donc assez bien Schmithals (suivi par Güttgemanns, *op. cit.*, p. 284–98), qui ne voit comme seule issue que le fait de considérer notre verset comme une glose gnostique.

Toutefois, l'ensemble des v. 12ss trouve une conclusion obligée dans 16a. Ne pourrait donc être une glose que 16b. Cela paraît pourtant difficile parce que le v. 17 s'accrocherait de manière un peu maladroite sur 16a ('de sorte que...de sorte que'), surtout que l'enchaînement se fait parfaitement dans l'état actuel du texte, si on veut bien voir que ἐν Χριστῷ répond à Χριστόν (κατὰ σάρκα).

Il faut donc jouer sur le sens de la conjonction εἰ καί. G et quelques versions lisent καὶ εἰ, dont le sens est, semble-t-il, le même. K lit εἰ δέ 'sinon autrement' et la *koiné* εἰ δὲ καί 'et si même' ou 'sinon'. La leçon εἰ καί étant toutefois bien attestée (P⁴⁶, B, ℵ*, D*) et les autres leçons n'étant pas éclairantes, c'est à elle qu'il faut s'en tenir. Telle quelle, il s'agit incontestablement d'une conjonction marquant la concession en grec classique, dans le NT et chez Paul.[1] Mais pourquoi ne pas mettre une virgule entre εἰ et καί et décomposer la conjonction? Καί prend alors un sens comparatif[2] et la phrase devient: 'de la même manière que, si nous avons connu selon la chair Christ, nous ne le connaissons néanmoins plus ainsi maintenant'. Ainsi le Christ a introduit une coupure valable pour tous; donc nous ne pouvons plus connaître personne comme avant, de même que nous ne connaissons plus Christ comme avant.

---

[1] Cf. Lc. 11:8; 18:4; 1 Cor. 7:21; 2 Cor. 4:16; 7:8 (avec l'aoriste); 12:11.
[2] Cf. Blass–D., §453, 1; Mt. 6:10; 22:10. Dans ce cas, la leçon καὶ εἰ est, peut-être, encore préférable.

Cette solution a l'avantage de convenir au contexte et au sens précis des termes qui composent notre verset. En effet, si après le verbe οἶδα Paul emploie le verbe γινώσκω, c'est sûrement parce que le premier ne lui offre pas le parfait à sens passé dont il a besoin (Plummer, Hughes). Mais on peut, de plus, penser que – comme en 3: 17 par exemple – Paul fait jouer 'l'ancien' fond gnostique de ses lecteurs en sa faveur: ne savent-ils pas eux-mêmes qu'on connaît Christ selon l'Esprit et non selon la chair? Eh bien, ce qui est valable pour Christ l'est aussi pour tous les chrétiens puisque 'tous sont morts'. Il faut, en effet, de plus, se souvenir que le 'nous' ne désigne pas avant tout l'apôtre (cf. 16a), mais l'ensemble des croyants: 16b ne peut donc en référer à une expérience privilégiée de Paul.[1]

Quant à Χριστόν, il ne désigne pas plus le Messie, au sens juif du mot, que le Jésus historique – quoique ce dernier sens ne soit pas exclu – mais, conformément à l'usage paulinien courant (cf. ad 4: 5) la figure eschatologique du crucifié et du ressuscité.[2]

Paul reconnaît donc tout simplement ici que lui et tous les chrétiens ont, à un moment de leur existence, mal apprécié la personne du Christ. Mais un jour est venu (conversion, baptême) où le moment eschatologique de la croix (changement radical, coupure entre hier et aujourd'hui) les a atteints individuellement: le scandale de la croix est devenu source de vie. On ne connaît plus Christ κατὰ σάρκα mais κατὰ πνεῦμα. Cela, les anciens gnostiques de Corinthe le savent bien; il leur faut alors aussi étendre cette attitude à leurs relations avec tous les hommes, les apôtres en particulier.

D. LE VERSET 17

On a souvent voulu rattacher ce verset directement au v. 15 (Allo, Plummer, Godet, Schlatter), mais c'était essentiellement parce que la manière dont on comprenait 16b ne laissait guère d'autre possibilité. Au contraire, selon notre exégèse, rien

[1] En Phil. 3: 8ss, Paul parle de γνῶσις Χριστοῦ Ἰησοῦ, qu'il oppose à un πεποιθέναι ἐν σαρκί (v. 4s).
[2] De plus, comme nous l'avons déjà noté plus haut, γινώσκειν κατὰ σάρκα Χριστόν doit se comprendre comme l'antithèse du ἐν Χριστῷ du verset suivant.

n'empêche de rattacher le v. 17 au v. 16: la conséquence du fait que le chrétien ne connaît plus ni le Christ, ni personne selon la chair est qu'il est une nouvelle créature. En effet, il nous paraît juste de noter la correspondance Χριστόν (κατὰ σάρκα) – ἐν Χριστῷ et de comprendre chacune de ces expressions à la lumière de l'autre. Ainsi, si le caractère eschatologique et ecclésial de la formule n'est pas absent ici (cf. l'allusion à la croix et au baptême au v. 14), l'accent est plutôt sur l'intimité et sur la profondeur de la relation existant entre Christ et l'individu.[1] Cette correspondance ne recommande pas, de plus, la construction adoptée par la vulgate et reprise par Héring et D. von Allmen:[2] 'si quelqu'un est une nouvelle créature en Christ...', ἐν Χριστῷ déterminant καινὴ κτίσις, et non pas τις.

Cela est, de plus, confirmé par l'étude de l'expression καινὴ κτίσις. Sans entrer dans un débat approfondi, disons que nous pensons qu'en Gal. 6: 15 et ici, bien plus que de se référer à telle tradition apocalyptique, Paul emprunte une expression rabbinique.[3] Celle-ci était utilisée dans des contextes assez déterminés, à savoir l'entrée d'un prosélyte dans le judaïsme et la rémission des péchés lors du grand jour de l'expiation. Dans les deux cas, il s'agit moins d'un changement moral que d'une transformation juridique: ce qui comptait avant – les liens de famille du prosélyte, les péchés du pécheur – n'a plus de valeur. De plus, vu le contexte dans lequel Paul emploie ici ce concept, nous pensons préférable de limiter à ce sens restreint et juridique sa signification, sans chercher par trop à l'étendre dans un sens ontologique (B. Rey et P. Stuhlmacher) ou cosmique (Héring). Cela, bien sûr, ne porte pas atteinte à la réalité du fait: une situation nouvelle est effectivement née en Christ et rien ne saurait faire retourner à l'ancienne – c'est même justement pour cela que Paul lutte! La καινὴ κτίσις correspond donc à la καινὴ διαθήκη du chapitre 3, l'accent étant sur

[1] Sur ἐν Χριστῷ, cf. 2: 14s et 3: 14.
[2] 'Réconciliation du monde et christologie cosmique; de 2 Cor. 5:1 4–21 à Col. 1: 15–23', *RHPR* (1968), p. 32–45 (p. 35 n. 14).
[3] Cf. Strack–B., II, 421; III, 519; E. Sjöberg, 'Wiedergeburt und Neuschöpfung im palästinischen Judentum', *StTh*, **4** (1951), p. 44–85; P. Bonnard, 'Création et nouvelle création', *Foi et Vie*, **58** (1959), 3, p. 19–32; H. Schwantes, *Schöpfung der Endzeit*, p. 11–55; B. Rey, *Créés dans le Christ Jésus*; P. Stuhlmacher, 'Erwägungen zum ontologischen Charakter der καινὴ κτίσις bei Paulus', *EvTh*, **27** (1967), p. 1–35.

καινή: l'apôtre et le chrétien, d'une manière générale, ne peuvent pas régler leur conduite sur la valeur 'Moïse' (ancienne alliance) ou sur la valeur 'prestige personnel' (ancienne création déchue), mais sur les valeurs nouvelles offertes par le Christ.

Toutefois, le tour pris par le discours dans les versets suivants nous permet de discerner dans 17*b* un sens supplémentaire: ce qui est ancien c'est, outre ce que nous venons de rappeler, aussi et très précisément la querelle opposant Paul aux Corinthiens. Elle l'est, non seulement parce qu'elle s'appuie sur des valeurs anciennes, mais encore parce que Paul espère bien avoir convaincu ses lecteurs. Le moment eschatologique de la croix s'actualise dans la prédication que Paul en fait. Et cette prédication, c'est sa lettre. C'est pourquoi à la réconciliation de Dieu et des hommes 'en Christ' (v. 18–19) ne peut que répondre la réconciliation apôtre–Corinthiens: ce qui est ancien est passé, voici tout est devenu neuf.

EN RÉSUMÉ

Une seule chose doit maintenant guider et Paul et les Corinthiens: l'amour du Christ mort pour tous, selon l'essence même de la foi que tous confessent (κρίναντας) – v. 14. Or la conséquence de cette mort pour tous a été une coupure irrémédiable dans l'histoire des hommes: 'après' n'a plus rien à voir avec 'avant' (14*c*). En particulier:

(1) On ne vit plus dans cet 'après' pour soi, mais pour le Christ. Qui, dès lors, de Paul ou de ses adversaires, présente l'apostolat authentiquement évangélique (v. 15)?

(2) On ne juge plus 'selon la chair', selon les normes humaines – en particulier l'attitude des apôtres. On juge d'après la conformité à la croix (v. 16).

(3) C'est ce que redit, dans des termes différents (καινὴ κτίσις) le v. 17: ce qui est ancien est passé, il faut voir ce qui est neuf. Toutefois, présenté sous cette forme et dans ces termes, le thème se transforme en celui qui suit (v. 18ss), i.e. la réconciliation de Paul et des Corinthiens. Dans la querelle, à laquelle l'apôtre espère que sa lettre va mettre un point final, ce qui est passé est passé et, ἐν Χριστῷ, maintenant, s'ouvre une nouvelle période.

CHAPITRE 15

APPEL À LA RÉCONCILIATION,
5 : 18–21

(18) Or tout cela vient du Dieu qui nous a réconciliés avec lui par Christ et nous a donné le service de la réconciliation; (19) (vous savez): 'Dieu était en Christ, réconciliant le monde avec Lui, ne leur comptant pas leurs péchés et mettant en nous la parole de la réconciliation.' (20) Nous sommes donc des ambassadeurs du Christ, convaincus que Dieu exhorte à travers nous; nous (vous en) supplions, au nom du Christ: réconciliez-vous avec Dieu! (21) Celui qui n'avait pas connu le péché, il l'a fait péché pour nous, afin que nous devenions justice de Dieu en Lui.

A. LE VERSET 18

Les versets 18–21 tournent autour d'un même thème: celui de la réconciliation. En effet, sur la dizaine d'emplois des termes καταλλάσσω et καταλλαγή chez Paul – qui est le seul à les utiliser dans le NT – la moitié se trouve concentrée dans nos versets. Une telle accumulation ne saurait être fortuite. En effet, il n'est pas pensable que, étant donné le contexte de discorde régnant entre l'apôtre et les Corinthiens, le mot 'réconciliation' n'ait pas eu, et dans la bouche de Paul et dans l'esprit de ses lecteurs, un sens tout particulier. Certes, Paul n'appelle pas ici ses lecteurs à se réconcilier directement avec lui, mais avec Dieu; il n'en reste pas moins qu'un appel comme celui du v. 19 est transparent: 'Nous vous en supplions, *comme si Dieu exhortait par nous*, réconciliez-vous avec Dieu.'

Ce faisant, d'ailleurs, Paul reste tout à fait dans la ligne de la conception de son ministère et de sa personne, tels qu'il vient de les définir dans les chapitres précédents. En effet, la querelle qui l'oppose aux Corinthiens n'est pas affaire personnelle; il y va avant tout de l'évangile. C'est pourquoi Paul ne parle de réconciliation qu'après l'évocation du mystère de la croix (v. 14s) et à l'intérieur de celui-ci (v. 19 et 21); il n'y a pas plusieurs réconciliations possibles, avec un grand R et avec un petit; il y a l'acte de Dieu manifesté en Christ, faisant des hommes ses amis, de Paul son serviteur, de tous des frères.

τὰ δὲ πάντα ἐκ τοῦ θεοῦ...ἑαυτῷ διὰ Χριστοῦ

Il ne faut pas lire, comme la majorité des commentaires, une virgule après θεοῦ, ce qui revient à voir deux affirmations dans notre phrase: l'origine divine de la nouvelle création et le caractère réconciliateur de l'acte christique. Certes, τὰ πάντα a souvent le sens de 'toutes les choses créées',[1] mais que viendrait faire une telle mention dans notre contexte et quel serait son lien avec la réconciliation? On pourrait, bien sûr, trouver des arguments contre la première objection, soit en accordant à καινὴ κτίσις un sens plus large que celui que nous avons défini (ainsi, par exemple, Héring), soit en voyant dans 18a l'indice d'une polémique antignostique combattant une assimilation de la 'nouvelle création' et d'une 'Selbsterlösung' (Güttgemanns, op. cit., p. 312-17). Mais rien n'indique que l'expression καινὴ κτίσις fût gnostique, loin de là. En fait, le lien existant entre les deux parties de la phrase – lien bien marqué par l'article défini placé devant θεοῦ – ne permet de voir qu'une seule affirmation, celle-ci concernant la réconciliation: 'tout ce que nous venons de dire (Windisch) a pour source le Dieu Réconciliateur'. Il n'est donc pas ici question de création; ce que Paul veut introduire, c'est l'idée de réconciliation et il le fait de la façon la moins originale et la moins littéraire possible: 'or tout ça vient du Réconciliateur...'.

Nous avons déjà noté que les termes καταλλάσσω et apparentés ne se trouvent qu'une douzaine de fois dans le NT, et ce uniquement chez Paul.[2] De cette notion paulinienne de réconciliation, il faut reconnaître, avant tout, avec J. Dupont[3] qu'elle ne caractérise pas un changement dans l'ordre

[1] Cf. 1 Cor. 8: 6; Héring; B. Reicke, art. 'πᾶς, ἅπας', ThWNT, v (1954), p. 885-95.
[2] 2 Cor. 5: 18-20; Rom. 5: 10s; Eph. 2: 16; Col. 1: 20s; dans 1 Cor. 7: 11 il n'est pas question de réconciliation avec Dieu, mais entre époux.
[3] La réconciliation dans la théologie de St Paul (Bruges–Paris, 1953); E. Käsemann ('Erwägungen zum Stichwort "Versöhnungslehre" im NT', in Zeit und Geschichte. Dankesgabe an R. Bultmann zum 80. Geburtstag [Tübingen, 1964], p. 47-59) et L. Goppelt ('Versöhnung durch Christus', in Christo-

des sentiments ou des dispositions, soit de l'homme envers Dieu, soit de Dieu envers l'homme, mais un changement objectif de situation dans la relation théandrique, changement dont Dieu a l'initiative. Deux caractéristiques sont particulièrement bien mises en évidence dans notre verset: c'est Dieu qui agit et réconcilie les hommes avec lui; cette réconciliation se fait par l'intermédiaire du Christ, c'est-à-dire par l'intermédiaire de l'acte historique et eschatologique de la croix et de la résurrection. Tel est, en effet, le sens de l'expression διὰ Χριστοῦ (M. Bouttier, *En Christ*, p. 31–5) et du participe aoriste qui renvoie à un point déterminé du passé, tout à la fois croix et acceptation personnelle du sens de cette croix (Bachmann).[1]

καὶ δόντος ἡμῖν τὴν διακονίαν τῆς καταλλαγῆς

Cette mention du don du 'service' de la réconciliation est très certainement amenée par le fait que Paul glose au verset 18 une formule, connue dans la chrétienté d'alors, et qu'il cite au v. 19, cette formule combinant au sujet de la réconciliation l'acte christique et la prédication de cet acte. Toutefois, une telle constatation – que nous étayerons lors de l'étude du v. 19 – ne diminue en rien la valeur ou la portée de 18*b*, Paul n'ayant pas choisi cette formule au hasard. L'apôtre donne donc ici une nouvelle définition de son ministère.[2] Ce faisant, il combat une nouvelle fois l'entreprise de ses adversaires dont le 'ministère' est de se mettre eux-mêmes en valeur; le ministère de Paul, lui, ne s'inscrit qu'à l'intérieur du grand œuvre de Dieu. Mais, de plus, le choix du mot 'réconciliation' pour qualifier et ce grand œuvre divin et le ministère de l'apôtre n'est pas indifférent. En effet, si la réconciliation passe par une juste prédication de la croix, alors tout devrait être bien maintenant – tout *doit* l'être,

logie und Ethik [Göttingen, 1968], p. 147–64) ont tenté chacun d'esquisser la genèse de ce concept. Le premier lui reconnaît un caractère traditionnel prononcé, le second pense à une création paulinienne par analogie avec la *Pax Romana*.

[1] Le contenu du ἡμᾶς doit rester ouvert: dans la première moitié du verset, plus particulièrement tous les chrétiens; dans la seconde, plus particulièrement l'apôtre seul (ainsi Plummer).

[2] Le λόγος τ. καταλλαγῆς de la citation – 19*b* – devient ἡ διακονία τ. κ.; la définition de la διακονία étant le thème de la lettre, cf. 3: 3–7s; 4: 1.

si l'évangile est vraiment l'évangile! – entre les Corinthiens et Dieu, entre les Corinthiens et l'apôtre de ce Dieu.[1]

B. LE VERSET 19

Nous avons déjà laissé entendre que le v. 19 consistait en une citation faite par Paul d'une formule connue des Corinthiens. Un certain nombre de faits nous semble, en effet, amener à cette conclusion:[2] (1) l'introduction par ὡς ὅτι; (2) le caractère rythmé de la phrase comportant trois membres semblables; (3) la singularité de l'expression: mention du 'monde' opposé à 'nous'; les pronoms αὐτοῖς et αὐτῶν, n'ayant pas d'appui dans le contexte; la forme verbale ἦν καταλλάσσων; le sens un peu particulier de l'expression ἐν Χριστῷ; (4) le parallélisme et les différences offerts par le v. 18 se comprennent mieux dans l'hypothèse où Paul 'adapte' à la situation concrète dont l'épître est issue la formule présentée par le v. 19. Certes, les termes utilisés sont proprement pauliniens, mais il faut seulement en conclure qu'il s'agit d'une création paulinienne antérieure, ou, au moins, des communautés pauliniennes; son 'Sitz im Leben' est, par ailleurs, assez difficile à déterminer: peut-être peut-on penser à une exhortation lors d'un envoi en mission?

ὡς ὅτι

Le sens de cette conjonction, en effet, est loin d'être clair. Les anciens y ont vu un sens causal, comprenant καὶ γάρ ou *quoniam quidem*. D'autres allèguent que, dans le grec tardif, ὡς ὅτι équivaut à un simple ὅτι après les *verba dicendi et sentiendi*: 'le ministère de la réconciliation...à savoir que' (Plummer, Hughes, Windisch). Mais un tel verbe fait ici défaut. Bachmann et Godet insistent, eux, sur le sens comparatif du ὡς faisant le lien avec le verset précédent; ils proposent ainsi de comprendre: 'Dieu nous a réconciliés...comme (il devait arriver et il arriva) parce que...'. Prümm insiste sur le caractère subjectif que la conjonction donne à la proposition. Quant à Lietzmann

---

[1] Le 'nous' étant indéfini pourrait aussi, à la limite, inclure les Corinthiens: eux aussi, serviteurs du crucifié, ont un rôle réconciliateur à jouer envers le monde...à plus forte raison envers Paul.

[2] Cette suggestion est aussi faite par E. Käsemann, *art. cit.*, p. 49s.

et à Blass–Debrunner (§396), ils proposent de ne pas insister sur ὅτι et de comprendre un simple ὡς. La construction ὡς ὅτι + verbe serait équivalente à ὡς + participe, soit, dans le cas présent, à ὡς τοῦ θεοῦ ὄντος, Paul ayant préféré la première construction pour éviter une avalanche de participes.[1]

Quant à nous, nous proposons de voir dans ὅτι ce qui correspond au double point français et qui introduit une citation, sens très fréquent en grec.[2] Ὡς a son sens comparatif courant et il faut comprendre que Paul cite une formule connue pour appuyer ce qu'il vient de dire au v. 18: Dieu nous a réconciliés...comme: 'Dieu était en Christ...'. Que nous soyons en présence d'un 'emprunt', c'est encore ce que montre – nous l'avons déjà mentionné – le caractère rythmé de la phrase. En effet, les trois membres qui la composent ont rigoureusement la même longueur: 15 syllabes, 7 accents chaque fois.[3]

θεὸς ἦν ἐν Χριστῷ κόσμον καταλλάσσων ἑαυτῷ

Quatre constructions sont possibles pour cette proposition, dont nous excluons immédiatement les deux premières, vu leur sens peu satisfaisant: (1) Dieu se réconciliait le monde qui est en Christ, i.e. ceux qui sont membres de ce monde-là; (2) Dieu était, réconciliant en Christ le monde avec lui-même (Prümm s'approcherait d'une solution de ce genre); (3) Dieu était se réconciliant en Christ le monde, ne comptant pas... (Plummer, Hughes, Godet); (4) Dieu était dans le Christ, se réconciliant le monde et...et... (Allo, Bachmann).

Comme on le voit, la différence entre ces deux dernières

[1] Cf. la conclusion, sur ce point, de la minutieuse étude de T. Muraoka ('The use of ΩΣ in the Greek Bible', *NovTest*, **7** [1964], p. 51–72): 'Our investigation of the LXX and other κοινή literature does not help us to solve a much disputed use of ὡς ὅτι in 2 Cor. 5: 19; 11: 21; 2 Thess. 2: 2...All that we can say is that Paul's fine distinction in the use of ὡς should be given due consideration' (p. 65).

[2] Même exégèse *in* Käsemann, p. 50 et Fürst, p. 228.

[3] Dans le second membre, παραπτώματα αὐτῶν forment élision. Certes, la métrique grecque ne se définit pas en nombre de syllabes, mais il est assez difficile de trouver une scansion classique s'appliquant à nos trois 'vers'. Cela n'a d'ailleurs que peu d'importance pour un texte dans lequel le contenu prime – du moins jusqu'à un certain point – la forme et qui, de plus, pouvait fort bien être chanté.

constructions consiste dans la place et la fonction à accorder au
ἐν Χριστῷ : n'est-ce que le καταλλάσσων qui est ἐν Χριστῷ ou
bien est-ce, de plus et également, λογιζόμενος et θέμενος ? Il faut
avouer qu'il n'y a pas d'argument de poids permettant de
trancher dans l'une ou l'autre direction, mais de fort bonnes
études récentes[1] ayant souligné la valeur du caractère double de
la réconciliation en Christ (acte passé actualisé par la prédication) nous accorderons une certaine préférence à la
dernière des possibilités évoquées.

Se pose alors le problème de la valeur et du sens de la forme
verbale ici employée : imparfait + participe. On y a vu, tour à
tour, un aramaïsme (Héring renvoyant à Mc. 1 : 6), la marque
d'un processus de réconciliation (Plummer) ou d'une action
inachevée (Windisch). Enfin, D. v. Allmen (*art. cit.*, p. 37 et
n. 20) y a décelé un imparfait inchoatif tranchant avec l'aoriste
du verset précédent et impliquant 'que la réconciliation, dont le
sujet est et demeure Dieu, n'est pas une action totalement
accomplie, mais encore actuelle, tant qu'il y aura des hommes
qui n'auront pas accepté d'être réconciliés avec Dieu'. Il est
difficile de se prononcer avec certitude à ce sujet, nous constatons simplement que l'imparfait de εἶναι suivi du participe est
une forme fréquente chez Luc (1 : 21 ; 2 : 51 ; 4 : 20 ; 5 : 1, 16, 18)
où elle semble simplement insister sur la durée et le caractère
'complet' de l'acte mentionné. C'est ce dernier sens que nous
serions tentés de retenir, comprenant – à l'inverse de v. Allmen –
le parallélisme avec l'aoriste du v. 18, non pas dans le sens d'une
différentiation, mais dans celui d'une identification : le v. 19 porte
un imparfait périphrastique, vraisemblablement pour des raisons
de rythme et de style, et Paul y a surtout vu un aoriste déguisé.[2]

Nous ne revenons pas sur la notion de réconciliation étudiée
au verset précédent, notion précisée ici par ἐν Χριστῷ et par le
complément κόσμον. Neugebauer classe ce ἐν Χριστῷ dans la

---

[1] Cf. par exemple, M. Bouttier, *En Christ*, p. 137s ; D. von Allmen, *art. cit.* ; H. Schlier, 'La notion paulinienne de la Parole de Dieu', in *Littérature et théologie pauliniennes* (Bruges, 1960), p. 127–41.

[2] D. v. Allmen (*art. cit.*, p. 37 n. 20) reconnaît lui-même que le sens inchoatif de l'imparfait périphrastique est loin d'être fréquent (Blass–D. 'l'admet implicitement' pour Act. 27 : 41). Notons, enfin, que si ἐν Χριστῷ commande les trois participes suivants, on ne voit pas très bien comment l'auteur de la phrase aurait pu s'exprimer autrement, l'accent devant être sur 'Dieu était en Christ' et εἶναι n'ayant pas d'aoriste.

série de ceux qui se rapportent à l'événement du salut. Dès lors, il n'y a plus de différence entre le διὰ Χριστοῦ qui précède et la formule en ἐν ici, Paul variant les formules pour le plaisir ('*variatio delectat*', *op. cit.*, p. 85s; *idem* Lietzmann). Mais peut-être vaut-il mieux voir dans cet emploi un peu particulier du ἐν Χριστῷ un indice de plus de la rédaction non-paulinienne de notre verset, la formulation plus proprement paulinienne étant le διὰ Χριστοῦ du verset précédent?

A la différence du verset précédent, ce n'est plus seulement 'nous' que Dieu a réconciliés avec Lui-même par le Christ, mais le monde, κόσμος. Il est clair que Paul désigne ici avant tout l'humanité, mais, peut-être aussi, à travers elle, l'ensemble de l'univers créé (cf. 1 Cor. 4: 9; Rom. 8: 18ss). Ce qui caractérise ainsi la notion de κόσμος chrétienne, c'est que le Nouveau Testament le comprend comme le lieu où se joue l'histoire du salut dont les deux protagonistes sont essentielle-ment Dieu et l'homme.[1] Le terme est, par ailleurs, tout à fait paulinien (47 fois contre 78 fois chez Jean) et on retrouve même en Rom. 11: 15 l'expression καταλλαγὴ κόσμου. Ce qui est un peu étonnant ici, c'est qu'on ne voit pas très bien pourquoi Paul ayant parlé de 'notre' réconciliation – ce qui est le sujet de l'épître – parlerait maintenant – en des termes identiques – de la réconciliation 'du monde'. Cela ne s'explique guère que dans l'hypothèse d'une phrase préexistante et marquant la portée universelle du christianisme.

μὴ λογιζόμενος αὐτοῖς τὰ παραπτώματα αὐτῶν

Paul décrit le second 'volet' de l'acte de Dieu en Christ, qui n'est, d'ailleurs, qu'une présentation différente du premier: la réconciliation c'est la non-imputation des péchés.[2] En grec classique, le verbe λογίζομαι signifie 'compter' dans le langage commercial, mais aussi 'décider'. C'est la LXX qui l'introduit dans le langage religieux, usage repris par Paul. Ici, c'est à la définition de l'activité de Dieu que le terme sert. Non pas, d'ailleurs, comme en Rom. 4: 3ss où il est question de la 'mise

---

[1] Cf. Sasse, *art.* 'κοσμέω, κόσμος', *ThWNT*, III (1942), p. 867–98, notam-ment p. 889ss.

[2] Nous aurons à nous souvenir de cette 'coïncidence', de cette expression en termes juridiques de l'acte christique lorsque nous aborderons le v. 21; cf. Fürst, *art. cit.*, p. 228s.

en compte' de la foi mais comme en Rom. 4: 7s citant le Ps. 32 (31): 2: 'Heureux l'homme de qui le Seigneur ne porte pas en compte le péché.'

καὶ θέμενος ἐν ἡμῖν τὸν λόγον τῆς καταλλαγῆς

Le troisième volet du triptyque constituant l'acte de Dieu ἐν Χριστῷ est l'envoi en mission. Ainsi, pour Paul, l'annonce de l'Evangile fait intégralement partie de cette œuvre, elle est la suite obligée et le complément de la croix, comme le soulignent bien H. Schlier et D. von Allmen (*art. cit.*). C'est donc avec justesse que le Chester Beatty a compris le texte en lisant εὐαγγέλιον à la place de λόγον, de même que le Claromontanus, dans sa lecture primitive, et le Boernerianus, qui portent τοῦ εὐαγγελίου τὸν λόγον, quoique ces deux lectures ne puissent pas être retenues comme primitives.[1]

C. LE VERSET 20

Ce verset constitue la clef de l'argumentation des v. 18–21: Paul appelle les Corinthiens à la réconciliation. Certes, il est juste de noter qu'un pronom 'vous' fait défaut et qu'on pourrait tout aussi bien voir ici – avec la majorité des auteurs – une description de la conscience missionnaire de Paul en général, l'exhortation s'adressant à tous les inconvertis. Mais, en fait, le doute n'est pas possible. Certes, ce que nous lisons ici est valable pour toute l'activité missionnaire de Paul, mais c'est parce qu'il ne peut concevoir ses relations avec les Corinthiens en-dehors de ce cadre-là; de plus 6: 1, qui reprend le verbe παρακαλέω, montre bien dans quelle intention Paul parle de réconciliation et non de salut ou de tout autre terme capable de rendre le contenu de sa prédication.

---

[1] Αὐτῶν doit être maintenu pour des raisons de rythme contre Tischendorf. Toutefois, il est clair que, si on n'envisage pas cette possibilité, ce pronom paraît assez superflu. Les deux pronoms, d'ailleurs, αὐτῶν et αὐτοῖς sonnent assez étrangement dans le contexte et se comprennent mieux dans le cadre de notre hypothèse. Παράπτωμα désigne fréquemment chez Paul le péché (16 fois, mais c'est le seul emploi dans notre épître).

ὑπὲρ Χριστοῦ οὖν πρεσβεύομεν

La conséquence (le οὖν manque dans plusieurs manuscrits) du fait que la parole de réconciliation a été confiée à l'apôtre est qu'il est en ambassade pour Christ. En effet, πρεσβεύω signifie 'être envoyé' ou 'agir en envoyé', la compétence et l'autorité de l'envoyé variant selon les cas et les lois. A l'époque romaine, πρεσβευτής était l'équivalent grec du latin *legatus* et désignait notamment le légat impérial agissant en lieu et place de l'empereur. Ce n'est, toutefois, pas Paul qui introduit le terme dans le langage religieux – le verbe ne se trouve, dans le NT, qu'ici et en Eph. 6:20–: Philon parle déjà d'envoyés divins et on sait le rôle de ceux-ci dans la gnose quoiqu'ils soient assez rarement désignés par le terme de πρεσβευτής (Bornkamm, *art.* 'πρέσβυς', *ThWNT*, vi [1959], p. 651–83). Paul conçoit donc sa mission comme une ambassade, une légation 'pour Christ'. Faut-il comprendre 'pour la cause de Christ' (Plummer, Bachmann, Lietzmann) ou 'à la place, en représentant de Christ'?[1] Cette dernière interprétation a pour elle que la construction avec ὑπέρ semble courante après πρεσβεύω (Bornkamm, *art. cit.*, p. 681, 3ss) et que nous avons déjà vu que la préposition pouvait avoir un sens 'vicarial' au v. 14. Elle ne s'impose toutefois pas et on pourrait en référer au caractère originel et fondamental de ὑπέρ (cf. v. 14), au fait que l'interprétation sus-citée a pour conséquence une assimilation de Christ et de Dieu (cf. la suite de la phrase) et que ce sens 'vicarial' n'est pas tellement la conséquence (οὖν) de ce qui vient d'être dit. Aussi faut-il, peut-être, voir ici comme une réponse au ὑπὲρ πάντων du v. 14 et à l'acte évoqué aux v. 18s (cf. encore v. 15): 'c'est à cause de Christ et pour lui, à cause de sa mort et de sa résurrection que nous sommes en ambassade'. La question reste ouverte.

ὡς τοῦ θεοῦ παρακαλοῦντος...καταλλάγητε τῷ θεῷ

La conjonction ὡς suivie d'un participe marque un point de vue subjectif: 'avec la conviction que'.[2] L'exhortation paulinienne

[1] Prümm; Wendland; Bornkamm, *art. cit.*; I. Hermann, *Kyrios und Pneuma*, p. 23 va même jusqu'à parler 'd'identité fonctionnelle entre le Christ et l'apôtre'.
[2] Cf. Blass–D., §425, 3; T. Muraoka, *art. cit.*, p. 58ss.

'connote, en somme, trois valeurs: c'est un appel qui conjure, un discours qui encourage et qui ressemble à une consolation'.[1] La composante autoritaire ressort ici du fait que l'apôtre n'est rien moins que le représentant de Dieu Lui-même, la composante suppliante est apportée par le δεόμεθα qui suit. Ainsi l'apôtre qui n'est, ne dit et ne fait que par Dieu, ordonne et, en même temps, supplie ses lecteurs de se réconcilier avec Dieu et avec lui, ce qui est tout un; de se réconcilier avec le message de la croix.

D. LE VERSET 21

Une nouvelle fois, le lien établi par Paul entre un verset et ce qui précède n'apparaît pas clairement. Les explications de Godet (Paul expose maintenant le contenu du λόγος τῆς καταλλαγῆς du v. 19) et de Bachmann (le v. 21 fait partie, au même titre que la fin du v. 20, de la prière – δεόμεθα – de Paul) ne sont pas suffisamment satisfaisantes sur ce point. Aussi la proposition de Käsemann[2] de voir dans le v. 21 un fragment d'une tradition judéo-chrétienne se rapportant au peuple de l'alliance n'est-elle pas sans intérêt. Käsemann justifie cette thèse par deux arguments: le sens inhabituel, chez Paul, de ἁμαρτία = punition pour le péché; le fait que la fin du verset est bien moins christologique que 1 Cor. 1: 30. La valeur de ces deux arguments a été justement contestée par P. Stuhlmacher[3] qui insiste sur le vocabulaire et la pensée proprement pauliniens du propos. Stuhlmacher n'en pense pas moins à un enracinement traditionnel de notre verset (correspondant au schéma de Phil. 2: 5ss) qu'il qualifie de 'version paulinienne de Rom. 3: 24s'. Quant à nous, nous pensons que Paul cite ici une formule répandue à Corinthe. Cela ressort non seulement de la liaison un peu difficile avec le v. 20, mais encore du caractère rythmé et 'percutant' dans l'expression – mais par là-même pas toujours très clair – de la formule: Paul la cite un peu comme on appose un sceau au bas d'une missive: ce qui scelle la réconciliation entre les hommes et Dieu, entre Paul et les Corinthiens, ce

[1] H. Schlier, 'Le caractère propre de l'exhortation chrétienne selon St Paul', in *Essais sur le NT* (Paris, 1968), p. 393-412 (p. 394); cf. aussi Schmitz–Stählin, art. 'παρακαλέω...', *ThWNT*, v (1954), p. 771-98.
[2] 'Erwägungen zum Stichwort "Versöhnungslehre im NT"', p. 50.
[3] *Gerechtigkeit Gottes bei Paulus* (Göttingen, 1965), p. 74-7, notamment p. 77 n. 2.

qui scelle toute la théologie de l'apostolat que Paul vient d'énoncer (et, par là-même, la lettre dont le début serait 2: 14?), c'est l'acte de Dieu manifesté en Christ pour la libération des hommes en vue d'une vie nouvelle.[1]

τὸν μὴ γνόντα ἁμαρτίαν

On peut comprendre cette affirmation, soit de la préexistence du Christ, soit de sa vie terrestre avant sa mort, ce qui semble plus probable. Le verbe γινώσκω a ici le sens de l'hébreu ידע et signifie 'avoir une connaissance vécue, intime' du péché, telle que la décrit Rom. 7: 7ss, où les mêmes termes sont employés (Héring, Bachmann). Ἁμαρτία désigne, généralement chez Paul, la puissance Péché, régnant sur le monde, l'entraînant loin de Dieu, vers la mort. La proposition peut se comprendre, soit dans un sens causal ('parce qu'il n'a pas connu le péché...'), soit dans un sens concessif ('quoiqu'il n'ait pas connu...').

ὑπὲρ ἡμῶν ἁμαρτίαν ἐποίησεν

Deux thèses sont en présence à propos de cette proposition. L'interprétation quasi universellement répandue dans les commentaires et la théologie depuis la Réforme est celle d'un échange juridique et forensique entraînant une double imputation: du péché de l'homme au Christ, de la justice du Christ à l'homme. La colère du Dieu Saint s'abat sur le Christ, conçu comme bouc émissaire (Lév. 6: 30; 16: 27). Le Christ est fait péché en ce sens qu'Il personnifie tout le péché de l'homme; il est la malédiction incarnée (Gal. 3: 13) sur laquelle se déverse la colère de Dieu qui ne pardonne qu'après avoir été apaisé en punissant à notre place son Fils. Cette exégèse est violemment mise en cause par L. Sabourin,[2] qui en appelle à St Augustin et

---

[1] Cf. aussi K. Kertelge, 'Rechtfertigung' bei Paulus. Studien zur Struktur und zum Bedeutungsgehalt des paulinischen Rechtfertigungsbegriff (Munster, 1966), p. 99–107.

[2] Op. cit. On y trouvera une histoire de l'exégèse de notre passage dans les p. 12–160. Par contre, G. Fitzer, partant de Rom. 3: 24ss, met en question l'existence même, chez Paul, d'une conception sacrificielle de la croix: 'Der Ort der Versöhnung nach Paulus. Zu der Frage des "Sühnopfers Jesu"', ThZ, 22 (1966), p. 161–83.

qui est suivi par Prümm.[1] Il faudrait traduire, en effet, ἁμαρ-τία non par 'péché', mais par 'sacrifice pour le péché', sens que le mot trouve quelquefois dans la LXX (Lév. 4: 21; 6: 25; Os. 4: 8; Nom. 6: 14). Cette interprétation suppose toutefois une notion du sacrifice et une théologie de la relation Christ–chrétiens discutables:

Le sacrifice, c'est le geste symbolique du *retour à Dieu* où l'homme incarne sa volonté et son désir de s'unir au Créateur... Ce symbolisme était signifié, dans l'holocauste, par la transformation des victimes animales en fumée et par leur montée vers les régions célestes sous cette forme volatilisée (p. 412)... C'est par le sacrifice que la créature accède à l'état de sainteté, comme par le mouvement on accède au terme (p. 417).

Ainsi donc, le moyen de la rédemption de l'homme et de son corps sera

l'assomption d'un corps de péché et de mort, que le Christ trans-formera en corps de justice et de vie. Pour nous délivrer de notre condition de pécheur, le Christ devait, tout d'abord, s'en rendre solidaire. Si toute cette masse humaine, cet universel σῶμα, suscep-tible de rédemption, allait être transformé *ab intra* et pas seulement par un acte juridique, il fallait que ce corps immense, enlisé loin de Dieu, devînt lui-même corps ressuscité, corps spirituel (p. 371).

Or ce passage d'un état à un autre se fait justement par le sacrifice du Christ-homme.

Il est dommage que la présentation d'une thèse aussi intéressante soit souvent chargée d'un caractère partisan, anti-protestant et dogmatisant. On s'étonne, par ailleurs, que le titre du livre comportant aussi Gal. 3: 13, les 487 pages de l'ouvrage n'en fasse pas l'exégèse. Et l'on comprend d'ailleurs pourquoi: le terme κατάρα (malédiction) n'est pas susceptible de la double interprétation offerte par ἁμαρτία. Au contraire, ce parallèle montre qu'une interprétation juridique et forensique dans des termes semblables à ceux de 2 Cor. 5: 21 était connue de Paul. L. Sabourin s'emploie, d'une manière fort sérieuse, à montrer le rôle de la doctrine 'sacrificielle' dans le NT. Ce rôle, nul ne le conteste,[2] mais rien ne prouve qu'il faille le voir derrière 2 Cor. 5: 21. Un certain nombre d'arguments nous

[1] Cf., de plus, les excursus p. 357–60 et p. 488–502.
[2] Cf. pourtant l'étude déjà mentionnée de Fitzer.

font, au contraire, adopter l'interprétation traditionnelle. En effet, ἁμαρτία employé à deux reprises dans une même phrase peut difficilement avoir un sens différent chaque fois (Plummer, Bachmann), surtout ici où il existe un lien très fort entre 21*a* et 21*b*. Si Paul avait voulu donner au second emploi un sens différent du premier, il est vraisemblable qu'il se serait aperçu de la confusion possible et qu'il aurait mis les choses clairement au point. D'ailleurs, si on peut trouver le sens de ἁμαρτία = sacrifice pour le péché dans la LXX, ce sens ne se trouve pas chez Paul, pas plus que dans le reste du NT. De même l'anti-thèse ἁμαρτία–δικαιοσύνη θεοῦ présentée par notre verset ne permet pas de comprendre ἁμαρτία autrement que comme péché. C'est d'ailleurs la ligne juridique–forensique qui prédomine partout chez Paul et ne vient-il pas juste de l'évoquer au v. 19?

Le texte dit donc bien que Dieu a fait du Christ la malé-diction, le péché sur lequel se déverse sa colère. Sans doute ne faut-il pas donner une importance exagérée à une formule dont les termes sont choisis, justement de manière à frapper les esprits et à se graver dans les mémoires;[1] il n'empêche que c'est cette expression que choisit Paul pour 'sceller' la réconciliation avec les Corinthiens.

ἵνα ἡμεῖς γενώμεθα δικαιοσύνη θεοῦ ἐν αὐτῷ

Le but de l'incarnation et de la croix, c'est que nous devenions justice de Dieu. Nul ne peut nier qu'il y ait ici échange, 'double imputation': du Christ à nous, de nous au Christ. Mais que signifie au juste δικαιοσύνη θεοῦ? Le terme a fait, ces dernières années, l'objet de nombreuses études et même d'un débat entre Bultmann et Käsemann.

Il n'entre pas dans nos intentions d'essayer de résoudre le problème, ni même de l'exposer complètement. Pour Bult-mann,[2] suivi en cela par Conzelmann,[3] la justice de Dieu est essentiellement une qualité individuelle offerte gracieusement à l'homme par Dieu, qui le justifie, et que l'homme s'approprie

---

[1] Hughes parle de 'the most profound sentence in the whole of Scripture'; Plummer d'un effort hardi pour traduire l'inexprimable en langage humain.

[2] *ThNT⁵*, p. 271–80; 'ΔΙΚΑΙΟΣΥΝΗ ΘΕΟΥ', *JBL*, **83** (1964), p. 12–16.

[3] *Grundriss*, p. 237–43.

par la foi. Käsemann,[1] dont la thèse est reprise et étayée par P. Stuhlmacher (*op. cit.*), pense que Paul ne fait que reprendre un *terminus technicus* de l'apocalyptique juive, désignant l'acte ou les actes cosmiques et eschatologiques de Dieu. Il n'est pas question d'une possibilité de l'homme, mais d'une activité souveraine de Dieu justifiant son acte créateur. Selon P. Bonnard,[2] ces deux solutions, qui semblent s'opposer, se rejoignent, en fait, dans la mesure où 'possibilité existentielle de l'homme ou déploiement apocalyptique de puissance divine, la justification perd son enracinement dans l'histoire de Jésus pour devenir un événement dépourvu de consistance devant l'Histoire des Hommes' (p. 67). L'auteur en appelle alors à l'étude de Chr. Müller,[3] qui opère cet 'enracinement' d'une double manière, en liant le concept de justice de Dieu et Rom. 9–11 : la justice de Dieu est l'acte, dans l'histoire, par lequel Dieu 'se justifie' (d'avoir créé) et il le fait en se donnant un peuple (Israël, l'Eglise).

Quant à nous, sans vouloir nous prononcer sur l'ensemble du problème, nous nous proposons tout simplement de montrer comment chacune des définitions que nous venons d'invoquer peut s'appliquer à notre texte.[4]

En effet, étant donné l'interprétation que nous avons retenue pour la première moitié du verset, il paraît difficile d'éliminer le sens 'bultmanien' d'une justice-don grâcieux de Dieu au pécheur; toutefois, comme le note bien Stuhlmacher, l'opposition à ἁμαρτία, i.e. à une puissance cosmique, donne aussi à δικαιοσύνη θεοῦ une signification plus cosmique à l'acte de Dieu (*op. cit.*, p. 77). Cependant, il ne nous paraît pas, comme à lui, que cette interprétation soit exclusive de celle de Bultmann. De même, il est clair que le sens de 'justification de Dieu' n'est pas non plus à exclure: en nous rendant justes, Dieu est lui-

[1] 'Gottesgerechtigkeit bei Paulus', in *Exegetische Versuche und Besinnungen*[2], II (Göttingen, 1965), p. 181–93.
[2] 'La justice de Dieu et l'histoire. Remarques exégétiques sur une controverse récente', *EThR* (1968), p. 61–8.
[3] *Gottesgerechtigkeit und Gottesvolk. Eine Untersuchung zu Rom. 9–11* (Göttingen, 1964).
[4] K. Kertelge nous paraît adopter, sur ce point, des positions équilibrées. Il insiste surtout, en ce qui concerne 2 Cor. 5 : 21, sur le caractère d'acte divin – de la justice – en faveur de l'homme, instaurant une nouvelle relation théandrique (*op. cit.*, notamment p. 304).

même justifié. Or, cette justification se fait ἐν αὐτῷ, c'est-à-dire suivant le sens que l'on reconnaît à cette forme du ἐν Χριστῷ, soit par l'appartenance au peuple racheté, soit par la liaison établie, d'une part avec l'événement de la croix, de l'autre avec le Seigneur ressuscité.

EN RÉSUMÉ

Le thème dominant de 5: 18–21 est celui de la réconciliation. Or, dans le cadre de la querelle dont notre lettre est une des péripéties, ce mot ne peut qu'avoir un sens très concret: après avoir réfuté les arguments de ses adversaires, fondé sa manière propre de concevoir l'apostolat, rappelé que le passé était, en Christ, passé, Paul tend aux Corinthiens la main de la réconciliation. Mais cette réconciliation passe par une condition: la reconnaissance de la pleine valeur de l'apostolat paulinien, le fait que c'est vraiment l'évangile du Christ et de Dieu que Paul prêche. D'où les formules des v. 18–20: c'est Dieu qui nous a donné le service de la réconciliation (v. 18, cf. v. 19), 'nous sommes des ambassadeurs du Christ, convaincus que Dieu exhorte par nous; nous vous en supplions, au nom du Christ: réconciliez-vous avec Dieu!' (v. 20).

De plus, Paul étaye ses affirmations par deux 'citations' de formules traditionnelles rappelant l'œuvre du Christ dans son aspect de pardon des fautes, de réconciliation et d'ouverture d'une ère nouvelle (v. 19 + 21). Pour ce qui est de ce dernier verset, il faut y voir une formulation particulièrement frappante du caractère de 'double imputation' de l'œuvre de la croix – parallèle à Gal. 3: 13 et bien mise en relief par les Réformateurs – et non pas le reflet d'une doctrine de rédemption sacrificielle (ἁμαρτία devant signifier 'sacrifice pour le péché').

CHAPITRE 16

LE LOT DE L'APÔTRE,
6 : 1–13

(1) Engagés dans cette œuvre, nous (vous) exhortons donc, afin que vous n'ayez pas reçu la grâce de Dieu en vain. (2) (Dieu) dit en effet : 'au moment favorable je t'ai exaucé ; au jour du salut, je t'ai secouru'. Voici maintenant le moment favorable, voici maintenant le jour du salut ! (3) Nous ne faisons jamais rien qui puisse choquer, de peur que notre service ne soit déconsidéré, (4) mais nous nous recommandons en tout nous-mêmes comme des serviteurs de Dieu ; par une grande persévérance dans les épreuves, les détresses et les angoisses, (5) sous les coups, dans les prisons et les tumultes, (endurant) fatigues, veilles et jeûnes ; (6) (agissant) avec pureté, discernement, patience et bonté ; (usant) d'Esprit Saint, de droiture dans l'amour, (7) de vérité dans la Parole et de la puissance de Dieu ; (luttant) avec les armes de la justice, celles de droite comme celles de gauche ; (8) à travers gloire comme mépris, bonne comme mauvaise considération ; (tenus) pour trompeurs, nous pourtant sincères, (9) pour inconnus, nous pourtant bien connus ; comme mourants et voici nous vivons ; comme châtiés mais sans être exécutés ; (10) comme tristes, nous toujours joyeux ; comme pauvres, nous qui faisons tant de riches ; comme n'ayant rien, nous qui possédons tout.

(11) Notre bouche s'est ouverte pour vous, Corinthiens ; notre cœur s'est largement ouvert. (12) Vous n'êtes pas à l'étroit chez nous, c'est dans votre for intérieur que vous êtes à l'étroit ; (13) payez-nous de retour – je parle comme à (mes) enfants – soyez-nous, vous aussi, largement ouverts.

A. LA STRUCTURE DU PASSAGE 6 : 1 – 7 : 4

A première lecture, le chap. 6 est 'décevant', 'ingrat', la pensée si ferme de l'apôtre jusqu'ici a l'air de se diluer : il y a une bonne part de phraséologie dans les deux grands 'blocs' constitués par 6 : 3–10 et 6 : 14 – 7 : 1. On ne voit pas très bien la relation de ces blocs entre eux ; Paul se répète en 6 : 11–13 et 7 : 2–4. Tel nous paraît être le problème posé par ce chapitre, et essayer de le résoudre revient à reprendre en partie le problème de l'unité de notre épître.[1] Mais analysons d'abord brièvement le contenu de ce chapitre:

(1) Après l'appel à la réconciliation, qui marque le sommet du discours de Paul tel qu'il se présente depuis 2: 14, l'apôtre exhorte ses lecteurs à ne pas recevoir la grâce de Dieu en vain, c'est-à-dire à ne pas repousser la main – apostolique! – qu'il leur tend (*6: 1–2*). Là, le discours se poursuit logiquement et marque, soit la fin d'un écrit, soit celle de toute une partie de l'épître.

(2) Toutefois, au v. 3, le discours reprend avec une sorte d'apologie 'miniature' du ministère de Paul, présentant un certain nombre de traits stéréotypés. De plus, la liaison grammaticale avec les v. 1–2 est assez difficile, ce qui a amené certains auteurs à imaginer un texte perturbé. Pourtant, le passage *6: 3–10* comporte aussi plusieurs traits très personnels et lyriques. Il se comprendrait donc bien comme la suite logique de 2: 14 – 6: 2, dans la mesure où il serait *la fin* de cette partie: l'apôtre résume, de façon assez lyrique, ce qu'il vient de dire de son ministère.

(3) Cette hypothèse est confirmée par les *v. 11–13*, qui ont toutes les caractéristiques d'une fin de lettre.

(4) La difficulté vient alors de ce que, bien loin de se conclure en 6: 13, le discours se poursuit en *6: 14 – 7: 1*, dans un passage au vocabulaire et à la pensée très spécifique – ce qui suggère un emprunt fait par Paul à un texte préexistant. Les auteurs, qui soulignent bien cette rupture, supposent alors généralement que le passage 6: 14 – 7: 1 est un corps hétérogène à notre épître, placé là maladroitement par le rédacteur. Mais cela n'explique pas grand chose: qu'est-ce qui a poussé le rédacteur à insérer un tel passage et à l'insérer là? Il faut, de plus, remarquer que les v. 14ss prendraient fort bien place à la suite du v. 2, contenu ou explicitation de l'exhortation dont Paul parle au v. 1.

(5) *Les v. 7: 2–4* reprennent, presque mot pour mot, 6: 11–13. Dans l'hypothèse de l'intervention d'un rédacteur, faut-il penser que ce dernier a inséré 6: 14ss au cœur de ce qui formait primitivement un tout: 6: 11–13 + 7: 2–4? Ou bien, pour masquer son intervention, a-t-il réécrit une conclusion sem-

---

[1] Cf. Introduction, B. Nous ne faisons ici que tracer de grandes lignes, renvoyant pour plus de précision à l'exégèse de détail.

blable à 6: 11ss? Si l'on compte, de plus, qu'en 7: 5–16, le discours 'rebondit' une nouvelle fois, le mystère paraît assez épais.

Un certain nombre de constatations nous paraît, cependant, orienter vers une solution:

(1) Le ton de la fin du chap. 5 et des premiers versets du chap. 6 semble marquer la fin d'un écrit.

(2) Cette fin peut très bien être constituée: (a) par 6: 3–10+6: 11–13 ou (b) par 6: 14 – 7: 1 + 7: 2–4.

(3) En effet, il faut noter la structure tout à fait parallèle de 6: 3–13 et 6: 14 – 7: 4. Dans les deux cas, Paul reprend plus ou moins un texte préexistant (6: 3–10 et 6: 14 – 7: 1), qu'il fait suivre d'une prière pressante pour le bon accueil de ses paroles. La différence réside dans le fait que, dans le premier cas, le texte porte sur le ministère apostolique et forme comme un résumé du sujet des chapitres 2: 14ss et que, dans le second, il s'agit d'une exhortation. Il faut noter, à ce propos, que Paul termine souvent ses épîtres par l'exhortation et que celle-ci viendrait bien après 6: 2.

Aussi la solution nous paraît-elle simple: *le passage 2: 14ss* – qu'il faut désormais considérer comme ayant eu une existence indépendante de l'épître canonique – *a connu deux éditions différentes. Ces deux éditions étaient rigoureusement semblables, sauf en ce qui concerne la conclusion*: l'une se terminait en 6: 13, l'autre comprenait 2: 14 – 6: 2 + 6: 14 – 7: 4. Cette solution n'a, d'ailleurs, rien de surprenant: on a, depuis longtemps, supposé que le doublet des chap. 8 et 9 sur la collecte s'expliquait par le fait qu'un des chapitres était destiné à Corinthe même, l'autre à la province de l'Achaïe. Dans la suscription de 1: 2, ne lit-on pas, en effet, que l'épître est adressée 'à l'Eglise de Dieu établie à Corinthe, ainsi qu'à tous les saints qui sont dans l'Achaïe entière'? Or, une des différences entre 6: 11s et 7: 2ss – pourtant si semblables – ne réside-t-elle pas justement dans le fait, qu'en 6: 11, Paul s'adresse à des lecteurs qu'il désigne nommément: Κορίνθιοι (*hapax* paulinien), alors que cette mention ne figure pas en 7: 2ss?

La version 2: 14 – 6: 13 nous paraît donc avoir été adressée aux Corinthiens. Soit parce que les faux apôtres étaient aussi à l'œuvre dans le reste de l'Achaïe, soit parce que l'affaire corinthienne avait 'fait du bruit' jusqu'en province (et que, de toute façon, Paul voulait écrire à celle-ci),[1] Paul envoie deux lettres identiques. Seulement, pour une raison ou pour une autre – et qui tient sûrement à des différences de situations ou d'impact psychologique – Paul donne à chacune de ces 'versions' une fin différente – conçue toutefois (et c'est bien naturel!) – sur un même schéma. Le rédacteur de l'épître canonique n'aura plus, dès lors, qu'à se faire suivre ces deux fins différentes, ne pensant pas pouvoir sacrifier l'une à l'autre.[2] Notons enfin que cette hypothèse nous paraît la seule capable d'expliquer la présence de 6: 14 – 7: 1 ici (cf. *ad locum*). Il nous reste à voir maintenant le détail de ces deux 'fins' du discours de Paul.

B. LE VERSET I

Comme nous l'avons déjà dit, les v. 1 et 2 du chap. 6 sont la suite logique de l'appel à la réconciliation qui termine le chap. 5: que les Corinthiens ne rejettent pas la main que leur tend l'apôtre, réduisant ainsi à néant la grâce de Dieu qu'ils ont reçue et qu'ils reçoivent encore.

Συνεργοῦντες δὲ καὶ παρακαλοῦμεν

On discute pour savoir quel complément sous-entendre après le participe συνεργοῦντες: Dieu[3] ou les Corinthiens?[4] Allo opte pour cette dernière possibilité, étant donné le fait que παρακαλοῦμεν précédé de καί apparaît comme ajouté à une action de même nature, soit donc en rapport avec les Corinthiens. L'argument est faible. En fait, la majorité des emplois pauli-

---

[1] On peut, en effet, supposer que la 'lettre' dont nous parlons portait, en plus, les deux billets sur la collecte (2: 14 – 6: 13+8 et 2: 14 – 6: 2+6: 14 – 7: 4+9). La collecte aurait été le signe concret de la réconciliation. De plus, et 6: 11–13 et 7: 2–4 laissent très bien entrevoir cette possibilité. Toutefois, celle-ci ne s'impose pas et se heurte au fait qu'actuellement cet hypothétique ensemble est brisé par 7: 5–16. Il faudrait expliquer pourquoi. Mais il n'est pas sûr non plus que les destinataires d'une des versions aient été les Achaïens; il pourrait aussi s'agir d'un autre groupement de Corinthe.

[2] Cela laisse deviner une attitude assez respectueuse du rédacteur devant le texte paulinien. Nous n'avons pas, en effet, cru pouvoir déceler sa main jusqu'ici.

[3] Ainsi la majorité des commentaires; G. Friedrich, *Amt und Lebensführung. Eine Auslegung von 2 Kor. 6: 1–10* (Neukirchen–Vluyn, 1963), p. 24ss.

[4] Prümm, Allo, Bachmann.

niens du terme désigne une collaboration humaine, mais, en
1 Thess. 3: 2, Timothée est désigné comme συνεργὸς τοῦ θεοῦ ἐν
τῷ εὐαγγελίῳ τοῦ Χριστοῦ[1] et, en 1 Cor. 3: 9, ce sont les
apôtres qui sont considérés comme des συνεργοὶ θεοῦ. Ces deux
textes nous inclinent à adopter la première thèse que nous
avons signalée: il s'agit d'une participation à l'œuvre de Dieu.
On voit bien ainsi le lien avec ce qui précède, qui justement
évoque le grand œuvre de Dieu en Jésus-Christ. 'Participant à
cette œuvre, poursuit Paul, nous vous exhortons aussi...'. Le
ministère de Paul apparaît ainsi une nouvelle fois dans une
perspective eschatologique, liée à la croix.[2]

μὴ εἰς κενὸν τὴν χάριν τοῦ θεοῦ δέξασθαι ὑμᾶς

La grâce de Dieu[3] est, d'une manière générale – chez Paul qui
emploie le terme au singulier – non pas une série d'inter-
ventions gracieuses de Dieu, mais, avant tout, l'Acte du Salut.
Cet acte prend ici les caractéristiques suivantes: (1) il est, par
définition même et à cause du verbe 'recevoir', un don grâcieux
et absolu; (2) il est lié à la mort et à la résurrection du Christ,
qui accomplit la réconciliation de Dieu avec les hommes et
place ainsi la créature dans une situation nouvelle (5: 14–21);
(3) c'est l'apôtre qui en est le porteur, dans la mesure où, jusque
dans son corps, il vit l'événement de la croix: la force de Dieu
s'accomplit dans la faiblesse ('Ma grâce te suffit', 12: 9). C'est
ainsi que la grâce est vraiment 'de Dieu', τοῦ θεοῦ, et n'est pas
que l'expression d'une καύχησις humaine.[4]

Cette grâce, les Corinthiens l'ont déjà reçue, la reçoivent
maintenant encore de la bouche de l'apôtre. On peut hésiter

[1] C'est, du moins, la *lectio difficilior*, soutenue par quelques manuscrits et
retenue par Nestle et C. Masson (*CNT* [Paris, 1957], *ad loc.*).
[2] Le fait est bien mis en valeur par Friedrich. Il faut alors comprendre le
καί dans un sens explicatif: 'c'est dans la mesure où nous vous exhortons à
ne pas recevoir la grâce de Dieu en vain que nous participons à l'œuvre de
Dieu'. Sur παρακαλέω, cf. *ad* 5: 20. Plusieurs manuscrits, pour conserver la
parité avec le premier terme du verset, ont une forme participiale: παρακα-
λοῦντες (P[46] D G).
[3] Cf. Bultmann, *ThNT*[5], p. 287ss; Conzelmann, *Grundriss*, p. 236s.
[4] La grâce apparaît encore liée à l'apostolat en Rom. 1: 5; 12: 3; 15: 15;
1 Cor. 3: 10. A part 2 Cor. 4: 15 (et 2: 14, où le sens est tout différent), le
terme n'apparaît pas autrement dans notre passage.

sur le sens à donner à l'infinitif aoriste δέξασθαι : présent ('afin que vous ne receviez pas') ou passé ('afin que vous n'ayez pas reçu').[1] Le sens passé offre une précision intéressante, mais l'infinitif aoriste ne comporte souvent pas de nuance temporelle et Paul l'emploie même après le verbe παρακαλέω dans un sens généralement présent (2 Cor. 2: 8; Rom. 12: 1; Eph. 4: 1). Il vaut donc mieux comprendre que Paul, à travers *son* apostolat et la défense qu'il vient d'en faire, n'a d'autre prétention que de présenter la grâce divine. Aux Corinthiens d'accepter maintenant cette grâce. Toujours est-il que – selon un trait constant de la théologie paulinienne, qui n'est pas sans rappeler 5: 3ss – il n'y a pas deux alternatives (accepter ou refuser le salut), mais trois: on peut encore avoir accepté en vain.

C. LE VERSET 2

Comme le souligne bien, entre autres, Héring, on attendrait, après le v. 1, des exhortations détaillées. Un certain nombre de points doivent être soulignés dès l'abord:

(1) Héring lui-même avance que c'est la consonnance δέξασθαι–δεκτῷ qui entraîne Paul à citer ici Es. 49: 8.[2] L'hypothèse est un peu fragile et n'explique surtout pas pourquoi, au v. 3, Paul se lance dans une nouvelle apologie, qui ne comporte pas d'exhortation.

(2) La même critique peut être faite à ceux qui pensent que Paul applique ici à lui-même – et non aux Corinthiens – ce verset des chants du serviteur.[3] Cette supposition n'est pas sans intérêt, mais il faut remarquer que l'application faite par Paul de cette citation en 2*b* ne pousse pas dans cette direction.

(3) En fait, vu l'utilisation faite ailleurs par la communauté chrétienne des chants du Serviteur, il est probable que, pour Paul et pour ses lecteurs, cette citation devait avoir un *Sitz im Leben* bien précis et implicite. Le déterminer n'est pas aisé: appel à la conversion lancé par les apôtres arrivant dans une

---

[1] Pour le présent, cf. Héring; pour le passé, Plummer, Hughes, Godet, Windisch. On trouve l'expression δέχομαι τὸν λόγον τοῦ θεοῦ en Act. 8: 14; 11: 1; 17: 11 et, chez Paul, en 1 Thess. 1: 6; 2: 13.

[2] La citation que Paul fait ici d'Isaïe 49: 8 est rigoureusement conforme au texte de la LXX, qui, en l'occurrence, ne diffère pas du texte hébreu.

[3] Spicq; L. Cerfaux, 'Saint Paul et le serviteur d'Isaïe', p. 447ss; B. Rigaux, *op. cit.*, p. 84s.

ville (Windisch) ou *pesher* chrétien incluant aussi la seconde partie du verset.[1] On peut même combiner ces deux hypothèses en se référant à la pratique, constante chez Paul, qui consistait à commencer une évangélisation par un passage à la synagogue: nous serions en présence d'un *locus* servant à ces moments-là.

(4) Faut-il, de plus, voir un lien entre ce verset et les v. 14ss? L'hypothèse n'est pas impensable, puisqu'aussi bien ces versets sont 'truffés' de citations bibliques qui ne sont pas sans analogies avec notre verset. Il faut, de plus, noter le λέγει γάρ (v. 2), parallèle à λέγει κύριος (v. 17 et 18).[2] Si on se rappelle, de plus, (a) la différence des modes constatée au v. 1 entre deux verbes coordonnés, (b) le fait que les v. 14ss sont l'exhortation que l'on s'étonne de ne pas trouver après le v. 1, et (c) la poursuite du discours au v. 3 par un participe qui s'accorderait mieux avec συνεργοῦντες qu'avec παρακαλοῦμεν (v. 1), on pourrait fort bien imaginer – dans l'hypothèse de deux fins d'épîtres différentes – une première 'fin', comprenant συνεργοῦντες et les v. 3–13, une seconde comprenant παρακαλοῦμεν, la fin du verset 1, le v. 2 et les v. 14 – 7: 4. Toutefois, nous avouons que – autant l'hypothèse générale des deux fins nous paraît solide – autant cette reconstitution, par trop minutieuse, nous paraît fragile.

(5) Des quatre points ci-dessus évoqués, on peut conclure: (a) la construction boiteuse des v. 1–3 est en faveur de notre hypothèse générale sur la structure du chap. 6; (b) Paul emprunte un texte dont le *Sitz im Leben* est difficile à définir; (c) il le fait, toutefois, dans un sens qui ne laisse guère de doutes: les Corinthiens savent bien que la grâce divine n'est que pour un temps. Qu'ils s'en saisissent donc, car ce temps c'est 'maintenant', dans l'appel à la réconciliation que leur lance l'apôtre; appel eschatologique renouvelé de la prédication apostolique qu'ils ont déjà entendu lors de leur 'conversion' et qui – comme alors – se présente comme le 'dernier', réclamant une décision radicale et immédiate.

---

[1] Ellis, p. 143 n. 3; cf. 1 Cor. 15: 45; 1 Tim. 5: 18; 2 Tim. 2: 19.
[2] En 6: 2, le sujet du verbe n'est pas exprimé. L'expression rend vraisemblablement un usage hébraïque derrière lequel il faut sous-entendre le sujet 'Dieu', cf. Ellis, *op. cit.*, p. 22–5; O. Michel, *op. cit.*, p. 68ss. Ici, on peut aussi invoquer le fait que, dans Esaïe, le verset commence par οὕτως λέγει κύριος.

καιρῷ δεκτῷ ἐπήκουσά σου

Selon Cullmann,

kairos, dans l'usage *profane*, signifie l'occasion particulièrement propice pour une entreprise, le moment dont on parle longtemps à l'avance sans en connaître l'échéance, la date qui correspond à ce qu'on appelle, par exemple, dans le langage moderne 'le Jour J'... Dans le NT, l'usage de ce terme, *appliqué à l'histoire du salut*, reste le même. Mais avec cette réserve: ce ne sont plus les estimations humaines, c'est un décret *divin* qui fait de telle ou telle date un *kairos*, et cela en vue de la réalisation *du plan divin du salut*.[1]

Cette définition est particulièrement bien adaptée à notre texte. Ce 'temps' y est, de plus, qualifié comme δεκτός traduisant l'hébreu רָצוֹן et signifiant, à proprement parler, 'ce que l'on peut accepter, recevoir (de δέχομαι)', 'ce qui est agréable'. L'application de ce qualificatif à un 'temps' semble être propre au deutéro-Esaïe,[2] qui en conçoit la possibilité dans sa perspective messianique. Il s'agit donc du moment favorable choisi par Dieu pour accomplir le Salut ou l'exaucement[3] des hommes (cf. Luc 4: 18ss).

καὶ ἐν ἡμέρᾳ σωτηρίας ἐβοήθησά σοι

La proposition est rigoureusement parallèle à la précédente, de sorte qu'elles s'éclairent l'une l'autre. Καιρὸς δεκτός devient ἡμέρα σωτηρίας et ἐπακούω, βοηθέω. Ce dernier verbe signifie 'aider' et ne se trouve qualifier l'action divine qu'ici, dans le NT. Quant à ἡμέρα, selon l'acception hébraïque de יוֹם le terme n'est pas forcément limité à une durée de 24 heures, mais signifie plus largement 'temps', καιρός. La note eschatologique y est perceptible, notamment dans l'expression יוֹם יהוה, rendue par ἡμέρα κυρίου,[4] ou, tout simplement, par ἡμέρα.[5] L'originalité néo-testamentaire – que l'on perçoit particulièrement

[1] *Christ et le temps*[2], p. 27s.
[2] καιρός, 49: 8; ἐνιαυτός 61: 2.
[3] Le verbe ἐπακούω est un *hapax* du NT. Chez Esaïe, c'est le serviteur 'médiateur de mon alliance avec le peuple' (v. 8) qui est l'objet de cet exaucement.
[4] 1 Cor. 1: 8; Phil. 1: 6, 10; 1 Thess. 5: 2; 2 Thess. 2: 2.
[5] 1 Thess. 5: 5; 1 Cor. 3: 13; Héb. 10: 25.

ici – de ce thème vétéro-testamentaire réside dans sa concentration et sa cristallisation sur la personne de Jésus et dans son actualisation.[1]

ἰδοὺ νῦν καιρὸς εὐπρόσδεκτος, ἰδοὺ νῦν ἡμέρα σωτηρίας

Comme le dit fort bien Friedrich, le νῦν marque à la fois un caractère de joie triomphale et d'exhortation contraignante.[2] Cela est encore renforcé par ἰδού. Il n'est pas sans intérêt de constater que, sur les 9 emplois pauliniens de cette interjection, 6 se trouvent dans notre épître et 4 dans notre contexte immédiat.[3] Cela est, à tout le moins, la marque d'un état d'esprit. De même, il faut rappeler les deux νῦν de 5: 16. Aussi n'approuverons-nous pas tout à fait Kümmel qui écrit: 'le νῦν ne désigne, naturellement, pas le moment où l'exhortation est entendue, mais le "maintenant" eschatologique inauguré par l'envoi du Christ'. Certes, cela est à l'arrière-plan, mais l'accent porte bel et bien sur l'occasion qu'offre la lettre aux Corinthiens, *hic et nunc*, de revenir à l'apôtre et, par lui, à Dieu.[4]

D. LE VERSET 3

(1) La liaison grammaticale de ce verset (et des participes qui se poursuivent jusqu'au v. 10) au verbe παρακαλοῦμεν 'par-dessus' le v. 2 est un peu délicate. Aussi Windisch a-t-il proposé de voir ici une perturbation d'un texte initial, qui serait: 2: 14 – 6: 2...6: 14 – 7: 1 + 6: 3–13 + 7: 2–4. D'autres, au contraire, ont marqué la logique profonde qui lie les v. 3–10 à ce qui précède. Ainsi, Güttgemanns voit dans l'ensemble 5: 11 – 6: 10 l'illustration de la thèse selon laquelle 'l'apostolat est le "lieu" de la présence du temps du crucifié',[5] Bachmann pense qu'après avoir indiqué les conditions objectives de la mission (5: 9–21), Paul en expose maintenant les conditions

---

[1] Il en va de même – cela va sans dire – du salut, σωτηρία; cf. *ad* 2: 15.

[2] *Op. cit.*, p. 29s.

[3] 5: 17; 6: 2, 9; cf. 7: 11; 12: 14.

[4] Δεκτός (2*a*) est devenu εὐπρόσδεκτος, qui a le même sens (G porte toutefois δεκτός.) Faut-il y voir une marque de la rédaction proprement paulinienne de 2*b*: δεκτός n'apparaissant pas autrement chez lui, alors qu'on trouve 4 fois le composé (Rom. 15: 6, 31; 2 Cor. 6: 2; 8: 12)?

[5] *Op. cit.*, p. 316s – sur les thèses de l'auteur, cf. *ad* 4: 10s.

subjectives.[1] Lietzmann attribue, quant à lui, la rupture à une saute d'humeur de Paul. Nous pensons que les uns et les autres n'ont pas tort. Il y a une logique certaine dans l'enchaînement du texte canonique : non pas tant, il est vrai, celle que décèlent Güttgemanns et Bachmann, mais dans une sorte de concentration finale de tout ce que Paul vient de présenter en fait d'apologie de son ministère. Néanmoins, une certaine gêne grammaticale subsiste. Ces deux faits, en apparence contradictoires, sont explicables dans le cadre, que nous avons défini, de deux 'fins' différentes d'une même épître.

(2) Il est vraisemblable que Paul utilise, dans les v. 4–10, un texte préexistant. On peut, en effet, discerner la structure suivante : les v. 3 et 4*a* résument succintement la position de Paul dans la querelle corinthienne : les mots διακονία et διάκονοι, si importants pour notre passage, reviennent deux fois ; c'est à Dieu seul que Paul lui-même en appelle (4*a*). Puis suit un long passage sur ce qu'est 'le serviteur de Dieu', que Paul prétend être. La forme de ce passage est particulièrement soignée. Ce qui fait écrire à Allo : 'C'est probablement, du point de vue de la forme oratoire, avec quelques passages des derniers chapitres, ce que Paul a jamais écrit de plus parfait – d'autant plus que la perfection de la spontanéité y égale celle de l'art... C'est du Paul.' Certes ! Nous sommes pourtant moins convaincu, quant à nous, de la totale spontanéité de la chose.

On peut distinguer quatre strophes dans les v. 4–10 : (a) v. 4*b*–5 : trois membres de trois termes chacun, commençant tous par ἐν et marquant les épreuves par lesquelles l'apôtre a passé ; (b) v. 6–7*a* : quatre couples de 'vertus' introduites aussi par ἐν ; les quatre derniers termes sont qualifiés ; (c) 7*b*–8*a* : trois membres exposant les moyens d'action de l'apôtre, introduits chaque fois par διά et couplés deux à deux ; (d) sept membres antithétiques, commençant par ὡς et décrivant la situation paradoxale de l'apôtre. Ces 7 membres antithétiques terminent comme en une petite apothéose ce morceau d'une forme parfaite et – pourquoi pas ? – la lettre toute entière.

Certains ont pu tirer de ce fait et de l'étude des termes

[1] Cf. encore Strachan ; Kümmel et Bultmann (*Exegetische*, p. 20) pensent, qu'après la digression de 5 : 14ss, Paul reprend le thème de la défense de son ministère, thème dominant jusqu'en 5 : 13.

employés la conclusion que Paul s'inspirait ici d'un catalogue de περιστάσεις, forme courante alors, en particulier dans le stoïcisme.[1] Cette hypothèse nous semble raisonnable. En effet, l'étude du vocabulaire employé ici révèle que: (1) certains termes ont une valeur stéréotypée et quasi traditionnelle; (2) d'autres ont une portée polémique plus accentuée; (3) d'autres encore trouvent un écho très particulier dans la vie de Paul lui-même. Quels ont bien pu être l'origine et le *Sitz im Leben* d'un tel catalogue? La fin du v. 4 pourrait être éclairante: ὡς θεοῦ διάκονοι; il s'agirait d'une sorte de 'bréviaire' du serviteur de Dieu, établi d'ailleurs, peut-être, par Paul lui-même, à son propre usage et à celui de ses associés. Deux choses, en effet, sont certaines: (1) le ton de l'ensemble est manifestement paulinien; (2) il s'agit d'une œuvre 'travaillée' du point de vue de la forme, et il est peu probable qu'elle ait pu voir le jour en un seul souffle de dictée.[2]

μηδεμίαν ἐν μηδενὶ διδόντες προσκοπήν...διακονία

Le mot important est, ici, διακονία: nous avons vu comment, tout au long des chapitres que nous avons étudiés, Paul s'efforce de montrer que son ministère est le véritable 'service' du Christ. La reprise du terme ici – reprise bien soulignée par le ὡς θεοῦ διάκονοι qui suit – est l'indice d'une sorte de conclusion que Paul veut donner à ce problème: contrairement à ce dont on l'accuse, son 'service' ne peut être, en aucun point, une occasion de scandale pour quiconque.[3] Il faut ici encore rappeler la coloration polémique de certaines expressions, comme ἐν

[1] Georgi, *op. cit.*, p. 244; Güttgemanns, *op. cit.*, p. 302–4; Prümm (1, p. 368); Friedrich, *op. cit.*, p. 33ss; S. Wibbing, *Die Tugend- und Lasterkataloge im NT u. ihre Traditionsgeschichte unter besonderer Berücksichtigung der Qumran-Texte* (Berlin, 1959), et E. Kamlah, *Die Form der katologischen Paränese im NT* (Tübingen, 1964).
[2] On peut comparer à 11: 23ss, qui permet une comparaison intéressante, et dans les analogies, et dans les différences qu'il présente avec notre passage.
[3] Le terme προσκοπή est un *hapax* du NT. Toutefois, les termes de la même famille n'y manquent pas où ils ont une importance décisive, reprenant le thème vétéro-testamentaire de la 'pierre d'achoppement'; cf. Stählin, *art.* 'προσκόπτω κ.τ.λ.', *ThWNT*, VI (1959), p. 745–59. Il faut, de plus, noter 2 Cor. 11: 12, qui montre bien qu'un grief de cette nature avait été formulé contre Paul.

μηδενί – reprise au v. suivant par ἐν παντί – rappelant les πάντοτε, ἐν παντὶ τόπῳ, ἐν παντί de 2: 14s et 4: 8: il n'y a aucune partie de la vie de Paul qui échappe à la règle du service et de la prédication du Christ. Dans sa 'faiblesse' – telle qu'il va encore la dépeindre une dernière fois dans les v. 4–10 – l'apôtre n'a nullement cherché à donner des armes à la moquerie, à la raillerie de son apostolat: il n'a voulu que servir et proclamer, jusque dans son corps, l'insurpassable force de Dieu.[1]

E. LE VERSET 4

ἀλλ' ἐν παντὶ συνιστάνοντες ἑαυτοὺς ὡς θεοῦ διάκονοι

Il n'est pas un terme de cette proposition qui ne renvoie au début et au centre de notre passage: Paul se présente seul – sans l'aide de lettre de recommandation et sans extases ni prodiges – devant les Corinthiens, dépendant de Dieu seul et de sa force et, pour cette raison-là justement, il apparaît comme faible et comme serviteur.[2] Il faut, de plus, remarquer que le pluriel διάκονοι et la tournure de la phrase avec ὡς peuvent laisser supposer que la suite du discours paulinien est calquée sur une sorte de 'bréviaire du serviteur de Dieu'.[3]

ἐν ὑπομονῇ πολλῇ

Ce premier terme est à distinguer des suivants. Il est le seul à être qualifié par un adjectif et il n'entre pas dans le schéma 3×3 qui caractérise la première 'strophe' (4b–5). En fait, le terme désigne plus une vertu – telles que celles qui seront encore énumérées en 6–7a – qu'une des épreuves décrites en

[1] Le verbe μωμάομαι ne se trouve que deux fois dans le N.T.: ici et en 8: 20. Paul sous-entend que les grosses sommes qu'il recueille pour la collecte ont fait 'jaser' certains. Quelques manuscrits ajoutent ἡμῶν à διακονία (D, G).

[2] Sur ἐν παντί, cf. ci-dessus, à ἐν μηδενί; pour συνιστάνοντες ἑαυτούς, cf. ad 3: 1–5; 4: 2; 5: 11; pour θεός dans sa relation avec l'apostolat, cf. dès 2: 14 et sur διάκονος, voir ad 3: 6. Comme en 4: 2, les manuscrits portent trois formes différentes du participe (à quelques exceptions près – P46 – les mêmes manuscrits portent les mêmes formes qu'en 4: 2).

[3] Le fait que διάκονοι soit au nominatif (et non à l'accusatif) doit être compris comme: 'nous nous recommandons nous-mêmes comme des serviteurs de Dieu se recommandent...' (Windisch, Bachmann).

4*b*–5. Pour toutes ces raisons, il faut voir dans ἐν ὑπομονῇ πολλῇ comme une sorte de titre de ce qui va suivre: la caractéristique première du serviteur de Dieu est de 'tenir bon'. D'ailleurs, le terme est cité en 12: 12 comme un des signes de l'apostolat. La ὑπομονή néo-testamentaire est une notion essentiellement biblique, ne correspondant qu'imparfaitement à ce que les Grecs désignaient sous ce terme.[1] Selon C. Spicq l'ὑπομονή néo-testamentaire 'n'est exclusivement, ni une croyance, ni un sentiment, ni une vertu morale, c'est tout cela à la fois, selon des proportions inégales. On peut dire qu'elle est une attitude d'attente patiente et persévérante au milieu des épreuves...', ajoutant à la notion grecque une composante d'espérance spécifique.[2]

ἐν θλίψεσιν, ἐν ἀνάγκαις, ἐν στενοχωρίαις

Les 9 termes marquant les épreuves par lesquelles l'apôtre a passé (4*b*–5) se répartissent en trois membres de 3 termes chacun. Dans le premier, on trouve trois termes presque synonymes, marquant traditionnellement les difficultés et épreuves eschatologiques. Le second membre traduit cette situation générale en termes concrets: l'apôtre y évoque les difficultés qu'il eut à subir de la part des hommes. Le troisième membre poursuit la mention de ces difficultés, mais elles ont un caractère plus individuel et subjectif que dans le second membre.

Les trois premiers termes (θλῖψις, ἀνάγκη, στενοχωρία) ont, en effet, une valeur un peu générale, traditionnelle et eschatologique (cf. *ad* 4: 8). Le lien ὑπομονή–θλῖψις se retrouve en Rom. 5: 3 et Apoc. 1: 9; θλῖψις–στενοχωρία en 2 Cor. 4: 8 et Rom. 8: 35; θλῖψις–ἀνάγκη en 1 Thess. 3: 7; ἀνάγκαι–στενοχωρία en 2 Cor. 12: 10. Toutefois, ce dernier texte, en particulier, et la notation que nous avons déjà faite en 4: 8 de ce que le tiers des emplois pauliniens de θλῖψις se trouve dans notre épître, marque clairement combien Paul interprète sa vie

---

[1] Cf. A. M. Festugière, ''ΥΠΟΜΟΝΗ dans la tradition grecque', *RScR*, **21** (1931), p. 477–86.
[2] C. Spicq, ''ΥΠΟΜΟΝΗ, patientia', *RScPhTh* (1930), p. 83–106 (p. 103s) et *Agapé*, II, p. 11–12. La même 'vertu' se retrouve dans les catalogues de vertus de 1 Tim. 6: 11; 2 Tim. 3: 10; 2 Pi. 1: 5–7; cf. S. Wibbing, *op. cit.*, p. 99s.

d'apôtre à la lumière de ces catégories eschatologiques et traditionnelles: ces trois termes ont donc, de plus, une coloration existentielle.[1]

F. LE VERSET 5

Il est symptomatique que, à l'inverse des trois termes que nous venons de voir, cinq des six qui suivent[2] se retrouvent, et dans un ordre identique, en 11:23 et 27. De plus, quatre de ces termes ne sont employés par Paul que dans ces deux passages. Il s'agit de πληγή, φυλακή, ἀγρυπνία et νηστεία. Quant au cinquième terme (κόπος), il est particulièrement utilisé par Paul pour caractériser son travail missionnaire, comme l'a fort bien montré Harnack.[3] La comparaison entre 6: 5 et 11: 23 + 27 peut encore être poussée plus loin: les deux passages ne sont-ils pas l'exposé des 'qualités' d'un διάκονος θεοῦ, d'une part, d'un διάκονος Χριστοῦ, de l'autre? Toutefois, dans le dernier passage, la construction de la phrase est moins belle et Paul énumère, de plus, quantité de souvenirs précis. Cela ne peut guère s'expliquer que d'une manière: (a) il existait un schéma précis des *peristaseis* apostoliques, qui nous est livré en 6: 5 et auquel l'énumération de 11: 23ss recourt; (b) ce schéma a été élaboré par Paul, fruit de ses réflexions sur sa vie et ses expériences d'apôtre.[4]

---

[1] Pour θλῖψις chez Paul, nous renvoyons *ad* 4: 8. La ἀνάγκη biblique se différencie assez radicalement de ce que les Grecs entendaient sous ce terme. Dans le rabbinisme et l'apocalyptique, comme chez Paul, le terme désigne souvent les tribulations messianiques et eschatologiques; cf. W. Grundmann, *art.* 'ἀναγκάζω κ.τ.λ.', *ThWNT*, I (1933), p. 347–50. Les mêmes caractéristiques se retrouvent dans l'emploi biblique et paulinien de στενοχωρία, cf. Bertram, *art.* 'στενός, στενοχωρία κ.τ.λ.', *ThWNT*, VII (1964), p. 604–8.

[2] Seul ἀκαταστασία ('tumulte') fait exception, mais ne se retrouve, dans tout le NT, que dans une autre énumération de 'dangers': 2 Cor. 12: 20.

[3] A. v. Harnack, 'Κόπος (κοπιᾶν, οἱ κοπιῶντες) im frühchristlichen Sprachgebrauch', *ZNW* (1928), p. 1–10, et Spicq, *Agapé*, II, p. 12–14. Le terme signifie 'coup, peine, souffrance'.

[4] Pour chaque terme, on trouvera de nombreuses illustrations dans le livre des Actes. Héring pense que ἀγρυπνίαι évoque des privations de sommeil involontaires, de même que νηστεῖαι des jeûnes, dus à un manque de ressources.

G. LES VERSETS 6–7a

Après avoir dit les difficultés par lesquelles l'apôtre doit passer, Paul donne quelques-unes des forces qui lui permettent de tenir au milieu de ces difficultés. Suivent donc quatre couples de 'vertus': les deux premiers sont, peut-être, un peu plus vagues que les deux derniers, dont les termes sont qualifiés et dont le caractère polémique est plus prononcé. En effet, les quatre premiers termes se trouvent dans les différentes 'listes de vertus' du NT, groupés souvent de la même manière.¹ Il faut, de plus, noter les allitérations: ἁγνότητι–γνώσει, μακροθυμίᾳ–χρηστότητι.

'Αγνότης signifie 'pureté' et ne se trouve qu'ici et en 11: 3 dans le NT. Par contre, ἁγνός se trouve dans la 'liste' de Phil. 4: 8 et ἁγνεία dans celle de 1 Tim. 4: 12, suivie aussi de λόγος et ἀγάπη. Il n'est pas certain qu'il faille y voir une pureté sexuelle que Paul opposerait au libertinisme des Corinthiens (Friedrich, op. cit., p. 42), mais plutôt faut-il comprendre que Paul réaffirme une nouvelle fois la pureté de ses intentions et de son message (cf. ad 3: 13 et 4: 2). Pour γνῶσις, il faut renvoyer à 2: 14 et 4: 6 et se rappeler l'écho favorable que ce terme éveillait dans les âmes de Corinthe (cf. aussi 11: 6).² Μακροθυμία, 'patience', 'longanimité', est à côté de χρηστότης encore 'un fruit de l'Esprit' (Gal. 5: 22).³ Quant à χρηστότης 'bonté', le terme a une coloration nettement biblique et se conçoit essentiellement comme 'un rayonnement de l'amour; ce qui fait ressortir, tant son caractère actif, dynamique et spontané, que son étroite parenté avec l'ἀγάπη divine'.⁴

Le terme πνεῦμα ἅγιον signifie certainement plus que 'esprit de sainteté' (contre Godet). Quoique son apparition à cet endroit paraisse un peu étrange au premier abord, il s'agit bien, selon une acception très généralisée, de l'Esprit divin qui

¹ Cf. surtout le tableau de Wibbing, op. cit., p. 99s, qui note, de plus, les analogies avec les 'listes' de l'AT et de Qumrân.
² Le terme se trouve dans quelques 'listes' de l'époque apostolique. Une étude détaillée en est fournie par J. Dupont, Gnosis, p. 379–416.
³ L'évolution sémantique de ce terme et celle de χρηστότης sont d'ailleurs fort semblables; cf. Horst, art. 'μακροθυμία', ThWNT, IV (1942), p. 377–90.
⁴ L. R. Stachowiak, Chrestotes, ihre biblisch-theologische Entwicklung und Eigenart (Fribourg, 1957), p. 126.

produit en l'homme la charité, la vérité et la force.[1] En effet, le terme n'apparaît pas non plus dans les autres listes de vertus et il faut voir sa mention ici plutôt comme due au fait que, en particulier au chap. 3, Paul n'a cessé d'opposer l'Esprit de la nouvelle alliance (et ses fruits) à la 'Lettre' dont se réclamaient ses adversaires. L'adjectif ἀνυπόκριτος se trouve qualifier deux fois l'ἀγάπη chez Paul (2 Cor. 6: 6; Rom. 12: 9) et deux fois la πίστις dont est issue l'ἀγάπη (1 Tim. 1: 5) ou la ὑπομονή (2 Tim. 1: 5). L'expression n'est donc pas particulièrement originale,[2] mais il faut encore noter l'accord ἀνυπόκριτος et ἀλήθεια. En effet, λόγος ἀληθείας a aussi une saveur stéréotypée, l'expression se retrouvant quatre fois encore pour désigner l'évangile.[3] Toutefois, on se rappelle que notre épître est celle où – avec Romains – Paul utilise le plus le terme ἀλήθεια et ce dans un contexte manifestement polémique.[4] L'expression δύναμις θεοῦ, comme πνεῦμα ἅγιον, ne se retrouve pas non plus dans d'autres listes de vertus. Il faut, sans doute, en conclure, avec Wibbing (*op. cit.*, p. 100), que sa présence est due ici essentiellement à sa valeur polémique: bien plus que la mention des miracles accomplis par l'apôtre, il faut y voir celle de la puissance de Dieu s'accomplissant dans la faiblesse humaine, thème de toute l'épître.[5]

H. LES VERSETS 7*b*–8*a*

La troisième 'strophe' de notre passage n'a guère qu'une unité formelle: chaque membre commence par διά. Toutefois, la préposition n'a pas tout à fait le même sens en 7*b*, où elle indique un moyen, et en 8*a*, où elle indique une circonstance. D'ailleurs, 7*b* et 8*a* ne sont pas identiques quant à la forme et, quant au fond, 7*b* est à rattacher à 7*a*[6] et 8*a* à 9–10.

[1] Le lien entre πνεῦμα et ἀγάπη est bien souligné en Gal. 5: 22; entre πνεῦμα, λόγος et δύναμις en 1 Cor. 12: 4ss (cf. Rom. 12: 6ss) et 1 Cor. 2: 4s.

[2] C. Spicq en donne une bonne analyse dans *Agapé*, II, p. 136–9. Ἀγάπη se trouve dans de nombreuses listes de vertus (Gal. 5: 22ss; Eph. 4: 2–3; 1 Tim. 4: 12 etc.).

[3] Eph. 1: 13; Col. 1: 5; 2 Tim. 2: 15; Jac. 1: 18.

[4] 1: 17s; 2: 17; 4: 2; 7: 14; 11: 10; 12: 6; 13: 8.

[5] Cf. *ad* 4: 7, où nous avons formulé l'hypothèse que l'expression avait le sens un peu technique pour Paul de prédication de l'Evangile.

[6] Sur le lien δύναμις–ὅπλον, cf. Eph. 6: 10s; 2 Cor. 10: 3.

διὰ τῶν ὅπλων τῆς δικαιοσύνης... καὶ ἀριστερῶν

On sait l'affection de Paul pour les métaphores sportives ou
guerrières. L'origine du thème des 'armes' et sa place dans les
catalogues de vertus ont été fort bien étudiées par E. Kamlah.[1]
Le terme δικαιοσύνη se retrouve, de plus, souvent aussi dans ces
catalogues.[2] Les 'armes de la justice' doivent être comprises,
dans notre contexte, comme celles qui permettent d'annoncer
l'évangile, justice de Dieu (cf. 2 Cor. 10: 1–6). Le fait que ces
armes sont dites, de plus, 'de droite et de gauche' peut être
compris de différentes manières: (1) ce sont des armes qui
permettent de faire front de tous côtés (Hughes); (2) il s'agit
des armes offensives et défensives;[3] (3) ce sont des armes,
tantôt favorables, tantôt défavorables, selon le thème mantique
d'alors (Allo accepte ce sens comme second).

διὰ δόξης καὶ ἀτιμίας, διὰ δυσφημίας καὶ εὐφημίας

Ces deux couples d'antithèses annoncent déjà la formulation
très 'paradoxale' de la suite. Héring, Plummer, Osty traduisent
le premier couple par: 'honneur et honte' ou 'honneur et
ignominie'. Mais Allo nous semble mieux rendre le texte dans
son contexte: 'gloire et mépris'. On se rappelle, en effet,
combien la 'gloire' était un des points chauds de la polémique et
combien la manière dont Paul la concevait ne lui attirait que
mépris. Ἀτιμία ne se trouve que chez Paul dans le NT et est
aussi opposé à δόξα en 1 Cor. 15: 43; de même qu'ἄτιμος
s'oppose à ἔνδοξος en 1 Cor. 4: 10. Ces deux derniers textes
sont éclairants pour la compréhension de cette antithèse profondément paulinienne. Δυσφημία et εὐφημία, 'mauvaise et
bonne réputations' opposent, non seulement deux réalités, mais
deux assonances. Ce couple prépare la suite de l'énumération:
'tenus pour imposteurs et pourtant vrais...'. Les deux termes
sont des *hapax* du NT, mais εὔφημος se retrouve dans la liste
des vertus de Phil. 4: 8.

[1] *Op. cit.*, p. 85–92 et 189–96.
[2] Eph. 5: 9; 1 Tim. 6: 11; 2 Tim. 2: 22; cf. Phil. 4: 8.
[3] C'est l'interprétation de la majorité des auteurs. Il faut y ajouter
Oepke, *art.* 'ὅπλον', *ThWNT*, v (1954), p. 292–4 (p. 293).

I. LES VERSETS 8*b*–10

Paul termine maintenant son apologie 'miniature' et, vraisemblablement, sa lettre par une série de sept antithèses, dont le premier terme est toujours introduit pas ὡς et le second, soit par καί, soit par δέ: ainsi apparaît, dans tout son caractère paradoxal, la situation apostolique. On ne peut pas vraiment discerner une gradation dans cette énumération: Paul reprend simplement les principaux griefs formulés contre lui et y oppose la réalité profonde de l'œuvre de Dieu à travers ces soi-disant défaillances.[1]

(1) ὡς πλάνοι καὶ ἀληθεῖς

Le thème était déjà annoncé par l'antithèse précédente. Il est manifestement polémique (cf. *ad* 3: 12; 4: 2). C'est dans la mesure où Paul prêche la vérité de l'évangile, à savoir Jésus-Christ et Jésus-Christ crucifié, qu'on l'accuse de tromperie.

(2) ὡς ἀγνοούμενοι καὶ ἐπιγινωσκόμενοι

Ici encore, le thème peut être polémique: Paul n'a pas la réputation d'extatique de ses adversaires. Veut-il dire, alors, que si tout le monde ne le connaît pas, ceux qui le connaissent sont quand même assez nombreux? Ou bien fait-il appel à Dieu: lui me connaît? On pourrait aussi comprendre la proposition dans ce sens, qui conviendrait bien au contexte de la lettre: c'est justement tous ceux qui nous connaissent bien qui nous ignorent!

(3) ὡς ἀποθνήσκοντες καὶ ἰδοὺ ζῶμεν

Il n'est que de rappeler ici 4: 8ss et de renvoyer, pour ἰδού, à 5: 17 et 6: 12. Il y a, incontestablement, dans ces antithèses comme l'expression de la quintessence de 2: 14ss.

---

[1] On comprend généralement ὡς dans le sens de 'en tant que', 'nous dont l'apparence est…'. Lietzmann pense qu'il s'agit plutôt de l'indication d'états réels: 'les uns me considèrent comme un mystificateur, les autres comme véridique…'. Ici, ὡς doit contenir l'une et l'autre nuances.

(4) ὡς παιδευόμενοι καὶ μὴ θανατούμενοι

Le terme 'puni', 'corrigé', a semblé un peu incongru et faible
à certains manuscrits (D*, G), qui l'ont remplacé par πειραζό-
μενοι, 'tenté'. Toutefois, c'est bien lui qu'il faut lire. Paul
l'emploie sans doute sous l'influence du Ps. 118 (117): 17–18,
qui portait déjà l'antithèse précédente. Il faut donc comprendre
qu'aux yeux de ses adversaires, Paul passait pour être puni par
Dieu. On voit, de plus, combien Paul considérait sa propre
existence à travers le projet du juste souffrant des Psaumes
(cf. ad 4: 8ss).

(5) ὡς λυπούμενοι ἀεὶ δὲ χαίροντες

A quel point ces termes ont une valeur existentielle et actuelle,
c'est ce que montre le fait que, sur les 23 emplois pauliniens des
termes λύπη–λυπέω, 18 se trouvent dans notre épître. C'est, de
même, là qu'on rencontre le plus de χαρά–χαίρω après
Philippiens. Toutefois – à part notre verset – aucun de ces
quatre termes ne se trouve dans 2: 14 – 7: 4. ᾿Αεί renvoie à
4: 11 et aux πάντοτε et ἐν παντὶ τόπῳ... que nous avons déjà
analysés.

(6) ὡς πτωχοὶ πολλοὺς δὲ πλουτίζοντες

La pauvreté dont il est ici question est une pauvreté spirituelle
(rappelant celle de Mt. 5: 1), Paul ne se plaignant nulle part
ailleurs de sa pauvreté matérielle. De même, πλουτίζω
n'apparaît que trois fois dans le NT (chez Paul) et y indique
un enrichissement spirituel (2 Cor. 9: 11; 1 Cor. 1: 5; cf.
2 Cor. 8: 9). On reproche donc à Paul de manquer des
'richesses' qui font l'apôtre. Comme pour l'antithèse (2), le
sens est alors: ce sont justement ceux que Paul a enrichis et
enrichit encore en leur apportant le Christ qui le trouvent,
lui, pauvre.

(7) ὡς μηδὲν ἔχοντες καὶ πάντα κατέχοντες

Cette dernière antithèse reprend un peu la précédente, sur
laquelle elle insiste. Mais on se rappelle aussi les fameuses
'formules en avoir' relevées par Prümm tout au long de notre
passage (3: 4, 12; 5: 1) et qui sont chaque fois des caracté-

ristiques de l'apostolat. Paul n'a rien: ni fortune, ni puissance miraculeuse ou extatique; mais, pourtant, il possède tout: la confiance, l'espérance, Christ.

J. LES VERSETS 11–13

Ces versets appellent les remarques suivantes:

(1) Il s'agit, à l'évidence, de la fin d'une lettre. Paul rappelle que, dans cette lettre, il a parlé à cœur ouvert et il invite les Corinthiens à être aussi loyaux envers lui qu'il l'a été envers eux. Ce caractère 'final' est encore marqué par l'usage du nom Κορίνθιοι (v. 11)[1] et la qualification de τέκνα (v. 13).

(2) La pensée est ici très semblable à celle de 7: 2–4. Peut-être peut-on percevoir une plus grande prudence dans le second passage: Paul se garde d'y critiquer ses lecteurs alors qu'en 6: 12 il fait peser sur eux seuls la responsabilité de la querelle.

(3) Ces deux premiers points nous amènent à l'hypothèse déjà présentée de deux éditions aux fins différentes de la lettre. Peut-être peut-on supposer que le chapitre huit suivait encore 6: 13: la collecte étant le signe concret de 'l'ouverture' des Corinthiens à Paul et de leur réconciliation.[2] Mais cela n'est pas certain.

(4) La pensée se déroule alors de la manière suivante: 'Nous venons de vous parler franchement, nous vous avons ouvert notre cœur (v. 11).[3] S'il y a encore des choses qui ne sont pas claires entre nous, je n'en suis pas responsable, c'est en vous

---

[1] C'est la seule fois que Paul utilise ce nom, mais cf. aussi Phil. 4: 15 et Gal. 3: 1.

[2] Nous sommes donc d'accord avec Bachmann pour ne pas voir dans ces v. 11–13 l'annonce des v. 14ss (Allo, Godet), mais, tout simplement, la conclusion de ce qui précède.

[3] L'expression 'ouvrir la bouche' se retrouve en Eph. 6: 19 pour qualifier la prédication de l'Evangile. Ici, vu le contexte, le parallélisme avec 7: 4 et le reproche qu'on faisait à Paul de ne pas tout dire (cf. παρρησία ad 3: 12), il faut interpréter comme nous le faisons; la seconde partie du verset est alors une explicitation de cette affirmation – peut-être influencée par le Ps. 118: 32 – et qui fait intervenir le terme de καρδία dont nous avons reconnu toute la portée polémique dans notre passage: Paul ne se livre pas à ses lecteurs superficiellement, il ne fait pas que présenter une belle façade, mais c'est le fond même de sa foi qu'il a livré. La leçon ὑμῶν de B, ℵ, pc ne doit pas être retenue.

qu'il faut en chercher la cause (v. 12).[1] Mais faites comme moi et ouvrez-moi votre cœur (v. 13).'[2]

EN RÉSUMÉ

Trois questions font problème au chapitre 6:

(1) Après l'appel à la réconciliation de 5: 18ss, on s'attend à ce que la lettre se termine.

(2) La liaison entre 6: 2 et 6: 3 est difficile.

(3) La structure même du chapitre, avec la répétition de 6: 11–13 en 7: 2–4 et la présence insolite de 6: 14 – 7: 1, mérite une explication.

De plus, on peut remarquer la structure parallèle de 6: 3–12, d'un côté, et de 6: 14 – 7: 4, de l'autre. Dans les deux cas, Paul produit un texte préexistant (6: 3–10 et 6: 14 – 7: 1), qu'il fait suivre d'un appel aux lecteurs de le payer en retour (6: 11–13 et 7: 2–4).

Il faut conclure de tout cela que notre lettre (2: 14 – 7: 4) a connu deux éditions, destinées à deux groupes différents. Ces deux éditions étaient rigoureusement semblables jusqu'en 6: 2: après l'appel à la réconciliation (5: 18ss), Paul souligne le sérieux de cet appel (6: 1–2).

Une des éditions – destinée aux Corinthiens (v. 11) – se terminait alors par la citation d'une sorte de 'bréviaire' du véritable apôtre, insistant une dernière fois sur la faiblesse de l'apostolat d'où vient toute force (6: 3–10) et par l'appel à répondre chaleureusement à 'l'ouverture' de Paul (v. 11–13). On peut supposer encore que le chapitre huit suivait cet appel, mais ce n'est pas du tout certain.

---

[1] Sur στενοχωρέω, cf. ad 4: 8 et 6: 4. Ici, le verbe est amené parce qu'il forme antithèse avec πλατύνω (élargir, ouvrir). Nos trois versets sont construits, d'ailleurs, sur la base de cette antithèse. Σπλάγχνα correspond ici à καρδία et marque, dans le NT, la partie la plus profonde de l'être, siège, en particulier, de l'ἀγάπη et des sentiments personnels. Cf. Köster, art. 'σπλάγχνον κ.τ.λ.', ThWNT, VII (1964), p. 548–59.

[2] Ἀντιμισθία, le salaire, n'est attesté que dans la littérature chrétienne; dans le NT, il ne se retrouve qu'en Rom. 1: 27.

CHAPITRE 17

UNE SEULE ISSUE, 6: 14 – 7: 4

(14) Ne frayez pas avec les incroyants; car quel lien entre la justice et l'iniquité? quoi de commun entre la lumière et les ténèbres? (15) Quelle harmonie entre Christ et Béliar? Quelle relation entre le croyant et l'incroyant? (16) Quel accord entre le temple de Dieu et les idoles? Car nous sommes le temple du Dieu vivant, selon ce que Dieu a dit: 'J'habiterai au milieu d'eux et j'y marcherai; et je serai leur Dieu et, eux, seront mon peuple. (17) Aussi sortez du milieu d'eux et tenez-vous à l'écart' dit le Seigneur, 'et ne touchez rien d'impur et, moi, je vous accueillerai, (18) et je serai pour vous un père et vous serez mes fils et mes filles' dit le Seigneur tout puissant. (7: 1) Ayant donc ces promesses, bien-aimés, purifions-nous de toute souillure de la chair et de l'esprit et achevons de nous sanctifier dans la crainte de Dieu. (7: 2) Faites-nous bon accueil! Nous n'avons lésé personne, nous n'avons corrompu personne, nous n'avons exploité personne. (7: 3) Je ne dis pas cela pour vous critiquer; car j'ai déjà dit combien, dans nos cœurs, vous étiez à la vie et à la mort. (7: 4) Je vous parle en toute franchise, je suis très fier de vous; je suis rempli de consolation, je déborde de joie dans mes épreuves.

A. LE PROBLÈME DE LA PÉRICOPE
6: 14 – 7: 1

Ce problème n'est pas nouveau.[1] Il naît, tout d'abord, de ce que ce passage s'intègre mal dans le déroulement d'une pensée logique, 6: 13 devant, logiquement, être suivi de 7: 2. De plus, ce passage a les caractères d'un texte autonome. Il se caractérise par un vocabulaire particulier[2] et la présentation de thèmes bien spécifiques et qui n'ont rien de paulinien: l'équation communauté–temple, un dualisme marqué, l'idée d'une séparation rigoureuse d'avec les païens,

[1] Cf. l'abondante bibliographie donnée par Allo jusqu'en 1919.
[2] 7 *hapax* du NT: ἑτεροζυγοῦντες, μετοχή, συμφώνησις, Βελιάρ, συγκατάθεσις, ἐμπεριπατήσω, μολυσμός; plus un *hapax* paulinien: παντοκράτωρ.

l'opposition aux idoles. Il faut, enfin, remarquer l'enchaînement des citations bibliques (v. 16–18), reflet d'une élaboration soignée.[1]

L'origine de la péricope

Quelle que soit la solution que l'on adopte pour expliquer la présence d'un tel texte ici, une série d'études récentes ont montré deux points qui paraissent difficilement discutables: la péricope a un caractère juif (cf., notamment, *Les Testaments des douze Patriarches*), voire essénien, très prononcé; mais elle a été élaborée ou retouchée par des chrétiens.[2] Ce dernier point ressort surtout de la mention de Χριστοῦ (opposé à Βελιάρ) au v. 15. Le premier se déduit d'une série de parallèles, que nous aurons encore l'occasion de mentionner dans l'exégèse de détail.

Comment expliquer la présence de ce texte ici?

Les exégètes répondent à cette question de différentes manières.

Il y a d'abord ceux qui pensent que Paul a très bien pu dicter le texte et l'enchaînement que nous avons sous les yeux.[3] En effet, la place est trop mal choisie pour être l'œuvre d'un rédacteur postérieur (Osty, Plummer). Paul nous a d'ailleurs habitués, surtout dans notre épître, à une pensée un peu 'en dents de scie' (Guthrie, *op. cit.*, p. 48s), explicable, peut-être, par une pause dans la dictée (Lietzmann). De plus, la séquence 6: 13 – 6: 14 n'est pas si incompréhensible que cela; Paul voudrait dire: 'Aimez-moi et, par conséquent, faites mainte-

[1] A quoi il faut encore ajouter l'argument de l'ordinateur, selon A. Q. Morton (*art. cit.*), qui décèle ici 'a foreign body'.

[2] Cf. K. G. Kuhn, 'Les rouleaux de cuivre de Qumrân', *RB* (1954), p. 193–205 (p. 203); M. A. Chevallier, *L'Esprit et le Messie dans le bas-judaïsme et le NT*, p. 138s; H. W. Huppenbauer, *Der Mensch zwischen zwei Welten* (Zürich, 1959), p. 59 n. 222; P. Benoit, 'Qumrân et le NT', *NTS*, 7 (1960–1), p. 276–96 (p. 279); J. A. Fitzmyer, 'Qumrân and the interpolated paragraph in 2 Cor. 6: 14 – 7: 1', *CBQ*, 23 (1961), p. 271–80; J. Salguero, 'El dualismo qumránico y San Pablo', *Analecta Biblica 17–18*, II, p. 549–62 (p. 558ss); J. Gnilka, '2 Kor. 6: 14 – 7: 1 im Lichte der Qumran-schriften und der Zwölf-Patriarchen-Testamente', in *Neutestamentliche Aufsätze (Festschrift J. Schmid)* (Regensburg, 1963), p. 86–99; E. Kamlah, *Die Form*, p. 28–30.

[3] Schlatter, Wendland, Hughes, Bachmann. Noter aussi le découpage étrange de Prümm: 6: 11–16a et 6: 16b – 7: 1.

nant ce que je réclame de vous' (Godet, Calvin, Spicq) ou alors: 'Ouvrez-moi votre cœur, mais attention! cela ne veut pas dire laxisme, relâchement, etc.' (Filson; Kamlah, *op. cit.*, p. 28 n. 2). 6: 1 ne nous annonçait-il pas, d'ailleurs, déjà une exhortation (Kümmel)? Et ne trouve-t-on pas, ailleurs chez Paul, des traces qumraniennes (Salguero, *art. cit.*)?

Ces explications ne sont pas très convaincantes et elles n'ont pas toujours convaincu. Windisch propose alors de rattacher 6: 14 à 6: 1, l'ordre initial ayant été perturbé pour une raison ou pour une autre, notamment par une interversion de feuillets. Spicq juge cette hypothèse probable. Mais l'on sait quelle méfiance il faut avoir envers ce genre d'hypothèses: la fin du paragraphe devrait coïncider avec la fin du feuillet, les paragraphes intervertis n'ont pas la même longueur, les feuillets des *codices* étaient, sans doute, pliés au milieu.[1] Les autres thèses n'expliquent d'ailleurs pas plus la place du paragraphe ici: tant celles qui y voient un fragment de la première lettre aux Corinthiens mentionnée en 1 Cor. 5: 9 (Goguel, *Introduction* IV, 2; Strachan; Schmithals, *Die Gnosis*, p. 9ss; Dinkler, *art. cit.*), que celles qui y décèlent une interpolation non paulinienne.[2] Aussi comprend-on fort bien la perplexité affichée par Feine–Behm, Plummer, Cambier (*op. cit.*).

En fait, il nous semble que le seul moyen d'échapper à cet embarras est d'accepter notre hypothèse sur les deux éditions de la lettre, chacune de ces éditions se distinguant par une fin particulière. Ainsi, dans l'une d'elles, 6: 14 – 7: 4 viendrait immédiatement après le παρακαλοῦμεν de 6: 1. Nous ne voyons pas d'autre clef possible à la disposition actuelle de notre chapitre 6 – avec le doublet 6: 11–13 et 7: 2–4 –, à la pensée paulinienne et à l'attitude du rédacteur final. Il faut, en effet, remarquer encore que, très souvent, Paul termine ses lettres par une exhortation, ce qui nous paraît être un argument de plus pour considérer 2: 14 – 7: 4 comme une lettre indépendante.

Toutefois, les exhortations pauliniennes sont généralement plus brèves et il faut se demander pourquoi Paul utilise ici un

---

[1] Cf. K. Aland, *art. cit.*, p. 22s.

[2] Bultmann, *Exegetische*, p. 14 n. 16; Marxsen; Grant (*op. cit.*, dans notre Introduction); Bornkamm (*op. cit.*, p. 32); Fitzmyer (*art. cit.*, p. 280); Gnilka pense que l'origine du fragment serait à chercher du côté d'Ephèse, point de fusion d'un certain judéo-christianisme et du paulinisme.

texte dont la thélogie est si différente de la sienne. Là encore, le doute n'est pas permis: c'est à ses adversaires qu'il en veut; c'est d'avoir commerce avec eux qu'il veut dissuader la communauté. Car ce sont eux les 'incroyants', les fils des ténèbres et de Béliar (v. 14 et 15), et non pas les païens en général, comme tout le monde l'explique. La meilleure preuve en est qu'en 4: 14 il emploie les mêmes termes pour les désigner ('ceux dont le dieu de ce monde a aveuglé leur intelligence d'incroyants') et qu'en 11: 13s, il dira: 'car ces gens-là sont de faux apôtres...qui se déguisent en apôtres de Christ. Et rien d'étonnant: Satan lui-même se déguise en ange de lumière. Rien, donc, d'étonnant si les ministres aussi se déguisent en ministres de justice.' C'est donc parce qu'il retrouve dans ce fragment judéo-chrétien les termes de justice, foi, Christ, opposés à ceux d'injustice, in-croyance, diable, ténèbres, tous termes qui qualifient son atti-tude par opposition à celle de ses adversaires, que Paul l'utilise ici en une ultime exhortation aux Corinthiens (ou aux habitants de l'Achaïe) à rompre avec ces gens-là et à se placer de son côté, celui du Christ.[1]

B. LE VERSET 14

μὴ γίνεσθε ἑτεροζυγοῦντες ἀπίστοις

On peut se demander si cette proposition faisait partie du texte utilisé par Paul, ou s'il ne s'agit pas plutôt d'une introduction faite par l'apôtre à ce texte, notamment pour souligner que le mot important dans la suite était ἀπίστου (v. 16) et que c'était bien ainsi qu'il considérait ses adversaires: comme des 'in-croyants'. En effet, le seul autre usage du terme dans notre épître se trouve en 4: 4, où nous avons reconnu une intention polémique. Nous avons aussi montré depuis, combien la foi était la clef de l'attitude paulinienne et que l'apôtre l'opposait au καύχημα de ses adversaires. Gnilka remarque que, bien que Paul emploie aussi le terme pour désigner les païens, ce n'est qu'au début d'Ephésiens qu'il prend un sens générique qui deviendra courant dans les pastorales; chez Paul, le sens primitif de 'infidèle', 'unglaubwürdig' est encore très percep-

---

[1] C'est peut-être aussi dans cette optique qu'il faudrait comprendre la fameuse 'écharde dans la chair' et le 'soufflet de l'ange de Satan' en 12: 7. Il s'y agirait des contestations et des 'camouflets' à son autorité dont Paul a supplié Dieu de le débarrasser.

tible (*art. cit.*, p. 91). Et certainement, quel que soit le sens qu'il avait dans sa source, c'est bien ainsi que Paul le comprend en l'appliquant à ses adversaires. Le verbe ἑτεροζυγέω (*hapax* du NT) est très fort, puisqu'en Lév. 19: 19 il marque l'accouplement d'animaux de races différentes (cf. encore Strack–B., III, p. 521): aussi le thème est-il très vétéro-testamentaire, qui appelle 'prostitution' le service des faux dieux. Que les Corinthiens entendent donc l'appel à la réconciliation lancé par Paul et ne se 'commettent' plus avec ces faux apôtres, serviteurs de Béliar, incroyants.

τίς γὰρ μετοχὴ δικαιοσύνῃ καὶ ἀνομίᾳ

Nous avons là la première des cinq antithèses qui vont se poursuivre jusqu'en 16*b*. Au niveau de la 'tradition', on peut noter la même opposition en 1QH 14, 16; 1 Q 27/1, 1.5.6 (cf. encore Huppenbauer, *op. cit.*, p. 16–30). La 'justice' livrée par les documents apocalyptiques et qumraniens est bien définie par Stuhlmacher (*op. cit.*, p. 145–75), qui y voit d'ailleurs la toile de fond de la notion paulinienne.[1] Au niveau de la réinterprétation paulinienne, on remarque que la dualité δικαιοσύνη–ἀνομία se retrouve en Rom. 6: 19. L'usage du premier terme dans notre épître est d'ailleurs éclairant: en 3: 9, Paul oppose au ministère de Moïse et de ses adversaires, le sien, qui est celui de la justice; en 6: 7, le terme réapparaît dans un contexte apologétique; en 11: 15, Paul accuse ses adversaires de 'se déguiser en ministres de la justice'. Quant à l'emploi du terme ἀνομία,[2] faut-il y voir un argument de plus montrant que Paul n'a pas à faire à des adversaires légalistes, comme en Galatie, ce qui aurait rendu l'emploi de ce mot difficile?

τίς κοινωνία φωτὶ πρὸς σκότος;

Le dualisme de la lumière et des ténèbres est trop présent à Qumrân pour que nous ayons besoin d'y insister.[3] Certes, cette opposition se trouve ailleurs encore qu'à Qumrân, mais il

[1] Le terme μετοχή n'apparaît pas autrement dans le NT. Mais Paul utilise des termes de la même famille.

[2] Chez Paul, le terme désigne un acte ou un état de faute, de rébellion contre Dieu.

[3] Sur le thème dans la *Règle*, cf. Huppenbauer, *op. cit.*, p. 16–30 et, dans le *Rouleau de la guerre*, *ibid.*, p. 80ss.

semble bien que ce ne soit que là que ce dualisme soit appliqué à distinguer deux humanités.[1]

Paul, lui aussi, connaît le dualisme ténèbres–lumière, mais il a, chez lui, un accent plus éthique.[2] L'opposition a déjà été utilisée dans notre lettre en 4: 4–6 (cf. 11: 14): la prétendue lumière qui rayonne de la personne des adversaires qui font 'comme Moïse' n'est qu'aveuglement, ne permet pas de voir la véritable lumière, celle qui brille sur la face du Christ, se dégageant de la croix. Il faut enfin remarquer que le mot κοινωνία avait, pour Paul, une profondeur particulière, marquant la 'communion' de tous les 'frères' à la mort et à la résurrection du Christ (1 Cor. 10: 16ss). Cette communion n'est pas possible avec les faux apôtres.[3]

C. LE VERSET 15

τίς δὲ συμφώνησις Χριστοῦ πρὸς Βελιάρ

Comme nous l'avons déjà noté, la mention du Christ est la meilleure preuve de ce que la péricope est chrétienne. Il ne peut donc y avoir de 'symphonie', 'd'accord' (hapax du NT, mais cf. σύμφωνος en 1 Cor. 7: 5) entre Christ et Béliar.[4] Ce nom, à l'étymologie incertaine, est d'origine vétéro-testamentaire.[5] Toutefois, dans l'AT, il ne désigne pas encore une puissance maléfique personnifiée, sens qu'il ne prendra que dans le bas judaïsme. A Qumrân, le terme est fort prisé, mais il ne signifie pas toujours la même chose: dans les *Hodayoth*, on trouve encore le sens vétéro-testamentaire vague, et c'est surtout dans le *Rouleau de la Guerre* qu'il s'agit d'un véritable personnage:

---

[1] Cf. Fitzmyer, *art. cit.*, p. 273ss et comparer les textes de Qumrân et S. Aalen, *op. cit.*

[2] Rom. 13: 12; 1 Thess. 5: 4s; Col. 1: 12–14; quant à Eph. 5: 7–14, il s'agit vraisemblablement d'un hymne antérieur à l'épître.

[3] Cf. Hauck, *art.* 'κοινωνός κ.τ.λ.', *ThWNT*, III (1938), p. 798–810. Fitzmyer voit dans la construction κοινωνία πρός un hébraïsme (indice supplémentaire quant à l'origine du passage) – *art. cit.*, p. 273 n. 7 – mais cela est inexact: la construction est d'un bon grec (voir Bauer, *Wörterbuch*, col. 868; Hauck, *art. cit.*, p. 799, ligne 2).

[4] C'est la lecture de la majorité des manuscrits pour ce *hapax* du NT. Les textes juifs parlent généralement de Bélial (leçon de la vulgate et de quelques manuscrits) – les lectures Belian et Beliab faiblement attestées, semblant secondaires. Noter aussi que la *koiné* lit un datif: Χριστῷ.

[5] Cf. Foerster, *art.* 'Βελιάρ', *ThWNT*, I (1933), p. 606; Hughes.

l'Ennemi.¹ Pourtant, nulle part à Qumrân, Béliar n'est opposé
au Messie; il ne l'est qu'à Dieu. Il en est de même dans les
Jubilées, les *Oracles sibyllins* et, surtout, les *Testaments des douze
Patriarches*, où Béliar joue un grand rôle.²

Au niveau de la réinterprétation paulinienne, il est inutile de
revenir sur l'insistance que Paul met, dans notre lettre, à ne
prêcher que Christ (cf. *ad* 2: 14), le vrai et non 'l'autre', prôné
par ses adversaires (11: 4). Quant à Βελιάρ, patron de ceux-ci,
l'idée ne paraîtra pas trop forte si on se rappelle les ἀπολλύμενοι de 2: 15 et 4: 3 et les mentions de Satan dans les contextes
polémiques de 4: 4 et 11: 13s.

ἢ τίς μερὶς πιστῷ μετὰ ἀπίστου

L'opposition croyant–incroyant n'est pas particulièrement
qumrânienne ou propre au bas-judaïsme. Doit-on attribuer cette
mention à la communauté chrétienne à laquelle Paul emprunte
notre passage? Cette communauté ne serait pas, alors, sans
rapports avec le paulinisme – on s'en serait douté! – puisque
Paul est, de loin, celui qui utilise le plus, dans le NT, les termes
de la famille de πίστις. Ou, alors, c'est Paul lui-même qui
introduit ici cette antithèse pour des motifs polémiques (cf. 4: 3
et 6: 14). Le terme μερίς se trouve encore chez Paul en Col. 1: 12
(5 fois dans le NT). Selon Fitzmyer, il rendrait la notion
qumrânienne de 'gôral ôr' ou 'gôral El', 'lot de la lumière'
ou 'lot de Dieu' (*art. cit.*, p. 275).

D. LE VERSET 16

τίς δὲ συγκατάθεσις ναῷ θεοῦ μετὰ εἰδώλων; ...
ἐσμεν ζῶντος

La denière antithèse (temple de Dieu–idoles) entraîne, dans le
texte, une mise au point: ce temple, c'est nous et ce, parce qu'il

¹ Cf. W. Huppenbauer, 'Belial in den Qumrantexten', *ThZ*, **15** (1959),
p. 81–9, et *op. cit.*, p. 84ss et 71s. C'est encore le sens vétéro-testamentaire que
l'on trouve dans la littérature rabbinique; cf. Strack–B., III, p. 521s.

² *Or. Sib.* 2, 167; 3, 63. 73; *Jub.* 1: 20; TDan. 5: 1; TNeph. 2: 6;
TRub. 2: 2; 4: 11. Il est vrai qu'en TLev. 18: 12, Béliar est opposé au
Messie. Mais il pourrait s'agir d'une interpolation chrétienne (Gnilka,
art. cit., p. 90 n. 24); cf., pourtant, M. Philonenko, *Les interpolations chrétiennes
des Testaments des douze Patriarches et les manuscrits de Qumrân* (Paris, 1960).

est écrit...¹ L'opposition aux idoles est fréquente à Qumrân,²
mais elle l'est tout autant dans l'AT. Il n'en est pas de même
pour l'équation temple = communauté. En effet, c'est là une
conception typiquement qumrânienne, dont l'origine remonte
sans doute au fait que les fondateurs de la secte étaient d'origine
sacerdotale.³ On retrouve chez Paul l'idée d'une communauté–
édifice (1 Cor. 3: 10; Eph. 2: 14–20; 4: 10ss) ou du corps du
chrétien–temple du Saint Esprit (1 Cor. 3: 16; 6: 19s), mais pas
explicitement l'idée d'une communauté–temple. La filiation et
la genèse de toutes ces conceptions dans le christianisme primitif
est chose délicate à préciser (cf. *ad* 5: 1). Retenons pourtant
(1) la coloration qumrânienne de la chose, (2) qui n'est, toutefois, pas étrangère au christianisme des premières générations,
notamment à Paul. Pour Paul, le terme important ici est θεοῦ
(repris et qualifié par ζῶντος, cf. *ad* 3: 3): l'attitude de ses
adversaires n'est qu'idolâtrie et il ne saurait rien y avoir en
commun entre eux et ceux qui se réclament de Dieu qui, seul,
peut apporter la vie et la donne à travers l'abaissement de son
Fils et de ceux qui le suivent.⁴

καθὼς εἶπεν ὁ θεὸς ὅτι

Cette proposition introduit une assez longue chaîne de citations
bibliques montrant que (1) Dieu habite au milieu de son
peuple; (2) celui-ci doit, en conséquence, s'éloigner de tout ce
qui est impur, en particulier des 'païens' qui l'entourent;
(3) la présence de Dieu est précisée comme étant celle d'un
Père. L'usage de 'chaînes' de citations n'est pas étranger à Paul
(cf. surtout Rom. 9–11). Le procédé n'est pas sans analogies avec
des méthodes rabbiniques, mais, sans doute, vaut-il mieux voir
à la base de notre texte un recueil de *Testimonia*, semblable
à celui dont on a retrouvé des fragments à Qumrân. D'autres
points de comparaison peuvent d'ailleurs être relevés avec

¹ Une série de manuscrits (P⁴⁶, C, la *koiné*) lisent: 'c'est *vous* qui *êtes*...';
portent un pluriel: ναοί.
² 1 QS 2, 11.16s; 4, 5; 1 QH 4, 19; TRub. 4: 6.
³ Cf. Gärtner, *The Temple and the Community in Qumrân and the NT. A comparative study in the Temple symbolism of the Qumrân texts and the NT* (Cambridge, 1965).
⁴ Συγκατάθεσις est un *hapax* biblique, mais cf. Exod. 23: 1, 32 et Luc. 23: 51.

Qumrân: la séparation du pur et de l'impur (1 QS 3, 7-11;
CD 10, 10-13; 1 QS 4, 5; 9, 8-9), du juste et de l'impie
(1 QS 5, 13-20); la citation de 2 Sam. 7: 14 (= 2 Cor. 6: 18)
est un des cinq textes découverts dans le *Florilège* de la quatrième
grotte. Il faut, de plus, noter un certain nombre d'affinités avec
l'Apocalypse johannique: Ez. 37: 27 cité en 2 Cor. 6: 16*b* se
retrouve en Apoc. 21: 3 et Es. 52: 11 cité en 2 Cor. 6: 17 en
Apoc. 18: 4. De plus, le qualificatif παντοκράτωρ – qui
provient, peut-être, de 2 Sam. 7: 8; Jer. 51: 7 – est un *hapax*
du NT, à l'exclusion de l'Apocalypse où il se retrouve 9 fois.
Ces quelques notations nous confirment dans ce que nous avons
dit de l'origine de notre péricope, et cela d'autant plus que le
genre de distinctions établies ici (notamment en ce qui concerne
deux humanités, l'une pure, l'autre pas) n'a rien de paulinien.

C'est encore ce que montre une analyse des formules d'introduction: καθὼς εἶπεν ὁ θεός (v. 16) et λέγει κύριος (v. 17). La
première ne se trouve sous cette forme qu'ici dans le NT,
encore qu'en Rom. 9: 15; 11: 4 et 2 Cor. 6: 2, le sujet non
exprimé semble être Dieu. Mais il faut aussi renvoyer à
CD 6, 13; 8, 9 et d'autres textes juifs introduisant leurs citations
par un *acher amar el* (cf. Ellis, p. 48). Quant à la seconde
formule, nous reprenons les conclusions de l'étude minutieuse
qu'Ellis lui a consacrée (p. 107-12). Ces termes se retrouvent,
en effet, au milieu de neuf citations dans le NT, dont quatre
sont pauliniennes.[1] On peut ainsi retenir les quelques points
suivants: (1) le texte de ces citations diffère passablement de
celui de la LXX; il s'agit d'un texte 'retravaillé'; (2) la phrase
λέγει κύριος, placée au milieu de la citation, est généralement
un ajout pur et simple; (3) cet ajout a pour but de donner aux
textes cités la forme d'oracles, à la manière prophétique,
réalisés dans la communauté chrétienne; (4) trois de ces
citations (Act. 7: 49; 15: 16s; 2 Cor. 6: 17) ont trait au temple
nouveau; on peut en déduire que la formule est la marque de
testimonia concernant ce sujet.

Nous avons déjà dit que les idées énoncées par ces quelques
versets bibliques n'étaient pas particulièrement pauliniennes.
Paul les maintient ici parce qu'ils montrent: (1) combien il faut
se séparer de ses adversaires, (2) et, aussi, qu'il ne répugne

[1] Act. 7: 49; 15: 16s; Rom. 12: 19; 14: 11; 1 Cor. 14: 21; 2 Cor. 6: 16ss;
Héb. 8: 8-12; 10: 16s; 10: 30.

nullement à se servir de l'AT, au contraire! Mais l'AT ne dit justement pas ce que ses adversaires lui font dire (cf. toute la problématique du chap. 3).

ἐνοικήσω ἐν αὐτοῖς...ἔσονταί μου λαός

La citation s'inspire nettement de Ez. 37: 27: ἔσται ἡ κατασκήνωσίς μου ἐν αὐτοῖς καὶ ἔσομαι αὐτοῖς θεός, καὶ οὗτοί μου ἔσονται λαός. Elle a, peut-être, été amenée ici parce qu'au v. 26, Ezéchiel écrit: 'j'établirai mon sanctuaire au milieu d'eux à jamais' et que l'on vient de parler de la communauté–temple. Il faut remarquer que le substantif κατασκήνωσις devient un verbe: ἐνοικήσω (cf. Jn. 1: 14 et 14: 23 et Apoc. 21: 3). Ce qui frappe surtout, c'est la présence de ἐμπεριπατήσω. L'origine en est Lév. 26: 11s: 'j'établirai ma demeure[1] au milieu de vous et je ne vous rejetterai pas. Je marcherai au milieu de vous...ἐμπεριπατήσω ἐν ὑμῖν καὶ ἔσομαι ὑμῶν θεός, καὶ ὑμεῖς ἔσεσθέ μου λαός.' Dans l'incarnation du Christ et par le Saint-Esprit, Dieu est présent dans la communauté de l'alliance nouvelle; ainsi s'accomplissent les prophéties.

E. LES VERSETS 17–18

Les trois premiers membres du v. 17 – exception faite du λέγει κύριος – sont indubitablement inspirés de Es. 52: 11, encore que les deux textes présentent des différences notables. Remarquons alors que, dans Esaïe, l'exhortation s'adresse aux prêtres. Le passage prêtres–membres de la Communauté évoque à nouveau Qumrân et se conçoit bien aussi dans le christianisme primitif. Quant à la manière dont Paul a pu comprendre la séparation dont il est ici question, rien ne nous paraît plus éloquent que ce qu'il a déjà écrit aux Corinthiens – dans un passage où on a voulu voir souvent une allusion à 2 Cor. 6: 14 – 7: 1:

Je vous ai écrit dans ma lettre de ne point avoir de relations avec les impudiques; il ne s'agissait pas de la génération des impudiques... ou des idolâtres de ce monde. Mais je vous ai écrit de ne point avoir de relations avec quelqu'un qui, prenant le nom de frère, serait impudique...ou idolâtre...Car est-ce à moi de juger ceux du dehors? N'est-ce pas ceux du dedans que vous avez à juger? (1 Cor. 5: 9ss).

[1] מִשְׁכָּן, mais la LXX a διαθήκη.

La dernière ligne du verset (κἀγὼ εἰσδέξομαι ὑμᾶς) provient, soit d'Ez. 20: 30, soit de Soph. 3: 20. Le verset 18 est une reprise de la prophétie de Nathan (2 Sam. 7: 14; cf. Es. 43: 6; Jér. 41: 9; Os. 2: 1) retrouvée dans le *Florilège* de Qumrân. Toutefois, l'application du titre 'fils', υἱός, à la communauté ne s'est pas faite à Qumrân. Là, comme dans tout le reste du NT, c'est le Messie, le Christ qui en est le porteur. Mais, dans d'autres couches du bas-judaïsme, c'est bien la communauté qui est appelée fils de Dieu.[1] L'adjonction καὶ θυγατέρας est remarquable. Nous avouons ne pas bien en discerner la raison. Sans doute faut-il y voir un indice 'féministe', mais comment l'interpréter? La dernière phrase λέγει κύριος παντοκράτωρ ne relève pas d'un texte bien précis de l'AT. Il faut plutôt l'interpréter comme la marque d'un oracle prophétique chrétien (cf. 17a λέγει κύριος), le terme παντοκράτωρ ayant une saveur très vétéro-testamentaire et rappelant aussi l'Apocalypse johannique.

F. LE VERSET I DU CHAPITRE 7

Ce verset pourrait être un ajout proprement paulinien au texte préexistant. Mais la rupture du ton au v. 2, l'analogie du vocabulaire avec 6: 14ss montrent que 7: 1 faisait partie aussi du texte utilisé ici par Paul, à l'exception peut-être de l'un ou l'autre terme.[2]

ταύτας οὖν ἔχοντες τὰς ἐπαγγελίας

La pensée suit ici le mouvement indicatif–impératif. C'est donc ταύτας qui porte l'accent: 'ayant de si grandes promesses…'. L'expression 'avoir des promesses' est stéréotypée (cf. 1 Tim. 4: 8; Héb. 7: 6). Il s'agit, bien sûr, des promesses faites par Dieu dans l'AT et dont il vient d'être question (v. 16ss). L'usage est tout à fait paulinien, mais correspond aussi à l'usage juif.[3]

[1] Cf. E. Lohse, *art.* 'υἱός', *ThWNT*, VIII, p. 360ss et E. Schweizer, *ibid.*, p. 364–95 (p. 392ss).

[2] Nous pensons particulièrement à ἀγαπητοί, terme très paulinien et qui n'est pas sans rappeler le Κορίνθιοι de 6: 11 et le τέκνα de 6: 13. Paul n'hésite pas à l'employer dans l'adresse finale de ses lettres, cf. Rom. 16: 6, 8, 9; Eph. 6: 21.

[3] Cf. Schniewind–Friedrich, *art.* 'ἐπαγγέλλω κ.τ.λ.', *ThWNT*, II (1935), p. 573–83.

καθαρίσωμεν ἑαυτούς... καὶ πνεύματος

Le verbe καθαρίζω ne se trouve que trois fois dans le NT[1] et l'adjectif καθαρός ne joue vraiment un rôle qu'au niveau des pastorales. Μολυσμός est un *hapax* du NT. On a aussi contesté que Paul ait pu employer les termes de σάρξ et πνεῦμα dans un sens anthropologique – désignant deux parties de l'homme – et non pas éthique – désignant deux puissances antithétiques – comme c'est d'ordinaire le cas chez lui. En fait, Paul – ou sa source – reprend essentiellement ici une expression populaire qui ne devait pas offrir, pour lui, de difficulté majeure.[2] Mais il n'est pas impossible non plus, qu'appliquée à la polémique particulière dont notre lettre est l'écho, l'expression ait un relief un peu plus grand (cf. l'emploi de πνεῦμα au chap. 3 et celui de σάρξ en 4: 8ss).

ἐπιτελοῦντες ἁγιωσύνην ἐν φόβῳ θεοῦ

Le verbe ἐπιτελέω, 'achever', 'parfaire', est bien paulinien (7 emplois sur les 10 du NT – dont 3 encore à propos de la collecte en 8: 6 et 11). Il en va de même du substantif ἁγιωσύνη, qui ne se retrouve, dans le NT, qu'en Rom. 1: 4 et 1 Thess. 3: 13. Toutefois, on sait qu'en Rom. 1: 3ss, Paul reprend une formule préexistante. La 'sainteté' a ici un caractère essentiellement éthique (cf. 6: 14ss): l'existence devant le Dieu Saint, 'dans la crainte de Dieu', impose une séparation d'avec les incroyants, etc.[3]

G. LE VERSET 2

Comme les v. 11–13 du chapitre 6, les v. 2–4 du chapitre 7 sont la marque de la fin d'une lettre. Paul fait maintenant l'appli-

[1] 2 Cor. 7: 1; Eph. 5: 26; Tit. 2: 14.
[2] Cf. Windisch; Wendland; E. Schweizer, art. 'σάρξ', *ThWNT*, vii (1964), p. 125; A. Sand, *op. cit.*, p. 146s. Marcion, en particulier, lit αἵματος à la place de πνεύματος, mais la leçon est visiblement influencée par 1 Cor. 15: 50.
[3] Sur le sens et l'enracinement vétéro-testamentaire de l'expression φόβος θεοῦ (κυρίου), cf. *ad* 5: 11. Comme dans tout notre passage, l'appel à Dieu a une portée polémique. R. E. Ker ('Fear or love? A textual note', *ExpTim*, **72** [1961], p. 195s) propose de suivre ici la leçon de P46 et de lire ἀγάπη à la place de φόβος. Ses arguments sont essentiellement dogmatiques.

cation précise de l'exhortation qu'il vient de citer : se séparer de ses adversaires, parfaire la sainteté et agir dans la crainte de Dieu, c'est aussi faire l'effort de lui ouvrir son cœur, de comprendre l'authenticité de ses intentions (χωρήσατε).[1]

Comme en 6 : 12 encore Paul se défend une dernière fois d'avoir fait du tort aux Corinthiens. Il ne s'agit pas tant de suppositions faites par Paul concernant des reproches qu'on pourrait lui adresser (Bachmann) que de l'énoncé d'accusations effectivement portées contre lui. Ainsi, lui a-t-on reproché d'être injuste (ἀδικέω),[2] de corrompre (φθείρω),[3] d'être âpre au gain ou de se croire supérieur (πλεονεκτέω).[4] Paul récuse sans autre (cf. *ad* 5 : 11ss) de telles calomnies.

H. LE VERSET 3

'Ce n'est pas pour vous condamner que je dis cela...'; la pensée s'articule ainsi : 'je ne vous reproche pas de m'avoir fait des reproches ; il nous faut sortir du cercle vicieux des reproches réciproques'.[5] Et Paul, alors, de déclarer une nouvelle fois son affection pour les Corinthiens.

Il faut noter : (1) que le προείρηκα, 'je vous ai *déjà* dit', renvoie, dans l'état actuel du texte, tout naturellement à 6 : 12 (Kümmel). Mais rien n'empêche de penser à 4 : 12 ; 3 : 2 ; 1 : 6 ou à n'importe quelle autre occasion que Paul a pu avoir d'assurer les Corinthiens de son affection (Windisch) ; (2) la coloration polémique du terme καρδία, qui apparaît comme en 6 : 11 : c'est tout au fond de lui-même – et non pas en apparence

---

[1] Χωρέω signifie 'faire de la place'; il faut donc sous-entendre : 'faites-nous de la place dans vos cœurs!' (noter, de plus, l'analogie avec 6 : 12s), à moins de donner ici au verbe le sens de 'comprendre' qu'il a en Mt. 19 : 11–12 (Héring).

[2] Le verbe est très paulinien. Il est difficile de préciser plus la nature de ce reproche ; cf., toutefois, 7 : 12.

[3] Là aussi, même difficulté à donner des précisions. A nouveau (cf. *ad* 4 : 1ss), les reproches étaient réciproques ; cf. 11 : 3.

[4] Il faut surtout renvoyer à 12 : 17s. C'est la collecte qui a pu prêter à telle calomnie. Georgi (*op. cit.*, p. 238) pense que le fait que Paul ne demandait pas d'argent de la part de ses 'enfants en Christ' – à l'inverse de ses adversaires et de la majorité des apôtres – était considéré par ceux-ci comme un manque de confiance (cf. 12 : 13s ; 11 : 28).

[5] Héring et Allo suggèrent la pensée suivante : 'Ce n'est qu'à certains d'entre vous que j'en ai, mais non à la majorité.'

seulement – là où Dieu lui-même est à l'œuvre par son Esprit, que Paul situe son attachement pour ses lecteurs; (3) le couple συναποθανεῖν καὶ συζῆν pourrait bien être la marque du fait que ce qui lie Paul à ses lecteurs, c'est leur commune expérience de la mort et de la résurrection avec (σύν) Christ;[1] mais F. Olivier a montré que l'expression était fréquente en grec et ne marquait que la force d'un sentiment qui lie en particulier un soldat à son chef ou des soldats entre eux.[2] Ces deux interprétations ne s'excluent pas.

I. LE VERSET 4

Paul redit ici une dernière fois: (1) sa confiance dans les Corinthiens, (2) qui sont sa joie et sa consolation dans les épreuves. Il n'est pas nécessaire d'imaginer (avec Prümm et d'autres) que Paul réagit ici aux bonnes nouvelles apportées par Tite (v. 5ss). La confiance, la consolation, la joie qu'il exprime peuvent être l'indice, soit du fait que cette édition de la lettre était adressée à un groupe plus fidèle que d'autres, soit, tout simplement, de la foi, qui est la clef de l'attitude de l'apôtre dans toute cette lettre: il ne doute pas du résultat de l'affaire.

πολλή μοι παρρησία...ὑπὲρ ὑμῶν

On comprend généralement ici παρρησία, dans son acception essentiellement biblique de 'confiance', 'assurance',[3] ce qui correspond bien au contexte, notamment à la seconde proposition. Mais nous avons aussi vu qu'en 3: 12, παρρησία avait son sens classique de parole libre et sans détour et qu'on avait reproché à Paul de n'en avoir pas usé. Il terminerait ici sa lettre en affirmant une nouvelle fois qu'il n'a jamais rien tu ou caché et, qu'en particulier dans les pages qu'il vient d'écrire, il a exposé le fond de sa pensée et de lui-même (cf. 6: 12). On peut même préciser, puisque le temps du verbe n'est pas exprimé: 'en vous affirmant que je suis fier de vous, je suis tout à fait sincère'. Ainsi, la seule chose dont Paul veuille se prévaloir,

[1] Cf. Tannehill, *op. cit.*, p. 93–8 et ad 4: 8–12.
[2] 'ΣΥΝΑΠΟΘΝΗΙΣΚΩ; d'un article de lexique à Saint Paul, 2 Cor. 7: 3', *RThPh*, **17** (1929), p. 103–33; cf. aussi Allo et Héring.
[3] Sur ce terme, cf. *ad* 3: 12.

se glorifier (καύχησις) est la communauté qu'il a fondée. Nous retrouvons donc la même pensée qu'en 3: 1ss (cf. aussi 5: 12s).

πεπλήρωμαι τῇ παρακλήσει... τῇ θλίψει ἡμῶν

Il faut d'abord remarquer que le vocabulaire de cette fin de verset concorde étrangement avec celui de 1: 1 – 2: 13 + 7: 5–16.[1] On pourrait donc y voir la marque du rédacteur ménageant une transition.[2] Mais, en fait, cette phrase est bienvenue à la suite de 7: 4a et à la fin de 2: 14ss; aussi pensonsnous plutôt que c'est parce qu'il trouvait là une phrase susceptible de former transition que le rédacteur a procédé au découpage que nous connaissons. En effet, le lyrisme marqué par les verbes πεπλήρωμαι et ὑπερπερισσεύομαι correspond bien à une fin de lettre; de même l'évocation de la joie et des souffrances (cf., notamment, Gal. 6: 17). Paul termine donc en assurant une dernière fois que c'est dans la faiblesse et les tribulations de l'apôtre que se manifestent – dans l'annonce de l'évangile et dans sa réception par une communauté – la force, la consolation et la joie qui viennent de Dieu.[3]

EN RÉSUMÉ

La présence, si problématique à cet endroit, de 6: 14 – 7: 1 s'explique par le fait que, dans la seconde édition de sa lettre (2: 14 – 6: 2 + 6: 14 – 7: 4) Paul, au lieu de terminer par le rappel de ce qu'est l'apostolat dans la faiblesse (première édition) le fait en lançant un dernier trait polémique: il est fortement déconseillé d'avoir affaire avec les 'faux-apôtres', qualifiés de ἄπιστοι (v. 16 + 17, cf. 4: 4), de suppôts de Satan (v. 15, cf. 4: 4) etc.

[1] Le thème de cette section est justement celui de la consolation. Χαρά et χαίρειν s'y retrouvent neuf fois et sont absents de 2: 14 – 7: 4a, exception faite de 6: 10. Θλῖψις en est encore un thème (lié à la consolation, cf. 1: 4ss), mais se trouve aussi en 4: 8ss et 6: 4. De même, si περισσεύω se trouve en 1: 5, nous l'avons aussi rencontré en 4: 15 et l'expression un peu emphatique de 7: 4b rappelle 4: 7, et surtout 4: 15 et 17.

[2] Il est clair que, pour ceux qui défendent l'unité de l'épître, c'est Paul lui-même qui amorce ici cette transition.

[3] Noter l'article défini τῇ (2 fois), qui indique la nature de la consolation et de la joie de l'apôtre: il s'agit de LA consolation et de LA joie, celles qui ont pour origine Dieu.

Pour cela, Paul recourt à un document judéo-chrétien pré-existant, aux affinités certaines avec les textes de Qumrân et *les Testaments des 12 Patriarches*. La raison de cet emprunt est difficile à préciser: texte connu des lecteurs ou, au contraire (suprême ironie), en vogue chez les faux apôtres? Toujours est-il que Paul en fait une application polémique précise. Il termine ensuite cette seconde édition de sa lettre, de la même manière que la première – quoiqu'un peu moins chaleureuse – en protestant encore une fois de sa bonne foi et en demandant qu'on le paye en retour (7: 2–4). La supposition selon laquelle le chapitre 9 suivait primitivement 7: 4 n'est pas impossible.

CONCLUSION

Ce travail est la mise en œuvre d'une méthode (cf. pp. 1–6). On peut rapidement la qualifier de 'symphonique', tout d'abord parce que nous pensons – avec J. Barr – que ce qui a le pas sur le mot c'est la phrase et, sur la phrase, le contexte plus large qui la porte: ensuite parce qu'il importe, devant la masse de renseignements de tous ordres (philologiques, historiques, etc.) que nous propose actuellement la science, de trouver une *harmonie* entre ces divers renseignements. On a trop souvent l'impression – mais pouvait-il en être autrement? – que dès qu'une découverte nouvelle était faite par une science quelconque touchant de près ou de loin le NT, on s'en emparait pour bâtir une théorie nouvelle sur tel passage, telle épître, telle partie de la pensée de Paul. Le résultat est impressionnant, il n'est pas toujours beau (au sens proprement esthétique).

Limitant notre recherche à 2 Cor. 2: 14 – 7: 4, cette méthode nous a permis d'atteindre quelques conclusions: inédites pour certaines, recoupant des résultats déjà acquis pour d'autres. Nous avons, à la fin de chacun de nos chapitres, donné un résumé des résultats principaux auxquels nous sommes parvenus. Nous regrouperons succinctement quelques uns de ces résultats sous trois têtes de chapitre: le problème de l'unité de l'épître, celui des adversaires de Paul et la structure même de la lettre que Paul leur oppose en 2: 14 – 7: 4.

A. L'UNITÉ DE L'ÉPÎTRE

La deuxième épître de Paul aux Corinthiens est une compilation postérieure de fragments de lettres concernant toutes plus ou moins la même crise. Nous avons donné pp. 8–12 les divers arguments proposés jusqu'ici pour montrer le caractère rédactionnel de l'épître. Quoique, dans l'ensemble, les tenants de l'unité de l'épître y aient trouvé une parade, ces arguments ne manquent pas de poids. Nous pensons pouvoir en ajouter trois à l'issue de ce travail, faisant nettement pencher la balance en faveur de la diversité de l'épître.

(1) Nous avons montré que 2: 14–17 constitue le thème,

l'intitulé de ce qui va être repris et développé jusqu'en 7: 4. De plus, l'action de grâces de 2: 14 fait un fort bon début de lettre.

(2) La ligne même de l'argumentation de 2: 14 – 7: 4, allant de l'énoncé du thème (2: 14ss) à l'appel à la réconciliation (5: 18ss) en passant par la réfutation des théories adverses (3: 1ss) et par l'exposé d'une théorie propre (4: 5ss), est l'indice que ce fragment constituait à l'origine, et pour tout l'essentiel, une lettre indépendante.

(3) Au chapitre 6, enfin, la difficulté réside dans l'explication de la présence à cet endroit précis de l'épître du fragment 6: 14 – 7: 1. L'analyse de 6: 1 – 7: 4 nous a montré que notre lettre a connu deux éditions, semblables quant à tout l'essentiel mais différant quant à la conclusion.

Dans un cas (2: 14 – 6: 13), après l'appel à la réconciliation (5: 18ss), Paul résume de façon un peu lyrique (6: 3–10) son exposé sur le véritable apostolat en produisant une sorte de 'bréviaire du bon apôtre'; puis il appelle, de manière très chaleureuse, ses lecteurs à le payer en retour (6: 11–13).

Dans l'autre cas, il se montre un peu moins chaleureux dans l'appel final (7: 2–4); il fait aussi suivre l'appel à la réconciliation (5: 18ss) par une citation (6: 14 – 7: 1), mais il s'agit cette fois d'un morceau judéo-chrétien à caractère très polémique.

Dans un cas, donc, Paul termine en rappelant ce qu'est un véritable apôtre; dans l'autre, en jetant l'anathème sur ses adversaires, qualifiés une nouvelle fois (cf. 2: 16 et 4: 3) de ἄπιστοι (6: 14). Les deux éditions devaient être ainsi adressées à deux groupes différents: le premier est appelé Κορίνθιοι, τέκνα (6: 11 + 13); les liens du second avec les faux apôtres devaient être plus étroits, mais son identité n'est pas dévoilée (on peut supposer, mais sans plus, qu'il s'agissait d'Achaïens, cf. 1: 1).

Certes, nous n'avons pas réglé tous les problèmes concernant le reste de l'épître. De même, que dire de la personnalité et de l'attitude du rédacteur? Il se pourrait que les chapitres 8 et 9 aient suivi originellement et respectivement l'une ou l'autre des deux éditions sus-citées. Mais, alors, pourquoi avoir intercalé 7: 5–16 entre 7: 4 (ou 6: 13) et 8: 1? Toujours est-il que l'attitude de ce rédacteur a été suffisamment respectueuse et discrète pour que nous n'ayons pas remarqué sa main dans tout notre passage, si ce n'est au chapitre 6. Or, même là, il ne s'est pas cru autorisé à choisir l'une ou l'autre des versions qu'il avait sous les yeux: il les a tout simplement juxtaposées.

Enfin, il nous faut terminer sur ce point en précisant que l'ensemble des fragments recueillis par notre rédacteur a trait à la même crise, distincte de celle dont 1 Corinthiens est l'objet. Mais c'est déjà aborder le problème des adversaires de Paul.

B. LES ADVERSAIRES

Est-il important d'essayer de percer à jour la personnalité des adversaires de Paul pour la compréhension de notre passage? Nous en sommes convaincus. En effet, notre lettre n'est pas un produit soigneusement élaboré dans l'ombre d'un cabinet de travail et destiné à passer à la postérité: Paul n'a écrit que parce que la situation l'y contraignait. C'est pourquoi il importe de connaître cette situation.

De même, les difficultés et les obscurités de notre lettre proviennent de ce que Paul répond à une situation très précise et concrète, claire à ses yeux et à ceux de ses correspondants, cachée aux nôtres. On a souvent mis au compte de la psychologie particulière de l'apôtre ou au compte du fait qu'il était plus homme d'action que 'penseur' ces obscurités et ces difficultés. Nous pensons que ce n'est pas là qu'il faut en chercher la cause – sans être un 'universitaire', Paul savait ce qu'il disait – mais dans les aléas de toute situation historique et humaine concrète. C'est dans la nature de la querelle qui opposait l'apôtre à ses adversaires qu'il faut chercher la clef des énigmes que présente notre lettre.

Cela est d'autant plus légitime que le polémique est loin d'être absente de notre passage. On a l'habitude de la déceler surtout dans les quatre derniers chapitres de l'épître, et cela n'est pas injustifié; mais nous avons montré que Paul appelle, dans notre passage, ses adversaires ἀπολλύμενοι (2: 15 et 4: 3), ἄπιστοι (4: 4; 6: 14) et qu'il les accuse de ne dépendre que 'du dieu de ce siècle' (4: 4). Il nous a donc fallu préciser l'identité de ces adversaires. Dans notre introduction (pp. 15–20) nous avons donné les différentes théories les concernant. Quoique l'étude de D. Georgi (cf. pp. 18–20) porte essentiellement sur les chapitres 10–13 et que, pour ce qui est du chapitre 3 et de 5: 1–10, notre analyse diffère notablement (dans le dernier cas totalement) de la sienne, nous rejoignons curieusement l'ensemble de ses conclusions. Nous ne pouvons donc que renvoyer à son ouvrage:

pour l'étude des chapitres 10–13

pour ce qui touche à la mission chrétienne primitive dans le milieu religieux ambiant du premier siècle.

(1) Les 'faux apôtres' et Moïse

Les adversaires de Paul étaient des apôtres – ou du moins se faisaient passer pour tels – au type d'action totalement opposé à celui de Paul, dont ils mettaient le caractère apostolique en cause. Cela ressort non seulement de la manière dont Paul les désigne en 10–13 – et qu'a fort bien analysée D. Georgi – mais aussi de ce que, manifestement, 2: 14 – 7: 4 est la présentation et la défense d'une manière de vivre l'apostolat, et cela en opposition avec une autre manière de le vivre. Cette manière se présentait comme une φανέρωσις de la divinité (cf. 2: 14 et 4: 2).

Ces apôtres étaient des judéo-chrétiens pour qui la Loi et la figure de Moïse avaient une très grande importance (cf. 3: 1ss). Ils trouvaient même en ce dernier un brillant 'patron', car, à l'instar de la plupart des prédicateurs itinérants de l'époque, ces apôtres se présentaient comme des θεῖοι ἄνδρες, représentants de la divinité. Or Moïse, descendant du Sinaï le visage rayonnant de gloire, n'était-il pas le type même du θεῖος ἀνήρ au visage illuminé par l'extase?

En effet, l'épisode d'Exod. 34: 30 n'est pas autrement mentionné dans la littérature de l'époque, mais, comme nous l'avons montré p. 69ss, Moïse y est souvent présenté comme le θεῖος ἀνήρ par excellence. De plus, l'illumination du visage est, dans le domaine de l'histoire des religions, une allusion claire à l'extase. Voilà pourquoi Paul parle de cet épisode de l'AT en 3: 7; voilà pourquoi le thème de l'ancienne alliance surgit à partir de 3: 3. De même, on comprend ainsi l'insistance de Paul à opposer au chapitre 3 et en 5: 12 πρόσωπον et καρδία: ce qui se passe en surface sur les visages (lors d'une extase étonnant la foule) à ce qui se passe en profondeur dans les cœurs sous la poussée de l'Esprit.

(2) Les faux apôtres et Paul

La différence entre Paul et ses adversaires est capitale: l'un présente un apostolat dans la faiblesse, les autres dans la gloire. Si bien que ces derniers accusent Paul de manquer de παρρησία (cf. *ad* 3: 12 et 4: 1ss) et de présenter 'un évangile voilé' (4: 3). En effet, le fait qu'à partir de 3: 13 Paul se mette à parler du voile de Moïse et non plus de son visage, la démonstration exégétique qui suit (3: 14–18), la réapparition du terme κεκαλυμμένον en 4: 3, ne s'expliquent que dans l'hypothèse où les adversaires, ne pouvant concevoir de définition de l'action apostolique qu'en fonction de Moïse, ont ironisé sur l'apostolat dans la faiblesse présenté par Paul: 'Lui, disaient-ils, ce qui l'inspire ce n'est pas le visage rayonnant de Moïse, mais son visage voilé; son évangile est voilé!' D'où l'insistance de Paul à préciser que dans l'alliance nouvelle on n'a que faire de Moïse, de l'éclat de son visage ou de son voile.

(3) Quelques points de doctrine

L'opposition de l'apostolat dans la faiblesse et de l'apostolat dans la gloire repose sur un certain nombre de présupposés doctrinaux que laisse entrevoir notre lettre:

(a) La relation Dieu–homme. Pour les faux apôtres, se faire valoir en tant que représentants de Dieu, c'est faire valoir Dieu lui-même; pour Paul, tout ce qu'on met au compte de l'homme, on l'enlève à Dieu: Ἔχομεν δὲ τὸν θησαυρὸν τοῦτον ἐν ὀστρακίνοις σκεύεσιν, ἵνα ἡ ὑπερβολὴ τῆς δυνάμεως ᾖ τοῦ θεοῦ καὶ μὴ ἐξ ἡμῶν (4: 7).

(b) La notion du temps et de l'histoire. Les adversaires de Paul ne voient pas qu'il y a une histoire du salut, un cheminement qui aboutit à la gloire finale et sur lequel la croix marque un point au-delà duquel on ne peut revenir. Ils prennent ainsi pour modèle Moïse, appartenant à une alliance périmée (3: 7); ils se réfèrent à un système de valeurs n'ayant plus cours dans l'économie nouvelle: celui du succès auprès des hommes, de la 'gloriole' et du prestige (cf. 5: 12). Ils ne comprennent pas plus qu'il y a un cheminement entre la situation actuelle du chrétien 'loin du Seigneur' (5: 6) et la gloire à venir. C'est ce que montre l'analyse du terme δόξα aux chapitres 3 et 4: essentiellement future pour Paul, elle se manifeste dans le présent des expériences extatiques et des prodiges des faux apôtres. Tel est aussi le point central de 4: 16 – 5: 10: séparé encore de la pleine présence du Seigneur, qu'il a pourtant déjà 'vêtu' au baptême, le lot du chrétien ici-bas est à la fois de souffrir et d'espérer (στενάζω), de ne pas perdre courage (θαρρέω).

(c) Le fondement de la croix. Si Paul combat si violemment ses adversaires, c'est qu'il est convaincu que leur message n'a rien de chrétien, car il étouffe le caractère scandaleux de la croix qui inaugure un système de valeurs nouveau. La croix a inauguré une ère nouvelle où ce qui compte n'est pas l'appa-rence, mais une rénovation profonde des motivations éthiques sous la poussée de l'Esprit (3: 18; 5: 12). L'apparence, elle, ne saurait être que celle du Christ 'livré' (4: 11), afin que toute gloire revienne à Dieu seul. D'où les formules ἐν Χριστῷ qui reviennent en 2: 14–17; 3: 14; 5: 19 et l'évocation des souf-frances de l'apôtre liées au nom de 'Ιησοῦς (4: 8ss). Face à la théologie syncrétiste de ses adversaires, Paul se veut rigoureuse-ment christocentrique, comme le montre encore le sommet de l'argumentation que représente 5: 1 (cf. 5: 16).

(4) Les faux apôtres et le corps apostolique

Nous ne voulons pas ici discuter le thème si controversé de l'origine de l'apostolat. Toutefois, notre exégèse apporte, croyons-nous, un appui certain aux thèses – notamment étayées par D. Georgi – admettant l'existence d'une mission judéo-chrétienne conçue sur le modèle de la propagande païenne de l'époque et présentant l'apôtre comme un θεῖος ἀνήρ. Que l'entreprise des adversaires de Paul en 2 Corinthiens ait été un tant soit peu structurée, c'est ce que montre le système des lettres de recommandations dont fait état 3: 1.

Il serait pourtant injuste de croire que Paul faisait, face à ces gens, figure de cavalier seul – malgré ses affirmations de se recommander directement de Dieu (3: 1; 4: 2; 5: 11). En effet, ce qui frappe dans notre passage, c'est le nombre de références à la tradition. Ainsi, en 3: 7ss, il rappelle à ses lecteurs leur enseignement catéchétique sur la Loi; le concept d'alliance nouvelle (3: 6) n'est pas sa création; des formules liturgiques surgissent sous sa plume en 3: 18; 4: 4–6; 5: 14; en 5: 19 il cite un fragment de cantique, en 5: 21 une formule lapidaire résumant le sens de l'acte christique; enfin, il termine les deux éditions de sa lettre en empruntant des textes préexistants. On peut certainement se poser la question de la nature de cette tradition: son auteur ne pourrait en être personne d'autre que Paul lui-même. Certes, les textes que nous venons de citer portent très nettement une griffe paulinienne, mais il en est un qui atteste au moins la profondeur et l'ancienneté de cette tradition: 5: 1 faisant allusion à la parole du Christ rapportée en Marc 14: 58. Paul n'a pas inventé le christianisme (cf. encore 4: 5).

C. LA RÉPONSE DE PAUL: STRUCTURE DE 2: 14 – 7: 4

Nous serons ici très bref, ne faisant que donner un plan sommaire; pour plus de détails nous renvoyons à nouveau aux résumés terminant chaque chapitre et, bien sûr, à l'exégèse elle-même.

2: 14–17 présentent de façon polémique *le thème* de la lettre: le véritable apostolat a une apparence de faiblesse, est sans éclat.

(1) Réfutations des théories adverses (3: 1 – 4: 4)

La pratique des lettres de recommandation est inutile (3: 1s), Moïse est un mauvais 'patron' car le chrétien vit dans une ère nouvelle, sans rapports (ou presque) avec l'ancienne alliance, et où le moteur de l'action est, non pas l'apparence, mais la rénovation des cœurs par l'Esprit (3: 6–11). De même, les adversaires comprennent mal le texte biblique lorsqu'ils pensent que Paul pourrait l'interpréter dans le sens d'un 'voilement' de la prédication apostolique; le seul sens de ce texte est l'incitation à se tourner vers Dieu, c'est-à-dire justement vers l'Esprit (3: 12–18). En 4: 1–4 Paul reprend différentes de ces accusations portées contre lui.

(2) Exposé et fondement de l'apostolat dans la faiblesse (4: 5 – 5: 10)

L'apôtre ne peut prendre que la forme d'un serviteur parce qu'un seul est Seigneur (4: 5) et que Dieu a dit que c'est des ténèbres que luira la lumière (4: 6). Dès lors, Paul va s'efforcer de montrer, sous de multiples aspects, que la vie apostolique a deux composantes: la souffrance, mais aussi l'espérance. Ces deux thèmes apparaissent tout au long de 4: 7ss et culminent dans 5: 1–10. Le fondement d'une telle attitude, en apparence contradictoire, est christologique ('Ιησοῦς en 4: 10ss; σὺν 'Ιησοῦ en 4: 15; métaphore de l'édifice et du vêtement en 5: 1ss).

(3) Appel aux Corinthiens à revenir à Paul
et à Dieu (5: 11 – 6: 13 et 5: 11 – 6: 2 + 6: 14 – 7: 4)

Les théories adverses étant réfutées et la sienne propre exposée, Paul invite ses lecteurs à le bien juger 'dans leurs consciences' (5: 11–13). D'ailleurs, la croix n'a pas seulement rendu caduque l'alliance de Moïse, elle offre un 'maintenant' renouvelé, faisant des querelles passées du passé (5: 14–17). C'est pourquoi – vivant du message de la réconciliation – les Corinthiens sont appelés à se réconcilier avec Dieu et avec son apôtre (5: 18 – 6: 2). Chaque édition de la lettre se termine alors différemment: l'une par la citation du 'bréviaire du bon apôtre', recouvrant bien la situation apostolique telle que Paul l'a exposée (6: 3–10); l'autre par celle d'un fragment déconseillant formellement les compromis avec les 'incroyants', en l'occurrence avec les adversaires de Paul (6: 14 – 7: 1). Les deux éditions se terminent par un appel aux lecteurs à être payé en retour (6: 11–13 et 7: 2–4).

BIBLIOGRAPHIE

I. INSTRUMENTS DE TRAVAIL

BAILLY, M. A., *Dictionnaire grec–français*, Paris, 13° éd., 1929

BAUER, W., *Griechisch–deutsches Wörterbuch zu den Schriften des NT und der übrigen urchristlichen Literatur*, 5° éd., Berlin, 1958

BLASS, F., *Grammatik des neutestamentlichen Griechisch, bearbeitet von A. Debrunner, 12. Auflage mit einem Ergänzungsheft von D. Tabachowitz*, Göttingen, 1965

MORGENTHALER, R., *Statistik des neutestamentlichen Wortschatzes*, Zurich–Francfort, 1958

Novum Testamentum graece cum apparatu critico curavit E. Nestle, 24° éd. par K. Aland, Stuttgart, 1960

SCHMOLLER, A., *Concordantiae Novi Testamenti graeci*, Stuttgart, 12° éd., 1960

Septuaginta id est Vetus Testamentum graece iuxta LXX interpretes, edidit A. RAHLFS, 8° éd., Stuttgart, 1935

STRACK, H. L. et BILLERBECK, P., *Kommentar zum NT aus Talmud und Midrasch, 3. Band: Die Briefe des NT und die Offenbarung Johannis*. 1° éd., Munich, 1926

Theologisches Wörterbuch zum NT, begr. von G. Kittel, hgg. von G. Friedrich, Stuttgart, 1933ss

II. COMMENTAIRES DE LA DEUXIÈME ÉPÎTRE AUX CORINTHIENS

ALLO, E. B., *Seconde Epître aux Corinthiens*[2], Paris, 1956 (Etudes Bibliques)

BACHMANN, P., *Der Zweite Brief des Paulus an die Korinther*, Leipzig, 1909 (Theologischer Handkommentar zum NT)

CALVIN, J., *Commentaires sur le NT*, impression parue chez Meyrueis, Paris, 1853

FILSON, F. V., *The 2nd epistle to the Corinthians*, in *The Interpreter's Bible*, x, New York, 1953

GODET, G., *La seconde Epître aux Corinthiens* (commentaire publié par P. Comtesse et Fils), Neuchâtel, 1914

HÉRING, J., *La seconde épître de St Paul aux Corinthiens*, Neuchâtel–Paris, 1958 (*CNT*)

HUGHES, P. E., *Paul's Second Epistle to the Corinthians*, Londres, 1962 (The New London Commentary)

KÜMMEL, W. G., cf. Lietzmann

LIETZMANN, H., *An die Korinther I–II*, 4. *von Dr. W. G. Kümmel ergänzte Auflage*, Tübingen, 1949 (Handbuch zum NT)

OSTY, E., *Deuxième Epître aux Corinthiens*, 4º éd., Paris, 1964 (*La sainte Bible traduite en français sous la direction de l'Ecole Biblique de Jérusalem*)

PLUMMER, A., *A Critical and Exegetical Commentary on the Second Epistle of St Paul to the Corinthians*, Edimbourg, 1915 (The International Critical Commentary)

PRÜMM, K., *Diakonia Pneumatos* (*Der Zweite Korintherbrief als Zugang zur apostolischen Botschaft. Auslegung und Theologie*), Rome–Fribourg–Vienne

I. *Theologische Auslegung des Zweiten Korintherbriefes*, 1967
II. *Theologie des Zweiten Korintherbriefes*
   1. *Apostolat und christliche Wirklichkeit; Theologie des ersten Briefteils* (*Kap. 1–7*), 1960
   2. *Das christliche Werk. Die apostolische Macht; Theologie des 2. und 3. Briefteils* (*Kap. 8–13*), *Quellenfragen. Auswertung und Religionsgeschichtliche Sicherung*, 1962

SCHLATTER, A., *Paulus der Bote Jesu. Eine Deutung seiner Briefe an die Korinther*, 3º éd., Stuttgart, 1962 (1º éd. 1934)

SPICQ, C., *La seconde épître aux Corinthiens*, Paris, 1948 (*La Sainte Bible, traduite et annotée sous la direction de L. Pirot et A. Clamer*)

STRACHAN, R. H., *The Second Epistle of Paul to the Corinthians*, Londres, 1935 (The Moffatt NT Commentary)

TASKER, R. V. G., *The second Epistle of Paul to the Corinthians* (*An Introduction and Commentary*), Londres, 1958 (The Tyndale NT Commentaries)

WALTER, E., *Der zweite Brief an die Korinther*, Düsseldorf, 1964 (Die Welt der Bibel)

WENDLAND, H. D., *Die Briefe an die Korinther*, 10º éd., Göttingen, 1964 (Das NT Deutsch)

WINDISCH, H., *Der zweite Korintherbrief*, 9º éd., Göttingen 1924 (Kritisch-exegetischer Kommentar über das NT begr. A. W. Meyer)

III. AUTRES OUVRAGES ET ARTICLES CITÉS

AALEN, S., *Die Begriffe 'Licht' und 'Finsternis' im AT, im Spätjudentum und im Rabbinismus*, Oslo, 1951

ALAND, K., 'Glosse, Interpolation, Redaktion und Komposition in der Sicht der nt Textkritik. Eine Randbemerkung', in *Apophoreta* (*Festschrift E. Haenchen*), Berlin, 1964, p. 7–31

ALLMEN, D. VON, 'Réconciliation du monde et christologie cosmique',
RHPR, **1**, 1968, p. 32–45

AMSLER, S., *L'Ancien Testament dans l'Eglise*, Neuchâtel, 1960

AUDET, J. P., 'Esquisse historique du genre littéraire de la "bénédiction" juive et de "l'eucharistie" chrétienne', *RB*, **65**, 1958,
p. 371–99

BAIRD, W., 'Letters of recommendation. A study of 2 Cor. 3: 1–3',
JBL, **80**, 1961, p. 166–72

BARR, J., *The semantics of biblical language*, Oxford, 1961

BARRETT, C. K., 'Cephas and Corinth', in *Abraham unser Vater.
Festschrift O. Michel*, Leiden–Köln, 1963, p. 1–12.

BARTELINK, G. J. M., 'Θεοκάπηλος et ses synonymes chez Isidore de
Péluse', *Vigiliae Christianae*, **12**, 1958, p. 227–31

BATES, W. H., 'The integrity of II Corinthians', *NTS*, **12**, 1965–6,
p. 56–69

BATEY, R., 'Paul's interaction with the Corinthians', *JBL*, 1965,
p. 139–46

BEHM, *art.* 'διαθήκη', *ThWNT*, II, 1935, p. 127–37
  art. 'καρδία', *ThWNT*, III, 1938, p. 609–16
  art. 'νοέω', *ThWNT*, IV, 1942, p. 947–1016
  art. 'μορφή...', *ThWNT*, IV, 1942, p. 750–67
  art. 'ἔσω', *ThWNT*, II, 1935, p. 696
  art. 'ἀρραβών', *ThWNT*, I, 1933, p. 474

BENOIT, A., *Le baptême chrétien au second siècle*, Paris, 1954

BENOIT, P., 'Qumrân et le NT', *NTS*, **7**, 1960–1, p. 276–96

BERRY, R., 'Death and Life in Christ. The meaning of 2 Cor.
5: 1–10', *ScJTh*, 1961, p. 60–76

BERTRAM, *art.* 'κατεργάζομαι', *ThWNT*, III, 1938, p. 635–7
  art. 'στενός, στενοχωρία...', *ThWNT*, VII, 1964, p. 604–8

BETZ, H. D., *Nachfolge und Nachahmung Jesu Christi im NT*, Tübingen,
1967

BEYER, *art.* 'διακονέω κ.τ.λ.', *ThWNT*, II, 1935, p. 81–93

BIEDER, W., 'Paulus und seine Gegner in Korinth', *ThZ*, **17**, 1961,
p. 319–33

BIELER, L., ΘΕΙΟΣ ΑΝΗΡ. *Das Bild des 'Göttlichen Menschen' in
Spätantike und Frühchristentum*, I et II, Vienne, 1935s

BLOCH, R., 'Quelques aspects de la figure de Moïse dans la tradition
rabbinique', in *Moïse, l'homme de l'alliance*, Paris, 1955, p. 93–167

BONNARD, P., *L'épître de Saint Paul aux Philippiens*, *CNT*, 1950
  'Mourir et vivre avec J.C. selon St Paul', *RHPR*, 1956, p. 101–12
  'Création et nouvelle création', *Foi et Vie*, **58**, 1959, p. 19–32
  'La justice de Dieu et l'histoire. Remarques exégétiques sur une
controverse récente', *EThR*, 1968, p. 61–8

'L'intelligence chez Saint Paul', in *L'Evangile hier et aujourd'hui* (*Mélanges F. J. Leenhardt*), Genève, 1968, p. 13–24

'L'Eglise, corps du Christ, dans le paulinisme', *EThPh*, 1958, p. 268–82

BONSIRVEN, J., *Exégèse rabbinique et exégèse paulinienne*, Paris, 1939
L'Evangile de Paul, Paris, 1948

BORNKAMM, G., *art.* 'πρέσβυς κ.τ.λ.', *ThWNT*, VI, 1959, p. 651–83
Die Vorgeschichte des sogennanten 2. Korintherbriefes, Heidelberg, 1961
'The history of the origin of the so-called second letter to the Corinthians', in *The authorship and integrity of the NT*, S.P.C.K. Theological Collections 4, Londres, 1965, p. 73–81

BOUTTIER, M., *En Christ. Etude d'exégèse et de théologie pauliniennes*, Paris, 1962
La condition chrétienne selon Saint Paul, Genève, 1964

BRUN, L., 'Zur Auslegung von 2 Kor. 5: 1–10', *ZNW*, 1929, p. 207–29

BRUNOT, A., *Le génie littéraire de Saint Paul*, Paris, 1955

BÜCHSEL, *art.* 'εἰλικρινής, εἰλικρίνεια', *ThWNT*, II, 1935, p. 396
art. 'κρίνω, κρίσις...', *ThWNT*, III, 1938, p. 920–55

BUCK, C. H. 'The collection for the Saints', *HThR*, 1950, p. 1–29

BULTMANN, R., *Das Evangelium des Johannes*, Göttingen, 1941
Exegetische Probleme des 2. Korintherbriefes, Upsala, 1947
Theologie des NT[5], Tübingen, 1965
art. 'γινώσκω, γνῶσις', *ThWNT*, I, 1933, p. 688–719
art. 'θάνατος', *ThWNT*, II, 1935, p. 8–25
art. 'ἐλπίς', *ThWNT*, II, 1935, p. 515–31
art. 'ʒάω', *ThWNT*, II, 1935, p. 862–75
art. 'καυχάομαι, καύχημα...', *ThWNT*, III, 1938, p. 646–54
art. 'νεκρός', *ThWNT*, IV, 1942, p. 896–9
art. 'πείθω κ.τ.λ.', *ThWNT*, VI, 1959, p. 1–12
art. 'πιστεύω, πίστις...', *ThWNT*, VI, 1959, p. 193–229
'ΔΙΚΑΙΟΣΥΝΗ ΘΕΟΥ', *JBL*, **83**, 1964, p. 12–16

BURGELIN, P., 'Exégèse et herméneutique', in *L'Evangile hier et aujourd'hui* (*Mélanges F. J. Leenhardt*), Genève, 1968, p. 163–7

CAMBIER, J., 'Introduction à 2 Corinthiens', in *Introduction à la Bible* (*sous la direction de A. Robert et A. Feuillet*), II, NT, 2° éd., Tournai, 1959, p. 437–50
'La liberté chrétienne selon l'apôtre Paul', in *Studia Evangelica*, ed. F. L. Cross (*Texte und Untersuchungen* **87**), Berlin, 1964, p. 315–53
'Connaissance charnelle et spirituelle du Christ dans 2 Cor. 5: 16', in *Littérature et théologie pauliniennes*, Bruges, 1960, p. 72–92

CARREZ, M., *De la souffrance à la gloire. De la ΔΟΞΑ dans la pensée paulinienne*, Neuchâtel, 1964

CERFAUX, L., *Le Christ dans la théologie de Saint Paul²*, Paris, 1954
Le chrétien dans la théologie paulinienne, Paris, 1962
Recueil L. Cerfaux, I et II, Gembloux, 1954
CHEVALLIER, M. A., *L'Esprit et le Messie dans le bas-judaïsme et le NT*, Paris, 1958
Esprit de Dieu, paroles d'hommes. Le rôle de l'esprit dans les ministères de la parole selon l'apôtre Paul, Neuchâtel, 1966
CONGAR, Y., *Le mystère du Temple*, 2° éd., Paris, 1963
CONZELMANN, H., *Grundriss der Theologie des NT*, Munich, 1968
art. 'σκότος', *ThWNT*, VII, 1964, p. 424–46
COTHENET, E., *art.* 'parfums', in *Dictionnaire de la Bible. Supplément publié sous la direction de L. Pirot*, tome VI, Paris, 1960, col. 1291–1331
CULLMANN, O., *Christ et le temps. Temps et histoire dans le christianisme primitif*, 2° éd., Paris, 1957
Christologie du NT, Paris, 1958
La foi et le culte de l'Eglise primitive, Neuchâtel, 1963
'La délivrance anticipée du corps humain d'après le NT', in *Hommage et Reconnaissance (publié à l'occasion du 60ᵉ anniversaire de K. Barth)*, Neuchâtel, 1946, p. 31–40
DANIEL, C., 'Une mention paulinienne des Esséniens de Qumrân', *RQ*, **20**, 1966, p. 553–67
DAVIES, W. A., *Paul and rabbinic Judaism. Some rabbinic elements in the Pauline theology*, Londres, 1948
DELLING, G., *Worship in the NT*, Londres, 1962
'Der Tod Jesu in der Verkündigung des Paulus', in *Apophoreta. Festschrift für E. Haenchen (zu seinem 70. Geburtstag)*. Berlin, 1964, p. 85–96
art. 'θριαμβεύω', *ThWNT*, III, 1938, p. 159–60
art. 'ὀσμή', *ThWNT*, V, 1954, p. 492–5
DÉMAN, P., 'Moïse et la loi dans la pensée de St Paul', in *Moïse, l'homme de l'alliance*, Paris, 1955, p. 189–242
DENIS, A. M., 'La fonction apostolique et la liturgie nouvelle en Esprit. Etude thématique des métaphores pauliniennes du culte nouveau', *RScPhTh*, **42**, 1958, p. 401–36 et p. 617–56
DIDIER, G., *Désintéressement du chrétien. La rétribution dans la morale de Saint Paul*, 1955 (Aubier)
DINKLER, E., *art.* 'Korintherbriefe', *RGG³*, tome IV, 1960, col. 17ss
DOBSCHÜTZ, E. VON, 'Wir und Ich bei Paulus', *ZfSTh*, **10**, 1933, p. 251–77
DUMERMUTH, F., 'Moses strahlendes Gesicht', *ThZ*, **17**, 1961, p. 241–8
DUPONT, J. ΣΥΝ ΧΡΙΣΤΩΙ. *L'union avec le Christ suivant St Paul. 1ᵉʳᵉ partie: 'avec le Christ' dans le vie future*, Bruges, 1952

Gnosis. La connaissance religieuse dans les épîtres de St Paul, Louvain–Paris, 1949

'Le chrétien, miroir de la grâce divine, d'après 2 Cor. 3: 18', *RB*, **56**, 1949, p. 392–411

La réconciliation dans la théologie de St Paul, Bruges–Paris, 1953

EBELING, E., *art.* 'Geist und Buchstabe', *RGG³*, tome II, col. 1290–6

ELLIS, E. E., *Paul's use of the OT*, Edimbourg–Londres, 1957

'2 Cor. 5: 1–10 in Pauline eschatology', *NTS*, **6**, 1959–60, p. 211–24

ELLUL, J., 'Notes innocentes sur la "Question herméneutique"', in *L'Evangile hier et aujourd'hui (Mélanges F. J. Leenhardt)*, Genève, 1968, p. 181–90

ELTESTER, F. W., *Eikon im NT*, Berlin, 1958

ESCHLIMANN, J. A., 'La rédaction des épîtres pauliniennes d'après une comparaison avec les lettres profanes de son temps', *RB*, **53**, 1946, p. 185–96

FASCHER, E., 'Theologische Beobachtungen zu δεῖ', in *Neutestamentliche Studien für R. Bultmann*, Berlin, 1954, p. 228–54

FEINE–BEHM, *Einleitung in das NT. 12. Auflage von W. G. Kümmel*, Heidelberg, 1963

FESTUGIÈRE, A. M., 'ΥΠΟΜΟΝΗ dans la tradition grecque', *RScR*, **21**, 1931, p. 477–86

FEUILLET, A., 'La demeure céleste et la destinée des chrétiens. Exégèse de 2 Cor. 5: 1–10 et contribution à l'étude des fondements de l'eschatologie paulinienne', *RScR*, 1956, p. 161–92 et p. 360–402

Le Christ, Sagesse de Dieu, d'après les épîtres pauliniennes, Paris, 1966

FITZER, G., 'Der Ort der Versöhnung nach Paulus. Zu der Frage des "Sühnopfers Jesu"', *ThZ*, **22**, 1966, p. 161–83

FITZMYER, J. A., 'Qumrân and the interpolated paragraph in 2 Cor. 6: 14 – 7: 1', *CBQ*, **23**, 1961, p. 271–80

FOERSTER, W., *art.* 'ἀρέσκω', *ThWNT*, I, 1933, p. 456–7

art. 'Βελιάρ', *ThWNT*, I, 1933, p. 606

art. 'Ἰησοῦς', *ThWNT*, III, 1938, p. 284–94

et FOHRER, G., *art.* 'σώζω, σωτηρία', *ThWNT*, VII, 1964, p. 966–1004

FRIEDRICH, G., *Amt und Lebensführung. Eine Auslegung von 2 Cor. 6: 1–10*, Neukirchen–Vluyn, 1963

'Die Gegner des Paulus im 2. Korintherbrief', in *Abraham unser Vater. Festschrift für O. Michel zum 60. Geburtstag*, her. O. Betz, Leiden–Köln, 1963, p. 181–215

art. 'εὐαγγελίζομαι, εὐαγγέλιον', *ThWNT*, II, 1935, p. 705–35

art. 'κῆρυξ, κηρύσσω', *ThWNT*, III, 1938, p. 682–717

ENIGMES DE 2 CORINTHIENS

FUCHS, *art.* 'σκοπός, σκοπέω...', *ThWNT*, VII, 1964, p. 415–19
FÜRST, W., '2 Korinther 5: 11–21, Auslegung und Meditation', *EvTh*, **28**, 1968, p. 221–38
GÄRTNER, B., *The Temple and the Community in Qumrân and the NT. A comparative study in the Temple symbolism of the Qumrân texts and the NT*, Cambridge, 1965
GEORGI, D., *Die Gegner des Paulus im 2. Korintherbrief. Studien zur religiösen Propaganda in der Spätantike*, Neukirchen–Vluyn, 1964
GERHARDSSON, B., *Memory and Manuscript*, Copenhagen, 1964
GERRITZEN, F., 'Le sens et l'origine de l'EN XPIΣTΩI paulinien', *Studiorum Paulinorum*, II, p. 323–31
GNILKA, J., '2 Kor. 6: 14 – 7: 1 im Lichte der Qumranschriften und der Zwölf-Patriarchen-Testamente', in *Neutestamentliche Aufsätze (Festschrift J. Schmid)*, Regensburg, 1963, p. 86–99
GOGUEL, M., *Introduction au NT*, IV, 2, Paris, 1926
'Les épîtres pauliniennes d'après M. Loisy', *RHPR*, 1936, p. 508–17
Le jugement dans le NT, Bulletin de la Faculté libre de théologie protestante de Paris, 1943
GOPPELT, L., *Les origines de l'Eglise. Christianisme et judaïsme aux deux premiers siècles*, Paris, 1964
'Versöhnung durch Christus', in *Christologie und Ethik*, Göttingen, 1968, p. 147–64
GRAILLOT, H., *art.* 'velamen, velamentum', in *Dictionnaire des Antiquités grecques et romaines (Daremberg–Saglio)*, tome V, 1963
GRANT, R. M., *A historical introduction to the NT*, Londres, 1963
GREEVEN, *art.* 'δέομαι, δέησις', *ThWNT*, II, 1938, p. 39–41
GRUNDMANN, W., *art.* 'ἀγαθός...', *ThWNT*, I, 1933, p. 10–16
art. 'ἀναγκάζω', *ibid.*, p. 447–50
art. 'δεῖ, δέον ἐστί', *ThWNT*, II, 1935, p. 21–5
art. 'δῆμος', *ThWNT*, II, 1935, p. 62–5
art. 'δύναμαι, δύναμις', *ThWNT*, II, 1935, p. 286–318
art. 'θαρρέω', *ThWNT*, III, 1938, p. 25–7
art. 'σύν, μετά mit Genitiv', *ThWNT*, VII, 1964, p. 766–98
'Die Übermacht der Gnade. Eine Studie zur Theologie des Paulus', *NovTest*, II, 1958, p. 51–72
'Überlieferung und Eigenaussage im eschatologischen Denken des Apostels Paulus', *NTS*, **8**, 1961–2, p. 12–26
GUTHRIE, D, *NT Introduction. The Pauline epistles*, Londres, 1961
GÜTTGEMANNS, E., *Der leidende Apostel und sein Herr. Studien zur paulinischen Christologie*, Göttingen, 1966
HAHN, F., *Christologische Hoheitstitel*, Göttingen, 1963

HARNACK, A. VON, 'Κόπος (κοπιᾶν, οἱ κοπιῶντες) im früh-christlichen Sprachgebrauch', *ZNW*, 1928, p. 1–10

HARRISON, J., 'Saint Paul's letters to the Corinthians', *ExpTim*, **77**, 1965–6, p. 285s

HARRISVILLE, R. A., 'The concept of Newness in the NT', *JBL*, LXXIV, 1955, p. 69–79

HAUCK, *art.* 'θησαυρός', *ThWNT*, III, 1938, p. 138
art. 'κοινωνός...', *ibid.*, p. 798–810
art. 'κόπος, κοπιάω', *ibid.*, p. 827–9

HAULOTTE, E., *La symbolique du vêtement selon la Bible*, Paris, 1966

HEILAND, *art.* 'λογίζομαι, λογισμός', *ThWNT*, IV, 1942, p. 287–95

HEISE, J., '*Bleiben*' – '*Menein*' *in den johanneischen Schriften*, Tübingen, 1967

HÉRING, J., 'Entre la mort et la résurrection', *RHPR*, 1960, p. 338–48

HERMANN, I., *Kyrios und Pneuma. Studien zur Christologie der paulinischen Hauptbriefe*, Munich, 1961

HERNTRICH, *art.* 'κρίνω...', *ThWNT*, III, 1938, p. 920–56

HETTLINGER, '2 Cor. 5: 1–10', *ScJTh*, **10**, 1957, p. 174–94

HILL, D., *Greek words and Hebrew meanings. Studies of soteriological terms*, Cambridge, 1967

HILL, E., 'The construction of three passages from St Paul', *CBQ*, **23**, 1961, p. 296–301

HOFFMANN, P., *Die Toten in Christus. Eine religionsgeschichtliche und exegetische Untersuchung zur paulinischen Eschatologie*, Munster, 1966

HORST, *art.* 'μακροθυμία κ.τ.λ.', *ThWNT*, IV, 1942, p. 377–90

HUGEDÉ, N., *La métaphore du miroir dans les épîtres de Saint Paul aux Corinthiens*, Neuchâtel–Paris, 1957

HUPPENBAUER, H. W., *Der Mensch zwischen zwei Welten*, Zurich, 1959
'Belial in den Qumrantexten', *ThZ*, **15**, 1959, p. 81–9

JACOB, E., *Théologie de l'Ancien Testament*, 2° éd., Neuchâtel–Paris, 1968

JAUBERT, A., *La notion d'alliance dans le judaïsme aux abords de l'ère chrétienne*, Paris, 1963

JEREMIAS, J., *art.* 'ἄνθρωπος...', *ThWNT*, I, 1933, p. 365–7
et ZIMMERLI, *art.* 'παῖς θεοῦ', *ThWNT*, V, 1954, p. 653–713

JERVELL, J., *Imago Dei. Gen. 1: 26s, im Spätjudentum, in der Gnosis und in den paulinischen Briefen*, Göttingen, 1960

JOHNSON, S. E., 'A new analysis of the second Corinthians', *AThR*, **47**, 1965, p. 436–45

JOÜON, P., 'Reconnaissance et action de grâce dans le NT', *RScR*, **29**, 1939, p. 112–14

JUNGEL, E. J., *Paulus und Jesus. Eine Untersuchung zur Präzisierung der Frage nach dem Ursprung der Christologie*, Tübingen, 1962

KAMLAH, E., 'Buchstabe und Geist. Die Bedeutung dieser Antithese für die alttestamentliche Exegese des Apostels Paulus', *EvTh*, **14**, 1954, p. 276–82

'Wie beurteilt Paulus sein Leiden? Ein Beitrag zum Untersuchung seiner Denkstruktur', *ZNW*, 1963, p. 217–32

Die Form der katalogischen Paränese im NT, Tübingen, 1964

KÄSEMANN, E., *Leib und Leib Christi*, Tubingue, 1933

'Die Legitimität des Apostels. Eine Untersuchung zu II Korinther 10–13', *ZNW*, **41**, 1942, p. 33–71

'Gottesgerechtigkeit bei Paulus', in *Exegetische Versuche und Besinnungen* II², Göttingen, 1965, p. 181–93

'Erwägungen zum Stichwort "Versöhnungslehre im NT"', in *Zeit und Geschichte. Dankesgabe an R. Bultmann*, Tübingen, 1964, p. 47–59

KER, R. E., 'Fear or love? A textual note', *ExpTim*, **72**, 1961, p. 195

KERRIGAN, 'Echoes of themes from the servant songs in Pauline theology', *Analecta Biblica*, *17–18*, II, p. 217–28

KERTELGE, K., *'Rechtfertigung' bei Paulus. Studien zur Struktur und zum Bedeutungsgehalt des paulinischen Rechtfertigungsbegriff*, Munster, 1966

KEYES, C. W., 'The Great Letter of Introduction', *The American Journal of Philology*, **56**, 1935, p. 28–44

KIJNE, J. J., 'We, us and our in I and II Corinthians', *NovTest*, **8**, 1966, p. 171–9

KITTEL, G., art. 'εἶδος...', *ThWNT*, II, 1935, p. 371–3

KÖSTER, art. 'σπλάγχνον κ.τ.λ.', *ThWNT*, VII, 1964, p. 548–59

KRAMER, W., *Christos, Kyrios, Gottessohn*, Zurich–Stuttgart, 1963

KUHN, K. G., 'Les rouleaux de cuivre de Qumrân', *RB*, 1954, p. 193–205

LARSSON, E., *Christus als Vorbild. Eine Untersuchung zu den paulinischen Tauf- und Eikontexten*, Uppsala, 1962

LE DÉAUT, R., 'Traditions targumiques dans le corpus paulinien? (Héb. 11 : 4 et 12 : 24; Gal. 4 : 20–30; 2 Cor. 3 : 16)', *Biblica*, **42**, 1961, p. 28–48

Liturgie juive et NT, Rome, 1965

LEENHARDT, F. J., *L'épître de Saint Paul aux Romains*, *CNT*, 1957

LEUBA, J. L., *L'institution et l'événement*, Neuchâtel, 1950

LINDARS, B., *New Testament Apologetic. The doctrinal significance of the OT quotations*, Londres, 1961

LOHMEYER, E., *Vom göttlichen Wohlgeruch*, Heidelberg, 1919

Kyrios Jesus. Eine Untersuchung zu Phil. 2: 5–11, Heidelberg, 1927–8

LOHSE, E., art. 'πρόσωπον κ.τ.λ.', *ThWNT*, VI, 1959, p. 69–79

art. 'υἱός', *ThWNT*, VIII, p. 360ss

Luck, V., art. 'σώφρων, σωφρονέω', *ThWNT*, vii, 1964, p. 1094–1102

Lührmann, D., *Die Offenbarungsverständnis bei Paulus und in paulinischen Gemeinde*, Neukirchen, 1965

Lyonnet, S., 'Saint Cyrille d'Alexandrie et 2 Cor. 3: 17', *Biblica*, **32**, 1951, p. 25–31

McArthur, H. K., 'Computer Criticism', *ExpTim*, **76**, 1964–5, p. 367–70

McNamara, M., *The NT and the Palestinian Targum to the Pentateuch*, Rome, 1966

McNeile, A. H., *An introduction to the study of the NT*, 2º éd. revue par C. J. C. Williams, Oxford, 1953

Macrae, G. W., 'Anti-Dualist Polemic in 2 Cor. 4: 6?', in *Studia Evangelica*, vol. iv, éd. F. L. Cross, Berlin, 1968, p. 420–31

Manson, T. W., '2 Cor. 2: 14–17: Suggestions towards an exegesis', in *Studia Paulina (in honorem J. de Zwaan)*, Haarlem, 1953, p. 155–62

Martini, C. M., 'Alcuni temi letterari di 2 Cor. 4: 6 e i racconti della conversione di San Paolo negli Atti', *Analecta Biblica 17–18*, i, p. 461–74

Marxsen, W., *Einleitung in das NT. Eine Einführung in ihre Probleme²*, Gütersloh, 1964

Masson, C., *L'Epître de Saint Paul aux Colossiens*, *CNT*, 1950
L'Epître de Saint Paul aux Ephésiens, *CNT*, 1953
Les Epîtres de Saint Paul aux Thessaloniciens, *CNT*, 1957
'Immortalité de l'âme ou résurrection des morts?', *RThPh*, 1958, p. 250–67

Mattern, L., *Das Verständnis des Gerichtes bei Paulus*, Zurich–Stuttgart, 1966

Maurer, C., art. 'σκεῦος', *ThWNT*, vii, 1964, p. 359–68
art. 'σύνοιδα, συνείδησις', *ThWNT*, vii, 1964, p. 897–918
Die Gesetzeslehre des Paulus, Zurich, 1941

Meeks, W. A., *The prophet-king. Moses traditions and the Johannine christology*, Leiden, 1967

Meuzelaar, J. J., *Der Leib des Messias. Eine exegetische Studie über der Gedanken vom Leib Christi in den Paulusbriefen*, Assen, 1961

Michaelis, W., *Einleitung in das NT*, Berne, 1946
'Zelt und Hütte im biblischen Denken', *EvTh*, **14**, 1954, p. 29–49
art. 'ὁράω, εἶδον, βλέπω...', *ThWNT*, v, 1954, p. 315–81
art. 'πίνω...', *ThWNT*, vi, 1959, p. 158–9
art. 'σκηνή, σκῆνος...', *ThWNT*, vii, 1964, p. 369–96

Michel, O., *Paulus und seine Bibel*, Gütersloh, 1929
'Erkennen dem Fleisch nach (2 Kor. 5: 16)', *EvTh*, **14**, 1954, p. 22–9

MICHEL, O., *art.* 'ναός', *ThWNT*, IV, 1942, p. 884–95
   art. 'οἶκος, οἰκία, οἰκοδομή', *ThWNT*, V, 1954, p. 122–61
MITTON, C. L., *The formation of the Pauline corpus of letters*, Londres, 1955
   'The gift of the Spirit and the life beyond death. 2 Cor. 5: 1–5', *ExpTim*, **69**, 1957–8, p. 260–3
MORTON, A. Q., 'Dislocations in 1 and 2 Corinthians', *ExpTim*, **78**, 1966–7, p. 119
   'Computer criticism: A reply', *ExpTim*, **77**, 1965–6, p. 116–20
   et MCLEMAN, J., *Paul, the man and the myth. A study in the authorship of Greek prose*, Liverpool–Londres, 1966
MOULE, C. F. D., 'St Paul and dualism: the Pauline conception of resurrection', *NTS*, **12**, 1965–66, p. 106–23
MÜLLER, C., *Gottesgerechtigkeit und Gottesvolk. Eine Untersuchung zu Röm. 9–11*, Göttingen, 1964
MUNCK, J., *Paulus und die Heilsgeschichte*, Copenhague, 1954
MUNDLE, W., 'Das Problem des Zwischenzustandes in dem Abschnitt 2 Kor. 5: 1–10', in *Festgabe für A. Jülicher*, Tübingen, 1927, p. 93–109
MURAOKA, T., 'The use of ΩΣ in the Greek Bible', *NovTest*, **7**, 1964, p. 51–72
MUSSNER, F., '"Evangelium" und "Mitte des Evangeliums". Ein Beitrag zur Kontroverstheologie', in *Gott in Welt. Festgabe für K. Rahner*, Fribourg–Bâle–Vienne, 1964, p. 492–514
MYLONAS, G. E., *Eleusis and the Eleusinian mysteries*, Princeton, 1961
NEUFELD, V. H., *The earliest Christian confessions*, Leiden, 1963
NEUGEBAUER, F., *In Christus. ΕΝ ΧΡΙΣΤΩΙ. Eine Untersuchung zum paulinischen Glaubensverständnis*, Göttingen, 1961
NOACK, B., 'A note on 2 Cor. 4: 15', *StTh*, **17**, 1963, p. 129–32
OEPKE, A., *art.* 'ἀπόλλυμι, ἀπώλεια', *ThWNT*, I, 1933, p. 393–6
   art. 'γυμνός', *ThWNT*, I, 1933, p. 773–6
   art. 'δύω, ἐνδύω...', *ThWNT*, II, 1935, p. 318–20
   art. 'κάλυμμα...', *ThWNT*, III, 1938, p. 560–2
   art. 'ὅπλον', *ThWNT*, V, 1954, p. 292–4
OLIVIER, B., *La crainte de Dieu comme valeur religieuse de l'AT*, Paris, 1960
OLIVIER, F., 'ΣΥΝΑΠΟΘΝΗΣΚΩ, d'un article de lexique à St Paul, 2 Cor. 7: 3', *RThPh*, **17**, 1929, p. 103–33
PETERSON, E., 'Zur Bedeutungsgeschichte von παρρησία', in *Reinhold Seeberg Festschrift*, I, Leipzig, 1929, p. 283–97
PHERIGO, L. P., 'Paul and the Corinthian Church', *JBL*, **68**, 1949, p. 341–50
PHILONENKO, M., *Les interpolations chrétiennes des Testaments des douze Patriarches et les manuscrits de Qumrân*, Paris, 1960

PLATH, S., *Furcht Gottes. Der Begriff* ירא *im AT*, Stuttgart, 1963
POPKES, W., *Christus Traditus. Eine Untersuchung zum Begriff der Dahingabe im NT*, Zurich, 1967
POWELL, C. H., *The biblical concept of power*, Londres, 1963
PREISS, TH., *La vie en Christ*, Neuchâtel, 1951
PRICE, J. L., *Interpreting the NT*, New York, 1961
PROUDFOOT, C. M., 'Imitation or realistic participation? A study of Paul's concept of "suffering with Christ"', *Interpretation*, **17**, 1963, p. 140–60
PRÜMM, K., 'Röm. 1–11 und 2 Kor. 3', *Biblica*, **31**, 1950, p. 164–203
'Gal. und 2 Kor. Ein lehrgehaltlicher Vergleich', *ibid.*, p. 27–72
'Die katholische Auslegung von 2 Kor. 3: 17a in den letzten vier Jahrzehnten nach ihren Hauptrichtungen', *Biblica*, **31**, 1950, p. 316–45, 459–82, et **32**, 1951, p. 1–24
'Israels Kehr zum Geist, 2 Kor. 3: 17a im Verständnis der Erstleser', *ZfKTh*, **72**, 1950, p. 385–442
'Phänomenologie der Offenbarung laut 2 Kor.', *Biblica*, **43**, 1962, p. 396–416
RAMSEY, A. M., *La gloire de Dieu et la transfiguration du Christ*, Paris, 1967
REICKE, B., *art.* 'παρίστημι, παριστάνω...', *ThWNT*, v, 1954, p. 835–40
art. 'πᾶς, ἅπας', *ThWNT*, v, 1954, p. 885–95
art. 'πρός', *ThWNT*, vi, 1959, p. 720–5
REITZENSTEIN, R., *Die hellenistischen Mysterienreligionen³*, Leipzig-Berlin, 1927
RENGSTORF, *art.* 'δοῦλος...', *ThWNT*, ii, 1935, p. 264–83
art. 'ἱκανός κ.τ.λ.', *ThWNT*, iii, 1938, p. 294–7
REY, B., 'L'homme nouveau d'après St Paul', *RScPhTh*, 1965, p. 161–95
Créés dans le Christ Jésus. La création nouvelle selon St Paul, Paris, 1966
RIESENFELD, H., 'La descente dans la mort', in *Mélanges Goguel*, Paris, 1950, p. 270ss
art. 'ὑπέρ', *ThWNT*, viii, p. 510ss
RIGAUX, B., *Saint Paul et ses lettres*, Paris-Bruges, 1962
'Réflexions sur l'historicité de Jésus dans le message paulinien', in *Analecta Biblica 17–18*, ii, p. 265–74
ROBINSON, J. A. T., *The Body. A study in Pauline theology*, Londres, 1952
ROMANIUK, K., 'L'origine des formules pauliniennes "le Christ s'est livré pour nous", "le Christ nous a aimés et s'est livré pour nous"', *NovTest*, **5**, 1962, p. 55–76
'La crainte de Dieu à Qumrân et dans le NT', *RQ*, **13**, 1963, p. 29–38

SABOURIN, L., *Rédemption sacrificielle. Une enquête exégétique*, Bruges, 1961
SALGUERO, J., 'El dualismo qumránico y San Pablo', *Analecta Biblica 17–18*, II, p. 549–62
SAND, A., *Der Begriff 'Fleisch' in den paulinischen Hauptbriefen*, Regensburg, 1967
SASS, G., 'Zur Bedeutung von δοῦλος bei Paulus', *ZNW*, 1941, p. 24–32
SASSE, *art.* 'αἰών, αἰώνιος', *ThWNT*, I, 1933, p. 197–209
art. 'γῆ, ἐπίγειος', *ibid.*, p. 676–80
art. 'κοσμέω, κόσμος', *ThWNT*, III, 1942, p. 867–98
SCHILDENBERGER, J., '2 Kor. 3: 17a. "Der Herr aber ist der Geist", im Zusammenhang des Textes und der Theologie des hl Paulus', *Analecta Biblica 17–18*, I, p. 451–60
SCHLIER, H., 'La notion paulinienne de la Parole de Dieu', *in Littérature et théologie pauliniennes*, Bruges, 1960, p. 127–41
'Das Menschenherz nach dem Apostel Paulus', *Lebendiges Zeugnis*, Paderborn, 1965, p. 110–24
'Doxa bei Paulus als heilsgeschichtlicher Begriff', *in Analecta Biblica 17–18*, I, p. 45–56
Essais sur le Nouveau Testament, Paris, 1968
art. 'ἐλεύθερος...', *ThWNT*, II, 1935, p. 484–500
art. 'θλίβω, θλῖψις...', *ThWNT*, III, 1938, p. 139–48
art. 'παρρησία, παρρησιάζομαι', *ThWNT*, V, 1954, p. 869–84
SCHMITHALS, W., *Die Gnosis in Korinth. Eine Untersuchung zu den Korintherbriefen*, Göttingen, 1956
'Zwei gnostischen Glossen im 2. Korintherbrief', *EvTh*, **18**, 1958, p. 552–73
'Zur Abfassung und ältesten Sammlung der paulinischen Hauptbriefe', *ZNW*, **51**, 1960, p. 225–45
Das kirchliche Apostelamt, Göttingen, 1961
SCHMITZ–STÄHLIN, *art.* 'παρακαλέω...', *ThWNT*, V, 1954, p. 771–98
SCHNACKENBURG, R., *Baptism in the thought of St Paul*, Oxford, 1964
SCHNEIDER, B., 'The meaning of Saint Paul's antithesis "the letter and the Spirit"', *CBQ*, **15**, 1953, p. 163–207
Dominus autem Spiritus est (2 Cor. 3: 17a). Ο ΔΕ ΚΥΡΙΟΣ ΠΝΕΥΜΑ ΕΣΤΙΝ. *Studium exegeticum*, Rome, 1951
SCHNEIDER, J., *Die Passionsmystik des Paulus. Ihr Wesen, ihr Hintergrund und ihre Nachwirkungen*, Leipzig, 1929
SCHNEIDER, J., *art.* 'στενάζω...', *ThWNT*, VII, 1964, p. 600–3
SCHNIEWIND–FRIEDRICH, *art.* 'ἐπαγγέλλω...', *ThWNT*, II, 1935, p. 573–85
SCHOEPS, H. J., *Paulus. Die Theologie des Apostels im Lichte der jüdischen Religionsgeschichte*, Tübingen, 1959

SCHRENK, G., art. 'βάρος κ.τ.λ.', *ThWNT*, I, 1933, p. 551–9
art. 'γράμμα...', *ThWNT*, I, 1933, p. 761–9
art. 'εὐδοκέω, εὐδοκία', *ThWNT*, II, 1935, p. 735–40
art. 'θέλω, θέλημα...', *ThWNT*, III, 1938, p. 43–63
art. 'ἱερόν...', *ThWNT*, III, 1938, p. 230–47
SCHUBERT, P., *Form and Functions of the Pauline Thanksgiving*, Berlin, 1939
SCHULZ, A., *Nachfolgen und Nachahmen. Studien über das Verhältnis der
nt Jüngerschaft zu urchristlichen Vorbildethik*, Munich, 1962
'Leidenstheologie und Vorbildethik in den paulinischen Haupt-
briefen', in *Neutestamentliche Aufsätze (Festschrift J. Schmid)*,
Regensburg, 1963, p. 265–9
SCHULZ, S., 'Die Decke des Moses. Untersuchungen zu einer vor-
paulinischen Überlieferung in 2 Kor. 3: 7–18', *ZNW*, **49**,
1958, p. 1–30
SCHWANTES, H., *Schöpfung der Endzeit. Beitrag zum Verständnis der
Auferweckung bei Paulus*, Stuttgart, 1963
SCHWEITZER, A., *Die Mystik des Apostels Paulus*, Tübingen, 1930
SCHWEIZER, E., 'Die Kirche als Leib Christi in den paulinischen
Homologoumena', in *Neotestamentica*, Zurich, 1963, p. 272–92
'Die "Mystik" des Sterbens und Auferstehens mit Christus bei
Paulus', *EvTh*, **26**, 1966, p. 239–57
art. 'σάρξ κ.τ.λ.', *ThWNT*, VII, 1964, p. 98–151
art. 'σῶμα...', *ThWNT*, VII, 1964, p. 1024–90
et autres, art. 'πνεῦμα...', *ThWNT*, VI, 1959, p. 330–453
SEESEMANN, art. 'οἶδα...', *ThWNT*, V, 1954, p. 120–2
art. 'πατέω, περιπατέω...', *ThWNT*, V, 1954, p. 940–6
SELWYN, E. G., *The first Epistle of Saint Peter*, Londres, 1947
SEVENSTER, J. N., *Paul and Seneca*, Leiden, 1961
'Some remarks on the *gumnos* in 2 Cor. 5: 3', in *Studia Paulina
(in honorem J. de Zwaan)*, Haarlem, 1953, p. 202–14
SIMON, M., 'Retour du Christ et reconstruction du Temple dans la
pensée chrétienne primitive', in *Mélanges Goguel*, Paris, 1950,
p. 247–57
SJÖBERG, E., 'Wiedergeburt und Neuschöpfung im palästinischen
Judentum', *StTh*, **4**, 1951, p. 44–85
SOUČEK, J. B., 'Wir erkennen Christus nicht mehr nach dem
Fleisch', *EvTh*, **19**, 1959, p. 300–14
SPICQ, C., *Agapé dans le NT*, 3 vol., Paris, 1958–9
Théologie morale du NT, 2 vol., Paris, 1965
Dieu et l'homme selon le NT, Paris, 1961
''ΥΠΟΜΟΝΗ, patientia', *RScPhTh*, 1930, p. 83–106
'L'image sportive de 2 Cor. 4: 7–9', *EThL*, **14**, 1937, p. 209–29
''Επιποθεῖν, désirer ou chérir?', *RB*, 1957, p. 184–95

STACHOWIAK, L. R., 'Die Antithese "Licht–Finsternis". Ein Thema der paulinischen Paränese', *TüThQ*, **143**, 1963, p. 385–421
Chrestotes, ihre biblisch-theologische Entwicklung und Eigenart, Fribourg, 1957
STADLER, K., *Das Werk des Geistes in der Heiligung bei Paulus*, Zurich, 1962
STÄHLIN, *art.* 'προσκόπτω...', *ThWNT*, VI, 1959, p. 745–59
STAUFFER, E., *art.* 'ἐγώ', *ThWNT*, II, 1935, 341–60
art. 'ἵνα', *ThWNT*, III, 1938, p. 324–34
STELZENBERGER, J., *Syneidèsis im NT*, Paderborn, 1961
STEPHENSON, A. M., 'A defence of the integrity of 2 Corinthians', in *The authorship and integrity of the NT*, S.P.C.K., Theological Coll. **4**, Londres, 1965, p. 82–97
STUHLMACHER, P., *Gerechtigkeit Gottes bei Paulus*, Göttingen, 1965
'Erwägungen zum ontologischen Charakter der καινὴ κτίσις bei Paulus', *EvTh*, **27**, 1967, p. 1–35
STUMPFF, A., *art.* 'εὐωδία', *ThWNT*, II, 1935, p. 808–10
TANNEHILL, R., *Dying and rising with Christ. A study in Pauline theology*, Berlin, 1967
TRAUB–V. RAD, *art.* 'οὐρανός...', *ThWNT*, V, 1954, p. 496–543
TROCMÉ, E., *La formation de l'Evangile selon Marc*, Paris, 1963
'L'épître aux Romains et la méthode missionnaire de l'apôtre Paul', *NTS*, **7**, 1960–1, p. 148–53
ULONSKA, H., 'Die Doxa des Moses. Zum Problem des AT in 2 Kor. 3: 1–16', *EvTh*, **26**, 1966, p. 378–88
UNNIK, W. C. VAN, 'La conception paulinienne de la nouvelle alliance', in *Littérature et théologie pauliniennes*, Bruges, 1960, p. 109–26
'With unveiled face: an exegesis of 2 Cor. 3: 12–18', *NovTest*, **6**, 1963, p. 153–69
VALLOTTON, P., *Le Christ et la foi*, Genève, 1960
VANHOYE, A., 'Par la tente plus grande et plus parfaite... (Héb. 9: 11)', *Biblica*, **46**, 1965, p. 1–28
VERMÈS, G., 'La figure de Moïse au tournant des deux Testaments', in *Moïse, l'homme de l'alliance*, Paris, 1955, p. 63–92
VIELHAUER, P., οἰκοδομή. *Das Bild vom Bau in der christlichen Literatur vom NT bis Clemens Alexandrinus*, Karlsruhe, 1939
VORWAHL, H., 'Εὐωδία Χριστοῦ', *AfRW*, **31**, 1934, p. 400–1
WAGNER, G., 'Le tabernacle et la vie "en Christ". Exégèse de 2 Cor. 5: 1–10', *RHPR*, 1961, p. 379–93
WIBBING, S., *Die Tugend- und Lasterkataloge im NT und ihre Traditionsgeschichte unter besonderer Berücksichtigung der Qumran-Texte*, Berlin, 1959

WIKENHAUSER, A., *Einleitung in das NT*, 5° éd., Fribourg–Bâle–
Vienne, 1963

WILCKE, H. A., *Das Problem eines messianischen Zwischenreiches bei
Paulus*, Zurich–Stuttgart, 1967

WILCKENS, U., *Weisheit und Torheit. Eine exegetisch-religionsgeschichtliche Untersuchung zu 1 Kor. 1 und 2*, Tübingen, 1959

WINDISCH, H., *art.* 'καπηλεύω', *ThWNT*, III, 1938, p. 606–9

I. INDEX DES AUTEURS MODERNES

Lohse, E. 74, 312
Luck, V. 250
Lührmann, D. 28, 48
Lyonnet, S. 109

McArthur, H. K. 13
McNamara, M. 86, 88s, 102, 110
McNeile, A. H. 12
MacRae, G. W. 142
Manson, T. W. 30s, 34, 193, 145
Martini, C. M. 139s
Marxsen, W. 8, 10s, 16, 304
Masson, C. 24, 171
Mattern, L. 34s, 78
Maurer, C. 65, 130, 146
Meeks, W. A. 70
Meuzelaar, J. J. 151
Michaelis, W. 14, 179, 193s, 195, 221s
Michel, O. 89, 183, 187s, 192, 257s, 259, 261, 287
Mitton, C. L. 13, 224
Moffatt, J. 86, 98
Morton, A. Q. 4, 8s, 13, 303
Moule, C. F. D. 209
Müller, C. 279
Munck, J. 14, 17s
Mundle, W. 171, 196, 202, 205s, 221
Muraoka, T. 270, 274
Mussner, F. 132
Mylonas, G. E. 94

Neufeld, V. H. 136
Neugebauer, F. 26, 40, 99, 137, 271
Noack, B. 167

Oepke, A. 34, 94, 204s, 209, 212, 215, 221, 297
Olivier, B. 244
Olivier, F. 315
Osty, E. 1, 8, 10, 14, 24, 38, 76, 82, 116, 121, 150, 155, 208, 297, 303

Peterson, E. 86
Pherigo, L. P. 14
Philonenko, M. 308
Plath, S. 244
Plummer, A. 8, 16, 21s, 24, 26, 29, 31, 36, 39, 43, 47ss, 53, 57, 59s, 63, 72s, 76, 81, 87, 96s, 99, 111, 119, 121, 123, 127s, 131s, 136, 154, 157, 159, 161, 167, 175, 178, 182, 186, 189, 193, 200, 202, 208, 216, 238, 245, 249s,

253, 257s, 261, 263, 268ss, 271, 274, 278, 286, 297, 303s
Popkes, P. 157s, 255
Powell, C. H. 147
Preiss, T. 152
Price, J. L. 12
Proudfoot, C. M. 153, 159
Prümm, K. 12, 17, 21, 25, 28s, 31, 33, 39, 47, 49, 54, 57, 65, 67, 89, 92, 96, 103, 107, 112, 116, 121ss, 127s, 131, 134, 148s, 157, 161s, 165, 167, 172, 181, 182, 193, 245, 257, 259, 269s, 274, 277, 284, 291, 299, 303, 315

Ramsey, A. M. 71, 73
Reicke, B. 165s, 236, 267
Reitzenstein, R. 16, 180, 206, 208, 259
Rengstorf, K. H. 36, 137
Rey, B. 118, 175, 218s, 264
Riesenfeld, H. 181, 254
Rigaux, B. 4, 12, 257, 260s, 286
Robert, A. 13
Robinson, J. A. T. 151, 155, 180s, 188, 190s, 208, 216, 228s
Romaniuk, K. 244, 255

Sabourin, L. 254, 276s
Salguero, J. 145, 303s
Sand, A. 258s, 313
Sass, G. 137
Sasse, H. 192, 195, 272
Schildenberger, J. 107
Schlatter, A. 13, 16, 24, 34, 43, 48, 53, 62, 81, 98, 116, 119, 122, 131, 134, 138, 162, 165, 180, 209, 221, 223, 245, 259, 261, 263, 303
Schlier, H. 47, 74, 86, 112, 149, 271, 273, 275
Schmithals, W. 10, 13, 15s, 32, 106s, 112, 128, 130s, 137, 145, 154, 172, 182, 189, 192, 197, 207s, 228s, 232, 246, 248, 260, 261s, 304
Schmitz, O. 275
Schnackenburg, R. 164
Schneider, B. 64, 107
Schneider, J. 152s, 201
Schniewind, J. 312
Schoeps, H. J. 16, 260
Schrenk, G. 64, 183, 219, 221, 234s
Schubert, P. 23
Schulz, A. 152
Schulz, S. 49, 68, 76, 85, 89, 103

II. INDEX DES CITATIONS [1]

[1] Ne sont indiqués ici (sauf pour ce qui est des textes pauliniens) que les textes dont la mention est particulièrement importante dans l'ouvrage. Pour l'AT nous avons suivi la numérotation massorétique.

B. TEXTES PAULINIENS[1]

[1] Les passages de 2 Corinthiens 2: 14 – 7: 4 ne sont pas pris en considération.

C. LITTÉRATURE ANCIENNE